太平洋戦争開戦過程の研究

安井　淳　著

芙蓉書房出版

まえがき

太平洋戦争開戦過程研究の現状

日本近代史における太平洋戦争開戦過程の研究は、研究対象（太平洋戦争）が多くの国民に未曾有の災禍をもたらし、かつ、未だほとぼりが覚めていないときになされたことから、「史料の公開がはばかられ」たり、「イデオロギー的傾向から、研究者の側が積極的にその仕事をしてこなかった」りするなど、研究にさまざまな影響がもたらされてきた。その一つとして、「史料の蒐集・整理・刊行などの蓄積が少ない」との指摘がある（伊藤隆「戦時体制」中村隆英ほか『近代日本研究入門』）。

ところで、ランケ※によって確立された「学問」（science）としての「歴史の研究とは、史料をでき得る限り博く蒐集し、それらの史料の示しているものの中から」、「真実と非真実とを弁別する」作業だとされている（林健太郎「ランケの人と学問」『世界の名著　ランケ』）。この考え方に立てば、歴史の研究において史料の蒐集などの蓄積が少ないことは、その分、次の工程たる真実と非真実を弁別する作業の遅れにつながってくる。

※林健太郎氏はランケを、物理学のニュートン、経済学のアダム・スミス、哲学のカントと同様、歴史学の「始祖」と仰いでいる。

ここでいう真実と非真実の弁別の手段について、歴史学研究の手法を記した古典とされるベルンハイムの『歴史とは何ぞや』には、文字を伝承の手段とした史料をあつかう際、「一次史料（本源）」と「二次史料（導来）」を区別することが重要だとし、これを「史料批判（史料分析）」と呼んでいる。ここで一次史料とは、同時代に記録された史料であり、二次史料とはそれ以外のものをいう。伊藤隆氏は、この時期の研究にはとりわけ信頼できる「一次史料」にもとづいた研究が必要だとし、そのゆえんを、「戦後書いた回想」（二次史料）の「多くが戦後的な価値観によって過去を解釈し直し、その線にそって弁明しているものがほとんどで」、「そこには、日米開戦や三国同盟等々の推進者は存在しない」としている（前掲伊藤「戦時体制」）。

すなわち、太平洋戦争開戦過程の研究には十分な史料批判が必要な一方で、現状では、史料蒐集の遅れから、史料の示しているものから真実と非真実を弁別する作業、すなわち歴史学としての研究が遅れていることが懸念される。これが、太平洋戦争開戦過程研究の現状といえる。

問題の提起

伊藤氏が史料の蒐集などが遅れていると指摘したのは、敗戦後三十二年のことである。更に四十年を経た今日、氏をはじめとする先学の努力により、史料の蒐集作業が進んだ。それでは現時点で、蒐集した史料をもとに真実と非真実の弁別作業の進展は、どのような状態になっているのであろうか。

対米開戦の直前の四一年十一月に米国から手交され、日本が開戦を決意したとされるものに、いわゆる「ハル・ノート」がある。ところがこの「ハル・ノート」という言葉は、開戦過程の「根本史料」（歴史の研究で一番よりどころとされる定評ある史料）であるはずの『杉山メモ』の本文には出て来ない。にもかかわらず、史料にないことを取り上げそのゆえんを解明した研究は、管見の限りでは、「戦後使われるようになった俗称」であろうが、「いつごろから誰がハル・ノートという言葉を使用しだしたのかは今後の研究課題」だとする指摘にとどまっている（須藤眞志「ハル・ノートと満洲問題」『法学研究』）。これが現状である。

また、対ソ開戦準備のための秘匿名称とされるものに、いわゆる「関特演」がある。「関特演」は、対米開戦の半年前の四一年六月下旬の独ソ開戦を受け、翌月初めの御前会議での決定にもとづき発動したものとされている。ところが「関特演」という言葉は、関東軍の発出した通牒を除き、『杉山メモ』のみならず陸軍中央の一次史料（加筆・浄書を除く）にも出て来ない。そして、史料にないことを取り上げ検討した研究も見当たらない。

にもかかわらず、「ハル・ノート」や「関特演」で示される歴史的事象（出来事、historical event）自体は、今日では通説となって、太平洋戦争の開戦過程を構成する重要な要素になっている。このようなことは、他にも、太平洋戦争開戦過程の随所にあるのではないか。もしそうなら、研究の遅れがもたらした未開拓の領域だといえる。そこで、開戦過程を構成している歴史的事象の通説を、今日まで蒐集された「信頼しうる一次史料」によってその真否を再確認し、その結果をもとに、太平洋戦争開戦過程の再構築を試みてみたい。

対象とする期間

太平洋戦争開戦過程を論ずるうえで本稿のあつかう時間的上限は、四〇年七月、国策として「世界情勢ノ推移ニ伴フ時局処理要綱」を決定したとき、とする。この国策は、本文で詳述するように陸軍の戦略転換によってもたらされたもので、本稿ではこれをもって、対米開戦への道の画期（ターニングポイント）をなしたものと認めている。この国策についての歴史的位置づけを説明するために、陸軍がこの戦略転換をおこなった「淵源」を求めて遡及をおこなった。たどりついたところは満洲事変であった。

他方時間的下限は、四一年十二月初めの太平洋戦争開戦の日、とする。これ以後への言及は、開戦過程における事象の歴史的意義を究明するうえで必要最小限にした。終戦（敗戦）と、極東国際軍事裁判（極東裁判）がそれである。

研究の目的と分析視角

開戦決定にたずさわった組織が対米戦争を決意した経緯の究明を研究の基本姿勢とし、そのために、開戦にいたった政策決定過程に着目した。問題を、個人の問題だけで片づけてはならないとの考えのもとに、当時の政治システムが、政策の決定過程にどのように作用したかが明らかになることを期待したからである。

対外政策の政策決定過程をみていく際、これにかかわった当時の主要な政治勢力を、陸軍・海軍・外務・宮中（近衛文麿や木戸幸一らいわゆる宮廷政治家も含む）に大別し、そのうえで本研究では、政策の決定過程にとどまることなく、決定した政策の執行過程をもみることにした（理由は本文で説明）。そしてその多くを、陸軍に主軸を置く（陸軍の観点に立つ）ことにした。

陸軍に主軸を置くゆえんは、二つある。一つは、陸軍が、当時の最大の政治勢力であると自他共に認めていたのみならず、「無謀な」組織で（加藤陽子『それでも、日本人は「戦争」を選んだ』）、かつ、「ほとんど唯一の『悪者』」とされている（前掲伊藤「戦時体制」）からである。そこで、陸軍がそのような（今日から見て不条理な）行動をとった経緯を明らかにしたいと考えた。陸軍を主軸にした二つ目のゆえんは、これらの政治勢力のなかで、今日までのところ、歴史学研究の材料である公開された一次史料がもっともそろっているのは、陸軍だからである。陸軍は相対的にいって、歴史学研究の対象になり得る要件がそろっている。

本稿の構成

本稿は、それぞれの分析視角を持ち、かつ、それぞれの時系列に沿って叙述した三つの「部」で構成している。「部」はさらに「章」（ローマ数字）と「節」（算用数字）の階層に細分化し、最末端の階層の「項」では、開戦過程を構成する一つの歴史的事象をあつかっている（例外もある）。個々の事象について史料による再確認と修正をした段階において、それらのあいだを互いに結びつける新たな相関関係や新たな因果関係が見えてきた。これらの関係を叙述するには、修正を済ませた事象を一緒にあつかう必要がある。ところが、修正すべき事象が思いもかけず多量に出てきた。それが、本稿を大部にしたゆえんである。

第一部「太平洋戦争開戦とハル・ノート」では、第三次近衛内閣総辞職後、日米開戦直前の対米交渉をめぐって、主担任の外務省と各政治勢力が、事態をどのように認識し、どのように対処しようとし、どのように行動したか究明を試みた。その過程で、外相以下外務省本省の対米交渉に取り組む姿勢は、決して、通説にあるようなものではないことがわかった。修正すべき通説は、それだけにとどまらなかった。今日のハル・ノートに関する通説は、米国から手交されたハル・ノートは、日本に、対米開戦を決意させたものではなかった。ハル・ノートで開戦を決意したと法廷で主張したのは、敗戦後の極東裁判で当時の日本の関係者によって主張されたものだった。ハル・ノートで開戦を決意したと法廷で主張したのは、開戦を主導したとされている陸軍（首相としての東條を除く）よりも、陸軍にひきずられやむなく開戦に同意したとされる海軍・外務省・大蔵省であった。そこには、主戦論をふりかざし開戦を主導したとされる陸軍の影は薄かった。

それでは、最大の政治勢力であった陸軍は、太平洋戦争開戦過程でどのような役割を果したしたのか。

第二部「破綻した陸軍の対ソ戦略と『関特演』」では、陸軍が、対ソ戦略をどのように認識し、どのように対処しようとし、どのように行動したかを取り上げた。陸軍が成果を挙げて国民の支持を得た満洲事変は、実際には、取り返しのつかない新事態（ソ満国境の危機）を招来した。表向きはうまくいったかに見えた陸軍は、それをひた隠しにする一方で、ひそかにほころびを繕おうと目論んだ。しかし盧溝橋事件の勃発を初めとする状況的要素によって、目論見はことごとく裏目に出た。無理を重ねる陸軍は、政府内で孤立していった。そこに到来したのが、欧洲の新局面だった。陸軍はそれを機に、北方から南方へと戦略の転換に踏み切った。それが、新国策「世界情勢ノ推移ニ伴フ時局処理要綱」に結びついた。このあと独ソ開戦で対北方解決（北進）を迫られた陸軍は、成算なき北進論をかわし、対南方戦争（対英米蘭戦争）に備えて自らの責任分野である北方の安寧を確保すべく、「関特演」として、満洲事変以来念願だった対ソ軍備充実を実施し得た。しかし対米戦の敗北が増強した関東軍の南方への転用とその後のソ連の参戦を招き、それが国家としてのとどめになった。その経緯を明らかにする過程で、陸軍の一見不合理に映じた作戦思想の背景と、「関特演」と極東裁判の関係が明らかになった。

自らが招来したソ満国境の危機が陸軍の採り得る選択肢を狭めていったことを念頭に、第三部「太平洋戦争開戦決意と陸海軍の相克」では、陸軍の北方から南方への戦略転換が日露戦争後はじめて画期的な政戦両略の一致となり、その結果が、対米開戦に結びついていった経緯を、主として陸軍中央の目を通して明らかにした。その過程において、陸軍は必ずしも対米開戦に一路邁進したわけではなく、さまざまな紆余曲折があって開戦に至ったことが明らかになった。すなわち、①総力戦に臨む国力の可否判断、②対米不戦の国策の策定、③近衛首相提唱の首脳会談構想の受容、④荻窪会談を前にした首相官邸と陸相官邸による根回し、⑤東久邇宮後継首班擁立工作、⑥宮中と練った避戦策、「白紙還元の御諚」と「陸海軍協力の御言葉」、⑦不敗の態勢のための軍事的条件の提示など、次々と破局を避ける努力を試みた。しかしそれらは陸海軍の相克のなかで、状況的要素もあって立ち消えになった。多元化した政治システム下で陸軍が自己の責任範囲内で為した努力には限界があった。問題はむしろ、組織としての海軍の動きにあった。

引用史料

一、本稿で扱う引用史料は、公開されたものに限った。第三者の追試が可能だからである。

二、本稿では、「日誌」は業務上の記録の「業務日誌」で、「日記」は、プライベートな事項も記録した私的なものと定義する。

三、引用した史料には、刊行されたものと未刊行のものがある。本書が引用した未刊行史料のうち大部分を占める防衛研究所所蔵史料は、左記の通りである。（ ）内は開戦決定時の官職名。

日誌・日記

陸軍　田中新一（参謀本部作戦部長）、石井秋穂（陸軍省軍務局軍務課高級課員）、櫛田正夫（参謀本部作戦部作戦課作戦班長）、金原節三（陸軍省医務局医事課員、摘録を浄書したもの）

海軍　嶋田繁太郎（海相、浄書したものヵ）、澤本頼雄（海軍次官、表題は業務メモとなっているが業務日誌）、石川信吾

（海軍省軍務局第二課長）

手記・回想録・聴き取り

陸軍　田中新一（日誌を成文化したものを含む）、武藤章（陸軍省軍務局長）、石井秋穂、佐藤賢了（陸軍省軍務局軍務課長）

海軍　澤本頼雄、藤井茂（海軍省軍務局第二課員、表題は日誌とあるが手記）

これらは中に部分的に活字化されたもの（公刊と未公刊）があるが、活字化されたものは崩し字判読の参考にとどめ、引用は、原則として生の筆録史料（原稿）によった。

四、本稿は、二〇〇六年から書き始めた。そのため最新の先行研究には触れていないことが多い。なかでも、定説を記した高校用教科書の引用は、二〇〇〇年版であることをお断りしておく。

五、史料の引用にあたり、①原文の片仮名は、原則としてそのままにした。②拗音・促音の類は、小さい文字に改めた。また、「〻」などの特殊な表示は、現代文の表記法に改めた。③適宜、文意に影響しない範囲で改行位置を変更し、句読点に相当するところは空白で補った。④仮名遣いは、引用した文献のものをそのまま流用した。⑤漢字は原則として引用した原文にしたがいそれ以外は新字体を用いたが、人名や歴史的地名は当時のものとしたものもある。⑥疑義のある言葉には［ママ］を付記し、筆録史料の判読不能な崩し字は□と表記した。⑦［　］内は筆者による注記である。⑧現在では使わない言葉であっても、歴史的用語は、当時のものを用いたものもある。⑨官職名については、職務内容を表す通称名があるものはそちらを採用した（例：第一部長→作戦部長）。

第一部　太平洋戦争開戦とハル・ノート

第二部　破綻した陸軍の対ソ戦略と「関特演」

第三部　太平洋戦争開戦決意と陸海軍の相克

第一部

太平洋戦争開戦とハル・ノート

I 序論

1．太平洋戦争開戦過程とハル・ノート開戦説

太平洋戦争の開戦について、やや古いものであるが、シェアが一位の高等学校用歴史教科書は、次のように教えている。

〔日本軍の〕南部仏印進駐が実行に移され、それに対してアメリカは対日石油禁輸の措置をとり、〔中略〕日本に経済制裁を加えることで対外進出を抑止しようとした。それに対し軍部は危機感をつのらせ、「ＡＢＣＤ包囲陣」による圧迫をはねかえすには戦争にうったえる以外に道はないと主張した。

一九四一〔昭和一六〕年九月六日の御前会議は、十月上旬までに対米交渉がまとまらない場合の対米（および英・蘭）開戦を決定した。日米交渉は、満州をのぞく中国からの日本軍の全面撤退、三国同盟の事実上の死文化を要求するアメリカと、それに反対する日本とのあいだに妥協をみいだせないまま十月上旬をむかえた。そして日米交渉の継続を希望する近衛〔文麿〕首相と、交渉打切り・開戦を主張する東条英機陸相とが衝突し、近衛内閣は総辞職した。

〔中略、後継の〕東条内閣は九月六日の決定を再検討したが、結論は同じであった。開戦をさけられぬとみたア

メリカも戦争を決意し、十一月末には満州事変以前の状態への復帰を要求したので、交渉は絶望的となった。十二月八日、日本は〔中略〕アメリカ・イギリスに宣戦を布告し、第二次世界大戦の一部として太平洋戦争が開始された＊1。

さらに右記の文章には、「満州事変以前の状態への復帰を要求したので」というところに脚注がついており、次のような解説が施されている。

アメリカの要求は、はじめ日本軍の中国撤兵、蔣・汪両政権の合併などであったが、十一月にはいわゆるハル・ノートによって、満州をふくむ中国大陸・仏印からの全面撤兵、三国同盟の否認、汪政権の解消など強硬な要求をだすに至った＊2。

念のため、著名な事典・辞典のたぐいをあたってみる。『日本近現代史研究事典』には「太平洋戦争開戦経緯」について、「開戦原因を狭くとらえれば一九四一年四月に始まる日米国交調整交渉の破綻の結果であり、〔中略〕〔ハル・ノートを提示されて〕もはや交渉の余地はなく、十二月一日の御前会議は英米蘭に対する武力行使を最終的に決断した」となっている＊3。またハル・ノートそのものについては、『国史大辞典』に、「日米開戦外交としての日米交渉に事実上終止符を打ち、日本側に最後通牒との認識を抱かせた米国側の原則的強硬対日提案」＊4となっている。これら事典・辞典の記述は、先に引用した教科書の記述と整合している。

このようにハル・ノートは、日本が、対米開戦に踏み切った直接の動機として位置づけられており、そのように位置づけられたゆえんは、ハル・ノートに記載された米国の対日要求が、当時の日本にとってとうてい受け入れがたい要求であったからだとされている。このハル・ノートに関する記述は、定説になっている。本稿ではこれを、「ハル

・ノート開戦説」と呼ぶ。
このように太平洋戦争の開戦過程には、これまでハル・ノート開戦説が、開戦過程を構成する歴史的事象(historical event、歴史的出来事)として組み込まれてきた。以下、その一例と、このハル・ノート開戦説の歴史的意義について述べた諸説の一部を紹介する。

2．ハル・ノート開戦説の意義

意思決定過程から見たハル・ノート開戦説の意義――森山優氏の所説

太平洋戦争の開戦過程の研究史をひも解くと、「敗戦後しばらくの間、日本の戦争責任の追及にのみ性急で」、「断罪を目的としていた研究」が多かったが、その後「研究の傾向」は、史料をもとに歴史的事象を明らかにするという、歴史学本来のあり方とされている「実証主義的研究の積み重ね」により、「日本がなぜ、あのような非合理的とも思われる決定を下したのかについて」、「開戦に至る政策決定の実態」を明らかにし、それをもとにして「開戦」の「原因」を「究明」しようとする「数多くの研究が」発表されてきた＊5。

「政策決定の実態」とは、国家としての政策の意思決定過程(decision making process)と言い換えてもよいだろう。意思決定過程とは、個人において、あるいは、国家に限らずたとえば企業や軍事組織のような組織において、目の前にある複数の選択肢のなかから合理的と思われる選択をしなければならない場面に遭遇したとき、決定に至るためにとった行為の過程(プロセス)をいう。

この太平洋戦争開戦に至る国家の政策(国策)の決定過程を詳細に追った著書として代表的なものに、森山優氏の『日米開戦の政治過程』がある＊6。この著書のあつかった「分析枠組、そして質の高い収集資料は、開戦史研究の一つの到達点として永く参照されるべき」ものと評価されている＊7。氏はこの著書で、まず、当時の日本の意思決定のシステムについて、先行研究の成果を受けておよそ次のように述べている。

「明治憲法の規定は、天皇以外の権力の中心を認めておらず、内閣の各大臣や統帥部〔陸軍参謀本部と海軍軍令部〕はそれぞれ個々に天皇を輔弼・輔翼する存在とされていた」。そのため、国家を統合する政治権力は、「常に憲法で規定されていない政治勢力のリーダーシップによって運営されてきた。元老、重臣に代表される憲法外の存在がそれである」。しかし、「これらの存在が統合力を喪失していき政治力が多元化した状況のなかで」、「政治的統合力の欠如による混乱は、外交政策決定の場においても顕著」となった。この時期の外交政策決定の場には「主に陸、海、外三省と陸海統帥部、そして希に近衛首相が加わった。これらの勢力の意見対立を調整する場が連絡懇談会〔本稿では「連絡会議」に統一〕であった」。しかしこのような決定システムでは、「各政治勢力のセクショナル・インタレストが対立したときは調整不可能だった」＊8。これが、当時の政治状況である。

この多元化した政治状況のもとにおいて、対米開戦に至るこの時期の国策の決定過程を、森山氏は実証的に詳細分析した。その要旨は、次のとおりである。

「各政治勢力のセクショナル・インタレストが対立し調整が不可能」になった際には、「如何様な解釈も可能なあいまいな表現にとどめ、実際の決定はそのような〔決定が執行可能な〕情勢が到来するまで先延ばしにするのが、対立を深刻化させずに『合意』を形成する有効な方法であった」。そこで実際の「『国策』の文面は、『両論併記』か『非決定』という手段で、形式上の一致を表現するにとどまった」。開戦に至る意思決定過程は、まさに「『非決定』の連鎖」ともいえるものであった＊9。

こうした「非決定」の連鎖のあと、「それまでの日米交渉の経緯とは全くかけ離れた強硬な「ハル・ノート」が米国から提示され、「その高圧的な内容により〔中略〕もはや対米開戦は『非決定』や『両論併記』によって糊塗的に『一致』を表現すべき政策課題ではなくなった」。かくして近衛内閣のあとを継いだ「東条内閣は、ハル・ノートによって、開戦に関しては完全な『一致』を形成することが可能となり、対米開戦への道を突き進んだのである」＊10。

開戦決定に至る過程を、森山氏は、このように結論付けている。

ハル・ノートという「外圧」が、当時において内部調整では一致させることの困難だったわが国の国策を「一致」

させたという森山氏の所説は、ハル・ノート開戦説で示された歴史的事象の意義を、意思決定過程という鏡に映して説明したものである。この氏の研究結果は、実証主義的研究の積み重ねが到達した一つの成果であり、氏はこの成果をもって、従来のような責任の追及や断罪に議論を発展させていない。

ハル・ノート開戦説を過大視することへの疑問——森茂樹氏の所説

ハル・ノート開戦説は、日本の対外政策を開戦に一致させた直接の動機が、米国からの「外圧」であったことを示している。このことから、開戦の責任を、外圧を加えた国に負わせることによって、開戦に際しわが国政府の採った措置を、やむを得なかったと正当化する議論がなされている*11。

この議論について森茂樹氏は、次のように批判している。当時の「アメリカの注意はむしろヨーロッパにおけるドイツの脅威に向けられて」いた。したがって日本としては、「敵を英・中に絞る方がよほど合理的」であって、「アメリカまで攻撃してしまったのは日本の失敗としかいいようがない」。「それを棚に上げて『わけもわからずアメリカに一方的に追い詰められた』とする見方が今なお幅をきかせて」いる。「その最たるものが『ハル・ノート』に関する議論である」。「日中戦争以来の経緯を考えれば、日本が一方的に追いつめられたというのは話が逆であり、日本が何をどう間違えて、その結果アメリカに『ハル・ノート』を出させてしまったのか、と考える方が生産的であろう」というのである*12。

すなわち、史料をもとに明らかにした歴史的事象について、それらのあいだの関連性やそれらから構成される構造（因果関係）を考察する際に、どのような要素を重要視しているかの違いを示すものが「歴史観」だと定義すると、森氏には、あの戦争はとうてい正当化できるものではないとの歴史観が先ずあって、それにもとづき、開戦をやむをえなかったとするハル・ノート開戦説をそれほど重要視すべきではないと評価していることになる。

　森氏の所説が今日的価値観からみて条理にかなっているとしても、当時の関係者たちが開戦を決めた動機がハル・ノート開戦説の示したとおりであれば、氏の所論は、今日的価値観でもってその「是非」を論じていることになる。しかし歴史学として先ずなすべきことは、開戦決定にかかわった当時の人たちが、どのような過程を経て（どのような考えでもって）開戦を決定したかを明らかにすることであり、その一つとして、ハル・ノート開戦説が事実であったか否かをまず確定すべきというのが筆者の立場である。

　それでは森氏は、ハル・ノート開戦説について、どのように位置づけているのであろうか。氏は別の著書に、次のように記している。ハル・ノートを提示されたときの日本の外相は、「霞が関でキャリアを積んだ正統派の外交官僚」の東郷茂徳であり、このとき東郷は、「外務省の論理の影響を色濃く反映していた」。すなわち、『『大東亜共栄圏』の建設を当然のことと受容」していたのである。二代前の外相だった松岡洋右も、米国に、「日本の東アジア支配の承認を要求したが、一方でそれを米国が飲まざるをえないような勢力配置の実現を目指し、ドイツやソ連、中国への働き掛けを怠らなかった。〔次の豊田貞次郎外相時代、外交政策に自ら乗り出した〕近衛は〔交渉を〕対米二国間交渉に絞ったが、交渉妥結のためには米国に対して徹底的な譲歩を覚悟していた。しかしながら、東郷は二国間交渉で東アジアブロックを米国に承認させせようというのだから、目的と手段の組み合わせは当初から絶望的なもの」であった。その東郷が、ハル・ノートを提示されて「日米の国際秩序構想が相容れないものであることを知り、交渉を断念して開戦に同意」したというのが、氏のいう、外交面からみた開戦の意思決定過程である*13。

　この森氏の所説をさらに推し進めると、東郷は、自らの外交政策が絶望的なものであったことに気づかなかったのみならず、組織としての外務省もそれに気づいていなかったか、あるいは気づいた人は居ても、組織としての決定に結びつけることができなかったことになる。右記の氏の所説が事実なら、東郷が自らの外交政策の瑕疵を見逃したゆえんや、外交政策立案の面で外務省組織が機能不全に陥っていたことを実証する課題が残っている。

ちなみに氏によれば、一般にうんぬんされている満洲からの撤兵については、「そうなれば結局満州も」というかたちで言及されたに過ぎないので、問題の中心ではないとしていて*14、満洲からの撤兵を問題とする議論の意義を認めていない。

この森氏の所論は、二十一世紀になって発表された。これが発表される二十三年前のこと、塩崎弘明氏は、対米開戦外交を論じた論文のなかで、今後の課題として、「今日迄日本側に多くみられた『開戦の理由を日本が満州事変前の状態に戻ることを要求したハル・ノートに求め』る定式から開放される必要」があり、むしろ「日本側の外交パターンとなってきた『二国間外交の重視』や『外圧に対する脆弱性』こそ再検討される必要がある」と指摘している*15。森氏の所説は、塩崎氏の指摘した懸案に応えたものとみることができ、それだけに、追試をおこなうに値する所説である。

その他須藤眞志氏は、日米交渉が破綻したのは両国間の「利害が錯綜し、相対立していたこと」によるが、それをさらに増幅させたのが両国間のコミュニケーション・ギャップとパーセプション・ギャップだとし、ハル・ノートについてもそれがあったとしている*16。また氏はハル・ノートの満洲問題でも注目すべき言及をおこなっているが*17、詳細は後述する。

3．旧軍将校の証言とハル・ノート開戦説への疑問

戦史叢書と初代戦史室長西浦進

太平洋戦争の開戦過程を研究するうえにおいて欠かせない参考資料に、公刊戦史としての全百二巻からなる『戦史叢書』がある。この叢書は太平洋戦争（戦史叢書では、当時の呼称を採用して「大東亜戦争」と呼ぶ）の戦闘史を主とするものであるが、開戦過程の研究にとっても、『大本営陸軍部　大東亜戦争開戦経緯』、『大本営海軍部　大東亜戦争開

戦経緯』、『大本営陸軍部』など有益なものがある。

この叢書は、防衛庁防衛研修所の戦史室（現防衛省防衛研究所戦史研究センター）において、旧軍将校（および士官）によって編纂された。この叢書の編纂意図がどこに在ったかを推察するために、戦史室が設立された経緯をふりかえってみる。

戦史室とその前身となる部署は、関係者の証言によれば、「本来はＧＨＱの要請により主として陸軍の作戦、戦斗に関する資料を収集、整理して米側に提供するため」の部署であったが、その後も「独自の見解により戦争指導関係の資料の収集、整理、保管」がつづけられ、その資料は「Ａ級戦犯裁判の弁護資料として活用せられた」＊18。公刊戦史としての戦史叢書を編纂することになったのは、自衛隊の「各学校や実施部隊において教育上どうしても大東亜戦争の戦史、戦訓を引例する必要に迫られていたから」だとされている＊19。この三番目のものが、今日では、戦史叢書が編纂された公式の意図だとされている。しかしそこに至る過程において、極東国際軍事裁判（The International Military Tribunal for the Far East、東京裁判とも。以下、極東裁判）における弁護側資料作成のために史料が集積されたことは、執筆者が旧軍将校であることとともに、その史料を使用した戦史叢書の性格を知る上で認識しておくべきである。

この戦史室の初代室長は、長年のあいだ陸軍省の中枢において、中堅の軍官僚として勤務した西浦進大佐（終戦時の階級）である。西浦は、戦史室長として執筆者とともに叢書の内容にかかわるとともに＊20、戦史叢書執筆のために防衛研修所に集積した史料すべてにアクセスできる立場にあった＊21。したがって西浦は、かつて軍中枢に勤務して職務遂行上知り得た事項のみならず、それ以上に、機密のベールにつつまれていた太平洋戦争にかかわる枢機に通じていたとみることができる。そのため西浦は、歴史の証人としての期待を寄せられる立場にあった。

西浦の回想と聴き取り史料の利点

この歴史の証人としての西浦には、回想録とともに聴き取り史料が残されている*22。

聴き取り史料はいわゆる二次史料に該当するが、二次史料としての欠点を補うものとして、今日のＩＴ用語で言えば、文献史料が片方向（simplex）であるのに対し聴き取り史料は双方向（interactive）のコミュニケーションが可能で、それまでの文献史料にないことを質問できるだけでなく、回答内容に対して更に再質問ができ、「さまざまな質問をすることによって」二次史料には出てこない事実を掘り起こすことが可能となる*23。このことから、「聴き取り」の史料的価値は、聞き手の能力と経験と努力に負うところが大きいといえる。西浦からの聴き取りは、質量ともそれに堪えるだけの近代史研究者たちが、計六回にわたり、入れ替わり立ち代りしておこなったものである*24。

ハル・ノートに関する「聴き取り」史料に触れる前に、西浦の回想録と聴き取り史料のあいだにある差異に着目し、聞き手の質問が内容に及ぼした効果をみてみる。

西浦の回想録には、開戦を決定した時期の記述としては次のようにあるだけで、ハル・ノートについては一切記載されていない。

　対米交渉の経過等は、却って秘書官となったために系統立っては何にも判らなくなった*25。

西浦が東條陸相の秘書官に任命されたのは、東條が首相に任ぜられた（一九）四一年十月のことであった。したがってハル・ノートを接受したときの西浦は兼任陸相の秘書官であり、その秘書官が「何にも判らなくなった」などということはおよそ不自然である。

回想録は二次史料である。二次史料の特徴の一つとして、「思い出された過去はしばしばその人にとって今日的価値に強く影響されて」おり、「今日の価値観に一元的に統合できないものは、しばしば記憶から追放されかかっていることが多い」とされる＊26。したがって回想録に記載されていないことが「聴き取り」史料に載っていれば、それは、「今日の価値観」に統合できなかったがゆえに回想録に記載されず、「聴き取り」の聞き手の質問によって掘り起こされたものと推定できる。

それでは、ハル・ノートに関する西浦の聴き取りによる証言をみてみよう。

聴き取りを通じて得た西浦の証言

回想録と違って聴き取りでは、質問されるより前に、西浦の方から進んでハル・ノートのことを話し出している。それは、ハル・ノートを接受したときではなく、その半年以上前の、日米国交調整交渉が始まった四一年四月頃のことを述べている際のことである。当時西浦は、陸軍省軍務局軍事課の高級課員であった。西浦は、次のように証言している。

○答〔前略〕ハル・ノートを見れば満州からも撤兵ということになるわけなんですから、あれじゃ到底話しはつかない〔後略〕＊27。

○答〔前略〕ハル・ノートが来たから〔開戦を〕決心をしたので、ハル・ノートが来なかったら決心しないのですから〔後略〕＊28。

西浦の証言は、ハル・ノートは満洲事変以前の状態に戻ることを要求しており、そのため日本として開戦を決意した、というハル・ノート開戦説の趣旨そのものであった。

この証言は、六八年一月に行われた。当時はすでに、シリーズ『太平洋戦争への道』の最終巻である「七　日米開戦」が刊行されて五年弱の年月が経過していた。『太平洋戦争への道』は、日本国際政治学会の手により「天皇制ファシズム論に挑戦する共同研究」として編まれたもので＊29、「開戦に至る日本の政策決定の実態について」の「実証主義的研究」の成果であり＊30、「今日でも利用史料と分析水準の高さは損なわれていない」＊31と評価されたものである。まさに、太平洋戦争開戦過程研究の古典といえる。この書によると、ハル・ノートは「春以来の米国側の主張を超えあるいは新たにしてここ半年にわたる日米間の交渉の経緯は全く無視したもの」であり、これを見て東郷は、「これまで統帥部と全力を尽して闘って来た熱意をも一挙に失うに至った」と、ハル・ノートが日本にとって苛酷な要求であったことを述べ、そのため連絡会議の出席者も「ありありと落胆をしめしながらも、はじめて主戦一本にまとまるに至った」と述べている＊32。このことは西浦の聴き取りがあったとき、ハル・ノート開戦説はすでに学説として確立されていたことを示している。

ところでこのあと、聞き手は別の質問をしたうえで、次のような質問をした。

○問　ハル・ノートで、支那からの撤兵というのを満州からの撤兵を含むと陸軍のほうで解釈された根拠はなんでございますか＊33。

このとき質問をした聞き手は、ハル・ノート開戦説に疑念を抱いた人の回想録を目にすることが可能であった。回想録を書いた人は外務省出身で、対米開戦に反対し、戦時中は近衛の終戦工作に参画したことで憲兵に拘禁・尋問され、敗戦後首相になり日本の復興の礎を築いた吉田茂である。「当時、およそ政治的行動をとる人びとで、軍部となんらかの形で接触のなかったものは存在しえなかった」なかにおいて＊34、吉田は敗戦に直面しても、開戦の際に採った行動に忸怩たるところのなかった稀少な一人で、かつ、元老西園寺公望の秘書にまで断りがあったほど早期に退官させられて（三九年三月）「外務省給与支払名簿」から外された事情があり＊35、外務省関係者の意向を忖度する必要のない（組織防衛に付き合う義理の無い）と思われる立場にあった。したがってその回想内容は、「今日の価値観に一元的に統合」できる（実際に有ったことをそのまま証言できる）立場にあった。吉田の回想は、次の通りである。

私の記憶では、政府はハル・ノートの訳文に多少手を加え、国民感情を刺激するようなニュアンスをもったものにして、それを枢密院に回付したとのことであった＊36。

管見のかぎりでは、著名な外交官の回想録のなかで吉田の回想録は、記述内容がハル・ノート開戦説の趣旨に沿っていないほとんど唯一の回想録である。吉田の回想録が刊行されたのは、西浦の聴き取りより十年余り前のことである。聴き取りをおこなった八名のメンバーのなかに、吉田の回想録を読んで、ハル・ノートは当時の政府によって手を加えられたのではないかとの疑念を抱く人が居ても不思議はない。「満州からの撤兵を含むと陸軍のほうで解釈された根拠は？」との質問は、史実を掘り起こそうする聞き手の努力であったといえる。この質問に、西浦は次のように答えた。

〇答　それほどまでによく研究していなかったのじゃないですかな。しかしあれはどっちとでも取れるのじゃないですか＊37。

満洲からの撤兵まで要求しているハル・ノートはとうてい受入れ難い、ハル・ノートが来たから対米開戦を決心した、とこれまで証言した西浦は、この質問を受けて、ハル・ノートが満洲撤兵を要求しているか否かよく研究していないとか、あれは満洲撤兵を要求しているともそうでないともどちらでもとれる、などと答えた。戦史室に勤務したことのある近代史の研究者は、西浦のことを、「思考回路は合理的」だと評価している＊38。その西浦が非論理的で、あいまいな答をした。質問は続けられた。

問　はい、しかしあれをみんなどの方も満州を含むと考えられておられたのですが、しかし含まないと解釈することも出来るわけですが。
答　しかし、あの時分「それ見ろ」と、こういうことで行っちゃったのでしょうね。
問　一つの心理的なものがあった上での解釈をしたわけでしょうが。
答　そうだろうと思いますね。あの時はこれで満州を含むのか含まないのかというようなことはあまり議論はなかったと思います*39。

「議論はなかった」どころか、開戦直前の十二月一日の御前会議において、昭和天皇の面前で、米側の「全支那カラ撤兵セヨ」という要求に満洲が含まれているかいないかとの質疑が交わされた*40。議事録は聴き取りをおこなった前年に公開されており、この時点で聞き手はそれを見る機会があった。聞き手は、西浦が真実を話していないことに気がついたはずである。ところが聞き手は追及するかわりに、混乱した西浦に救いの手を差し伸べた。聞き手として質問をしたい事項がまだ残っているのでこれ以上西浦を問い詰めるのは得策ではないと判断したのだろうか。あるいは質問しても、これ以上西浦は、あの時あったことは絶対に口にしないとみてとったからであろうか。

そして西浦が真実を話さなくても、これだけで、ハル・ノートの満洲からの撤兵や、ハル・ノートと開戦との関係についての通説は再検討を要するとみて、聴き取りとしては、ここまで言わせれば上出来だと判断したのだろうか、それともそのような疑問など湧かず、既成概念にしたがって西浦のした話をそのまま受け容れたのだろうか、いずれにせよこの聴き取りではこれ以上ハル・ノートについての質問はしなかったし、西浦もそれを口にしなかった。

ハル・ノート開戦説への疑問

ところで、先行研究がハル・ノート開戦説を論ずるのに依拠した史料は、いずれも二次史料であった。すなわち、五二年刊行の東郷外相の回想録＊41であり、四六年五月〜四八年十一月開廷の極東裁判での被告側証言などである。そのことは、五九年発表の奥村房夫氏の論文をはじめ＊42、六三年刊行の『太平洋戦争への道』、九八年の『日米開戦の政治過程』、二〇〇七年の『アジア・太平洋戦争』の、いずれも例外ではなかった。

東郷の回想録のなかの開戦過程にかかわる箇所は、今日的価値観に照らし合わせると、当事者として不本意な結果（敗戦）を招いた意思決定過程に関する回想であって、本来なら自己否定を余儀なくされるものである。したがってその分、なにがしか弁明もしくは自己防衛の書とならざるを得ない。かかる史料は、採用にあたって他の史料と照合するなどの周到な史料批判を要するものである。極東裁判における被告側証言も同様である。このことから、先行研究の史料の扱い方に（森氏のものの一部に慎重な表現があるが）疑問を抱かざるを得ない。

しかし今日では、多くの先学たちの努力によって、一次史料が公開され、活字化されてきたものが集積されている。そこでこの際、極力一次史料を使ってハル・ノート開戦説を見直すことは、これらの先学の労苦になにがしか酬いることになると思うのである。

1 高校用教科書『詳説　日本史』（山川出版社、二〇〇〇年）三二九〜三三〇頁。
2 同右三三〇頁。
3 鳥海靖他編『日本近現代史研究事典』（東京堂出版、一九九九年）二九四〜二九五頁、波多野澄雄「太平洋戦争開戦経緯」。
4 『国史大辞典』第一一巻（吉川弘文館、一九九〇年）七二六〜七二七頁、塩崎弘明。
5 戸部良一「太平洋戦争史をめぐる最近の研究動向」『国際問題』三八一（一九九一年）五五〜五六頁。
6 森山優『日米開戦の政治過程』（吉川弘文館、一九九八年）。
7 波多野澄雄「書評　日米開戦の政治過程」『国際政治』一二二（一九九九年）二〇四〜二〇五頁。
8 前掲森山『日米開戦の政治過程』二〜三頁。

9　同右三～五頁。国策を形式上一致させる必要性については、森茂樹氏が、各政治勢力が決定した文面を自分の都合の良いように解釈して天皇に説明し、天皇の承認を得て、これまた自分の都合の良いように実行に移すためだった、としている（吉田裕ほか『アジア・太平洋戦争』、吉川弘文館、二〇〇七年、四二～四三頁）。
10　前掲森山『日米開戦の政治過程』二六一頁。
11　たとえば、奥村房夫「ハル・ノート」『拓殖大学論集』一九（一九五九年）五一頁。
12　前掲吉田ほか『アジア・太平洋戦争』一〇～一一頁。
13　森茂樹「大陸政策と日米開戦」『日本史講座第九巻　近代の転換』（東京大学出版会、二〇〇五年）二九四～二九五頁。
14　前掲吉田ほか『アジア・太平洋戦争』四九頁。
15　塩崎弘明『『諒解案』から『ハル・ノート』まで」『国際政治』七一（一九八二年）一五四頁。
16　須藤眞志『日米開戦外交の研究』（慶応通信、一九八六年）二九五～三二五頁。
17　須藤眞志「ハル・ノートと満洲問題」『法学研究』六九（一二）（一九九六年）。
18　西浦進氏追悼録編纂委員会編『西浦進』（非売品、一九七一年）三三六頁、橋本正勝「復員局及び史実研究所時代の西浦大佐」。
19　同右三七〇頁、寺崎隆治「創設のころ」。
20　たとえば、戦史叢書『大本営陸軍部』一（朝雲新聞社、一九六七年）の「序」に、「本書記述の内容に関する責任は、戦史室長と執筆者のみにあることを特に付言する」とある。
21　戦史室に集積され現在も保管されている史料は、その後防衛研究所の「史料閲覧室」で一般に公開されてきているが、いまなお非公開のものが残っている。
22　回想録：西浦進『昭和戦争史の証言』（原書房、一九八〇年）。聴き取り：『西浦進氏談話速記録』（日本近代史料研究会、一九六八年）。
23　中村隆英・伊藤隆編『近代日本研究入門』増補版（東京大学出版会、一九八三年）伊藤隆「聴き取りについて」二七九～二八三頁。
24　伊藤隆、井上光貞、岡義武、木戸孝彦、佐藤誠三郎、竹山護夫、鳥海靖、松沢哲成、三谷太一郎、井上勲、安井達也、石田雄、坂野潤治、成沢光の各氏。
25　前掲西浦『昭和戦争史の証言』一六三頁。
26　前掲『近代日本研究入門』伊藤隆「聴き取りについて」二七九～二八三頁。
27　前掲『西浦進氏談話速記録』下、三二七頁。

28 同右三二八頁。
29 前掲『日本近現代史研究事典』二九五頁。
30 前掲戸部「太平洋戦争史をめぐる最近の研究動向」五五頁。
31 前掲『日本近現代史研究事典』二九五頁。
32 日本国際政治学会編『太平洋戦争への道』七（朝日新聞社、一九六三年）三六一〜三六二頁。
33 前掲『西浦進氏談話速記録』下、三二八頁。
34 前掲『近代日本研究入門』八九頁、伊藤隆「戦時体制」。
35 原田熊雄述『西園寺公と政局』第七巻（岩波書店、一九五二年）、三八年九月七日口述、九五頁。
36 吉田茂『回想十年』第一巻（新潮社、一九五七年）六一頁。
37 前掲『西浦進氏談話速記録』下、三二八頁。
38 波多野澄雄『幕僚たちの真珠湾』（朝日新聞社、一九九一年）二二一頁。
39 前掲『西浦進氏談話速記録』下、三二八〜三二九頁。
40 参謀本部編『杉山メモ』上（原書房、一九六七年）五三九頁。
41 東郷茂徳『時代の一面』（改造社、一九五二年）、東郷茂徳『東郷茂徳外交手記　時代の一面』（原書房復刻、一九六七年）。以下、引用は復刻本による。
42 前掲奥村「ハル・ノート」。

Ⅱ　東郷外相就任の経緯と外務省内の様相

1．東郷外相就任の経緯

東郷が選任された理由

既述のように明治憲法下の意思決定のシステムの下では、対外政策の決定過程における主要な政治勢力は、陸海軍と外務省であった。そして外務省は、陸海軍（とりわけ陸軍）にひきずられ、陸軍の暴走を止めようとするだけの消極的な存在であるとされてきた。そのため、これまで研究の関心はとかく陸海軍に向かいがちであった。これに対し森茂樹氏は、「逆に外交の面から開戦決定過程を検討する必要があるだろう」と論じている＊1。そこで、ハル・ノートを接受して開戦を決意したとする過程を、まず、外務省とそれを代表する外相の動静を中心に据えて極力一次史料を使って明らかにする。

四一年十月十六日、第三次近衛内閣は総辞職し、明くる十七日、組閣の大命は東條に降った。これを受け東條は直ちに組閣に着手した。そして外相には、それまでの海軍出身の豊田貞次郎にかえ、外務官僚の東郷茂徳を起用した。

この時東郷は、待命中の大使であった。東郷が外相に選任された理由について、当の東郷は、外務省の先輩のなかで大臣に選ばれるべき地位にあったので、自然と外相に推されたもので、東條との関係で選任されたわけではないと、極東裁判で証言している＊2。もっとも参謀本部作戦部長（第一部長）の田中新一が戦後に執筆した記録には、「外相としての東郷氏、従来陸軍側と交流も多く適任なりとの評なり」とある＊3。二次史料とはいえ、東郷や外務省とは利害関係のなかった旧軍将校の記録である。東郷が陸軍と協調してきたというのは、あるいは事実かもしれない。このことは、管見の限りでは、これまでに指摘されていない。

また、松岡外相時代の外務次官であり、かつ、外務省内の主流派からはずれていた大橋忠一は＊4、回想録に、「どの外務大臣は悪いがどの外務大臣はよい、と争われているが私に言わせれば誰も彼も皆ひとしく軍部の傀儡であり、協力者であり、そして大臣病患者であった」と記している＊5。大橋の回想録では「軍部の傀儡」だ「大臣病患者」だと「今日の価値観に一元的に統合」された露骨な表現になっているが、外交官という官僚が上位のポストを希求し、そのために当時最大の政治勢力とみられた軍部と協調してやっていくことは、当時としては普通のことであったということであろう。

以上から東郷が外相に選任されたのは、当時としては順当な、あるいは無難な人事であったと思われるが、東郷と軍の関係については、ここではっきりしないとしておく。

対米交渉条件再検討の内約

東郷自身の回想によれば、東條は、入閣交渉の席上「日米交渉の難関たる支那駐兵問題に陸軍が強硬意見を持した為め近衛内閣が総辞職となった」ことを認め、「強硬意見を持した自分に大命が降下したのであるから、駐兵問題については自分は何処迄も強硬なる態度を持続していい筈と思ふ」と述べたという。そこで東郷としては、いったんは入閣を断ったが、そのあと種々のやりとりのすえ、「交渉は成立せしめ得るものなれば成立せしめたい」、「諸問題〔交渉条件〕に付き再検討を加うることに何等異存はない」との答えを、東條から引き出すことができたと回想している＊6。

ところが来栖三郎大使の回想ではこの半月後、東條は、渡米を前にして挨拶に来た来栖にも、「交渉の三難点の中、撤兵の問題だけは、如何なることがあっても断じて譲歩することは出来ない」と述べたという＊7。初めに東郷に言ったことと同じことを、東條は述べたことになる。

ちなみに重臣岡田啓介は、当時、後継首相を協議する重臣会議の席上で、東條奏薦に反対し、「陸軍と近衛との対立にて総辞職となれるを以て陸軍に大命降下することは陸軍の主張に采配振られたことになるのか」と発言した＊8。岡田の発言の趣旨は、その地位に登用されたからにはその主張は認められたことになる、という点で東條の言い分と同趣旨である。したがって、東條が当時、自分の主張は昭和天皇に認められたと考えていたことは、十分にあり得ることである。東條がどこまでも中国からの撤兵について否定的だったとすると、入閣交渉の席上で、対米交渉条件について東郷に交渉条件の再検討に応ずる旨の内約を与えたという東郷の回想は、はなはだ疑わしい。

新海相を頼みにして就任を承諾

入閣交渉について、さらに東郷の回想は続く。東條は、「明早朝、閣員名簿を奉呈したいのであるから即坐に承諾を」と東郷に迫った。そこで東郷は、海相は誰になるかを聞き出し「嶋田〔繁太郎〕大将になるだろう」とのことだったので、「交渉成立の方向に事態を導き得べし」と判断し、外相就任を承諾したという＊9。これまで海相であった及川古志郎は、公式の場で、開戦の是非について態度をあいまいにしてきた＊10。しかし嶋田なら、「海軍の強硬派に属せぬことだけは承知して居たので、交渉促進にも不賛成ではあるまいと胸算し」、彼なら「日米開戦後の成算乏しき次第を強く主張し」てくれるだろう、と期待したと回想している＊11。

このことに関連し、吉田茂の、岳父の牧野伸顕宛書翰に、「昨日来外相方其他ニて承知致候処によれハ、〔中略〕外相ハ又海相か日米開戦後の成算乏しき次第を強く主張しくる事を望み」＊12とある。東郷が、対米避戦について嶋田を頼みにしたことは事実である。

東郷外相の行動様式

なおこのときの吉田の書翰には、さらに、次のようなことが記されている。

〔前略〕広田ハ重臣会議の行札〔経緯ヵ〕現内閣成立之事情ニ顧み結局首相及内大臣が何とか取纏めへく〔中略〕楽観致居候処、〔中略〕首相近来の意向ハ決して広田所見の如き楽観を許さぬものと外相ハ考居　一ニ内府の斡旋に僅かに望みを維き居、サリトテ〔中略〕外相自ら内府ニ話込みも致さす、小生〔吉田〕に代ハりて内府に申入くれと申居るなと、甚た煮きらぬ空気に候＊13

すなわち、外務省の先輩の廣田弘毅は、この状況では戦争にはなるまいという楽観論を述べていた。廣田は、首相と外相を歴任した重臣であった。しかし、当の東郷外相の方は、廣田と違って、東條首相の意向から見て「極めて悲観的」な見方をしていたという。にもかかわらず東郷は、自分の方から積極的に、他に向かって働きかけようとはしなかった。東郷の行動様式は、受け身であったとみることができる。

また、当時海軍次官であった澤本頼雄の業務日誌には、次のような記述がある。

最後拝謁ノ際　豊田氏――陛下ニ対シ奉リ　涙ヲ以テ現下ノ情勢ニ於テハ和平ヲ進ムル必要ヲ力説　陛下御納得アリタリト

△豊田　外相〔九月六日の御前会議決定は〕白紙ノ状態ニテ自由ノ行動ヲ取リ得ト称ス　対米工作ヲ続行スル趣旨ニハ賛成ナルモ、責任ヲ以テ強行スルノ気魄見エズト＊14

離任のあと出身部署の海軍省を訪れた前外相豊田の話では、自分〔豊田〕は最後の拝謁で、天皇に現状を説明し、涙を流して対米避戦のための交渉の推進の必要性を説いた。それにくらべて今度の東郷外相は、交渉はするとしても、自らの責任でもって推進していくというだけの気魄がみられなかった、とのことであった。豊田にしてみれば、自分が熱を入れて取り組んだ任務に、後任の東郷がそれほど熱意を示さなかったのを見て複雑な心境になり、気心の知れた出身部署で、つい、口に出したものと思われる。

これらの一次史料から読み取れる東郷の就任にあたっての行動様式は、本人の回想録（二次史料）からうかがえることとは乖離がある。すなわち回想録には、ハル・ノートが接到して「眼も暗むばかり失望に撃たれた」とか、『ハル』公文接到迄は〔軍部と〕全力を尽して闘ひ且活動したが、同公文接到後は働く熱を失った」とか、「戦争を避ける為めに眼をつむって〔ハル・ノートを〕鵜呑みにしようとして見たが喉につかへて迚も通らなかった」*15とか記してある。そこから読み取れることは、多くの先行研究がそう読み取ったように、対米避戦のために、「責任ヲ以テ強行スルノ気魄」に満ちあふれ、使命感をもって交渉に臨んでいる東郷の行動様式である。

他方、前述の一次史料の方から浮かび上がる行動様式は、官僚制組織の上級ポストとその候補者にありがちな、ごく普通に見られる行動様式である。したがって、東郷の行動様式についての先行研究に記述されている既成概念は、ここでいったん白紙に還元すべきである。

2. 当時の外務省内の様相

駐米大使館の様相

対米交渉の執行のほとんどは、本省の主導のもとに、ワシントンに在る出先の窓口を通じて行われた。ところが窓口の駐米大使館では、かねてから、海軍出身で外相経験者でもあった館長の野村吉三郎大使と、歴代の外相とのあいだに確執があった*16。

野村は七月十一日付（米国東部時間。以下、日時は特記なきかぎり「現地時間」）松岡外相宛の電報では、「ナルベク早ク退任スルノ必要ヲ痛感スル次第ナリ」と辞意を表明し＊17、松岡の後任の、海軍時代の後輩にあたる豊田外相宛の同年八月八日付の電報では、「外務ノ先輩（例ヘハ来栖大使）ヲ一時派遣セシメ本使ニ協力セシムル様」＊18と来栖を名指ししてその派遣を要請し、そのあと東郷が外相に就任した際の十月二十二日付電報では、

小生ハ前内閣〔近衛内閣〕ノ退場ニ殉ズベキモノト確信ス。元来国務長官ハ小生ノ誠意ヲ認メツツ東京ニ対シテインフルエンス〔influence、影響力〕ナキモノト認定シアリ。大統領亦然リト聞及ベリ。〔中略〕已ニ死馬ノ骨トナリ此ノ上自分ヲ欺キ他人ヲモ欺クガ如キ胡魔化シ的存在タルハ心苦シク、〔中略〕公人トシテ踏マザルベカラザル途ナリト信ズルニツキ、微衷御高察何卒速カニ御認許相成度ク〔後略〕＊19。

と、悲痛な言葉で本国への召還を懇請している。これは、異常な状態であろう。

これらの電文を館長符号で暗号に組んだうえで送信を電報会社に依頼する作業は、野村自身がするわけではなく、大使館員の事務になる。野村の心境を吐露した電文は、館員の目にとまり、大使館内に伝わっていくことは避けがたい。海外に在って周囲から孤立した小社会では、国内に在る場合以上に、そのトップである館長の職務遂行上のモラール（morale）の低下は、大使館全体の空気を支配しかねないものであったであろう。東郷が就任したときの駐米大使館は、かかる様相を呈していた。

陸海軍の下請化していた外務省

他方、本省のほうの様相はどのようであったか。東郷が就任したころの外務省と陸海軍との関係に着目してみる。東郷の回想によると、「外務省の往復電報は凡て軍部に送るのが例で」、「之は満州事変後の成例」であった。具体

的には「陸海軍省及両統帥部には、日米交渉に関する電報は、上長に計ることなく全部其写しを急速発送」することになっていた。「東條陸相の机の上には毎朝外務省からの電報が堆高く載って居」て、東條はそれを「念入りに読み、缺号があるとすぐ催促を命じた」という。他方「陸海軍」「在外武官からの電報」は、「外務省には原則として送付しない」＊20。このように外務省と陸海軍とのあいだは対等なものではなく、一種の「情報の非対称性」＊21が存在していた。

野村駐米大使宛の外務省の訓電を、連絡会議で審議することもあった。第三次近衛内閣時代、米国大統領の覚書への返事を出す際には、陸軍省の高級課員が作成した文案を持って陸軍省の軍務局長が外務省とかけあい、外務省起案のものを修正させ、出来上った成案を陸軍に持ち帰り省部〔陸軍省・参謀本部〕合同の首脳会議にかけ審議したうえで、連絡会議で承認するという過程を経て外務省から打電されたという＊22。

また東條内閣時代には、やはり陸軍省の高級課員が、「昨夜到着セル野村電ヲ研究シ、〔武藤軍務〕局長及山本〔熊一〕亜米利加兼任局長へ意見廻ス」こともあった＊23。松岡外相時代の次官であった大橋は、「外務省は満州事件以来長い間、陸軍省外務局と言われたくらい、卑屈になり独立性を失っていた」＊24と回想している。外務省は、陸軍省の半ば下請けと化していた。この結果、先行研究には、省内に陸軍中央の急進派と結びついた革新派官僚が横行していたことを問題視する向きがある＊25。外務省革新派と呼ばれるこの人たちは、「ときに軍部以上の強硬論を吐き、しばしば軍部と密着して外交刷新を実現しようと行動」したとされている＊26。けれども組織をマネジメントする立場からみれば、下請化することによる省員のモラールの荒廃こそ問題であろう。

その外務省が下請けから脱して、外交政策の主導権をとり戻したときがあった。松岡洋右が外相だった一年間である。就任早々の四〇年「九月二十七日、松岡は三国同盟を締結した。この条約文は〔中略〕松岡外相の全責任においてなされたもので、〔陸軍としては〕一言半句も意見を差し挿む余地はなかった」とされるほど＊27、このときは松岡の独壇場であった。よく知られているように松岡はこのあとも政府内で主導権を握るべく奮闘するが、最後には閣内で孤立化し更迭される。

しかしこの間、外務省員のモラールは向上した。四一年七月十七日、新旧外相の交替式が行われた。次の豊田外相時代の外務次官であった天羽英二は、日記に、「松岡豊田事務引継後　全外務省員松岡ヲ送出ス」と記している*28。松岡の次官であった大橋忠一は、この省員の行為を前例のない行為とし、「感激的シーン」だったと回想している*29。そして松岡が去ったあと再び、元の下請化した外務省に戻ったであろうことは容易に想像できる。

本省における対米外交の推進体制

本省での対米交渉の主管は、亜米利加局であった。

松岡外相と豊田外相の時代の亜米利加局長であった寺崎太郎の回想によれば、対米交渉にかかわったのは、局長と第一課長の結城司郎次のほか二名に過ぎなかった。二名のうちの一名は「年配にありながら、長いあいだ下積みの地位にあった」とあるから、ノンキャリアだったのであろう。そしてもう一名は判任官〔最下級の官吏〕であったからもっぱら雑用係りを勤めさせ、「機密保持上、局長たる私〔寺崎〕を扶けるものは結城課長と〔ノンキャリアの〕彼との二人に限る」こととしたという。そのため人手が足らず、「膨大な量の仕事のため」深夜まで、「アメリカ局だけは、電燈が煌々とし点っている」状況にあって、結城は寺崎に、「まるで私生児を押しつけられ」たようだとこぼしたという*30。

この状況を佐藤元英氏は、寺崎の回想にもとづき、省内の革新派の影響を避けるために、対米外交は「局長以下四人だけによって秘密裡に進めざるを得なかった」と説明している*31。しかし、問題はそれにとどまらなかった。仕事量が、過負荷状態にあったのである。

仕事量が過負荷状態になれば、仕事の質が低下する。陸軍省において省外との折衝の責任者であった軍務局長武藤章の回想によれば、外務省の仕事振りを見てゐて、どうも杜撰なのに驚くことが多かった。大体字句が前電と後電とで異なる　最初から続けて来てゐる諒解案以外にぽっと他の思付案が割込む、それに修正案が続く。私共が東京で見てゐても間誤つく〔まごつくヵ〕位だから野村大使は定めし困ったことであらう＊32。

という有様であった。もっとも武藤は、外務省の杜撰さには目がいっても、多忙さには気づかなかったようである。他方、中に入った東郷自身も、「書類の不整理が甚しい」と回想している＊33。整理をする余裕などなかった、というのが実情であろうか。それとも、モラールがここまで荒廃していたとみるべきか。

この状況は、東郷外相時代においても変わらなかったようである。東郷の下で外務次官を務めた西春彦の回想によると、対米交渉は「国家機密であるので、局長、課長、関係課員と直接関係者だけ集めて協議し、局長会議でもあまり論議しなかった」という。外相が変っても、仕事の進め方は、同じだったようである。

ところが西によると、局長の寺崎が、東郷が外相になった「早々やめたいと言いだした」。「やめる理由がないとだいぶとめたが、どうしてもきかない」ということだった＊34。他方寺崎の回想では、それまで共に手を携えて対米交渉を推進してきた近衛が退陣することから、「本交渉の将来は、これでもう決まったも同様」なので、「近衛内閣と運命を共に」し、辞めたいということであった＊35。東郷は、後任の局長に専任局長を補任せず、東亜局長の山本に兼任させた＊36。第一課長の結城も寺崎に殉じ＊37、後任には、通商局第三課長の加瀬俊一が任じられた＊38。

対米交渉の事務方は、東郷の就任と共に従来の陣容を一新した。そのことは同時に、それまで対米交渉の成立を推進してきた内容に変化を来たした可能性がある。人手は足りないはずなのに、新局長を兼任にして、課長も変えた。一般に、組織内の重要任務を担任する部署には人員を投入し、質と量の両面で任務遂行体制の充実が図られるものである。そしてそれによって関係者は、暗黙裡に、その任務が組織にとって最重要なものであることを認識する。しかし今度の外務省首脳の東郷や西が、そのような人事措置を採った形跡はない。省員から見れば、対米交渉は今まで以上に「私生児」扱いだったであろう。

就任して知った対米交渉の絶望的な状況

出先の大使館の館長のモラールの低下、陸海軍の下請化した省内、対米交渉に関する主管部署の体制の弱体化、こういった状況のなかでまず東郷が取り組んだことは、対米交渉の現状把握であった。

東郷外相下で新たに対米交渉の主任課長となった加瀬は、次のように回想している。

> 当時東郷は〔中略〕引退中であるから、外務省の極秘文書を見ることが出来なかった。〔中略、そこで東郷は〕私に簡単に交渉経過を取り纏めてくれと依頼し〔中略〕私の要領書きを読むと、明らかに驚愕した面持ちで、交渉がこのやうな絶望的状態にあらうとは少しも予期しなかったと言った＊39。

加瀬にはいくつも回想録や自ら執筆した外交史の著書があるが、引用したこの回想録だけは、東郷の回想録より一年前に刊行されている。その原本は英語で書かれており、さらにその一年前に米国で刊行されたものである＊40。このことから加瀬は、この回想録を執筆するにあたって、外務省の一員として組織防衛のために（組織の成員が自分の属した組織を防衛しようとするのは自然な現象である）、東郷の回想録に話を合わせることは不可能であった。したがって、それまで加瀬が耳にすることのできた極東裁判での東郷の証言など関係するところを除き、二次史料ではあるが、史料として採用を検討してみる価値はある。

検討対象とするところは、交渉経過を知ることなく東郷は外相就任を承諾し、あとになって、対米交渉の状況が「絶望的状態」にあることを知った、という記述である。東郷自身は、このことを回想録に記していない。しかし、待命中の大使であった来栖が、東郷から聞いた話としてこれを記録していた。来栖の回想録には、「外相に就任の後に初めて東郷と会談した折には、日米問題は外務省が既に軍部その他に対してコンミット〔commit〕してしまった事が非常に多い。殊に九月六日の御前会議の決定などもあるから、外務大臣としての彼〔東郷〕の活動し得る範囲は甚だ狭く〔中略〕ということであった」とある＊41。来栖の回想と加瀬の回想とは整合しており、いずれも、このとき東郷が同趣旨のことを言ったとしている。すなわち東郷は、外相に就任したあとになって、対米交渉の状況が「絶望的状態」にあることを知ったのである。

東郷の外交政策上の立ち位置

既述のように森氏の所説によれば、東郷の外交政策は、大東亜共栄圏の建設を国是として受容したうえで、二国間交渉で米国にそれを承認させようというものであったという。東郷が大東亜共栄圏の建設を外交政策の前提に置いていることを、氏は、当時の政治状況や、連絡会議における東郷の近衛外交批判から推し量っている＊42。そこで追試のために一次史料にあたってみたところ、東郷は十一月五日の御前会議で、外相として冒頭、

由来日支事変ノ完遂ト大東亜共栄圏ノ確立トハ、帝国ノ存立ヲ保障スルト共ニ東亜安定ノ礎石タルモノテアリマシテ、帝国ハ之カ遂行ニ当リマシテハ如何ナル障碍ヲモ排除スヘキ覚悟カ必要テアリマス＊43。

と発言している。氏の指摘のとおり、東郷外相は、日中戦争を戦い抜くことと、大東亜共栄圏の建設を国是として受容したことは確かである。

この指摘によって森氏は、東郷の立ち位置を、森山氏以上に明確にさせた。すなわち、森山氏や他の多くの先行研究は、このときの対立する政治勢力を、（呼び方にはそれぞれ若干の違いはあるが）「開戦派」と「交渉推進派」の二つに

大別し＊44、東郷をして、近衛と同じ「交渉推進派」に分類している。他方森氏の所説では、東郷は大東亜共栄圏建設を目標に置いていて、陸海軍とは目標の部分で一致しており、「そのための手段として外交を取るか、武力を用いるかで対立、競合」する関係にあった。その結果、「交渉が暗礁に乗り上げれば〔中略〕武力行使に切り替えざるをえない」わけである。ところが同じ「交渉推進派」に分類された近衛は、「米国に対して徹底的な譲歩を覚悟していた」＊45（詳細は第三部）。それゆえ、対米開戦を避けることが目標で、そのためには大東亜共栄圏建設を断念する（あるいは保留する）ことも選択肢に入っていたとみることができる。

ちなみに重臣のひとりである若槻禮次郎は、開戦を前にして、天皇の前で、「大東亜共栄圏の確立とか東亜の安定勢力とかの理想にとらはれて国力を使はるることは誠に危険でありますから、之は御考へを願はなければ」と直言している＊46。若槻も近衛同様に、必ずしも大東亜共栄圏建設にこだわってはいなかった。共栄圏建設をいったんは放棄（あるいは保留）し対米屈従の道を選択するとしても、対米戦争は避けるべきだとの主張は、当時、有力な意見として存在していたとみることができる。

多くの先行研究は、近衛と東郷を同じ「交渉推進派」（あるいは「避戦派」）として一括りにしているが、実際には近衛と東郷は、異なった立ち位置にあった。当時の東郷をあつかった数少ない一次史料として、澤本海軍次官の業務日誌に記載されている「対米工作ヲ続行スル趣旨ニハ賛成ナルモ、責任ヲ以テ強行スルノ気魄見エズト」との東郷に対する評価は、東郷の立ち位置が、近衛とは異なっていることに由来したものだと判断できる。いいかえれば大東亜共栄圏の建設について、近衛や若槻は選択肢に入れていたのに対し、東郷は選択肢に入れることなく、前提として考えていた。それだけ近衛や若槻にくらべ、東郷は、選択肢を狭くとっていたのである。

1　前掲吉田ほか『アジア・太平洋戦争』四五頁。
2『極東国際軍事裁判速記録』第十巻（雄松堂書店、一九六八年）四六五頁。

前の第三次近衛内閣における外部から登用した豊田外相の下での大物次官の人選で、実際に次官に登用された天羽英二の日記に、「内閣方面ニハ重光、東郷、来栖等現職中ヨリ選出ノ説有力　其次ギ小生ナリト」とあり、極東裁判での東郷証言と整合している（『天羽英二日記・資料集』第四巻、天羽英二日記・資料集刊行会、一九八二年、一二二四頁、四一年八月八日付日記）。
3　防衛研究所所蔵　田中新一「大東亜戦争への道程　一〇」三四頁。
4　デービッド・ルー、長谷川進一訳『松岡洋右とその時代』（ティビーエス・ブリタニカ、一九八一年）二二四頁。中見立夫「大橋忠一と須磨弥吉郎」『東アジア近代史』一一（二〇〇八年）六七～七二頁。
5　大橋忠一『太平洋戦争由来記』（要書房、一九五二年）四〇頁。
6　前掲『東郷茂徳外交手記』一六〇～一六一頁。
7　来栖三郎『日米外交秘話』（創元社、一九五二年）九七頁。
8　伊藤隆編『高木惣吉　日記と情報』（みすず書房、二〇〇〇年）五七八頁。
9　前掲『東郷茂徳外交手記』一六一頁。
10　前の近衛内閣時代の海軍は、たとえば四一年十月十二日の荻窪会談において、「外交テ進ムカ戦争ノ手段ニヨルカ、〔中略〕其決ハ総理カ判断スベキモノ」と、態度をはっきりさせなかった（前掲『杉山メモ』上、三四六頁）。
11　前掲『東郷茂徳外交手記』一六一頁。
12　吉田茂記念事業財団編『吉田茂書翰』（中央公論社、一九九四年）六六一頁、四一年十一月一日付書翰。
13　同右六六一～六六二頁。
14　防衛研究所所蔵「澤本頼雄海軍大将業務メモ」叢三、五頁、四一年十月二十日付日誌。この澤本の業務日誌は、「沢本頼雄海軍次官日記」『中央公論』（一九八八年一月）に一部が活字化されている。ただし、活字化されたものは崩し字の判読に疑問がある。
15　それぞれ前掲『東郷茂徳外交手記』それぞれ二五一、二六二、二六二頁。
16　細谷千博「外務省と駐米大使館」細谷千博ほか編『日米関係史　Ⅰ』（東京大学出版会、一九七一年）二〇二～二一二頁。
17　野村吉三郎『米国に使して』（岩波書店、一九四六年）一八三頁。
18　外務省『日本外交文書　日米交渉　一九四一年』上巻（外務省、一九九〇年）一九一頁、豊田外相宛野村大使電第六四六号。
19　前掲『米国に使して』一九一～一九二頁。本電は、外務省『日米交渉資料』（原書房、一九七八年）「日米交渉・記録ノ部」および前掲『日本外交文書』下巻には掲載されていない。
20　前掲『東郷茂徳外交手記』一六四頁。
21　経営学・行政学・経済学で用いられる言葉。複数の当事者間で、保持する情報量に格差がある状態をいう。情報量の大きい方が有利になる、とされている。
22 上法快男編『武藤章回想録』（芙蓉書房、一九八一年）二四九〜二五〇頁、「石井秋穂の手記」。
23 防衛研究所所蔵「石井秋穂大佐日誌」其二、一二七頁、四一年十一月十七日付日誌。
24 前掲大橋『太平洋戦争由来記』一三八頁。
25 佐藤元英「革新派外務官僚の対米開戦指導」『中央大学文学部紀要』二一六（二〇〇七年）六五頁。
26 戸部良一『外務省革新派』（中央公論社、二〇一〇年）六頁。
27 防衛研究所所蔵「陸軍中将武藤章手記」（一九四六年記述）一一一頁。活字化されたものが、前掲『武藤章回想録』に掲載されている。
28 前掲『天羽英二日記・資料集』第四巻、一一一頁、四一年七月十七日付日記。
29 前掲大橋『太平洋戦争由来記』一三七頁。
30 寺崎太郎『れいめい』（自費出版　非売品、一九八二年）一二六〜一三四頁。
31 前掲佐藤「革新派外務官僚の対米開戦指導」四九頁。
32 前掲「武藤章手記」一二三頁。
33 前掲『東郷茂徳外交手記』一六四頁。
34 西春彦『回想の日本外交』（岩波書店、一九六五年）一一六頁。
35 前掲寺崎『れいめい』二〇七〜二〇八頁。
36 前掲『東郷茂徳外交手記』一六三頁。
37 前掲来栖『日米外交秘話』九五頁。
38 『昭和人名辞典』第一巻（日本図書センター、二〇〇二年）二五五頁。前掲『極東国際軍事裁判速記録』第六巻、二六〇頁、加瀬俊一宣誓口供書。
39 加瀬俊一『ミズリー号への道程』（文芸春秋新社、一九五一年）九二頁。
40 Toshikazu Kase, *Journey to the Missouri* (New Haven: Yale University Press, 1950).
41 前掲来栖「日米外交秘話」九〇頁。
42 前掲森「大陸政策と日米開戦」二九四〜二九五頁。前掲吉田ほか『アジア・太平洋戦争』四七〜四八頁。これらにある東郷の近衛外交批判の発言は、『杉山メモ』に依拠している。
43 前掲『杉山メモ』上、四二〇頁、「外務大臣説明事項」。

44 前掲森山『日米開戦の政治過程』二四九～二五〇頁。
45 前掲森「大陸政策と日米開戦」二九四～二九五頁。
46 木戸幸一『木戸幸一日記』下巻（東京大学出版会、一九六六年）九二七頁、四一年十一月二十九日付日記。

Ⅲ　「国策再検討」

1．「白紙還元の御諚」

九月六日決定の「帝国国策遂行要領」

東條陸相に後継内閣組閣の大命が降った際、条件がついていた。その一つが、のちにいう「白紙還元の御諚」であった。この御諚（ここでは天皇の言葉）は、「九月六日の御前会議の決定にとらはるる処なく」、「国策の大本を決定せよというもので、大命降下の際に東條に伝えられた＊1。これを受け東條新内閣と陸海軍統帥部首脳は、組閣後の十月二十三日から十一月一日まで、ほとんど連日のように連絡会議を開き、九月六日定めた国策を再検討する作業に取り組んだ。これを当時、「国策再検討」と呼んだ。

この「国策再検討」について記述するまえに、九月六日の御前会議で決定された国策が「白紙還元」されるに至った経緯について説明する。そのためには、まず、「白紙還元」の対象となった国策、すなわち「帝国国策遂行要領」（以下、「遂行要領」）の持つ意義について、触れておく必要があろう。ここでは、森山氏の研究成果をもとにしてそれに補筆する。

九月六日御前会議で決定をみた「遂行要領」は、文面の第一項で戦争準備を規定し、第二項で外交交渉推進を規定することによって、戦争準備と外交交渉推進という二つの政策を「両論併記」の形で掲げてあった。そして、この第一項と第二項のあいだの関係を規定するものが文面の第三項で、そこには、「十月上旬ニ至ルモ尚我要求ヲ貫徹シ得ル目途ナキ場合ニ於テハ直チニ対米（英・蘭）開戦ヲ決意ス」と規定してあった*2。森山氏はこれを、九月六日のこの時点で開戦決意をするわけではなく、「一〇月上旬に再び『目途』の有無を判断するという、『決意』を先送りする決定であった」*3と解説している。

もっとも森山氏は、「期限がきたらどちらかを選択する、という、いわば決定することを決めた」ことで、ここに、「非決定」の「枠組みを崩壊させる要因を内包していた」と結論づけ*4、この国策が対米戦争への一歩であったことを示唆している。

今日の時点から振り返ってみれば、確かに森山氏の言うように、期限をつけたことが交渉を推進しようとした近衛内閣を窮地に陥れたことは事実である。しかしそれは、対米交渉が近衛の意図通りには進捗しなかったことからくる結果論である。事態を、九月六日の時点に身を置いて考察すれば、そもそも、近衛内閣が採った外交方針は既述のように「米国に対して徹底的な譲歩を覚悟していた」ものであり、この時点では軍部も、のちに詳述するが（第三部）、対米交渉が成立する可能性を認識していた。したがって九月六日の時点においては、十月上旬に予定された「目途」の有無の判断が、そのまま開戦決意に直結すると予測されていたわけではなかったのである。

白紙還元された「帝国国策遂行要領」

それではどのような過程を経て、この「遂行要領」が「白紙還元」されるに至ったのであろうか。

既述のように教科書には、「日米交渉の継続を希望する近衛首相と、交渉打切り・開戦を主張する東条英機陸相とが衝突し、近衛内閣は総辞職した」となっている。ここから、「遂行要領」の執行過程において、交渉の目途の有無をめぐって衝突があったことが読み取れる。すなわち、近衛は交渉の目途があるからとして交渉継続を主張し、東條は目途がないからとして交渉打切り開戦を主張し、閣内不一致のため総辞職に至った。これは、総辞職の際、近衛首相が昭和天皇に提出した辞表文＊5 の論旨と整合している。

ところが、さらに史料に当たっていけば、最後の段階では、交渉の「目途」の有無で近衛と東條が衝突しただけではなかったことがわかる。それがもっとも鮮明にわかるのは、意見の対立を調整するため開催された十月十二日の荻窪会談（荻外荘会談ともいう）の席上における近衛首相の発言である。近衛の発言は、海相の及川古志郎の、「今ヤ戦争ヲ決意スルカ、交渉ヲ何処迄モ進メルカ、重大ナル岐路ニ立テルモノト考フ。〔中略〕何レノ道ヲ選ブヤハ総理ノ裁決ニ俟ツコトトセン」に応じたものである。近衛は、次のように応じた。

総理　何レノ途ヲ選ブニシテモ「リスク」アリ、要ハ何レニ多クノ「リスク」アリヤノ問題ナリ　自分トシテハ交渉ノ方ニ、ヨリ大ナル確信アリ、故ニ此ノ途ヲ選ビ度＊6

近衛は、戦争を選ぶより外交交渉を選ぶ方がリスクは小さい、と主張した。逆にいえば、戦争の方はリスクが大きいというわけである。近衛が戦争の方がリスクは大きいと主張したゆえんは、海軍首脳が対米戦争に自信がなく、「肚は依然交渉継続論であった。只陸軍との関係、部内の関係から表面から之を口にせず、首相一任という形を執ったに過ぎぬ」とみていたからである＊7。

戦争の方がリスクが大きいという近衛の主張に対し東條陸相は、次のように反駁した。

東條　コレハ意外タ、戦争ニ自信ガナイトハ何テスカ　ソレハ「国策遂行要領」ヲ決定スル時ニ論スヘキ問題テセウ〔後略〕＊8

それまでの東條の主張は、「遂行要領」の規定に沿って交渉の目途の有無を評価し、その結果、目途が無い以上開戦する、というものだった。近衛はそれに対し、交渉の目途のほかに新たに、戦争の目途を議論の俎上に載せた。そして、交渉と戦争とどちらにより多くの目途が有るのかという問題を提起した。ところが東條の方は、戦争の目途は有ることを前提にしていた。九月六日の時点で「遂行要領」をあのような文面で決定した以上、戦争の目途はあるはずだ、あるはずだからあのように決まった、というものであった。二人の議論は、かみ合わなかった。

二日後の十月十四日、木戸幸一内府と東條陸相との会談において、近衛からすでに荻窪会談の話を聞いていた木戸は、「陸軍ハ九月六日ノ御前会議ヲ基礎トシテ戦争出来ルト言ッテ居ルカ、海軍ニハ不安カアル。此点カ総理カ〔戦争ニ〕踏切レヌ処タト思フ」と東條に説いた。やり取りのすえ、最終的に東條は、「既ニ定マッタ国策カ其儘ヤレルカヤレヌカヲ考ヘルヨリ外ハナイ」と得心した。そしてそのあと東條は参謀総長の杉山元に会って、「海軍ガ〔戦争ニ〕踏ミ切レナイノナラソレヲ基礎トシテ別ノヤリ方ヲ考ヘネハナラヌ」と伝えた＊9。もし対米戦争の主担任である海軍が戦争に自信がないのなら、一旦は決定した国策をもう一度見直そうというわけである。

以上の議論の過程から、議論の対象が、外交交渉の目途に関する絶対評価から、交渉の目途と戦争の目途とに関する相対評価に移っていったことがわかる。これは、議論の対象がすり替ったというよりも、議論の対象範囲が拡がった、とみるべきである。官僚制組織における分業と＊10、組織内各階層の所掌の範囲の違いに着目すれば、所掌の範囲の広い人は（一般に上位の階層にいくほど）、自然と、議論の対象とする範囲が広くなるからである。

ところで、東條への大命降下の際、「白紙還元の御諚」のほかにもう一つ、天皇から陸海相に申し渡されたものに、「陸海軍協力の御言葉」があった＊11。それは、「海軍も真に自信がないのなら、ない様に判《ママ》っきりした態度をとって陸軍と折衝」するように、との意図にもとづいてなされたものであった＊12。すなわち、陸海軍が協力して「此際御前会議決定を再検討する」必要があるとしたのは、海軍の真意が決定に反映されていないという点で、「御前会議決定に不用意なる点」があったからである＊13。

「不用意なる点」について、陸軍省軍務局軍務課長であった佐藤賢了が、戦後、陸上自衛隊幹部学校での講演で次のように述べている。陸軍の立場から、「白紙還元の御諚」に至った経緯を的確につかんだ説明になっている。

海軍に自信がないのに九月六日の御前会議の決定をたてにとって戦争に突入したら大へんだ。するとやっぱりわれわれは九月六日の御前会議というものを軽卒に決定したことになる。こりゃいかん。そんならこりゃ政府は総辞職し、そして新しい内閣の手によって新しく和戦の問題を決定しなけりゃいかん＊14。

このように、交渉の目途の有無をめぐる意見の相違があって閣内不一致から総辞職となったとする教科書の記述は、この政変の部分的な把握である。より広い観点でこの政変をみれば、不用意な国策を決めた責任を取って、近衛内閣は総辞職した、木戸や東條は、そのように解釈したのである。ここで不用意とは、「海軍に自信がないのに」「戦争に突入する」国策になっていた、ということである。このような過程を経て、「白紙還元の御諚」に至った。この「白紙還元の御諚」にもとづき、東條新内閣のもとで「国策再検討」がおこなわれたのである。

ところが、このような経緯でおこなわれたはずの「国策再検討」は、このあと、思いがけない方向に進んでいった。それをこれから叙述する。

2．海軍の開戦決意

海軍の決意表明

東郷は既述のように、新海相の嶋田に期待していた。嶋田なら「日米開戦後の成算乏しき次第を強く主張し」てくれるだろう、というものだった。もっとも、東郷の姿勢は、既述のようにこの問題には受け身であった。そのせいか回想録には、対米避戦について東郷が、嶋田と連携をとっていたとの記述はない。成り行き任せにしていたのであろう。

そして「国策再検討」の最終日の十一月一日、嶋田海相は海軍を代表して発言し、これまでの海軍のあいまいな態度をひるがえし、「開戦ト云フコトニナルノハ止ムヲ得ナイト思ヒマス」と言い切った＊15。陸軍参謀総長の杉山元が「鉄ヲ貰ヘバ島田《〔ママ〕》サン決意シマスカ」と念を押すと、嶋田はうなずいたという＊16。海軍軍備の充実のため、陸軍に割り当てられていた鉄を海軍に譲ってもらうことを条件にした、いわば条件付の開戦決意であった。連絡会議における嶋田のこの発言は、組織としての意思表示になった。

開戦に関する海軍の組織としての意思決定は、この意思表示の直前に行われた。「国策再検討」最終日の前々日の十月三十日、嶋田は、次官澤本頼雄と軍務局長岡純敬とを呼び寄せて、開戦を決意すべきことを申し渡した。種々のやり取りののち、澤本も岡も、嶋田の決断を受け容れた＊17。

就任当初の嶋田は、東郷が期待したように交渉推進派とみられていた＊18。それが開戦に転向したのは、海軍の長老、伏見宮博恭から説諭されたからだとされている＊19。海軍首脳の方向転換が急であっただけに、東郷からみれば思いがけない海軍の変節として映ったことであろうし、失望も大きかったことであろう。しかるに東郷は、奇妙なことに、この海軍の決定的ともいえる変節について回想録に記述していないのである。

誤解された「国策再検討」の意義

海軍の突然の決意表明は、東郷の一方的な期待を裏切っただけではなかった。森山氏はこの決意表明について、次のように説明している。

「再検討」の焦点の第一は、対米持久戦の場合の国力維持であった。南方から資源を輸送する船舶の確保が最大の問題だったのである。ところが、その算定のための船舶建造見込みや船舶損耗率はきわめて恣意的に扱われていた。海軍は再三、これらの数値を変更していたが、嶋田新海相が開戦やむなしという態度を決定して避戦策を放棄したため、持久戦問題が争点化することにならなかった＊20。

しかし、問題はそれだけではなかった。「国策再検討」をおこなったゆえんは、「遂行要領」の「白紙還元の御諚」に在った。「遂行要領」を執行する過程で、関係者が「遂行要領」に「不用意な点」があることに気がつき、「白紙還元の御諚」となったことはすでに述べた。「遂行要領」の「不用意な点」とは、交渉に目途がない場合には「海軍に自信がないのに、戦争に突入しようと」決定したことにあった。ところが今回の海軍の決意表明は、海軍が、自信がないことをそのままにして、交渉が成立しない場合の戦争に突入する道を確定してしまった。これは、「国策再検討」をおこなう意義を無にしたものであった。

それではどうしてそうなったのか。半月前の、近衛の後継首班を協議する重臣会議の席上でのことである。木戸内府は後継に東條を推した。その理由を、次のように述べている。

結局今日の癌は、九月六日の御前会議の決定である。東條陸相と〔中略〕話をして見ると、陸軍と雖も海軍の真の決意なくして、日米戦争に突入することの不可能なるは、十分承知してゐる。然し御前会議の決定あり、而して海軍側の明かなる右決定に対する修正意向なき限り、これに向て邁進するの外なし、と云ふにあるのである、即ちこれに依て事態を見るに、陸海軍の真の協力を未だ見られず、而して御前会議の重大なる決定は忽卒の間に決定せられて居る、と云ふのが実情である、そうすれば此事態の経過を十分知悉しその実現の困難なる点も最も身を以て痛感せる東條に組閣を御命じになり、同時に陸海軍の真の協調と御前会議の再検討とを御命じになることが最も実際的の時局収拾の方法であると思ふ〔後略〕＊21。

木戸が後継首班に東條を推した理由の一つに、東條が、「此事態の経過を十分知悉し」ていることを挙げている。いいかえれば、右記のような関係者以外には理解し難い複雑な経緯について、知り尽くしてはじめて、「国策再検討」の意義が理解できるものである。そしてそれは、近衛や東條など、ごく一部の人のみが知り得る出来事であった。したがって、今回の海軍の意思決定にかかわった大御所の伏見宮はもちろんのこと、新海相の嶋田や次官の澤本や軍務局長の岡が、「国策再検討」の必要性をどこまで「知悉」していたか疑問がある。現に澤本の業務日誌には、及川前海相の心の内は、「国策再検討」の意義を、「閣内ノ意見ノ相違ヲ此ノ際新シキ貌触レヲ以テ従来ノ考へ方ニ囚ハルルコトナク　検討ヲ試ミント欲スルニアリ」とみており、「仮令海軍カ同一結論ニ到達スルトシテモ此ノ際一応ハ新シキ頭脳ヲ以テ　検討ヲ試ムルノ要アリ」と書かれている＊22。見直した結果がどうあろうと、新しい陣容で論議するという手続きを執ること自体が、「国策再検討」をする意義だと誤解していた。そうなると、今回自分たち海軍が組織としてとった開戦決意の表明が、「国策再検討」の意義に照らしてみていかなる意味を持つか、彼ら自身、気がついていなかったことになる。詳細は第三部に譲るが、「陸海軍協力の御言葉」の方も、海軍には、真意が通じていなかった。

すなわち、今回海軍の採った決意表明は、持久戦の場合の国力維持や輸送船舶の問題など個々の問題の争点化を妨げた以上に、「白紙還元の御諚」（国策を白紙に戻し再検討せよとの天皇の言葉）の究極の目的に違背し、再検討の意義それ自体を無にしてしまった。そして厄介なことに、彼ら（海軍首脳部）自身、そのことに気がついていなかったのである。

3．「国策再検討」

統帥部の焦慮

海軍が「判《ママ》っきりした態度」をとることによって、十一月一日、「国策再検討」は根幹の部分の決着をみた。そこで連絡会議はその結果をもって、新しい「遂行要領」として、十一月五日の御前会議に臨むこととなった。以後本稿では、九月決定の「帝国国策遂行要領」には「旧」、十一月決定の「帝国国策遂行要領」には「新」をつけて標記する。

この決定の意義を論ずる前に、本章序論の冒頭に引用した教科書の記述の誤りを指摘しておく。教科書は、「東条内閣は九月六日の決定を再検討したが、結論は同じであった」と記している。結論が同じであれば、近衛内閣の下に九月六日の御前会議で決定した旧「遂行要領」と東條内閣の下に十一月五日の御前会議で決定した新「遂行要領」とのあいだに、差異がないことになる。するとこの二ヶ月間、時間だけが無為に過ぎていったということになる。当時の状況からみて、そんなことは考えられない。

「国策再検討」の作業第一日の十月二十三日、連絡会議の冒頭でまず口を開いたのは、海軍軍令部総長の永野修身であった。

> 永野　〔前略〕十月ノカ今トナッタノテ研究会議モ簡明ニヤラレ度　一時間ニ四百屯ノ油ヲ減耗シツツアリ、事ハ急ナリ。急速ニドチラカニ定メラレ度〔後略〕＊23

陸軍参謀総長の杉山もそれに続き、「早クヤレ」と督促した。多元化した当時の政治システムの下で、政府は、統帥部の意向を全く無視するわけにはいかなかった。実際、「国策再検討」が終了した翌日の十一月二日、再検討の結果を天皇に内奏した際、東條首相兼陸相は涙を流して、「研究ニ時日ヲ費シ統帥部ノ要望スル期日ヲ逸シツツアルヲ遺憾ニ存シアリ」と報告した＊24。統帥部が決定を焦っていることは、政府として、常に念頭に置いていたことを天皇に説明しているのである。

「戦争ヲ決意」したことの意義

「国策再検討」の最終日、連絡会議開始前、杉山は陸軍士官学校後輩の東條に、政府の用意した案では「九月六日ノ御前会議ヲ、モ一度繰リ返スコトニナルニアラスヤ」と質した。それに対し東條は、今度の政府案は「之〔旧のもの〕トハ戦争準備ヲ進メルト言フ点ニ於テ差異カアル」と答えた*25。今回の「遂行要領」の文面をみると、「戦争ヲ決意シ〔中略〕陸海軍ハ作戦準備ヲ完整ス」とあって、前回にはない「戦争ヲ決意シ」いう文言が入っていた*26。以下、この文言が入ったことの意義を説明する。

当時戦争指導班に在籍した原四郎によれば、「戦争ヲ決意」することは、「国内態勢を平時状態より戦時状態に大きく転換させる」ことを意味し、参謀本部はこれを、「国家の戦争決意の確立を待って行うべきである」と考えていた。「戦争ヲ決意」して行うべきものは、「戦争準備」というよりも「作戦準備」というもので、主なものは、「船舶の大量徴傭」、「大規模動員」、「戦闘序列の下令」、「軍隊軍需品の予想戦場方面に対する集中及び展開」など、民政に大きな影響を与えるものであった。民政に影響を与える以上、これは軽々に行うものではないという観念が、当時の陸軍の軍官僚のあいだにあった*27。日清・日露の時代と違って戦争が総力戦（total war）の様相を呈してきたこの時代にあっては、戦争は、軍人だけでおこなうものではなく、全国民の協力を得る必要があった。だから、戦争に勝つために軍としても、全国民のモラールに意を払う必要があったのである*28。

「戦争ヲ決意」することは作戦準備をするためであり、作戦準備を開戦時機までに完整させ、作戦に万全を期するためである。他方、開戦時機をいつにするかは、作戦の成否にかかわってくる。その開戦時機を、遅くとも十二月初頭としたいと統帥部はひそかに考えていた*29。開戦時機までに作戦準備を完整させるには、準備に時日を要する関係上、作戦準備を開始する時機が重要になる。そこから、「戦争ヲ決意」する時機が定まる。そのために、作戦の成否に関する結果責任を一身に背負った陸海軍統帥部は、一刻でも早く、戦争を決意するか否か「ドチラカニ定メラレ度」、再検討の作業を「早クヤレ」と言って焦っていたのである。統帥部が焦る理由は、「油ヲ減耗シツツ」あることだけではなかった。開戦時機が十二月初頭に間に合わなくなるからである。間に合わなければ、作戦に責任が持てなくなる。ちなみに軍首脳は、焦る理由を十分には説明しなかった。開戦は奇襲を前提にしていたため*30、開戦時機が何時になるかは、文官には秘匿していたからである*31。

それが、「九月六日ノ御前会議ヲ、モ一度繰リ返ス」ことになれば、開戦を決意するか否かの決定を一ヶ月先の十二月上旬にまで先送りしたうえで、そこであらためて交渉成立の目途の論議をするということになる。開戦の時機を十二月初頭にあてている関係上、作戦の責任を一身に背負う陸海軍統帥部にとって、とうてい呑めるものではなかった。

統帥部から「ドチラカニ定メラレ度」、「早クヤレ」と督促されて、東條は、「統帥部ノ急グコトニ就テノ力説ハヨク承知シアリ」と答えた*32。新首相はこれまでの内閣と違って、現役武官として陸相を兼任していた。陸相は、大本営の会議に列席することにより、軍機にかかわる軍の内部事情をあらかじめ聞いていた。したがって、統帥部の口に出せない苦しい事情は「ヨク承知シアリ」、と答えることができたのは、陸相を兼任した首相ならではのことであった。

かかるやりとりの意味するところを念頭に入れて、新しい「遂行要領」*33を、統帥部から出た対案である「参謀本部案」*34と比較対照しその政策形成過程を推し量ると、陸海軍統帥部は、「対米英蘭開戦ヲ決意」の上「戦争発起ハ十二月初頭」とする「参謀本部案」を政府側に押し込み（「開戦」は「戦争」と修正したが）、「戦争発起」に備えて「政戦諸般ノ準備ヲ完整」することを認めさせ*35、その代わりに「対米交渉カ十二月一日午前零時迄ニ成功セハ武力発動ヲ中止」することを受け容れることにより交渉推進の主張に配慮した文面にし*36、決定に必要な全員一致に持っていこうとしたと思われる。

最後まで外交交渉をつづけるとしたことは、外務省の顔を立てただけではない。先制奇襲攻撃をもって戦争を始めることを旨とする統帥部にとっても（後述、第二部）、「参謀本部案」にあるように「開戦企図ヲ秘匿シ戦争遂行ヲ容易ナラシムル」*37ために欺瞞外交が必要だったのである。統帥部としては、十二月初頭の開戦をとどこおりなく執行できることが最大の関心事であり、交渉期限を何時にするかは別として、外交交渉をつづけること自体は、外務省と統帥部の利害は一致していたのである。

避戦は東郷外相の双肩に

こうしてまず連絡会議では、主担任と目された海軍が開戦を決意したことが決め手になって、「（イ）戦争ヲ決意ス（ロ）戦争発起ハ十二月初頭トス（ハ）外交ハ十二月一日零時迄トシ之迄ニ外交成功セハ戦争発起ヲ中止ス」と決まった。このあと、「外交条件ニ付討議」した*38。

右記の決定を作戦の結果責任を負う統帥部からみれば、このあと作戦の準備を進めれば予定した開戦時機に間に合うので、交渉期限の十一月末までに交渉成立がないかぎり、そのまま自動的に武力発動へと進むことができる。仮に交渉が成立すれば、戦争をしなくても済むのだから戦争の結果に関する責任は生じてこない。問題は、開戦の好機が過ぎてから戦争する事態に追い込まれることであるが*39、この決定ではそのような事態に陥る恐れはない。統帥部としては、ようやく作戦に責任が持てる決定にたどりついた*40。

他方、「作戦上の便否」から、交渉期限を設けることを容認した東郷からみれば、期限までに外交交渉を成立させることが唯一の武力発動を止める手段となり、交渉の成否は、これから討議する交渉条件の内容と、執行過程における外務省の努力とにかかってきた。交渉成立には、この二つが、それぞれ必要条件となったのである。

このあと会議は、「外交条件ニ付討議ス」るため、「外務省提案ノ甲案、乙案ニ付研究」に入った*41。交渉を成立させるために東郷外相に課せられた最初の任務は、米国が受け容れるような交渉条件を、連絡会議の構成員全員に認めさせることであった。

4．対米交渉案の決定

甲案――大幅修正された外務省原案

既述のように東郷は、外相に就任したあとになって、対米交渉の状況が「絶望的」なことを知った。これ以降の記述は、しばらく東郷の回想録にもとづいておこなう。東郷が交渉を成功させるために考えたのは、「米国の意向に最も近い最大限度の譲歩案」を連絡会議で採用させることであった＊42。

そこで、まず東郷が連絡会議に提出したのは、甲案である。甲案は外交用語で包括的協定（comprehensive settlement）と呼ばれるもので、「九月二十五日我方提案を〔中略〕緩和するものであった」＊43。ところが、提出した外務省原案は、「譲歩に失するものなりとの反対論が強」く、軍部はもちろんのこと、「穏和派であった賀屋〔興宣〕蔵相すら」、「〔中国における〕駐兵は在支企業に必要であるとのことで、自分〔東郷〕は孤立無援の状態に陥った」＊44という。回想ではそれ以上言及していないが、会議に提案した外務省原案＊45と会議で採用された甲案＊46とを比較してみると、個々の内容は省くが、外務省原案は大幅に修正され、会議で採用されたものは、当初の原案とはかけ離れたものになったことがわかる。

このことは、結局のところ東郷が軍部の要求を受け容れ、原案を大幅に修正したことを意味している。ところが回想録には、これらの軍部の要求を受け容れたとの記述はない。東郷にとって軍部の要求を受け容れたことは、伊藤隆氏のいうところの「今日の価値観に一元的に統合できない」ものであり、そのために、「記憶から追放され」たものと推測できる。

乙案――暫定協定の性格を改変

つづいて東郷が連絡会議に提案した乙案は、甲案以上に、軍首脳から反発を受けた。軍首脳がとくにこれに反対したゆえんは、米国が日米交渉について遷延策をとっていると認識していたためで、協定の趣旨からいって、乙案が米国の遷延策に利用されると思ったからである（米国側の遷延策については後述、第三部）。「乙案ニハ不同意、（中略）乙案ヤルヨリ甲案テヤレ」と言う軍首脳に対して、東郷は、「甲案デハ短時日ニ望ミナシト思フ、出来ヌモノヲヤレト言ハルルハ困ル」と明言したうえで、「自分ハ乙案デヤリ度イ」と主張した*47。東郷の心積もりは、甲案では見込みがない、なんとか乙案で、ということだったとみてとれる。

この乙案は、東郷の回想では、「幣原〔喜重郎〕元外相が局面収拾の方策として立案せしものなりとて吉田〔茂〕元大使が持参した」もので、「事態を南部仏印進駐、資産凍結以前の状態に」原状復帰させようとする*48、外交用語でいう暫定協定（**modus vivendi**）であった。もっとも、当時待命中の大使であった来栖三郎の回想によると、東郷は、吉田の持参した「この案に気乗り薄であると聞いていた」、となっている*49。この時期の外務省関係者個人の記した一次史料は僅少であり、東郷に、どこまで真剣に乙案に取り組む意図があったのか詳らかでない。

ところで、実際に連絡会議に提出された外務省原案は、厳密に見ると進駐前の原状復帰になっておらず*50、原状に復帰する順序が日本側に有利に設定されている一方で、米国側には原状復帰以上のことを要求する片務的なものになっていた。その上さらに会議の席上で陸軍首脳から、「外務原案ニヨレハ支那ノ事ニハ一言モフレス、（中略）支那カ思フ様ニナラナケレハナラナイ」と中国問題に触れるように要求があり、東郷もこれを受け容れ、「支那事変解決ヲ妨害セズ」と米国に要求することにした*51。この要求は、「米国ノ援蔣行為停止ヲモ意味スルモノ」である*52。中国問題は、南部仏印進駐前への原状復帰には何の関係もない。したがってこれを乙案に追加することは、協定の趣旨（原状復帰）から外れることになる。

はじめのうちは乙案の採用を絶対に認めようとはしなかった陸軍首脳は、鳩首協議し、「支那関係ヲ加ヘタル以上、乙案ニヨル外交ハ成立セズト判断」し、「非戦ヲ以テ脅威シツツ自説ヲ固持」する東郷の「辞職即政変」による開戦時機の遅延を心配し、乙案の採用を認めた*53。後日のことであるが、実際乙案に接したハル米国国務長官は、説明を聞いて、唯一中国関係の部分に「非常ナル難色ヲ示シ」た*54。「支那関係ヲ加ヘタル以上」交渉は成立しないとの軍首脳の判断は、正鵠を得ていた。

以上の乙案に関する政策形成過程の記述は、一次史料によるものである。他方東郷の回想では、吉田の持参した案に対し「自分は之に若干の修正を加ふると共に支那関係の一項を追加して乙案とした」とし*55、軍部の追加要求を受け容れたことを認めず、あくまで自らの意思で、主体性をもって中国関係の条項を追記し会議に提案したかのように記述している。甲案のときと同様、ここでも東郷の回想からは、軍部の要求を受け容れたことが「記憶から追放され」ている。

交渉成立の可能性

すでに述べたように、新「遂行要領」では、対米英蘭戦争を決意し、戦争発起を十二月初頭と定め、開戦は、ほとんど決定したのも同然となっていた。この時点で残された不確定要素は、唯一、「対米交渉ガ十二月一日午前零時迄ニ成功セバ武力発動ヲ中止ス」*56、と規定したところに在った。それは、交渉条件によって、外交交渉の成否が左右されるという、不確定要素であった。

ところが、今回決定した甲案・乙案は、連絡会議で骨抜きにされ、米国に対し大幅譲歩することにより対米交渉を成立させるという東郷の当初の目論見には程遠いものとなった。したがって、客観的にみて、交渉が成立する見込みは皆無に近く、結果として新「遂行要領」の不確定要素はほとんどなくなったといっていい。すなわち、「非決定」の箇所は、ほとんどなくなったのである。

ちなみに森山氏は、ここに至った状況について、交渉条件は「東郷外相の尽力により前内閣と比較し大幅に緩和された」とし、「不充分な内容であっても、これだけの譲歩案が合意に至ったことは画期的」だと評価している＊57。氏のこの評価は、東郷が如何に努力したかという「過程（プロセス）」に対する評価であって、東郷が成果として得た「結果（業績）」に対する評価ではない。問題は、結果がどうなったかであり、会議で合意を得た結果こそが、交渉の成否を左右するのである。

客観的事実はさておき、実際に当時の関係者は、この両案による交渉成立の目途についてどのように認識していたのであろうか。東郷自身は甲案について、既述のように連絡会議の席上で否定的な発言をした。新「遂行要領」が上程された十一月五日の御前会議でも、「米側ノ本案〔甲案・乙案〕ニ対スル態度ノ見込ハ如何」と尋ねられ、「甲案ヲ以テシテハ急速ニ話カ出来ルコトハ見込カツキ兼ネル。乙案ニ就テモ話ハツキ兼ネルト思フ。〔中略〕万全ノ努力ヲ尽ス」つもりであるが、「遺憾ナカラ交渉ノ成立ハ望ミ薄テアリマス」と答えた＊58。上程した新「遂行要領」には、「対米交渉ハ〔中略〕之ヲ行フ」＊59と記述してある。にもかかわらず天皇の前で、「これは見込はありません」とはさすがに言い難い。東郷としては、「望ミ薄」というのが、精一杯の表現だったのであろう＊60。

すでに述べたように連絡会議に列席した軍首脳も「乙案ニヨル外交ハ成立セズ」との認識であった。しかし、意思決定の場に参画しないものは、必ずしもそうではなかった。たとえば、「参本〔参謀本部〕ハ乙案カ危険ダトシテ第一部長ヨリ軍ム局長へ質問的公文ヲ差出ス」＊61とか、その軍務局長から意見を聞かれた軍務課高級課員の石井秋穂は、乙案なら「受諾サレルダロウ」と答えるなど、乙案に交渉成立の可能性を認める人たちがいた。石井自身、乙案ほどの案だからというのが、「多クノ人々ノ抱イタトコロデアッタ」と回想している。ところが軍務局長の武藤は、石井の意見を聞いて「ソウカネ」と言い、ややあって、「援蔣停止ノ要求ガアルノデドウカネへ」と交渉不成立を示唆したという＊62。武藤は、発言権のない幹事ではあったが、連絡会議に列席していた＊63。

ちなみに森山氏は『機密戦争日誌』を引用し、陸軍は「甲案」「乙案」を妥結不可能なものとは考えていなかったとしているが＊64、氏の引用した史料は、「大本営陸軍部を代表したもの」ではなく、意見を聞かれることはあっても開戦の意思決定に直接かかわらない、言い換えれば国家の意思決定に直接責任の無い中堅幹部や下僚の発言であって、官僚制組織のなかで、「戦争指導の全般状況を知り得る立場にない」人たちが、「限られた情報をもとに〔中略〕観察した戦争指導の一側面とみるべきである」との史料批判がなされていることに留意すべきである＊65。もっともこの史料批判は、森山氏の著書の刊行後に発表されたものである。

交渉条件がこのように決まった結果、責任の無い下僚たちを除き国家の意思決定に参画した人たちの認識では、再検討した結果の新「遂行要領」は、実質的に非決定の連鎖を断ち切ったものになったのである。

5．新「帝国国策遂行要領」の成立

東郷外相の同意

「国策再検討」の最終日の十一月一日、審議は夜遅くまで続き、時計は深夜の十二時を回った。東郷にしてみれば、頼みにしていた海軍は開戦を決意し、戦争発起中止のための唯一残された手段であった交渉条件も、連絡会議で骨抜きにされた。東郷は次のように回想している。

自分は、〔中略〕賀屋蔵相とともに即時決定をなすことを応諾せず、〔中略〕一夜の延期を可とすべきことを主張し、漸く之に決して散会した。〔中略〕此際残された問題は自分が辞職することにより事態を変化せしめ得るやといふことであったが、此点につき自分は十一月二日早暁元首相廣田〔弘毅〕氏を訪ねた＊66。

しかし東郷は、廣田に留任を勧められたとして、辞職しなかった。回想録にあるように東郷は、外務省の先輩の廣田に進退の相談に行ったのか、それとも、新「遂行要領」に同意することについて諒解を得るために行ったのか、わからない。一次史料が示す確かなことは、新「遂行要領」について、東郷と賀屋は連絡会議の場では「一応了承スルコトトシ確答ハ午前十一時迄ニスル」＊67ことで、会議は解散したとのことであった。

一応了承された新「遂行要領」について、持ち回りで署名を得るため、「修文」を指示された軍務課の石井は、敗戦の翌年に次のように記している。

十一時少シ前ニ東條総理ヘ修正シタモノヲ呈出スルト、「賀屋蔵相カラハ諾ノ返事ガアッタガ東郷外相カラハ未ダ音沙汰ナイ。修正シタ場合之ヲ口実ニ外相カラ反対ガ出タラ大変ダ、一字一句モ修正ハナラヌ」ト大変ナ不機嫌ト憂慮ノ色ガ見エタ。〔中略〕浄書シテ貰ヒ再ビ総理ニ呈出スルト、丁度其ノ際外相ガ訪レテ之ヲ一読シタ上「サイン」シタ＊68。

署名（サイン）は、持ち回りとなった。署名を持ち回りにしたこと自体は異例の処置であり＊69、東條が、新国策の成立を焦っていたことがわかる。このあと石井の回想録には、「此ノ朝東郷外相ガ宅ヲ出テドコカヘ行ッテシマッタトノ情報ガ総理官邸ニ入リ心配ノ種ニナッテイタ」が、「後デ耳ニシタトコロニヨルト大先輩廣田弘毅氏ヲ訪ネタラシイ」と記してある＊70。陸軍と首相官邸は、東郷の動向に神経を尖らせていた。戦争を避けたいというのが東郷の真意であるとの認識から＊71、東郷の行動如何で、新国策の成立が左右されると考えたからであろう。しかし東條や陸軍の心配は杞憂に終わり、東郷は同意した。

東條首相の内約

東郷外相の同意を最後に、新「遂行要領」は連絡会議における成立を見た。新国策は、すでに述べたように、連絡会議の列席者のあいだでは、実質的に、非決定の連鎖を断って一致に到達したものであった。

もっとも先行研究では、たとえば森山氏は、新「遂行要領」は変更の余地を残して成立したもので、依然として「非決定」の要素が残っていた、としている。そのことが東郷が新「遂行要領」に同意する条件になっていて、「アメリカが交渉に乗り気になってきた場合は再度譲歩が可能となるよう首相も支持する」という内約がそれであった、という*72。氏だけではない。かなり以前の研究であるが、太平洋戦争開戦過程を論じた古典的著書といえる『太平洋戦争への道』も、同様に内約があったとしている*73。これらはいずれも、主として東郷の回想録*74に依拠している。東郷が東條から、場合によっては再度譲歩するとの内約を得ていたという所説は、長いあいだの通説になっていた。

ところが一次史料をみると、前日の十一月一日、「国策再検討」の最終日の連絡会議が始まる前の東條・杉山会談では、先輩の杉山から「対米交渉ノ時ノ最後要求ハ之以上低下スルコトハナイカ」と問われて、東條は、「之ハ低下スルコトハナイ」と答えている*75。東條が相手によって言葉をたがえないかぎり、東郷に、かかる内約を与えたとは考え難い。

またこのあとの連絡会議において、東郷が対米交渉条件について最後まで激論を交わした相手は、東條ではなく参謀本部などの統帥部であった*76。連絡会議では、決定には全員一致を建前としているため、統帥部の同意を得る必要がある。仮に内約があったとしても、統帥部がそのような内約に同意するとは考えにくいし、東條一人の内約だけでは、すでに決定した甲案・乙案をひっくり返すための必要条件になっても、十分条件とはなり得ない。これが、多元化した政治状況における意思決定システムであった。

また伝聞ではあるが、支那派遣軍の畑俊六総司令官の業務日誌に、「我新内閣は研究の結果甲乙二案を定め、この案よりは一歩も譲らざる決意を定めたるものにて」、とある*77。

これらの三つの一次史料から判断すると、東郷が新「遂行要領」に同意する条件として、かかる内約を得たというのは無理がある。したがって、交渉条件に不確定の部分はなく、先行研究のいうところの、新「遂行要領」は変更の余地を残して成立した、ということはあり得ない。東郷の回想録に内約があったとあるのは、このときの彼自身の行動を、すなわち新「遂行要領」に同意した行為を、後になって合理化しようとしたものであろう。

このように、連絡会議に列席した国家の意思決定にかかわった人たちは、合意したこの両案を米国政府が受け容れる可能性はほとんどない、との認識を持っていた。不確定な要素が実質的になくなった新「遂行要領」は、これらの人たちにとって、これまで続いてきた国策の「『未決定』の連鎖」の歴史に、実質的に終止符を打つものとなった。

1　前掲『木戸幸一日記』下巻、九一七頁、四一年十月十七日付日記。
2　前掲『杉山メモ』上、三二二頁「帝国国策遂行要領」。
3　同右二六頁。
4　同右二八頁。
5　たとえば、富田健治『敗戦日本の内側』（古今書院、一九六二年）一九二～一九三頁。
6　前掲『杉山メモ』上、一一六～一一七頁、稲葉正夫「資料解説　会見記録（首相口述　書記官長記）」。陸軍側の記録（同書三四五～三四七頁）には陸相の発言が詳記され、首相側の記録には首相の発言が詳記されている。ここでは首相側の記録を使用する。
7　近衛文麿「最後の御前会議」『自由国民』第一九巻第二号（一九四六年）三頁。数ある近衛手記のなかで「この手記は、〔中略〕昭和十六年末からボツボツ書き始め昭和十七年春に脱稿した」とされている（七九頁、長谷川国雄「編輯後記」）。
8　前掲『杉山メモ』上、三四六頁、「十月十二日五相会議」。陸相の発言なので、陸軍側の記録を使用する。
9　同右三五一頁、「木戸、東条会談要旨」。
10　マックス・ウェーバー、阿閉吉男ほか訳『官僚制』（恒星社厚生閣、一九八七年）三四～三五頁。本書に関しては、元自治省の山崎宏一郎氏にご教示いただいた。
11　前掲『木戸幸一日記』下巻、九一七頁、四一年十月十七日付日記。
12　木戸幸一『木戸幸一日記　東京裁判期』（東京大学出版会、一九八〇年）七一頁、四六年三月十六日付日記、「第三次近衛内閣総辞職前後の事情　昭和二十一年三月十六日サーケット氏に手交」。
13　前掲『木戸幸一日記』下巻、九一六頁、四一年十月十六日付日記。
14　佐藤賢了述『弱きが故の戦い』（陸上自衛隊小平修親会、非売品、一九五八年）一七三頁。

15 前掲『杉山メモ』上、一二一頁、「海軍大臣口述覚」。
16 軍事史学会編『大本営陸軍部戦争指導班　機密戦争日誌』上（錦正社、一九九八年）一八〇頁、四一年十一月二日付日誌。
17 前掲「澤本頼雄海軍大将業務メモ」叢三、一一三～一一五頁、四一年十月三十日付日誌。
18 防衛研究所所蔵「嶋田繁太郎大将日記」（頁数記載なし）、四一年十月二十日付日記。活字化され『文藝春秋』（一九七六年一二月）掲載されたものは、原本とは異同がある。
19 野村實『天皇・伏見宮と日本海軍』（文藝春秋、一九八八年）八九～九一頁。麻田貞雄『両大戦間の日米関係』（東京大学出版会、一九九三年）二四九頁。
20 前掲森山『日米開戦の政治過程』三二一頁。
21 『極東国際軍事裁判速記録』第七巻（雄松堂書店、一九六八年）一六五～一六六頁、「重臣会議議事録摘要」（一次史料）。
22 前掲「澤本頼雄海軍大将業務メモ」叢三、四～五頁、四一年十月十八日付日誌。
23 前掲『杉山メモ』上、三五三頁、「第五十九回連絡会議」。
24 同右三八七頁、「東條総理陸海両総長列立上奏の際の御下問奉答」。
25 同右三七一頁、「東條陸相と杉山総長との会談要旨」。
26 同右四一七～四一八頁、「帝国国策遂行要領」。
27 戦史叢書『大本営陸軍部　大東亜戦争開戦経緯』四（朝雲新聞社、一九七三～一九七四年）四九四頁。
28 土屋喬雄『国家総力戦論』（ダイヤモンド社、一九四三年）一三八～一四五頁。纐纈厚『総力戦体制研究』（三一書房、一九八一年）一一三頁。
29 前掲『杉山メモ』上、三九二～三九三頁、「参謀総長御説明」。
30 防衛研究所所蔵「石井秋穂大佐回想録　原稿版」（一九四六年記述）八一三頁、「対米英蘭戦争指導要綱　三、武力戦指導ノ要則」。
31 外相に開戦時機が知らされたのは、開戦の九日前の十一月二十九日であった（前掲『杉山メモ』上、五三七頁、「第七十四回連絡会議」）。
32 同右三五三頁、「第五十九回連絡会議」。
33 同右三七八～三七九頁、「帝国国策遂行要領」。
34 同右三七七頁、「対南方国策遂行に関する件　参謀本部提案」。
35 同右三七三頁、「第六十六回連絡会議」「参謀本部別紙原案ニ就テ説明ス　之ニ対シテハ反論ナシ」。
36 同右三七三～三七五頁、「第六十六回連絡会議」「賀屋、東郷〔前略〕最後ノ交渉ヲヤル様ニシ度イ〔中略〕『十一月三十日迄ハ外交ヲ行フモ可』ト参本トシテ決定シ」。
37 同右三七七頁、「対南方国策遂行に関する件　参謀本部提案」。
38 同右三七五頁、「第六十六回連絡会議」。
39 同右一一六頁、「資料解説（荻窪会談）」「陸、海相　相当引ッパラレテ、愈々戦争ダト云フ事ニナルノデハ困ル」。
40 同右三八六頁、「上奏資料　十一月一日連絡会議情況」、「作戦的要請ヲ重視シ十二月初頭ノ戦機ヲ失ハサル着意ノ下ニ別紙ノ通リ衆議一決セリ」。
41 前掲『杉山メモ』上、三七五頁、「第六十六回連絡会議」。
42 前掲『東郷茂徳外交手記』二一六頁。
43 同右二一六頁。
44 同右二一八頁。
45 同右二一六〜二一八頁。
46 前掲『杉山メモ』上、三七九〜三八〇頁、「甲案」。
47 同右三七六頁、「第六十六回連絡会議」。
48 前掲『東郷茂徳外交手記』二二三頁。
49 前掲来栖『日米外交秘話』九二頁。
50 前掲『杉山メモ』上、三七七〜三七八頁「乙案（外務省提案セルモノ）」。
51 同右三七六頁、「第六十六回連絡会議」。
52 前掲『日本外交文書』下巻、一六三頁、野村大使宛東郷外相電第八〇〇号。
53 前掲『杉山メモ』上、三七五〜三七七頁、「第六十六回連絡会議」。
54 前掲『日本外交文書』下巻、一六五頁、東郷外相宛野村大使電第一一四四号。
55 前掲『東郷茂徳外交手記』二二二頁。
56 前掲『杉山メモ』上、三七九頁、「帝国国策遂行要領」。
57 前掲森山『日米開戦の政治過程』二五八頁。
58 前掲『杉山メモ』上、四一〇頁。
59 同右三七九頁、「帝国国策遂行要領」。
60 森山氏は「その後の歴史の展開からみれば」、甲案は「すでに望み薄だったと評価されよう」と、「望み薄」だったのは甲案で、かつそれは結果論だとは説明している（前掲森山『日米開戦の政治過程』二六一頁）。
61　前掲「石井秋穂大佐日誌」其二、三三一頁、四一年十一月二日付日誌。
62　前掲「石井秋穂大佐回想録」八八四頁。
63　前掲『極東国際軍事裁判速記録』第七巻、四八一頁、「山本熊一宣誓口供書」。
64　前掲森山『日米開戦の政治過程』二六二頁。
65　前掲『機密戦争日誌』上、原剛ほか「解題」xiii頁。原氏ほかによる本日誌の史料批判。
66　前掲『東郷茂徳外交手記』二二七～二二八頁。
67　前掲「石井秋穂大佐日誌」其二、三三〇頁、四一年十一月一日付日誌、およびそれを成文化した前掲「石井秋穂大佐回想録」八八一頁。木戸内府は東條から「本日十一時迄沈思黙考したし」と報告を受けた（前掲『木戸幸一日記』下巻、九二一頁、四一年十一月二日付日記）。
68　前掲「石井秋穂大佐回想録」八八六頁。
69　同右八八七頁。
70　同右八八七頁。
71　前掲『杉山メモ』上、三七四頁、「第六十六回連絡会議」、「東郷ハ時々非戦現状維持ヲ言フ」。
72　前掲森山『日米開戦の政治過程』二六〇頁。
73　前掲『太平洋戦争への道』七、三一九～三二〇頁。
74　前掲『東郷茂徳外交手記』二二八頁。
75　前掲『杉山メモ』上、三七二頁、「東条陸相と杉山総長との会談要旨」。
76　同右三七五～三七七頁「第六十六回連絡会議」。
77　畑俊六「陸軍畑俊六日誌」『続・現代史資料四』（みすず書房、一九八三年）三二五頁、四一年十一月十二日付日誌。

Ⅳ　新「帝国国策遂行要領」の執行過程――対米交渉以外

1．陸海軍の作戦準備の完整

作戦部隊の編成と作戦命令の発令

近代史研究のみならず行政学の分野においても、研究者の間では七十年代までは、政策の執行過程というものは、決定に基づいて自動的・機械的に実行される過程として扱われてきたという＊1。しかし実際の官僚制組織では、決定した政策（方針、policy）が必ずしも決定通りには行われないことは、関係者には経験的に知られている。以下、新「遂行要領」で規定された政策が、実際にはどのように執行（実施、施行、implementation、enforcement）されたか、その過程（process）について、史料をもとに明らかにしていきたい。

ところでこれまでは、十一月五日御前会議決定の新「遂行要領」が形成されていく過程を、軍部に対抗する外務省の動静を中心にしてみてきた。新「遂行要領」を執行する過程についても、主として外務省の動静を中心に据え、併せて外務省の採った行動を理解するために、関連する他の政治勢力の動静をみていくことにする。まず、陸海軍の作戦準備からはいる。

御前会議で決定した新「遂行要領」には、「此ノ際対米英蘭戦争ヲ決意シ（中略）武力発動ノ時機ヲ十二月初頭ト定メ陸海軍ハ作戦準備ヲ完整ス」と規定されていた＊2。戦争を決意しておこなう陸海軍の作戦準備とは、すでに述べたように、船舶の大量徴傭、大規模動員、戦闘序列の下令、軍隊と軍需品の予定戦場への集中と展開など、民政に大きな影響を与えるものであった。陸海軍の統帥部は、新「遂行要領」についての御前会議と上奏裁可の手続きを終るとすぐ、新「遂行要領」に定められた作戦準備にとりかかった。

まず、陸海軍は両統帥部列立のうえ作戦計画について天皇に上奏し、裁可を得た。そのあと参謀本部は、戦闘序列を発令した。戦闘序列とは、戦時作戦部隊の編成命令である。他方軍令部の方は、艦隊の戦時編制をすでに九月に発令済みであったので、連合艦隊など作戦部隊に作戦準備の実施命令と作戦命令を発令した。それを受け連合艦隊は、隷下の艦隊に作戦命令を発令し、その際、開戦期日の十二月八日を「予令」として発令した。いずれ、あらためて「動令」を出す含みである。他方陸軍の作戦命令は、やや遅れて、南方軍から隷下の部隊に向け下達された。このあと作戦命令は、順次下位の階層の部隊に下達されていった。

十一月五日	○御前会議にて新「遂行要領」決定、列席者花押、天皇裁可
	○陸海軍両総長、列立して作戦計画上奏裁可
	○陸軍参謀本部、南方各軍司令部など臨時編成を発令
	○海軍軍令部、連合艦隊などに作戦準備の実施の大海令を発令
十一月六日	○陸軍参謀本部、南方軍などの戦闘序列発令
	○陸軍参謀本部、南方軍などの各軍司令官の補職を発令
	○陸軍参謀本部、満州の第五飛行集団の他、多数の航空部隊に南方転用を発令
十一月八日	○海軍軍令部、連合艦隊、作戦命令第一号・第二号を発令（武力発動を十二月八日と予令）
十一月十五日	○陸軍参謀本部、南方軍など隷下部隊に南方要域攻略作戦命令を下達
十一月二十三日	○陸軍第二十五軍（馬来半島攻略）、サイゴンにて作戦初動の公的命令を下達

○海軍機動部隊、ハワイ作戦の作戦命令を発令*3

船舶の大量徴傭

開戦当時運航用として日本が保持していた船舶は計約六三〇万総トンであり、ここから、初期の進攻作戦のために徴傭された船舶は、陸海軍合わせて計三九〇万総トン（内陸軍二一六万総トン）であったとされている。ところが、すでに日中戦争以来、徴傭に付せられていた船舶が約一五〇万総トンあった*4。したがって、残った民間ならびに官庁船約四八〇万総トンを対象に、約二四〇万総トンの徴傭がおこなわれたことになる。

以下、船舶の徴傭状況が断片的に記されている史料から、徴傭の過程を探ることにする。まず陸軍では、四一年六月二十四日現在すでに徴傭されている船舶は六〇万総トンあり、そのうえさらに、七月初めから八月半ばまでのあいだ、南北準備陣（後述、第二部）のために、といっても大部分（四分の三）は北方であるが、新たに五〇万総トンを徴傭したいとの参謀本部の要望があって*5、七月六日、陸軍省に承認されている*6。

他方海軍の方は、六月二十四日現在、特設艦船に改造するものとしてすでに徴傭されている船舶が六〇万総トンあった*7。そのほかさらに八月十三日現在の軍令部の計画では、第一次徴傭として、八月、九月に特設艦船用にそれぞれ三〇万総トン計六〇万総トン徴傭する計画があり、また最終決定にいたってはいないが第二次、第三次徴傭としては九月中旬に、約五〇万総トンの徴傭の計画があった*8。この時期、「海軍省方面では日米交渉にまだ相当の期待をかけおるが如きも、海軍統帥部方面の情勢判断は特に作戦部関係において深刻であった」ので、そのため、軍令部の方としては準備を急いでいたという*9。

陸軍の方にもどると、総辞職二日前の十月十四日、東條陸相は近衛首相に、「船モ二百万モ徴傭シテ皆様ニ御迷惑ヲカケテ居ル」などと、陸軍の作戦準備状況を説明している*10。実際にこの頃、十月十日現在で一六〇万総トン、十月十七日現在で一八五万総トン*11と船舶の徴傭は急速に進み、目標に達しようとしていた。

このように陸海軍は、とりわけ海軍は、対米戦争をにらんで、新「遂行要領」決定前から急速に、船舶の徴傭がおこなっていたのである。

徴傭された船舶は、陸軍では主として輸送船に引き当て、海軍では輸送船のほか既述の特設艦船に改造された。その結果開戦時点において、徴傭を免れ民間で本来の使用目的に使えることになった船舶は、約二四〇万総トンになった。ちなみに一つの目途として、民需用には「最大限船ハ三百万屯位必要　之カ出来レハ現在国力維持可能」だとされており*12、開戦時点だけでみると、もはや現行の国力維持は不可能という数字になっていた*13。

この海上輸送用船舶こそ、総力戦を遂行するうえで必要な物的国力を左右する要素の一つであったとされるが（後述）、開戦前には、森山氏もいうように「船舶建造見込みや船舶損耗率はきわめて恣意的に扱われ」*14、あるいは開戦したのちもこの船腹量が論議の対象となって*15、官僚制組織の常として、さまざまな数値が、さまざまな思惑のもとに、さまざまな言葉とともに行き交ったことはここでは省略する。

陸軍などの大規模動員の実施

戦時体制を整備するとの名目で、陸軍は兵役法施行令、武官服役令の勅令、および兵役法施行規則、陸軍召集規則、武官服役令施行規則の陸軍省令を十一月十五日付官報で改正公布し、即日実施した。改正した項目は次の四点である。

（一）従来召集されなかった第二国民兵（徴兵検査丙種合格者――身体上の欠陥がある者）を召集する（三一年以降徴兵検査を受けた者に適用）。

（二）従来延期されていた中国に在留する邦人の召集を、内地在住者並みにする。

などであった（三、四は略）*16。

なお陸軍省の局長会報では、「食糧増産のため一定の人数を確保されねばならぬので、現在以上農村より労務者を引き抜くことは困難なり」との発言がなされており*17、かかる大規模動員は、民政に深刻な影響を与えていたことを承知のうえでおこなわれた。ちなみにこのとき、すでに内地では米が不足しており、朝鮮・台湾からの米の移入確保が緊急課題となっていた*18。食糧よりも、問題は兵員の質であった。数の不足による予備役の大量配置がもたらす指揮官の質の低下や、従来なら現役兵になりえなかった体格・適性の者まで徴集することによる兵員の質の低下など、開戦前のこの時点で、陸軍の将兵の質は水ぶくれ状態になっていたと、山田朗氏は縷々数字を挙げて詳述している*19。

予定戦場への進出

このあとおこなわれたのが、予定戦場への集中・展開であった。開戦当初の作戦計画では、陸軍の対南方作戦部隊（南方軍）の主力は、シンガポール攻略を目的に海軍の南遣艦隊の護衛のもと馬来半島に上陸作戦を敢行し、他方海軍の主力戦闘部隊は、ハワイの真珠湾に停泊する米国太平洋艦隊主力を空爆撃滅することになっていた。遠くハワイ海域に進出する潜水艦部隊は別として、大部分の部隊の駐屯地（停泊地）出発は、十一月の十五日以降であった。集中・展開した将兵の数は、陸軍では四十万との記録がある*20。

十一月十一日　○海軍第三潜水部隊、クェゼリン経由ハワイ海域に向け佐伯湾を出港
十一月十五日　○陸軍第五師団（馬来半島攻略）の先発隊、上海を出港三亜に向かう
十一月十八日　○連合艦隊機動部隊、単冠湾経由ハワイに向け瀬戸内海を出港
十一月二十日　○陸軍宇野支隊（馬来半島シンゴラ上陸部隊）、香川県詫間を出発
　　　　　　　○海軍、南遣艦隊、待機地点三亜港へ出発
十一月二十二日　○陸軍南海支隊（グァム島攻略）、四国坂出港を出発
十一月二十六日　○海軍機動部隊、ハワイ海域に向け単冠湾を出港

十一月二十八日　○佗美支隊（馬来半島コタバル上陸部隊）、虎門（廣東）から三亜へ
十一月三十日　○陸軍第五師団主力、三亜港に集結＊21

陸軍作戦の責任者である田中作戦部長の四一年十一月二十七日付の業務日誌をみると、十一月二十五日現在の船舶輸送概況から、十二月三日に作戦「準備完了」、十二月五日「以降随時作戦実施可能」の見込みとあり＊22、作戦準備は、民政に大きな影響を与えつつも順調に進み、十一月下旬時点で完整は目前に迫っていた。

2．大蔵省の政戦諸般の準備

新「帝国国策遂行要領」には記載されていなかった大蔵省の準備

多元化した政治システムにおける政策決定の会議には、関係部署、すなわち、会議で決定する政策を執行する部署が招集される。招集された部署の代表者は、自己の属する部署の職務の執行を容易ならしめるような政策を決定しようとして他に働きかけ、その代償（引き替え）として、会議の決定事項の執行をコミット（commit）することになる。

今回の「国策再検討」の会議では、十二月初頭に戦争を発起するための（あるいはそれを未然に防ぐための）政戦諸般の準備をするために必要な部署と、決定に資する資料提供部署が招集された。具体的には、戦争を執行する陸海軍と、外交交渉を執行する外務省と、国家財政を執行する大蔵省と、それに加え、総力戦を戦ううえで必要な物資の計画をとりまとめている企画院とが招集された。

すでに述べたように、「国策再検討」の会議で参謀本部から出された対案（「参謀本部案」）には、「政戦諸般ノ準備ヲ完整ス」となっていた。ところが決定した新「遂行要領」に採用された「諸般ノ準備」は、「参謀本部案」が提案した「準備」のうち、陸海軍の「作戦準備」と、後述する外交関係であった。すなわち、大蔵省の執行職務について

は規定されておらず、この会議では、大蔵省は何もコミットさせられなかった。
もっとも、残された史料に、当時の微妙な動きを示すものがある。十月二十一日の、「国策再検討」のための連絡会議に入る前の閣議の模様を述べたものである。

> 臨時議会について大蔵大臣は軍事費を要求すれば増税の要あり。増税するか否か、あるいは現在の予算で通常議会まで喰い延ばすことができるかどうか検討を要す。できれば臨時議会を開かず処置するを可とせずやとの発言に対し、総理としては臨時議会開催をおそれる要なし。むしろ必要なことはどしどし発言させることが必要である。ただもし開催すると決すれば、急襲的に開け。もしぐずぐずしてこれがじ前〔事前カ〕に洩れたらその効果は半減すべし。だし抜けにやることが肝要である。この際日本の態度を一般に知らせるにはよい機会で、臨時議会開催は必要なりと答えられたり＊23。

難解ではあるが、賀屋蔵相が軍事費要求の要否にひっかけて、暗に、できることなら避けたいとしたうえで、大蔵省管轄の開戦準備について、その要否を東條首相に打診したものとみてとれる。それに対し東條首相兼陸相は、開戦する場合は議会を電撃的に開催し、議会を通じて一般国民にも、政府の姿勢（覚悟）を知らしめるのがよいと答えたと解釈できる。すなわち、大蔵省の方から進んで開戦準備の要否について打診したことは、開戦が決定すれば、大蔵省はそれに従って職務を遂行することを暗に言ったと思われる。

大蔵省は、国家予算の配分、租税政策、および造幣、金融政策などを立案・執行する部署であった。九月の旧「遂行要領」決定の連絡会議には、大蔵省は列席していなかった。その大蔵省が、新「遂行要領」の決定に加わっていた。今回の決定の執行には、大蔵省の職務遂行が必要とされる事態が想定されたからだと思われる。そこで、新「遂行要領」の執行過程において、コミットメント（commitment）がない分、大蔵省は何もしなかったのか、その実態を、史料によって見究める。

軍票の準備

陸軍側の一次史料によると、占領地の軍費は現地調達の方針で、前年の四〇年の十二月頃から図案を決め、原版の完成は四一年二月（あるいは三月）を目途に準備していたという*24。その結果軍票の原版は三月に出来上がり、印刷する紙幣を、「蘭印、ボルネオ、フィリッピン等と区分し準備し」たとのことである*25。

この事実は、先行研究がこれまで明らかにしてきた開戦過程からみれば、ずいぶんと早手回しにみえる。これについて陸軍省軍務課高級課員であった石井は、「四月ごろ、われわれ政策面の人々や最高首脳者たちは軽挙に戦争を起こしてはならぬと反省的最高方針を議題に取り上げていた最中である（後述、第三部）。直接政策に干与しない経理局などは、大勢を判断して万一の場合遅れを取らないよう、〔大蔵省に依頼し〕先手々々と手を打った」と説明している*26。ところが軍票の準備状況を記した右記の一次史料には、この準備状況が、陸軍省局長会報や参謀本部部長会報（局長会議や部長会議の当時の呼称）で報告されたことが記載されている。したがって陸軍の幹部は、軍票の準備がどのように進められていたかを承知しており、陸軍省の経理局が気を利かせて勝手にやったという戦後の石井の説明は、苦しい弁明である。

また軍事課高級課員であった西浦の回想談話では、「紙幣の判を彫るというのはなかなかむずかしい。〔中略〕特有の技能を持っている人が非常に数が少ない。それで急に言ってもああいうもの〔軍票〕をたくさん作れないわけです。それで〔中略〕フィリピン、ジャワ、みんな違うわけですから、〔中略〕そのための版を作っておかなければいかんというので、大蔵省と話をしまして、かなり早くから始まりました」と証言している*27。それにしても版は、四一年春にできあがっているわけだから、この説明だけではそんなに早く作る必要があったとは思えない。

大蔵省は陸軍の依頼を受け、早々に軍票を用意していた。このことは、陸軍首脳部がこの頃（遅くとも四〇年末）から南方武力進出を想定内に置いていたと推定でき、かつ、軍票の準備は民政には大きな影響を及ぼさないことから、「戦争ヲ決意」するまえから準備にかかっていたとみることができる。ここではこれ以上言及せず、次の事項に進む。

未曾有の大増税

御前会議で新「遂行要領」が決定された一週間後の十一月十三日、翌月の十二月一日より実施する増税案が閣議決定され、公表された。

増税の対象となる品目は、酒税、清涼飲料税、砂糖消費税、物品税、遊興飲食税、通行税、入場税、建築税、骨牌税、印紙税など広範にわたり、奢侈や遊興には重く課税し、他方貧困層には配慮したものとなっていた。たとえば、芸者の花代は、従来三〇％課税であったものを一挙に一〇〇％課税に増税し、通行税は、乗車船の一等、二等には増税しても、逆に三等定期の乗客に対しては課税を免じたことが挙げられる。貧困層に配慮したゆえんは、総力戦を念頭に置き全国民の協力を得ることを期したものであろう。

この増税は、新聞には「未曾有の大増税」として報道された。増税額は初年度の四一年度は一億七千三百万円、四二年度以降は平年度六億三千五百万円が予定され、これに本年度の既定の間接税収予定額六億九千八百万円を加えると、本年度においては八億七千百万円、明年度以降においては、十四億円近くの税収が見込まれていた*28。この増税が民政に与える影響を考えると、当時の陸軍中央の軍官僚の考え方を敷衍すれば、「戦争ヲ決意」することによってはじめて、執行可能なものであったといえる。

臨時軍事費などの追加予算

増税が閣議決定された翌日の十四日、今度は定例閣議で追加予算案が決定され、公表された。この追加予算には、一般会計の歳出として経常部、臨時部を合わせ合計五億一千万円が組み込まれていた。

他方臨時軍事費の追加額は、国内各方面はもとより関係各国においても異常な関心をもって注目されていたが、臨時軍事費（本費）二十六億円、同じく予備費十二億円の合計三十八億円とすることを決定した。これらは来る十七日の臨時議会に上程され、議会はその性質に鑑み異議なくこれを通過成立させた。追加予算の目的は「国際情勢に即応」したものとされ、軍の装備を更にいっそう強化し、「わが不動の国策遂行をして更に前進せしむるとともに、その護りは更に以て鉄桶の布陣となし得る」ものと報道されている*29。これこそ、「戦争ヲ決意」してはじめて、おこない得たものであった。ちなみに四一年度の総予算は約百六十五億円、内臨時軍事費は百二十五億円であった*30。

大蔵省の開戦同意

以上の案件は、御前会議で決定した新「遂行要領」にはコミットされていない。にもかかわらず大蔵省が、「政戦諸般の開戦準備」の一環として執行したものである。これらの開戦準備は、大蔵省が主体性をもっておこなったものか、決定過程では自らの主張を実現できなかった政治勢力が（具体的には統帥部が）捲土重来を期して執行過程で政治的圧力をかけた結果なのか、それとも大蔵省はすでに軍部の下請けと化しており会議でのコミットメントは不要であったかは不詳である。

いずれにしてもこれらの準備は、大蔵省側にその執行意思が皆無であれば、多元化した政治システムである国務大臣単独輔弼制のもとでは執行を拒否できたはずであり*31、大蔵省の合意なくしておこない得ないことは確かである。賀屋が新「遂行要領」に合意したことと、十月二十一日の閣議での微妙な態度と、そのあとの執行過程において十二月初頭の戦争発起を目途として自己の管轄する職務範囲において開戦準備をしたこととは、その心裡が如何にあろうとも、賀屋蔵相と大蔵省は、組織として開戦に同意したものとみなせる。

賀屋は「国策再検討」の席上では、当初は東郷とともに、開戦に慎重な発言をしていた*32。しかるに会議の最後には、東郷とともに、「一応了承スルコトトシ確答ハ午前十一時迄ニスル」として翌日に持ち越し、そのうえ、既述のように東郷より一足先に、新「遂行要領」に合意する旨確答したのである。

一人残された東郷

あとに残された東郷は、廣田に相談に行ったあと、次のように回想している。

之より予は西次官を賀屋蔵相の許に派し其決意を尋ねさしたのであるが、同蔵相は既に同日総理に対し多数者の意見に同意する旨を伝へたとのことであった＊33。

賀屋が東郷より一足先に東條に合意を告げたことは、賀屋自身の回想はさておき、既述のように東郷対賀屋の問題では中立の立場にある軍側の史料で裏づけられている。

「国策再検討」の論議のなかで、海軍が開戦決意を表明し、鈴木貞一企画院総裁が戦争遂行可能論に変わり、そして今回の賀屋の翻意となり、森山氏は、「最終的には東郷外相ただ一人が最後まで外交による妥結を模索し続けることになった」とこの時の東郷の立場を解説している＊34。極東裁判でも、東郷側の弁護人が次のように主張している。

〔開戦決定に参画し、この法廷に居る〕各被告は今皆「平和愛好者」である。東郷氏は平和の為に努力したのであり、而も近頃〔この法廷で〕平和愛好になった人々と其の為に争ひもしたのである。〔中略〕此等の人々は東郷氏が軍国主義と戦って居るのを徒に傍観して居た。〔中略、それが〕皮肉にも同じ被告席に着くこととなったのである＊35。

みんな軍部と戦ってきたといっているが、実際には東郷だけが軍部と戦った、そう主張している。しかし、当時の人たちの敗戦後の回想録では、「多くが戦後的価値観によって過去を解釈し直し」ているると、伊藤隆氏は指摘している*36。東郷についても、新「遂行要領」の執行過程において、実際に如何なる行動をとったかを史料によって明らかにしていきたい。

3.新「帝国国策遂行要領」にもとづく対米交渉以外の外交措置

対独伊外交措置

新「遂行要領」で規定された外務省の担任する外交交渉には、既述の対米交渉のほかに、開戦準備としての対独伊との交渉と、対泰との交渉があった。

対独伊外交措置について新「遂行要領」には、「独伊トノ提携強化ヲ図ル」と規定されていた。ところが独伊との提携強化については、外務省としては交渉に自信がなかった*37。それでも「国策再検討」の席上では、参謀本部の意見を取り入れ、開戦の際には同盟国の独伊に「対米宣戦」と「単独不媾和」を約諾させることにした*38。これをうけ十一月十三日の連絡会議では、この提携強化の交渉を、「戦争不可避ト認メラレタル際〔大体十一月二十五日以後ト想定ス〕ニハ遅滞ナク」、対米英開戦の意図を伝えたうえでおこなうことを決定した*39。なお、対米交渉の期限は十一月末のはずであったが、ここで二十五日となっているゆえんは、のちほど論ずることにする。

ところがこの交渉について二日後の十五日の連絡会議で、東郷は、二十五日からの工作開始を早め、今すぐ取りかかる旨諒解を求めた。そのうえで会議終了後、杉山参謀総長に、駐独陸軍武官なり、駐日ドイツ大使を通すなりして、参謀本部の方から内々に話を進めてもらうわけにはいかないか、と打診した*40。東郷は対独交渉の執行過程において、外務省の先輩たちがいくたびも苦い思いをしてきたところの二重外交を*41、あえてやろうというのである。二重外交をやるゆえんは、「外相トシテハ現在米国ト話合ヒヲシテヰルノデ　外相ガ大島〔浩駐独〕大使ヲ通ジテ直接話スノハ具合ガ悪イ」ということにあった。

東郷が交渉成立を危惧して今すぐ準備工作に取りかかりたいとした理由は、「独逸ノ不賛成ノ場合ナキニシモ非ズ」、というところにあった。もっとも、このとき東郷が不賛成の理由とした、「伊太利ノ参戦セシ際独逸ガ之ヲ好マザリシ例等ヨリ推察シ」というのは*42、説明としてわかりにくい。ちなみに自身の回想録には、対独交渉の交渉開始を早めたことについていっさい触れていない。そこで、東郷が、「独逸ノ不賛成ノ場合ナキニシモ非ズ」と主張する理由の推察を試みる。

三国同盟が締結された四〇年九月時点では、東郷は駐ソ大使であった。駐ソ大使の前には駐独大使を勤めており、ドイツの外交政策を現地に在って肌で知る立場にあった。回想録で東郷は、この三国同盟について、「欧州に於ける独逸、伊太利、東亜に於ける日本の支配を目的とする」条約で、「本条約により日独の当路者は米を牽制して欧州戦争及支那事変の解決に資し得べしと計算して居た」と述べている*43。ところで三国同盟の締結交渉は、政府内でもそうであったが*44、外務省内においてもおおむね松岡外相の専断で進められ、東郷たちベテランの外交官たちは蚊帳の外に置かれていた*45。したがって同盟締結の責任はひとえに松岡にあって、当事者でない東郷に責任はない。行きがかりの無い分、この件についての東郷の回想は、二次史料であっても「今日の価値観に一元的に統合」可能である。このことから、ドイツ側の三国同盟締結のねらいは対米牽制だったというのは、この時期の東郷の実際の認識とみて間違いなかろう。

他方先行研究（通説）では、客観的事実として、三国同盟を締結するにあたって「ドイツ側が日本に期待したものは、対米抑止効果であった」とされている。すなわちドイツは、欧州戦争に米国を参戦させないため、日本と同盟を結んだ。したがって、「日本の真珠湾攻撃は、三国同盟へのドイツの期待を踏みにじったものである」*46、この客観的事実に対して、当時の東郷も、日本の対米開戦がドイツの期待を踏みにじることに気がついていたはずである。東郷がドイツの不賛成を危惧するのは、このようなことではなかったか。

この困難な対独交渉を成功に導くために、東郷は、交渉期間をとれるよう、交渉を少しでも早く開始することにした。そのうえで、二重外交の批判に甘んじてでも、ドイツとの提携強化について共通の利害関係（後述、第二部）を持ち、かつ、ドイツ政府中枢に通じるルートを持つ陸軍に協力を依頼したとみることができる。

参謀本部はこれをうけて、十一月十八日、駐日ドイツ大使館付武官を通してドイツ側に打診した。その結果、二十一日には好意的な反応があった＊47。それを聞き東郷は一安心し、二十五日を四日も過ぎた十一月二十九日まで待って、駐独大使と駐伊大使を通じて正式交渉に入ることを提案し、連絡会議の了承を得た＊48。交渉は十二月三日、駐独大使とドイツ外相とのあいだでおこなわれ、若干のやり取りがあったが＊49、十二月十一日、独伊も米国に宣戦を布告し、三国の単独不媾和条約も締結された。一時は困難が予想された対独交渉は成功し、東郷と外務省は面目を施した。

対泰外交措置

泰との交渉については、新「遂行要領」には、「武力発動ノ直前泰トノ間ニ軍事的緊密関係ヲ樹立ス」と規定されていた。

そもそも日本軍の当初の作戦計画は、「我ガ方ノ先制奇襲ニ依ッテ開始シ、迅速ナル作戦ニ依ッテ東亜及ビ西南太平洋ニヲケル米英蘭ノ根拠ヲ覆滅シ、戦略上優位ノ態勢ヲ確立スルト共ニ重要資源地域並ニ主要交通線ヲ確保シテ長期自給自足ノ態勢ヲ整フ」こととしていた＊50。そのために陸軍の最初の主目標は、既述のように海軍の協力を得て馬来半島に奇襲上陸し、英国の要衝シンガポールを攻略することにあった。

対泰外交措置は、日本軍が馬来半島に上陸した際に、泰領の通過を承諾させようというもので、これは、上陸作戦には欠くことのできないものであった。ところが、当時の泰は、親英勢力が強く、外交交渉は難航が予想された＊51。十一月十三日の連絡会議においては、進駐直前に交渉を開始し、泰政府の応諾如何にかかわらず進駐を強行する旨決定された＊52。あえて強行進駐してでも通過するという陸軍の強固な意志は、結果として外務省の負担を軽減するものであったが、それだけ陸軍にとっては、泰領通過が作戦にとって必須なものであったことを示している。

交渉開始を進駐直前にするゆえんは、開戦企図が泰政府から米英に漏洩することを危惧したもので、開戦直前の繁忙のなかで、綱渡りのような外交交渉をやるというものであった。そのためか、十一月二十三日の連絡会議で決定された実行計画は、起こり得るさまざまな場合を想定した、綿密な、陸軍と外務省との共同実行計画となっていた＊53。

交渉開始は十二月八日午前零時とし、現地の軍最高指揮官と駐泰大使に執行が指示され、若干の武力衝突を含む紆余曲折はあったが、最終的には、別働隊の英領馬来上陸より二時間遅れて泰領シンゴラに上陸が敢行され、馬来半島を縦断してシンガポールへの進撃路を切り拓くことができた＊54。

外務省と大蔵省の、軍部との関係

独伊との対米宣戦と単独不媾和の約諾、および、開戦時の馬来半島上陸に際しての泰領通過は、軍部からみても重要な開戦準備であった。それだけに作戦に直接の責任を負う軍部は、外務省に、これらの交渉の執行を御前会議の場でコミットさせておく必要があったと思われる。それが、対独伊および対泰に対する外交措置を新「遂行要領」に記載したゆえんであろう。

他方、大蔵省の管轄である軍事費の追加予算とその裏づけとなる大増税も、占領地における軍の自活のための軍票の準備も、開戦準備として重要な職務である。ところが、外務省の管轄職務である対独伊および対泰の外交措置は御前会議のコミットメントの対象になっていても、大蔵省の管轄職務については対象になっていない。これはなぜだろうか。

過去の例からいって、いざ戦争となると、紆余曲折はあっても大蔵省は、予算の裏づけをとることに協力している。満洲事変の際の朝鮮軍（朝鮮に駐屯する日本陸軍）の満洲への越境事件然り＊55、また、盧溝橋事件の際の華北（北支）

出兵にあたっても然りであった＊56。他方、外務省の方は、よく知られているように満洲事変や日中戦争の際を初めとして、防共協定締結やその後の防共協定強化問題についても、陸軍とのあいだにしばしば齟齬や確執が生じている。

その関係は、この時期に至っても変わらなかったと思われる。「国策再検討」の最後の段階において、外相も蔵相も連絡会議の場では「一応了承することとし確答は午前十一時迄にする」としていったん解散したあとにおいても、東條首相は、外相が何か口実をもうけて新「遂行要領」に反対する行動に出ることを危惧していた。外相が外出してどこかへ行ってしまったとの情報が入ったときには、別の記録によれば、「東郷外相がどこかに隠れたらしいとて、東條も秘書官もオロオロしておった」という＊57。意のままにならぬ外務省に対する陸軍の警戒心は、この時期に至ってもなお抜き難いものがあったようである。

すなわち、大蔵省はいざとなると大勢に順応して協力してくれるけれども、外務省は最後まで主体性をもって行動する、と軍部はみていたのであろう。陸軍中央の中堅層が甲案・乙案で交渉が成立する可能性があるとみたのは、軍事の専門知識に長けている分外交の専門知識に乏しく、かつ情報の限られた彼ら下僚が、かかる過去の経緯をもとにして、外務省の政治力を過大に評価した結果によるものではなかろうか。

このように外部から評価された外務省によって新「遂行要領」の対米交渉の執行はおこなわれたが、それが実際にはいかなるものであったかを、これ以降明らかにしていきたい。

1　今村都南雄ほか『行政学』（北樹出版、一九九六年）九一～九三頁。
2　前掲『杉山メモ』上、四一七～四一八頁、「帝国国策遂行要領」。
3　戦史叢書『陸海軍年表』（朝雲新聞社、一九八〇年）、八〇～九二頁。
4　戦史叢書『海上護衛戦』（朝雲新聞社、一九七一年）、六二～六四頁。　石川準吉『国家総動員史　資料編』第九（国家総動員史刊行会、一九八〇年）一一八三頁。
5　前掲田中「大東亜戦争への道程　五」四九九～五〇〇頁。防衛研究所所蔵「田中新一中将業務日誌」八分冊の五、五七二～五七三頁、四一年六月二十四日付日誌。
6　前掲田中「大東亜戦争への道程　六」四九頁。
7　前掲「田中新一中将業務日誌」八分冊の五、五七二頁、四一年六月二十四日付日誌。
8　前掲田中「大東亜戦争への道程　八」三一〜三二頁。前掲「田中新一中将業務日誌」八分冊の七、八一九〜八二〇頁、四一年八月十四日付日誌。
9　前掲田中「大東亜戦争への道程　八」三六頁。
10　前掲『杉山メモ』上、三四八頁、「閣議ニ於ケル陸軍大臣説明ノ要旨」。
11　前掲田中「大東亜戦争への道程　一〇」四七頁。
12　前掲「田中新一中将業務日誌」八分冊の八、一〇一一〜一〇一二頁、四一年十月二十七日付日誌。
13　計画では、南方を占領後逐次解傭することになっていた（前掲『杉山メモ』四二三頁、十一月五日御前会議「企画院総裁御説明事項」）。
14　前掲森山『日米開戦の政治過程』三一一頁。
15　たとえば田中新一『作戦部長、東條を罵倒す』（芙蓉書房、一九八六年）二三〜三七頁。
16　『読売新聞』四一年十一月十五日付朝刊第一面。
17　陸上自衛隊衛生学校『大東亜戦争陸軍衛生史』一（陸上自衛隊衛生学校、非売品、一九七一年）三五四頁、「四一年十一月十九日付局長会報　兵務局長発言」。
18　前掲『杉山メモ』上、五六二〜五六三頁、「井野農林大臣御説明要旨」。
19　山田朗『軍備拡張の近代史』（吉川弘文館、一九九七年）一七〇〜一七一頁。
20　前掲田中「大東亜戦争への道程　九」一二四頁。
21　前掲戦史叢書『大本営陸軍部』二、六五七〜六五八頁。前掲戦史叢書『陸海軍年表』八五〜九二頁。
22　前掲「田中新一中将業務日誌」八分冊の八、一一〇六頁、四一年十一月二十七日付日誌。
23　前掲『大東亜戦争陸軍衛生史』一、三五四頁、「十月二十二日付局長会報」。
24　前掲「田中新一中将業務日誌」八分冊の二、一〇六八頁、四〇年十二月二十七日付日誌「部長会報」。前掲田中「大東亜戦争への道程　三」二四〇頁、「南方作戦準備に関する報告」。
25　防衛研究所所蔵「金原節三業務日誌摘録」前篇その三のイ、一〇頁、四一年三月十九日付日誌「局長会報」。
26　防衛研究所所蔵　石井秋穂「昭和十六年前半期の最高国策の補正」（一九五六年記述）九頁。

27 前掲『西浦進氏談話速記録』下、三〇〇頁。
28 『読売新聞』四一年十一月十四日付朝刊第一面。
29 同右四一年十一月十五日付夕刊（実際の夕刊の発行は、日付の前日の夕方）第一面。
30 前掲『極東国際軍事裁判速記録』第六巻、一五五頁、「大蔵省発表　決算」。
31 森茂樹「国策決定過程の変容」『日本史研究』三九五（一九九五年）。
32 前掲『杉山メモ』上、三六一頁、「鉄ト船ニ就テハ不安アリ尚考ヘル必要アリ」。三六二頁、「一日考ヘサセテクレ」。三七三頁、「今戦争スルノカ良イトハ思ハヌ」。三七四頁、「何トカ最後ノ交渉ヲヤル様ニシ度イ」。
33 前掲『東郷茂徳外交手記』二二八頁。
34 前掲森山『日米開戦と政治過程』二四九〜二五〇頁。
35 前掲『極東国際軍事裁判速記録』第十巻、五〇五〜五〇六頁。
36 前掲『近代日本研究入門』伊藤隆「戦時体制」八九頁。
37 前掲『杉山メモ』上、三五八頁、「第六十二回連絡会議」、「外務ハ大ナル期待ヲナシ得スト言ヒシモ」。
38 同右三五八頁、「第六十二回連絡会議」。
39 同右五一九〜五二〇頁、「十一月五日御前会議決定『帝国国策遂行要領』に関連する対外措置」。
40 同右五二二〜五二三頁、「第六十九回連絡会議」。
41 たとえば満洲事変のときの二重外交については、信夫清三郎編『日本外交史』Ⅱ（毎日新聞社、一九七四年）三六九〜三七一頁。
42 前掲『杉山メモ』上、五二二〜五二三頁、「第六十九回連絡会議」。
43 前掲『東郷茂徳外交手記』一四六頁。
44 たとえば前掲『西浦進氏談話速記録』下、二一三〜二一四頁。
45 たとえば前掲大橋『太平洋戦争由来記』五三頁。
46 たとえば三宅正樹『日独伊三国同盟の研究』（南窓社、一九七五年）三五三頁。
47 義井博『日独伊三国同盟と日米関係』（南窓社、一九七七年）一五六頁。
48 前掲『杉山メモ』上、五三六〜五三七頁、「第七十四回連絡会議」。
49 同右五六五〜五六七頁、「第七十五回連絡会議（七十六回の誤り）」。
50 前掲「石井秋穂大佐回想録」八一五頁、「対米英蘭戦争指導要綱　三、武力戦指導の要則」。
51 前掲戦史叢書『大本営陸軍部』二、六三七頁。

52 前掲『杉山メモ』上、五一九～五二〇頁「十一月五日御前会議決定『帝国国策遂行要領』に関連する対外措置」。
53 同右五二八～五三一頁、「対『タイ』措置要領」。
54 前掲戦史叢書『大本営陸軍部　大東亜戦争開戦経緯』五、五五七～五五九頁。
55 前掲戦史叢書『大本営陸軍部』一、三一六頁。
56 同右四三七頁。
57 前掲『武藤章回想録』二七三頁、「石井秋穂の手記」。

Ⅴ　新「帝国国策遂行要領」の執行過程――対米交渉

1．新「帝国国策遂行要領」にもとづく対米交渉執行過程

来栖大使の派遣

東郷本人の回想によれば、新「遂行要領」に合意した翌日の十一月三日、伊勢神宮参拝から帰りの車中で、待命中であった前駐独大使来栖の米国派遣を考えついたという。そこで帰京したその日の夜に、東郷はさっそく、来栖を、外相官邸に呼び寄せた。これが東郷にとって、対米交渉執行における初仕事であった。来栖の派遣は新「遂行要領」に規定されていないので、回想の通り、外務省の主体性でもっておこなわれたものと思われる。

来栖の方の回想では、夜半に突然呼び出され、「日米交渉の情況を一通り説明」された上で、「この際、特使として渡米し交渉妥結のために、野村大使を扶けて最善の努力をするよう求められた」という＊1。以前に外相から、対米交渉で「活動し得る範囲は甚だ狭く」なっていることは聞いていたものの、結局意を決し、引き受けることにした。「翌朝」になって、自分で「前夜受取った書類を検討したり、係官の説明を聞いたり」してみたら、「仏印南部進駐によって俄然悪化した経緯や、現下に於ける交渉の難点」や「双方の主張も、概略判明した」という＊2。来栖が派遣を承諾してはじめて実情を知ったことは、ジョセフ・グルー駐日米国大使の日記にも、来栖からの話として載っている＊3。

それだけではない。「普通のゆき方としては、改めて特使がゆく以上、何らか新しい打開策を持ってゆくのが極めて自然である」にもかかわらず、「特使の新解決案を携行する事も、又、特使のワシントン到着を待って、これを提出するということも」ないと東郷から聞かされたという*4。グルー大使のところに挨拶に行ったときも、新提案携行の有無をきかれ、無いと答えたら、「大使はいたく失望の面持で、それでは行っても無駄だと思うと、極めて率直に述べた」という*5。グルーの日記にも、新しい提案を携行する様子はなかったとある*6。したがって一部の先行研究が新史料をもとに来栖は乙案を携行したとしているのは*7、武藤陸軍軍務局長の回想に同趣旨の記述はあるものの*8、右記のグルーの日記の記述、および澤本海軍次官の業務日誌に「特ニ新ク提案ナシ」とあることなど*9、これらの一次史料が示すところからみて、とうてい事実とは思えない。

グルー大使に会う前に、来栖は東條首相と会っている。その席で東條は最後に、「諸般の関係上、交渉は十一月一杯に終了しなければならぬ」と付言したという。来栖は、「これで、私の仕事は所謂『タイム・リミット』をつけられてしまったが、一層困難なるものになった、が、既に一旦受諾してしまったことであり、而も陛下に奏上したとあっては、今更ら如何ともなし難く、渡米して飽くまで最善の努力を尽す他はないと決意を新たにした」と回想している*10。

来栖は渡米途中にマニラで会った友人に、「自分カ華盛頓ニ赴クモ交渉好転ニハ大ナル期待ハ持チ居ラス」と語った、という記事がニューヨーク・タイムスの第一面に掲載された。それが本省の目に留まり、「日本側ニ米国ヲ満足セシムルカ如キ新妥協案ナキコト」が判明してしまったとして、外相名で、サンフランシスコ総領事経由で来栖に注意が為された*11。これらの事実から、特使として「行っても無駄」な渡米だったという来栖の回想は、結果論ではなく、当時の来栖の認識であったと推定できる。

ちなみに、戦争指導班の業務日誌には、「部内来栖ノ飛行機墜落ヲ祈ルモノアリ」とあって*12、陸軍中央の中堅層のあいだでは、交渉成立の可能性が高く、「成立シタ場合ノ対策何等構想セラレアラズ寒心ニ堪ヘザルモノアリ」

と危惧しているところは*13、当時の中堅層の対米交渉の成否に関する認識が如何なるものであったかを示すものである。

ところで来栖をして「行っても無駄」と思わせた米国への派遣について、東郷の目的はどこにあったのであろうか。東郷自身は、野村大使も含め「華府日本大使館の働き振りが東京の問題となって居た」ことと、当の「野村大使からも前に同大使派遣方の電報があった」から、と回想録に記し*14、当の野村には、「交渉ニ当リ貴大使ヲ援助スル為メ派遣スル」旨伝え、これは、「今次交渉ニ対スル帝国政府ノ誠意ヲ示スモノ」で「最近ノ当地情勢ヲ貴大使ニ親シク伝達旁々〔中略〕貴大使ヲ援助シテ以テ難局ノ打開ニ協力セシメ迅速妥結ニ導カシメントスルニ在リ」、と説明している*15。亜米利加局第一課長であった加瀬は、自ら執筆した外交史に、「外相は、今となっては甲乙両案によって米側を説得するほかなく、交渉決裂すなわち戦争という局面に立ち至っている状況を説明し、野村大使に明確にこの点を認識させて貰いたいと依頼した。〔中略〕野村大使も来栖大使の応援を求めたことがあった」*16と説明している。これをうけ先行研究も、たとえば須藤眞志氏は、「野村では頼りにならないから、ベテラン外交官である来栖を派遣し、日本の提案をアメリカ側に受諾させるよう努力させる」として、これらの説明をそのまま受け容れている*17。

しかしこれらはあくまでも表向きの公式的な説明であって、今回の来栖の米国派遣は「行っても無駄」だとする当時の関係者の認識を、十分に説明し尽くせるものではない。

ところがこれについて、次のように説明した外務省編纂の文書がある。「一九四二年七月に作成されたタイプ原稿に、若干手を加えた」とされているから*18、この出来事があった半年後の、まだ敗戦前の記録である。

来栖大使特派ニ関シテハ〔中略〕当時交渉妥結ノ見込ハ頗ル稀薄ニシテ決裂ハ殆ド不可避ト認メラレタル際テモアリ政府トシテハ〔中略〕最後マデ隠忍シテ平和的解決ニ尽力スルコトニ依リ国民一般ヲシテ米国ノ理不尽ナル態度ヲ知悉セシメ以テ一朝事アルノ際〔中略〕国論ノ鉄石ノ堅キニ結束セシムル方途ト為スノ底意ヲモ有シ居

タルハ事実ナリ＊19

この文書は、「交渉妥結ノ見込ハ頗ル稀薄ニシテ決裂ハ殆ド不可避」と記されていて、これまでみてきた一次史料と整合している。すなわち東郷としては、交渉成立の望みは薄いけれども、万全を尽して努力はすると天皇の前でも誓言した、国民にも、外務省はできるだけのことをしたと納得させたい、そのために来栖を米国に派遣したと説明している。これは、官僚制組織において与えられた職務に成果が望めないことが明らかな際に、身を処する方法の一つとして、執行過程においては最善をつくしたと他から評価されるように「形」をつくったものと推測できる。

ちなみに東郷も来栖も、状況をろくろく確かめもせず、それぞれに就任要請を受諾している。これはいったい、どうしたことであろうか。推察するに、第一次大戦以降の外交官の大量採用が外務省人事の渋滞を招いた状況下において＊20、松岡人事によって多くのベテラン外交官が在外使臣から更迭されて待命中であり＊21、給与をもらってその地位（この場合は「大使」）を維持しながら、職務にはありつけないという状態に置かれていた。東郷も来栖もその一人であり、とくに三年先輩の来栖においては、豊田前外相時代に次官の声がかかったとか、東條首相時代に情報局総裁就任を求められたとか、回想録のなかにそれとなく記しているだけに＊22、よけい、置かれた状況がいかなるものであったかが察しられる。既述の大橋の、「軍部の傀儡」とか「大臣病患者」とかの露骨な表現は極論だとしても、程度の差こそあれ、閑職に就いたベテランの外交官が持てる能力を持て余し、ポストにありつくべく時の政権に協力するような行動をとった、ということであろう。

繰り上げられた交渉期限

任地へ出発する当日の十一月四日、来栖は東條首相に挨拶に行った。そこで交渉は十一月一杯と言われ、これで仕事はいっそう困難になったと嘆いたことはすでに述べた。ところが、飛行機を乗り継いで十五日にワシントンに着いたとき、さらに悪い知らせが来栖を待っていた。来栖が出立した翌日の五日付の訓電が本省から大使館に届いていて、それには、「大使限り」の「絶対極秘」としたうえで、「諸般ノ関係上遅クモ本月二十五日迄ニハ調印ヲモ完了」の必要ありとなっていた*23。来栖は、「出発前に東条首相から野村大使と二人限りの含みとして訓令された本月一杯というタイム・リミットは、更らに短縮されたのである。のみならず、調印まで完了しろという始末である」と回想している*24。

新「遂行要領」に規定された交渉期限は、「十二月一日午前零時迄」となっていた。来栖が東條から受けた指示はそれと整合しており、二次史料ではあっても指示があったこと自体は事実であろう。他方東郷から野村に宛てた訓電では、新「遂行要領」の決定より五日間繰り上がっていた。これは一次史料である。政策決定の過程で十一月末と規定された交渉期限は、実際の執行過程ではいずれの期限で執行されたのかを、他の一次史料にあたってみる。

これも待命中の大使であった重光葵は、当時の手記に、「十一月五日の御前会議の決定なるものは、遂に交渉が廿五日迄に纏らざるに於ては月末以後軍隊は行動を起すべしとの開戦の決意を決議し」と記している*25。前駐英大使の重光には、交渉期限が二十五日として伝わっている。また、外務省から十一月十三日の連絡会議に上程された提案には、戦争が不可避だとわかるのは、「大体十一月二十五日以後」だと記載されている。また、参謀本部戦争指導班の業務日誌にも、「東郷外相二十五日迄ニ妥結ヲ目途シアリタルガ」と記してある*26。以上の三通りの一次史料から、東郷は、対米交渉の執行過程において、駐米大使館に対してだけでなく政府内の部外に対しても、交渉期限を、新「遂行要領」の規定より五日間繰り上げて通知していたことは確かである。実務をする出先にだけ繰り上げて、俗にいう「さば」を読んで執行したわけではない。

外務省の判断で交渉期限を五日間繰り上げたことは、対米交渉を成立させようという立場からみると逆行する。そもそも「国策再検討」の席上で交渉期限について論議を交わした際、参謀本部は、十一月十三日を期限とするよう強硬に主張した。十三日こそは、十二月初頭武力発動を目標におこなってきた「作戦準備ノ中デ、殆ト作戦行動ト見做スヘキ活発ナル準備ノ前日」であって、「外交ガ成功シタラ戦争発起ヲ止メルコトヲ請合」える日限であった。他方、十二月初頭というだけで具体的な開戦の期日を知らない東郷外相は、「外交ニハ期日ヲ必要トス」として、交渉期間をできるだけ長くとろうとした。東條首相も、「一日テモヨイカラ永ク外交ヲヤラセルコトハ出来ヌカ」と外相をバックアップした。会議は「大激論トナリ」、休憩を取って陸軍側は鳩首協議し、ついに「十一月三十日夜十二時迄ハヨロシイ」と譲歩した＊27。かかる経緯があったにもかかわらず執行段階にいたって、交渉成立のため一日でも長く交渉をやりたいはずの外務省が、出先の駐米大使館だけではなく部内外に対しても、交渉期限を五日間繰り上げて通知しているのである。

これについて敗戦後、極東裁判の法廷での東條の証言がある。東條は裁判長からの質問を受けて、交渉期限を二十五日にしたのは、「外務大臣の考えた処置でありまして、総理大臣としてはその常時的確にそういうことは知りません」と答えている。さらに裁判長が、十一月二十六日に機動部隊がハワイに向けて択捉島の単冠湾を出航したこととの関係の有無を問いただしたとき、東條は「全然関連はありません。また外務大臣がそういうことを知っておるはずがないです」と答えている＊28。

また戦争指導班の原四郎は、「十一月二十五日という期限を付したのは、東郷外相すなわち外務当局が、〔中略〕独自に決めたことと認められ、陸海軍統帥部の関知しないことであった」と記述している＊29。すなわち、外務大臣が主体性をもって規定を変更し期限を繰り上げたものであって、軍部からの圧力で変更するなり、軍部に対して配慮したものではない、という。

それでは東郷は、如何なる目的をもって期限を五日間繰り上げたのであろうか。同じ極東裁判の場で、この件を検察官から質問された東郷は、次のように説明している。

十一月いっぱいに話をつける。いわゆる協定を結ぶということの必要がありますとすれば、話合い、合意ができるのが少くとも五日ないし一週間前でなければ、その条文の整理その他に相当ひまがかかりますから。〔中略〕殊にこの場合はアメリカのみならずイギリス、オランダ、支那とも同時調印を希望し、かつ申出があったわけでありますから、アメリカとの合意が五日前に、少くとも五日前くらいにできなくては、十一月中に同時調印をみることは不可能であったわけであります＊30。

東郷の説明では、合意から条文の整理その他で日数がかかるというのが、一つ目の理由であり、米国との調印以外に、相手方の希望で英蘭中（英蘭支）の三ヶ国も含めて同時に調印をせねばならず、それには日数がかかるというのが二つ目の理由である。しかしこれらは、二つとも理由にならない。すでに述べたように、東郷は、「二十五日迄ニハ調印ヲモ完了スル」よう訓令を出している。調印する以上、条文はできあがっていることが前提である。したがって、二十五日以降に条文の整理その他の作業日数は発生しない。二つ目に、英蘭中の三ヶ国とのあいだの協定締結を望んでいたのは相手側ではなく、日本側であった。現に東郷は、「英蘭両国ヲシテ同時調印セシムル」べく米国と交渉するよう、十一月四日、すでに訓電を発している＊31。また中国については、そもそも今回の日米交渉で日本側とりわけ陸軍が乗り気になったのは、米国による中国との和平の斡旋にあった＊32。これらの事実は、外務省の判断で新「遂行要領」に規定していない事項を追加することによって、交渉期限を繰り上げていることを示していて、米国側の要求で交渉期限を繰り上げざるを得なかったわけではない。それでは、何のために外務省は期限を繰り上げたのか。

十一月二十五日に交渉期限を設ける動機を推察できる一次史料は、管見の限りでは、すでに述べたように、十一月十三日の連絡会議で決定された独伊に対する提携強化交渉についての記事のなかの、「日米交渉決裂シ戦争不可避ト認メラレタル際（大体十一月二十五日以後ト想定ス）」に、対米英開戦の意志を伝えたうえで、開戦準備の一部として対独伊交渉に入ると規定した一節である。戦争指導班の原四郎も、「これはこの外務当局の考えが反映した結果であろう」として、対米交渉の期限と対独伊交渉の開始とが関連していると読み取れる見解を記している＊33。

この対独伊交渉の件ですでに述べたように、二日後の十五日の連絡会議で東郷は、準備工作を右に定めた二十五日よりさらに十日繰り上げ即刻準備工作にとりかかりたい、と提案し了承されている。繰り上げる理由は、対独交渉の困難を予想したから、交渉期間を少しでも長くとるためである。

さて、現実の意思決定の場面では、一般に、「最適化基準」でなく「満足化基準」が適用されることはよく知られている。すなわち、「最適な解を求めるのでなく、〔そのとき視界に入った〕実現可能な選択肢のなかで満足がいく選択をする」のである＊34。この時点にいたって、対米交渉の見込みはほとんどないとの認識に立った東郷は、対米開戦を前提に置いてこの先を考えざるを得ず、そのために独伊とのあいだに、交渉困難は予想されるものの、対米宣戦と単独不媾和の約諾をとりつけねければならない立場に立たされていた。そのために東郷は、ほとんど見込みのない対米交渉の交渉期限を短縮してでも、対独交渉期間をその分長くとることを選択した、と推測できる。提携強化ができないと、日本は、世界のなかで孤立して、北方の脅威（ソ連）に脅えながら、大国米英と戦うことになるからである（北方の脅威について日本が如何に対処したかは、第二部で詳述する）。東郷にはそれが、現実的な選択だと思えたのであろう。

東郷は十一月五日付で、すでに対米交渉期限を二十五日まで繰り上げている。この頃から東郷は、対米交渉の成功よりも対独交渉の成功の方に、軸足を移していたことになる。五日は対米交渉について、「遺憾ナカラ交渉ノ成立ハ望ミ薄テアリマス」と天皇の前で明言した日である。もっとも、対独交渉の実際の執行は陸軍に依頼し、形のうえでは、自らは依然として対米交渉に専念する形をとっていた。にもかかわらず戦争指導班の業務日誌でさえも、その事実を察して、陸軍に準備工作を依頼した行為をもって「東郷対米決裂ヲ予想シアルガ如キ」と記している＊35。

回想録では東郷は交渉期限の繰り上げについて単に「諸般の関係上」とのみ記し、それ以上繰り上げには触れていない＊36。歴史研究の方法論を論じたベルンハイムの古典的著書を引用してこれを評すれば、一日でも長くやりたいはずの対米交渉の期限を繰り上げた理由という「真正な史料ならば其を記してをり或は其を知つてゐると思はなければならぬ諸事実が」、東郷の回想録には「黙殺されてゐたり或は明らかに知られて〔明らかにされてヵ〕ゐない」のである*37。そのわけは、対米交渉の期限を繰り上げることによって、形のうえでは対米交渉に専念しながらも軸足を対独交渉に移したことが、「今日の価値観に一元的に統合」できなかったためであろう。

かかる過程を経て対独交渉は成功し、対米宣戦と単独不媾和の約諾をドイツからとりつけることができた。それには、日本が米国と妥協して、三国同盟を空文化するかも知れないというヒトラーの懸念が、ドイツの対米開戦を決意せしめたとされている*38。

ちなみにこのあと交渉期限が目前に迫ってきた二十二日、すなわちドイツから提携強化について好意的な返事があった翌日、本省は東郷外相名で野村・来栖両大使に対し、期限を二十九日まで延長することを告げたうえで、三、四日で米国と話をつけ、さらに英蘭両国との確約を取り付けるよう新たな訓令を出している*39。荻窪会談で及川海相が出来もしない裁断を近衛首相に押しつけたように*40、東郷外相（外務省本省）は、出来もしない交渉事を駐米大使館に押しつけた、といえる。

甲案の提示と野村大使の進言

さて、御前会議の前日の十一月四日、本省は野村大使宛に甲案・乙案を送信し、翌五日、本日の「御前会議ニ於テ決定ヲ見タ」として甲案の提示を訓令、併せて甲案が「妥結不可能ナル際ハ最後ノ局面打開策トシテ乙案ヲ提示スル」旨通知し、二十日、乙案提示を訓令した*41。

それをうけ野村大使は十一月七日、ハル国務長官に甲案を提示し、さらに十日*42、ルーズベルト大統領と甲案をもとに会談を行い*43、同時に東郷外相も、十日、東京でグルー大使に甲案の説明を行なった*44。ところが米国側は、甲案への諾否を明示せず、交渉の引き伸ばしともみられる態度をとった*45。野村は東郷に、「米国政府ノ太平洋政策ハ日本ノ之以上ノ南進、北進ヲ阻止スルニ在リ」、そのために米国は「戦争ニ対スル準備ハ着々進メ居レリ」などと米国側の動向を報告したうえで、最後に、「国情許スナラハ一、二ヶ月ノ遅速ヲ争フヨリモ今少シ世界戦ノ全局ニ於テ前途ノ見透シ判明スル時迄辛抱スルコト得策ナリ」と進言した＊46。

東郷は、野村電に対し「尤モノ次第ニテ」と認めながらも、「諸般ノ事情ヨリ遺憾乍ラ不可能」と退け、「往電第七三六号所載期日〔十一月二十五日〕迄ニ交渉ノ急速妥結ヲ」と、「望ミ薄」な交渉をひたすら督促し続けた＊47。「諸般ノ事情」について、東郷は、「暫く辛抱することは自分が曩に連絡会議に於て極力主張した点であるが」としたうえで、「世界戦争の全局の見透し判明する迄隠忍自重することは諸般の事情より遺憾乍ら不可能と決定され」と回想している＊48。それはとりも直さず、既述の、「国策再検討」の最終日に「（イ）戦争ヲ決意ス（ロ）戦争発起ハ十二月初頭トス（ハ）外交ハ十二月一日零時迄トシ之迄ニ外交成功セハ戦争発起ヲ中止ス」と定めた経緯であり、東郷にとっては、「作戦上の便否により」、不本意ながら交渉期限の設定を容認した結果がもたらしたものであった。こうして甲案での交渉は、予期したとおり、たちまちのうちに暗礁に乗り上げた。

来栖私案と乙案の提示

来栖大使は十一月十五日、飛行機便を乗り継いでようやくワシントンに着き、十七日から交渉に参加した＊49。

翌十八日、およそ三時間にわたったハル長官との会談で、日本側から、三国同盟などの根本問題を早急に解決することは困難なので、とりあえず「緊迫セル時局ヲ打開スル為日米各々凍絡令実施前ノ事態ニ復帰シ（即チ日本ハ仏印南部ヨリ撤兵シ　米ハ凍結令ヲ撤去シ）空気ヲ緩和シタル上更ニ話ヲ進ムルコトニシテハ如何」と持ちかけたところ（本稿ではこれを来栖私案と称す）、ハルは、「日本ハ何処迄モ平和政策ヲ遂行スルモノナルコトヲ明カニスルナラハ」考慮してみようとの意を示した＊50。会談終了後来栖は、本省に、乙案ではとうてい妥結の見込みがない、乙案では米国が協定を履行した後日本軍が南部仏印から撤兵するとなっているが、これを、あらかじめ撤兵開始するとしたいと進言し*51、野村大使も、「乙案ヲ提示スルコトハ〔中略〕反ッテ甲案ヨリモ成立困難ノ見込ナルニ付」、これでやらせてほしいと許可を求めた*52。

すでに述べたように、乙案は、吉田茂元大使が東郷のところに持ち込んだものであった。来栖は吉田とは、「家も同じく永田町で　頻繁に往来していた」し、来栖が出立前最後に会ったのも吉田であったことから*53、乙案の原案についても話を聞いていたと思われる。当時吉田茂と交流のあった元外相の予備役陸軍大将宇垣一成も、日記に、

> 茂氏は云ふ、「米国は、資産凍結は日本の南仏印進軍の脅威によりて発動したのであるから、之れ撤退するならば解除して宜しい、斯く国交を緩和して然る後に支那及東洋問題の調整に及ぶべきであると主張しありと」。果して然らば談合の余地は大に存す！*54

と記し、この案であれば、話し合いの余地は大いにあるとしている。これらのことから、今回の来栖私案こそ、吉田が東郷のところに持ち込んだ乙案の原型であったと思われる。

これに対し東郷は、追って訓令を出すからそれまで「会見方差控ヘラレ度」と訓令した*55。それでも野村はなお、「本使ノ観ル所ニテハ満洲事変ニ引続キ支那事変四年ヲ越ヘ国力疲弊シタル時更ニ長期ノ大戦争ヲ敢テスルハ決シテ時機ヲ得タルモノニアラス」として、「総理大臣ヘ御伝ヘ請フ」と主張してやまなかった*56。ちなみに野村の「支那事変四年ヲ越ヘ国力疲弊シタル時更ニ長期ノ大戦争ヲ」という進言は、つい一ヶ月前に総辞職した近衛前首相の辞表文にある「支那事変の未だ解決せざる現在に於て更に前途の透見すべからざる大戦争に」*57と同趣旨であって、この意見は、海の向こうにいるがゆえの国内事情を無視した野村の個人的意見ということではなく、当時国内にも存在していた有力な意見であった。

東郷はついに、「貴大使ガ当方ト事前ノ打合セナク貴電私案ヲ提示セラレタルハ国内ノ機微ナル事情ニ顧ミ遺憾ト

スル所ニシテ却ッテ交渉ノ遷延乃至不成立ニ導クモノト云フ外ナシ」と野村を叱責した上で、乙案の提示を訓令し、*58

大使が折角提出せんとする乙案の範囲を縮小して先方に提出したことは交渉技術より見れば目茶である。如此やり方で交渉の成立した例はないことであった*59。

と、このあと乙案が拒絶されたのは、野村らに責任があるかのように回想している。

たしかに、新「遂行要領」の執行過程において、野村と来栖が、御前会議で決定し伝達されていた乙案について、本省の事前了解無く条件を緩和したのは事実である。

他方目を東郷自身に向ければ、吉田の持ち込んだ暫定協定を新「遂行要領」の乙案に改変したのは、東郷が軍部などの主張と折り合った結果であり（東郷の回想録には書いていないが）、また、「今少シ世界戦ノ全局ニ於テ前途ノ見透シ判明スル時迄辛抱」せよとの野村の進言も、「国策再検討」の際の東郷自身の主張であって*60、それを、東郷が「作戦の便否」を容認して取り下げたものであった。したがって野村・来栖のこれらの進言は、東郷にとってみれば、今回自分がとった行動を否定したものであり、内心忸怩たるところがあったはずである。しかし、作戦の便否は軍機にかかわる問題であり、東郷自身も十分には説明できず、それがかえって、「我方の急迫せる事情をも無視する実行不能の案」を申し立ててきた野村・来栖に*61対する怒りに転化したものと解釈できる。東郷は十一月二十日、この野村、来栖両大使とのやりとりを、連絡会議の場で話し、「野村大使ニハ此ノ国内ノ緊張セル気分カ充分ニ反映シ居ラス」としたうえで、

米国トシテハ輿論トノ関係モアリ折レテ日本ト妥結スル事ハ不可能ナリト思考ス*62

との見解を述べた。対米交渉に見切りをつけたとでもとれる発言であった。

　このあともなお出先の大使館は避戦のためさまざまな進言をするが、東郷と本省によってことごとく退けられた。しかし、先行研究の多くは東郷の立場に立ち、野村の交渉能力の拙劣さを指摘するのみで＊63、終戦時の鈴木貫太郎内閣の外相だった際に発揮したような戦争終結（降伏）実現のための政治力も、気魄も＊64、このときの東郷には無かったことには触れていない。

　かかる経過を経て、十一月二十日正午、野村と来栖は本省の訓令に従い、「望ミ薄」の乙案をハル長官に提示した＊65。説明を聞いてハル長官が、唯一、「支那事変解決ヲ妨害セズ」とあるのに「非常ナル難色ヲ示シ」たことはすでに述べた。

　結果として乙案は、先にハルに打診した来栖私案よりも強硬な提案になってしまい、一見、「交渉技術より見れば目茶」になった。東郷はさらに「如此やり方で交渉の成立した例はない」として、「余りに自己の地位に重きを置き過ぎて種々の手段をも講ずる弊害が見えた」と人格批判までおこない、交渉不成立を先輩外相の野村の責に帰している＊66。しかし交渉が不成立になったのは、軍首脳に言われるままに外務省原案の修正を受け容れた東郷自身の行為が招いたものであり、かつ交渉不成立は、もともと軍首脳や東郷が予想したとおりになったに過ぎないのである。

　ちなみに森山氏は、「後世の目からは、日米間の接点は日本側『乙案』とアメリカ側が用意していた『暫定協定案』との間に僅かに存在するのみであった」としているが＊67、既述のように乙案は、「アメリカの援蔣行為の中止を意味する項目を加えたものへ変容を遂げた結果」、「実効性」は消滅してしまっていた＊68。陸軍首脳でさえ「外交ハ成立セズト判断」とした乙案は、とうてい日米間の接点にはなり得ないものであった。日米間の接点は、来栖私案、いや、幣原・吉田私案にわずかに存在していた。なお、森山氏のいう米国側の「暫定協定案」については後に触れる。

2．新「帝国遂行要領」規定外の外交措置

開戦に関する事務手続きの策定

新「遂行要領」に規定されていた外交措置には、互いに目的の相反する二種類のものがあった。一つは、戦争にならないようにするための外交措置であり、いま一つは、戦争をする場合に備えておこなう「政戦諸般ノ準備」の一環としての外交措置であった。これまで述べたものをこの分類に当てはめれば、前者が対米交渉であり、後者が独伊との提携強化と、泰との軍事的関係の樹立である。

これから述べる外交措置は、新「遂行要領」で規定された右記二種類のものと異なり、新「遂行要領」に規定されていないものである。すなわち、連絡会議で外務省がコミットしていないものである。それには、大蔵省の項で記したように、外務省が主体性をもっておこなったものと、執行過程における軍部の政治的圧力によるものと、外務省が軍部の下請けとしておこなったものとが考えられる。

それではまず、開戦のための準備の一環としておこなったものを述べ、しかるのち、対米交渉に新たな交渉条件を追加したことについて述べる。

この項で取り上げる開戦に関する事務手続きの策定については、佐藤元英氏の最新の研究成果に依るところが大きい。ここではその中から、新「遂行要領」成立からハル・ノート接受までの間に外務省が主体性をもって取り組んだ措置について紹介する。

そのまえにまず断っておく。これまで詳述してきた対米交渉の主管部署は、外務省の亜米利加局であった。他方、これから述べる開戦に関する事務手続きの主管部署は、亜米利加局以外の、たとえば条約局などが主管部署である。そして、これらの部署全体を統括する立場にあったのが、いうまでもなく、外務省のトップ、東郷外相であった。

東郷が新「遂行要領」に同意した十一月二日以降、条約局によって、開戦手続きに関する調書が作成された。十一

月四日付の「帝国ノ参戦ニ当リ執ルヘキ措置ニ関スル件」、十二日付の「帝国ノ参戦ニ当リ執ルベキ措置ニ関スル件（追加ノ二）占領地ニ於ケル軍政施行ニ関スル先例」、および、十八日付の「開戦ノ手続」がそれである。これらをもとにして、十一月二十日、具体的な事務手続きの確認として「宣戦ニ関スル件」と「開戦ニ関スル事務手続順序ニ付テ」が策定され、開戦に備えた具体的事務手続きの確認がなされた。これによって、外務省としては開戦準備の実践的段階に入ったとされている＊69。

また、宣戦の「詔書」の起草も、条約局によって進められた。これと連動して詔書に記す戦争目的の成文化が、外務省では、東亜局および南洋局が中心となって、陸海軍と連携しておこなわれた。そのために南洋局は、作成日時は不明だが「対米英蘭武力発動ノ理由及戦争状態発生ニ関スル宣言（案）」を、十一月十九日には「南方戦ノ性格、戦争目的ニ関スル一意見」を作成している＊70。

これら条約局の作成した提案は、十一月二十七日の連絡会議に上程、審議され、詔書のみ継続審議となったほかは決定をみた＊71。佐藤氏は、戦争を前提にしたこれらが「なぜ十一月二十七日の大本営連絡会議で決定されることになったのか」という問題を提起し、その答えとして「それは、日本側最終案である『乙案』に対する回答ハル・ノートが、アメリカ側の最後通牒として受け止められたことによる」として、従来からの定説であるハル・ノート開戦説をもってこれを説明している＊72。

本稿では佐藤氏の研究成果をさらに発展させ、なぜ日本時間の十一月二十七日に「開戦ニ関スル事務手続順序ニ付テ」を決定したのかという疑問を解明すべく、このあと、新「遂行要領」の執行過程の実像を史料をもとに再構築していく。

そのまえにここで注目すべきことは、外務省がこれらの開戦に関する事務手続きの策定を進めたことは、新「遂行要領」に規定された「独伊トノ提携強化」などとは違い、組織間のコミットメントに成っていなかったことである。

佐藤氏は、当時の外務省では「日米交渉を妥結させようとする主流派は少数で、大勢は、条約局・南洋局などの〈中略〕既存の国際秩序を全面否定し東亜新秩序〔大東亜共栄圏〕建設の実現に向けて米英対決姿勢を志向する、革新派にあった」としている*73。すなわち対米開戦を前にして、外務省は、開戦を回避するよう日米交渉を進める亜米利加局と、開戦を前提に準備を進める条約局や南洋局などを握っていた革新派とが、逆の方向を志向して動いていた。外務省という官僚制組織のトップの東郷外相には、省内の、いわば二股をかけたような状況を、いつまでもそのままにして問題を先送りするわけにはいかなかった。東郷自らが新「遂行要領」に合意し、「作戦上の便否により」、期限を、十一月末とすることを容認してしまったからである。

追加された新たな対米交渉事項

すでに述べたように、来栖私案についての駐米大使館からの意見具申を拒絶したあと、東郷外相は、十一月二十日、乙案の提示を訓令した。この乙案に関するその後の経過に入るまえに、対米交渉条件について、新たに交渉条件を追加したことを述べる。この件は、先行研究では管見の限り、戦史叢書（これを、先行研究ではなく史料集だとする見方もある）を除き相応な紙数をもって触れられていない*74。

さて、十一月十八日、兼任の亜米利加局長だった山本熊一は、「日米交渉今後の措置に関する腹案」と題した参謀本部（田中部長）の要求文書を、陸軍省（武藤局長）から受け取った*75。それには、「交渉ハ不成立ト思フガ、若シ成立スル場合ニハ成立ノ時ニ将来ノ具体的保障ヲ取付ケテ置カナケレバ協定成立後帝国ノ希望ヲ充足シ得ナイ虞レガアル」との趣旨で*76、

①米国をして年間六百万トン、蘭印をして年間四百万トンの石油を供給（輸出）せしめ、

②さらに、米国と英国をして援蔣行為を中止させることとし、

③「妥結後一週間に至るも」これらの要求が「実行せられざる場合帝国は対米英蘭戦争を開始す」*77。

という条件を甲案・乙案に追加すると記してあった。ちなみに米国からの昨年一年間の輸入実績は三百三十万トンで

あり、また、昨年日蘭会商において蘭印に要求した量（実績ではない）は年間百八十万トンであったが*78、今回の参謀本部の要求は計一千万トンになっていた。すなわち、昨年実績を三倍近く上回った要求であった。しかし、そもそも乙案の趣旨が南部仏印進駐前の原状に復帰すべしとの趣旨であるから、原状の三倍を要求するのでは交渉事になり得ない。

それでもこの要求は「乙案妥結ニ伴フ保障措置」と題し、十一月二十二日の連絡会議に提案された*79。これに対し、東郷は会議の席上「未ダ事務当局ニ於テ審議不充分ナリ」と主張し、「数量等モ含ミアルヲ以テ更ニ事務的ニ話ヲ進メ度シ」と事務ベースの話をまとめてからといって、審議に応じなかった*80。しかし次の二十六日の連絡会議では、参謀総長の杉山に「此件ハドウシタカ」と迫られ、東郷は「アノ案ノ中ノ石油一千万噸ノ数字ノ交渉ハアノ期日内ニ纏メルコトハ出来ナイト思フ、〔中略〕油ハ相当海軍テハ持ッテヰルト言フテハナイカ」と渋ったが、企画院総裁鈴木貞一から、「少クトモ八百万噸ハ必要ト思フ」といわれ、ついに、「此ノ際非合理ナ事ヲ言フモ具合カ悪シ」と米側への要求を四百万トンに、蘭印への要求を二百万トンにと、減らしたとはいえ合計で昨年実績の二倍近い量を要求することにし、野村大使に打電することをコミットしてしまった*81。

ちなみに東郷は回想録で、「禁輸当時の数量〔中略〕に縮少し〔中略〕華府に電送せしめた」と記している*82。東郷の回想では、要求は原状回復相当になっていて、妥当な要求である。ところが、実際には禁輸当時の二倍近い要求をしている。これに関する記憶も、東郷にとって、「今日の価値観に一元的に統合できないもの」であったとみえる。

そもそも「望み薄」の交渉条件に追加して、さらに新たに相手方の受け容れ難い条件を追加することは、外交交渉を職務とする外務省の立場から見れば、自らの職務遂行を自らぶち壊す（torpedo）以外のなにものでもなかった。一度は軍側の追加要求に決定の先送り（「非決定」）を主張しそれを押し通した東郷外相が、明らかに交渉ぶち壊しとなる追加提案を容認したのは、いかなる事情があったからであろうか。

この石油問題は、日本にとって大問題であった。すでに述べたように、日本軍の南部仏印進駐に対し、四一年八月一日、米国は対日石油禁輸の措置をとり、英蘭もそれにつづいた。それまで日本は、石油は九五パーセントを輸入に頼っており、しかもそのうちの七〇パーセントが米国で、ほかは、蘭印、英領ボルネオ、ソ連領の北樺太などからであった*83。今回石油禁輸に直面し、すでに述べたように、永野修身軍令部総長が、おそらく海軍だけの話であろうけれども「一時間ニ四百屯ノ油ヲ減耗シツツアリ」と「国策再検討」冒頭の場で発言し、焦燥の色を露わにしたほどの、いわゆる「ジリ貧」の状態に陥っていたのである。

そもそも日本が米国から供給を受けていた石油は、日中戦争以降「減少の一途をたどりつつあったのみならず」*84、南部仏印に進駐した結果、わずかな国産と北樺太のものを除いて、供給は断ち切られてしまったのである。

ここで一つ、断っておくことがある。陸海軍がそれぞれ保有していた石油の量をはじめて部外に公にしたのが、「国策再検討」の作業の最中の十月二十七日だったことである*85。開戦の意思決定にかかわった人たちが、戦略物資のキイともいえる石油の需給の全体像を、開戦の一ヶ月余前になってはじめて知る機会を得たわけである。もう一つ断っておくことは、石油に関する度量衡が、国として標準化（統一）されていなかったことである。この時期の石油に関する史料を見ると、メートル法の容積であるキロリットルと、メートル法の重量であるトンと、ヤード・ポンド法の容積であるバーレルとが*86、石油の量を表す単位として併用されている。度量衡が統一されていないことは、石油の全体需給を、国家レベルで組織的にみてこなかったことを象徴している。かつて紀元前二二一年、お隣の中国で初めて統一国家をつくった秦の始皇帝がまずやったことの一つが、度量衡の統一だった。これでは日本は、石油に関するかぎり、統一国家の体をなしていなかったことになる。鈴木貞一企画院総裁（当時）の後の証言では、そのような事態に成ったゆえんは、軍需品であるがゆえに、石油は、もっぱら陸軍省と海軍省とがそれぞれ独自に管轄し、国内生産と民需に関するもの以外は企画院その他の官庁の関与が許されていなかったためだという*87。これは、多元化した政治システムのもたらしたものというほかない。

それでは十月二十七日時点で連絡会議の出席者は石油の需給について情報を共有化したのかというと、必ずしもそうではなさそうであった。というのは、東郷外相が軍からこれだけの量が必要だと言われた際、そんな大量の輸入交渉を「アノ期日内ニ纏メルコトハ出来ナイト思フ」と言って、それでは交渉が大変だと、外務省としての職務である交渉の労を惜しんでいるかに見られる反論をするだけであった。そして需給についての反論は、「海軍テハ持ッテヰルト言フテハナイカ」と伝聞程度の情報でしか反論ができていない。それで、昨今ようやく全貌をつかんだとみられる陸軍出身の鈴木企画院総裁から、「少クトモ八〇〇万噸ハ必要ト思フ」と一方的に言われると、必要量についてそれ以上の反論はできないでいる。このやりとりをみるかぎり、石油の需給に関する情報の共有化ができたのは、陸海軍のあいだと、せいぜい企画院のあいだのことのようであった。

政府内政治における折衝では、情報を独占する部署が折衝力を持つ。今日的言葉でいえば、「情報の非対称性」の下に置かれた外務省は、他部署（軍）とは、同じ土俵のうえでは議論ができなかった。そのうえ東郷には、「責任ヲ以テ強行スルノ気魄」もなかった。東郷は、ついにこの日、それでなくてもクリアできない対米交渉条件のハードルを、さらに一段と上げてしまった。

対米交渉を、規定どおり執行しなかったこの例は、決定過程では自らの利益を十分には実現できなかった政治勢力（この場合は軍部）が執行過程で政治的圧力をかけ、それを東郷外相が受け容れた結果である。それでなくても「望み薄」の交渉条件を、対米交渉の責任者である東郷が米国の受け容れ難い方向に改変したことは、東郷自身、交渉に見切りをつけたことを意味した。

この同じ日の二十六日、陸軍中央の中堅層の業務日誌には、この時の連絡会議の記事として、次のように記されていた。

連絡会議開催セラレ大勢ハ妥結セザルノ空気ナリ　十二月一日御前会議ヲ奏請スルニ決ス*88

1 前掲来栖『日米外交秘話』八九～九〇頁。
2 同右九五頁。
3 グルー『滞日十年』下巻（毎日新聞社、一九四八年）二三二頁、四一年十一月四日付日記。
4 前掲来栖『日米外交秘話』九二頁。
5 同右九九頁。
6 前掲グルー『滞日十年』下巻、二二二頁、四一年十一月四日付日記。
7 「発掘　日米交渉秘録」『中央公論』（二〇〇七年一二月）六〇～七二頁、佐藤元英氏との対談における細谷千博氏の発言。
8 前掲「武藤章手記」一三二頁。
9 前掲「澤本頼雄海軍大将業務メモ」叢三、二〇頁、四一年十一月十三日付日誌。
10 前掲来栖『日米外交秘話』九八頁。
11 前掲『日本外交文書』下巻、九七頁、武藤桑港総領事宛東郷外相電第一六八号。
12 前掲『機密戦争日誌』上、一八五頁、四一年十一月十二日付日誌。
13 同右一八四頁、四一年十一月十日付日誌。
14 前掲『東郷茂徳外交手記』二三五～二三六頁。
15 前掲『日本外交文書』下巻、七三頁、野村大使宛東郷外相電第七三〇号、および八五頁、同第七三九号。
16 加瀬俊一「日米交渉」鹿島平和研究所編『日本外交史　二三』（鹿島研究所出版会、一九七〇年）二六四頁。
17 前掲須藤『日米開戦外交の研究』二六六頁。
18 前掲『日米交渉資料』細谷千博「解題」八頁。
19 同右「日米交渉・経緯ノ部」二四六頁。
20 臼井勝美「外務省――人と機構」細谷千博ほか『日米関係史　1』（東京大学出版会、一九七一年）一一五頁。
21 たとえば前掲大橋『太平洋戦争由来記』二七～三〇頁。義井博『昭和外交史』（南窓社、一九七一年）一二〇～一二一頁。
22 前掲来栖『日米外交秘話』九六～九七頁。
23 前掲『日本外交文書』下巻、八〇～八一頁、野村大使宛東郷外相電第七三六号。
24 前掲来栖『日米外交秘話』一二〇頁。
25 伊藤隆ほか編『重光葵手記』（中央公論社、一九八六年）三〇六頁。編者はこの史料を一次史料だとしており、本稿はこれに従う。

26　前掲『機密戦争日誌』上、一九一頁、四一年十一月二十五日付日誌。
27　前掲『杉山メモ』上、三七四～三七五頁、「第六十六回連絡会議」。なお東郷が開戦の期日を知ったのはその九日前である（前掲『杉山メモ』上、五三七頁、「第七十四回連絡会議」）。
28　前掲『極東国際軍事裁判速記録』第八巻、二七三頁。
29　前掲戦史叢書『大本営陸軍部　大東亜戦争開戦経緯』五、四三三頁。
30　同右一六四頁。
31　前掲『日本外交文書』下巻、七三頁、野村大使宛東郷外相電第七三一号。
32　たとえば波多野澄雄「開戦過程における陸軍」細谷千博ほか『太平洋戦争』（東京大学出版会、一九九三年）一〇頁。
33　前掲戦史叢書『大本営陸軍部　大東亜戦争開戦経緯』五、四三三頁。
34　前掲今村『行政学』一五三頁。
35　前掲『機密戦争日誌』上、一八七頁、四一年十一月十七日付日誌。
36　前掲『東郷茂徳外交手記』二三一頁。
37　ベルンハイム『歴史とは何ぞや』（岩波書店、一九三五年）一七七頁。
38　前掲義井『日独伊三国同盟と日米関係』一四九～一五〇頁、一五六頁。
39　前掲『日本外交文書』下巻、一七一頁、野村大使宛東郷外相電第八一二号。
40　拙著『対米戦争開戦と官僚』（芙蓉書房出版、二〇〇六年）六七～六八頁。
41　前掲『日本外交文書』下巻、六八～七二頁、東郷外相宛野村大使電第七二五、七二六、七二七号。同書七五頁、東郷外相宛　野村大使電第七三五号。同書一六一～一六二頁、野村大使宛東郷外相電第七九八号。
42　同右八八頁、東郷外相宛野村大使電第一〇五四号。
43　同右一〇〇頁、東郷外相宛野村大使電第一〇六九号。
44　同右九七～九九頁、野村大使宛東郷外相電第七五七号。
45　同右三五五～三五六頁、野村吉三郎「駐米任務報告」、および、前掲加瀬「日米交渉」二六六～二七一頁。
46　同右一二二～一二四頁、東郷外相宛野村大使電第一〇九〇号。
47　同右一三七～一三八頁、野村大使宛東郷外相電第七八一号ノ（乙）。
48　前掲『東郷茂徳外交手記』二四〇頁。
49　前掲『日本外交文書』下巻、一四八～一五一頁、東郷外相宛野村大使電第一一一八号。

50　同右一五二～一五三頁、東郷外相宛野村大使電第一一二七号。
51　同右一五六～一五八頁、東郷外相宛野村大使電第一一三三号。
52　同右一五八～一五九頁、東郷外相宛野村大使電第一一三四号。
53　前掲来栖『日米外交秘話』九二、一〇〇頁。
54　角田順校訂『宇垣一成日記』三（みすず書房、一九七一年）、一四七八頁、四一年十一月二十日付日記。
55　前掲『日本外交文書』下巻、一五九頁、野村大使宛東郷外相電第七九七号。
56　同右一五九～一六〇頁、東郷外相宛野村大使電第一一三六号。
57　たとえば、前掲富田『敗戦日本の内側』一九二頁。
58　前掲『日本外交文書』下巻、一六一～一六二頁、野村大使宛東郷外相電第七九八号。なおこの東郷電を叱責電としたのは、前掲「石井秋穂大佐日誌」其二、三四七頁、四一年十一月二十日付日記に、「外相ヨリ昨夜御叱ノ電ヲ打ツ」および前掲『太平洋戦争への道』七、三五〇頁の「叱責的」による。
59　前掲『東郷茂徳外交手記』二四二頁。
60　たとえば、前掲『杉山メモ』上、三七三頁、「第六十六回連絡会議」における東郷の発言「私モ米艦隊カ攻勢ニ来ルトハ思ハヌ、今戦争ヲスル必要ハナイト思フ」。
61　前掲『東郷茂徳外交手記』二四五頁。
62　前掲『杉山メモ』上、五二六頁、「第七十回連絡会議」。
63　たとえば前掲『太平洋戦争への道』七、三四九～三五〇頁、前掲森山『日米開戦の政治過程』二六一、二六八頁。前掲須藤『日米開戦外交の研究』二六七頁。
64　前掲『木戸幸一日記』下巻、一二二二～一二二三頁、四五年六月二十～二十二日付日記。
65　前掲『日本外交文書』下巻、一六四～一六五頁、東郷外相宛野村大使電第一一四四号。
66　前掲『東郷茂徳外交手記』二四二頁。
67　前掲森山『日米開戦の政治過程』二六一頁。米国側の「暫定協定案」については後述。
68　森山氏は、「実効性は薄められた」としている（前掲森山『日米開戦の政治過程』二五八頁）。
69　前掲佐藤「革新派外務官僚の対米開戦指導」五一～五二頁。
70　同右五六～五七頁。
71　前掲『杉山メモ』上、五三三～五三五頁、「第七十三回連絡会議」。

72 前掲佐藤「革新派外務官僚の対米開戦指導」五二～五五頁。
73 同右六五頁。
74 前掲戦史叢書『大本営陸軍部　大東亜戦争開戦経緯』五、四六九～四七一頁。
75 前掲『極東国際軍事裁判速記録』第七巻、四八二頁。防衛研究所所蔵　石井秋穂「昭和十六年後半期の最高国策補正」（一九五七年執筆）八一～八三頁。
76 前掲『杉山メモ』上、五三二頁、「第七十二回連絡会議」。
77 前掲『極東国際軍事裁判速記録』第七巻、四八六頁、検察側書証。
78 前掲『杉山メモ』上、五三二頁、「第七十二回連絡会議」。
79 同右五二八頁、「第七十一回連絡会議」。
80 同右五二八頁、「第七十一回連絡会議」、および、前掲『機密戦争日誌』上、一九〇頁、四一年十一月二十四日付日誌。
81 前掲『杉山メモ』上、五三二頁、「第七十二回連絡会議」。
82 前掲『東郷茂徳外交手記』二四三頁。
83 中原茂敏『大東亜補給戦』（原書房　一九八一年）七一頁。
84 前掲「石井秋穂大佐回想録」七二二頁。
85 前掲石井「昭和十六年後半期の最高国策補正」六〇頁。前掲『極東国際軍事裁判速記録』第八巻、二五頁、「鈴木貞一宣誓口供書」。
86 岡田菊三郎「日本の石油所要量に関する開戦前の考察」サンケイ新聞出版局編『太平洋戦争　開戦の原因』（サンケイ新聞社、一九七五年）一二四頁では、「キロリットル」と「トン」を併用したとあり、前掲「石井秋穂大佐回想録」七二二頁では、「バーレル」を用いている。
87 前掲『極東国際軍事裁判速記録』第八巻、二六頁、「鈴木貞一宣誓口供書」。
88 前掲『機密戦争日誌』上、一九一頁、四一年十一月二十六日付日誌。

VI　開戦の決定とハル・ノートの接受

1．米国の乙案拒絶とハル・ノートの手交

史料解読と時差の概念

これ以降の記述については、既述の、「日時は特記なきかぎり『現地時間』」であることに留意して読んでいただきたい。周知のように日本時間は、米国東部時間より十四時間、時計の針が進んでいる。大まかにいえば昼夜が逆になり、東京が朝のときはワシントンは前日の夕方であり、東京が夕方のときはワシントンは当日の早朝である。これが、「時差」である。一般に一次史料は、現地時間で書かれる筈である。したがって、太平洋をはさんで起きている事象に関する一次史料を読むときは、「時差」のことを常に念頭に置き、日本時間に換算して読むことが、これから本稿が論ずることを理解するうえで必須である。

筆者がそれを特記するゆえんは、先行研究や史料のなかに*1、あるいは歴史上の人物の発言のなかに*2「時差」の概念が欠落しており、そこから、新たに見えてくるものがあるからである。地球の裏側に居る人に国際電話をかけるのに時差を考慮したり、あるいは、ジェット旅客機で短時間のうちに地球の裏側に移動して「時差ぼけ」に悩まされたりして、肉体的物理的体験により時差の概念を身体に刻み込むのは、人類の長い歴史のなかでごく近年のことである。昨今でこそ欧米への旅行は盛んになっているが、かつては（筆者が初めて渡米した一ドル三六〇円時代には）、「時

差」は必ずしも大多数の人の日常の体験にはなっていなかった。右記の人たちにとって、「時差」の概念が欠落しても不思議ではない。

ハル・ノートの手交

十一月「二十六日午後四時四十五分ヨリ約二時間」、ワシントン駐在の野村・来栖両大使は米国のハル国務長官と会見した。その席でハルは、「日本側提出ノ暫定協定案（我方乙案）ニ付（中略）遺憾ナガラ之ニ同意出来ス」と乙案拒絶を回答し＊3、そのゆえんなどを記した「Oral」（口頭）と題した文書＊4を手交した。

乙案を拒絶したあとハルは、その対案として、包括的な「新案ヲ一案（a plan）トシテ提出」した＊5、これが今日、「ハル・ノート」と呼ばれている＊6。ハル・ノートは、米国側から一試案（tentative and without commitment）の形で提示された。両大使は、「従来ヨリノ話合ニ悖リ東京ニ取次クコトスラ考慮セサルヲ得」ざる「強硬案」だとしながらも＊7、これを受け取り国務省を辞去した。時に、米国東部時間十一月二十六日午後六時四十五分（日本時間二十七日午前八時四十五分）頃であった＊8。

野村らは帰館後会見の要報と、二七五文字に要約した米国側対案（ハル・ノート）を「館長符号」で暗号に組み、米国の電信会社を通じて外相宛に送信した。外務省の記録には、「二十六日〔午〕後発」、「二十七日〔午〕後着」となっている＊9。受取った本省では暗号解読、浄書作業が行われ、電信課から関係者に配布されたことであろう＊10。そのあとさらに会見の詳報と、英文単語数一五〇〇弱の「Oral」も含めた米側提案全文は、出先から四分割され送信された。外務省の記録には、「二十七日〔午〕前発」、「二十七日〔午〕後着」となっている＊11。

ところで来栖は、国務省から帰館後、山本亜米利加局長に会見の結果を国際電話で報告している。電話は米国側に盗聴されていて、その記録によると、来栖はハル・ノートのことに触れていない＊12。なお、陸海軍にはそれぞれ駐米大使館付武官から直接情報が入っていたようであり＊13、陸軍参謀本部は（駐在武官は参謀本部・軍令部の管轄下にある）、要約を二十七日に、全文を翌二十八日に接受したと記録されている*14。したがって、ハル・ノートに関する情報は、二十七日午後着信した大使館電が東京への第一報となる。

かくして、最終案として十一月二十日両大使がハル長官に提示した乙案は、二十六日米国側によって拒絶された（いずれも米国東部時間）。御前会議決定の新「遂行要領」に基づく対米交渉は成立しなかった。他方、「武力発動ノ時機ヲ十二月初頭ト定メ」て進めてきた「作戦準備」の執行は、まもなく「完整ス」る。御前会議決定を忠実に執行するならば、乙案が拒絶されたからには「武力発動ヲ中止ス」るわけにはいかず、作戦準備が完整し次第、新「遂行要領」で規定したとおり十二月初頭に開戦するはずであった。

ところが東郷と外務省は、新「遂行要領」に規定した交渉期限と交渉条件とを、交渉成立を困難にする方向にすでに改変して執行してしまっていた。御前会議の決定は、規定どおりに執行されて来たわけではなかった。それではこのあと、いかなる過程を経て開戦決定に至ったか、新「遂行要領」の執行過程を史料によって明らかにする。

2. ハル・ノート接受前後の連絡会議の様相

十一月二十六日、御前会議開催を決定

東京の外務省本省がハル・ノートを接受する前日の十一月二十六日、午前十時から十二時まで連絡会議が開かれた*15。この連絡会議について記録した一次史料は、三つある。『杉山メモ』と、戦争指導班の日誌と、田中作戦部長の日誌である。『杉山メモ』には、既述の石油供給の要求のことが記してある。戦争指導班の日誌には、石油供給の要求のほかに、「大勢ハ妥結セザルノ空気ナリ　十二月一日御前会議ヲ奏請スルニ決ス」と記してあることもすでに述べた。

そして田中作戦部長の日誌には、『杉山メモ』と戦争指導班の日誌に記載のないことが明記されている。

連絡会議明日ヤル
十二月一日午後御前会議ヲ開ク
（外交能否ニ拘ハラス）＊16

「外交能否ニ拘ハラス」がそれである。この文言の内容を解説する前に、同じ会議の記録のあいだで、どうしてこのような差異が生じるのかについて、念のため説明しておく。

官僚制組織（階層組織）において、情報を、会議によって上位階層から下位階層へと展開する際、上位者が、下位の出席者に筆記を禁ずる場合がある。筆記を禁ずる対象は、出席者よりもさらに下位の者への伝達は禁ずるが、出席者には承知しておいてもらいたい事項である。総長の杉山が筆記を禁じた行為が史料に記録されている例として、対米開戦直前の天皇と重臣の懇談記事（重臣の三分の二が開戦反対）がある＊17。部長会報で杉山総長が述べた「外交能否ニ拘ハラス」という文言も、内容からいってこれと同様極秘事項だと推定できる。ところがこのような会議で、上位者が禁じたにも拘らず筆記をとる出席者がいる。そして上位者も、それを黙認する。杉山総長と田中作戦部長のあいだは、そういった関係にあったと察せられる。部長会報で杉山が禁じた極秘事項を田中が筆記しているケースは、これからも時々出てくる。この内容こそ、組織にとって重要（極秘）事項なのである。

次に、記録を禁じた内容について解説する。この時期の御前会議は、決定の「権威を高めるために用いられた儀礼的な」ものであった＊18。二十六日の連絡会議で開催を決めた十二月一日の御前会議は、天皇の臨席を得て開戦を確認し、その執行を確かなものにする（担保する、保証する、insure）ためのものであった＊19。それを二十六日の連絡会議で、「外交能否ニ拘ハラス」、すなわち、対米交渉の成否に拘らず開催すると決定した、というものである。

この決定の意義は、新「遂行要領」に規定された開戦回避のための唯一の規定が、取り消されたことである。規定は、「対米交渉カ〔中略〕成功セハ武力発動ヲ中止ス」るとなっていた。それを、交渉期限の十一月末になる前に能否（成否）に拘らず開戦すると決めたわけだから、新「遂行要領」は、この瞬間に改変されたことになる。

田中の日誌には、十二月一日御前会議の開催とあわせ、明二十七日にも連絡会議を開くことを決定したことが併記してある。この二十七日の連絡会議で、既述の、開戦に関する事務手続きを審議・決定した。この議案は、外務省が中心となって準備したものである。外務省が開戦に関する事務手続きを連絡会議に上程することは、戦争を避けようとして日米交渉を進める亜米利加局と、開戦の準備を進める条約局や南洋局など革新派のあいだに立って、「外務省の総括責任者として」東郷が一方を選択したことを意味している＊20。東郷が選択したのは、対米交渉に見切りをつけることであった。それが、田中の日誌にある「外交能否ニ拘ハラス」という記事である。そして、交渉に見切りをつけたことと、石油供給の要求でもって「交渉条件を、米国の受け容れ難い方向に改変したこと」とは、同じ日の同じ連絡会議において決定した。この二つを結びつけてとった行動が、田中の業務日誌の記事に顕われているのである。他方、「戦争発起」に備えておこなってきた政戦諸般の準備は、陸海軍も、外交・財政関係も、まもなく成功裡に完整する。こうして対英米開戦を予定通りすることを、日本は、連絡会議レベルで確認したのである。業務日誌にメモ風に走り書きしたこの開戦決定の歴史的記事を、敗戦後に成文化した回想録に田中が転載していないことはいうまでもない。

ちなみに開戦を確認したこの時、すなわち連絡会議が開かれた日本時間十一月二十六日午前十時から十二時のあいだには、ワシントンでも東京でも、まだ、ハル・ノートは受け取っていない。駐米日本大使がハル・ノートをワシントンで受け取って国務省を辞去したのは、日本時間で、この連絡会議の次の日の十一月二十七日午前八時四十五分頃であった。

十一月二十七日、開戦手続きを決定

明くる日、すなわちハル・ノートを接受した当日の二十七日、午後二時から四時まで連絡会議が開かれた*21。戦争指導班の業務日誌には、次のように記してある。

一、連絡会議開催　対米交渉不成立大勢ヲ制シ今後開戦ニ至ル迄ノ諸般ノ手順ニ就キ審議決定ス
〔中略、審議・決定内容〕
二、果然米武官ヨリ来電　米文書ヲ以テ回答ス全ク絶望ナリト〔後略〕*22

開戦を前提に、連絡会議では開戦のための事務手続きの審議・決定をした、そこに、米国側の拒絶回答が来電した、ということであろう*23。米武官とあるのは、駐米日本大使館付陸軍武官で、文書とあるのは、拒絶理由を記した「Oral」のことであろう。このとき大使館の方から来電したのは会見の要報と、対案（ハル・ノート）の要約である。

また、この連絡会議で審議された内容は、既述の、外務省が中心になって準備したもので、「開戦ニ至ルマデノ諸般ノ手順」であった。戦争指導班の業務日誌とは別に、参謀本部に残された書類には審議項目が詳細に記されていて、その要旨は次のとおりである。

①「重臣ノ御前会議出席問題」、②「宣戦ニ関スル事務手続順序ニ付テ」決定（十二月一日の連絡会議・閣議・御前会議の順序、宣戦布告の枢密院諮詢問題、宣戦布告などに関する閣議決定項目、宣戦布告に関する事務手続実施内容など）、③「戦争遂行ニ伴フ国論指導要綱」決定（宣戦詔書渙発ノ奏請、政府決意ノ表明、外交経過ノ発表など）、④「開戦詔勅案」審議*24。

②〜④の議題は開戦を前提にした議題である*25。議題①は、開戦を確認する御前会議に重臣を出席させてはどうか、という御下問が前日に天皇からあったので急拠挿入されたもので、これについて、

今日迄ノ実情ヲ知ラス抽象的ナ考ヘカラ政府統帥部ガ慎重審議シタ国策ニ対シ之ヲ覆ヘス如キコトトモナレバ大変ナコトダ、故ニ結論トシテ重臣ハ総理大臣ノ処ニ集メテ説明納得セシメレバヨイ*26

との発言がなされた。政府統帥部は慎重審議して開戦を決めた、それを重臣が、今日迄の事情を知らず抽象的な考えから覆したら大変だ、ということであろう。そこで重臣を、儀礼的とはいえ意思決定機関の一つである御前会議に列席させることはせず、その代わり二十九日に、意思決定とは関係のない懇談会（政府と重臣との）を開催することにし、重臣に、開戦をせざるを得ないゆえんを説明し納得せしめる、その際、天皇から午餐を賜ることにした*27。このように国家の意思決定機関である連絡会議は、開戦を前提に動いた。

ハル・ノートの全文が外務省本省に入ったのはこのあと、二十七日夜*28、陸軍（参謀本部）の方に入ったのは既述のように翌二十八日であった。

史料としての十一月二十七日付の嶋田日記

ここで、関係する史料につき若干述べておきたい。当時海軍の中枢に居た人の残した史料で、公表された一次史料は僅少である。その一つに、開戦時の海相であった嶋田繁太郎の日記が含まれている。筆者が閲覧した防衛研究所所蔵の原本は、嶋田本人から七三年に借用したものの複製であり、表紙には、「取扱注意〔戦史〕室外秘」の印が捺されている。一次史料であることからいっても、このときの彼の地位からいっても、開戦過程を解明するには絶好の史料である。なお一般の軍人の史料として残されたものには「業務日誌」が大部分であるが、嶋田のものは「日記」で、プライベートなことも書かれており、その点でもめずらしい存在である。日記は、書式の定まった「昭和十六年当用日記」に記録したもので、本文を記載する欄以外に、「天気」、「寒暖」、「予記」、「発信」、「受信」の欄から成っている。本文はペン字で書かれており、ペンの太さに経時変化はない。字は、日記にしては他にくらべ丁寧に書かれており、書体は楷書に近く、取り消し線もないことから、あるいは、別に嶋田宅にある原本を浄書したものかも知れない。

ところで、十一月二十七日の嶋田の日記には、次のように記されている（活字刊行本＊29は記事が欠落しているところがあるので、防衛研究所所蔵本による）。

〔前略〕10hA〔午前十時〕ヨリ 12h 宮中ニテ連絡会議　首相ヨリ昨日　陛下ノ御言葉ニ就キ話アリ、和平両様ノ手続等研究　宮中及大宮御所ニ賀陽宮大妃殿下ノ敬弔　中野軍医中将、太田千尋君等来訪　武富少将来訪、恩賜金ニテ旧部下ニ頒ツ短刀ノ出来上リ七振ヲ持来見分ス　6hP ヨリ 8hP　洋々会ノ例会ニ招カレ会食〔後略〕＊30

まず、連絡会議の開催時刻について、『杉山メモ』は既述の午後二時から四時までとなっているのに対し、嶋田の日記は、午前十時より十二時となっている。『杉山メモ』で連絡会議があった時刻には、嶋田の日記では、「宮中及大宮御所」など連絡会議と無関係な記事が記載されている。午後六時より前のそれらの記事には、時刻の記載が無い。時刻の記載が無いのはこの時期の嶋田の日記では異例である。したがって、午後六時以前の、時刻の記載の無い記事と、それに関連する連絡会議開催時刻の記事は、信憑性に欠ける。以上から、連絡会議の開催時刻は、『杉山メモ』にある午後二時から四時というのが史実だと判断する。次に、連絡会議での審議内容については、嶋田の日記には、重臣との懇談会とみられる記事のほかに「和平両様ノ手続等研究」とあるのみである。これに対し『杉山メモ』と『機密戦争日誌』の記述は詳細かつ具体的で、かつ内容的にも嶋田のものと整合しない。したがって審議内容についても、嶋田の日記は信憑性に欠けると判断する。

管見の限りでは、軍人の日誌には乱筆なものが多く、書体は御家流であっても判読に苦労するものが大部分である。

業務日誌の記録は、勤務時間中に職務の一環としておこなうもので、かつ他人に見せるものではないことから、乱筆が自然である。他方嶋田の日記は、浄書したと思えるほど丁寧に書かれている。これらのことから、事実に反する記事があるこの嶋田の日記は、浄書した際改竄された可能性がある。かかる嶋田の行為は、開戦過程における彼の所業と何らかの関係があるのかも知れないので、とくに注記しておく。

十一月二十八日以降、閣議の了承

「廿八日の定例閣議は新聞統制要綱を本極りとしたるのち、東郷外相より日米交渉の現段階につき詳細説明」があった*31。対米交渉の報告は、新聞統制の後にされた。そのあと、「対米交渉ノ平和的解決絶望ナルコトヲ首相ヨリ説明」がなされた*32。これは、事後承認といえる。この時点ではすでに「多元性と全員一致を特色とする明治憲法体制は変容し、〔中略〕閣議の実質的決定機能は縮小」していたとされているからである*33。

閣議は、「午前十時から十二時」まで開かれた*34。閣議の途中の十一時二十分、外相は中座、天皇に拝謁し、米国の回答を報告した。米国側の対日態度は一転し、日本に厳しいものとなったとの報告であった*35。

そして翌二十九日の連絡会議で、二十六日に開催を決めた御前会議の議題を「十一月五日決定ノ『帝国国策遂行要領』ニ基ク対米交渉ハ遂ニ成立スルニ至ラス　帝国ハ米英蘭ニ対シ開戦ス」と定め*36、十二月一日、「閣議の形式的権限は尊重せざるをえなかった」ため連絡会議メンバーだけでなく閣僚も含めて御前会議を開催し*37、議題を確認したのである*38。

このようにして開戦への意思決定に直接かかわった連絡会議の出席者は、乙案を拒絶されて開戦を決めたわけではない。いわんや、ハル・ノートが苛酷であったから開戦を決めたわけでもない。ハル・ノートを受け取るまえに、開戦を決めていたのである。

3．ハル・ノートにかかわる諸問題

先行研究が記述したハル・ノート接受と開戦の決定の問題点

ここでは、ハル・ノートを接受した前後における開戦決定に至った過程を、ハル・ノート開戦説を主唱する先行研究ではどのように扱っているかを述べ、それが論理的に成立しないゆえんを説明する。

塩崎弘明氏によれば、「日米交渉史が書かれるに至った経緯は、いうまでもなく日米双方が『真珠湾』の正当性を主張せんがためにおこなった宣伝情報戦の一環」であったという*39。かかる背景のもとで、ハル・ノート開戦説は、アカデミズムの世界だけでなく、実社会の中で政治問題として論じられてきた。極東裁判も、その一つだといえる。このような経緯から、現在は、真理を探究する学問（science）としての歴史学と、戦争責任を論ずる政治評論とが、混在している状態にあるとみなせる。

さて、開戦過程の研究史における古典には、「開戦に至る日本の政策決定の実態について」の「実証主義的研究」として、「今日でも利用史料と分析水準の高さは損なわれていない」と評価されている『太平洋戦争への道』がある（既述）。この書には、ハル・ノート開戦説が詳述されている。執筆された時点はかなり以前だが、管見の限りでは、実証主義の観点で見てここまで詳細にハル・ノート開戦説を叙述したものは、これ以降出て来ていない。その意味で最新の研究成果（そのために冒頭、森山氏や森氏のものを取り上げた）は織込まれていないものの、『太平洋戦争への道』に叙述されたハル・ノート開戦説は、取り上げるに足る位置づけにあるとみなせる。

さて、ハル・ノートを接受したあとのわが国の意思決定過程を、『太平洋戦争への道』は次のように叙述している。長文だが、これまでのハル・ノート開戦説の説明を集大成しているとみなせるのでここに引用する。

接到したものは乙案とは似ても似つかぬハル・ノートだったのであり、二十七日午後二時から開かれた連絡会

議でこれを主宰した東条の到達した結論の要旨は
（一）十一月二十六日の米国の覚書は、あきらかに日本に対する最後通牒である。
（二）この覚書は、わが国としては受諾することはできない。かつ米国は、右条項は日本の受諾し得ざることを知りてなおこれを通知して来ている。しかもそれは、関係国と緊密な了解の上になされている。
（三）以上のことより判断し、また最近の情勢ことに日本にたいする措置言動並びにこれより生ずる推論よりして、米国側においてはすでに対日戦争の決心をなしているものの如くである。
というのであった。そして甲・乙両案からの若干の後退を覚悟して、これまで主戦論にともかく対抗して来た東条と東郷とが、かように判断するに至って、和戦半々論いな和四分の一、戦四分の三論もここについに解消して、連絡会議はありありと落胆をしめしながらも、はじめて主戦一本にまとまるに至った＊40。

すなわち、関係者はハル・ノートを受け取ったあと連絡会議を開き、それまで和戦に分かれていた意見が、ハル・ノートを見て開戦することに一致した、と述べている。記述のうちの前半の「到達した結論」の内容は、極東裁判での東條英機宣誓口供書（『東条メモ』に掲載されたもの）からの引用であり、「ありありと落胆をしめしながら」という連絡会議の様子を示すものは、東郷の回想録からの引用である。いうまでもなくこれら二つの史料は、二次史料である。すなわちこの『太平洋戦争への道』の開戦を決定した過程は、二次史料に依拠して構築したものである。

ところでこの『太平洋戦争への道』によれば、連絡会議が開かれた二十七日午後二時には、ハル・ノートについての野村大使からの電報を、すでに接受していたとある。

他方、これまで本稿が一次史料から導いた事実から推し量ると、ハル・ノートの全文を掲載した電報はワシントンを二十七日午前（米国東部時間）に発信しているから、もっとも早い二十七日午前零時に発信しかつ発信と同時に着信したとしても、十四時間の「時差」がある東京の二十七日午後二時以前に着信することは時間的にあり得ない。すると、その電報というのは、時間的に間に合うかどうかの判断は留保するとして、ハル長官との会見の要報と、対案を和文二七五文字に要約した電報で、ワシントンを二十六日午後（米国東部時間）に発信し、東京に二十七日午後（日本時間）に着信したものとしか考えられない。現に、同じ東條の宣誓口供書であっても、『太平洋戦争への道』が引用した私製の『東条メモ』ではなく、公式の記録である『極東国際軍事裁判速記録』にある宣誓口供書によれば、この時点では「米国案の骨子だけが報道されて来ました」、そこで、「連絡会議を開き各情報を持ち寄り審議に入った」となっている*41。

すると『太平洋戦争への道』の記述では、国家の大事である和戦の決心をする作業を、米国側提案の全文（英文原文）を見ることなく、出先が翻訳した要約文だけでやったことになる。

この頃の外務省本省は、野村大使の情報の伝達ぶりに信頼を置いていなかった*42。たとえば次官であった西の回想では、「私たちからみると、野村大使のやり方には非常な不安がある、なかには報告すべきことを、報告してないものもある。このように大事なときには、問題を細大もらさず報告すべきなのに、都合の悪そうな問題は報告しないでおくといったこともあった」という*43。このような野村大使の下で翻訳された要約文だけで、東郷が、開戦を本当に決心したとは考えにくい。それよりも、ハル・ノートの全文が到着し、英語の原文で微妙なニュアンスを直に確かめてから国家の大事たる和戦の決心をする、こうみる方が自然であろう*44。そう考えると、午後二時から連絡会議でハル・ノートの要約文を審議したというのは、成立しないのである。

また、たとえ接受可能な要約文で審議・決定したとしても、二十七日の午後、和文二七五文字の暗号で着信したハル・ノートの要約文を①解読・浄書作業を経て連絡会議出席者に手渡し、②出席者がそれをみて開戦を決心し、③開戦を前提にした議題の審議内容を事務方に用意させ（既述）、午後二時からの連絡会議に供しめたとするのは物理的に無理がある。その一方で、二十七日午後三時（日本時間）、本省から駐米大使館に向け乙案の英文を修正した電報を送信したという記録がある*45。この送付は、乙案が拒絶されれば不必要な行為であり、拒絶を知れば停止すべきものである。するとこの時点では、本省は、乙案拒絶の電報を解読できてないことになり、要約文を本省が見た時刻は、二十七日午後三時以降と推定できる。状況証拠ではあるがこの点からみても、連絡会議で午後二時から審議したとする『太平洋戦争への道』の叙述（それは、極東裁判での東條の証言に依拠している）は、それが要約文であったとしても成り立たない。

さらにいえば『太平洋戦争への道』が依拠している史料は、一つは極東裁判における東條の証言であり、いま一つは、巣鴨拘置所で執筆された東郷の回想録であり、いずれも敗戦後にその事態をもたらした当事者によって記された二次史料である。史料の性質上、当時の記録である一次史料に対抗できるものではない。したがって、二十七日にハル・ノートを接受して「主戦一本にまとまるに至った」とする『太平洋戦争への道』の意思決定過程の記述は、依拠した史料からいっても、史料にもとづき史実を明らかにするという立場に立てば無理な立論である＊46。

なお、『太平洋戦争への道が』が「甲・乙両案からの若干の後退を覚悟して、これまで主戦論にともかく対抗して来た東条と東郷とが」と記述しているところは、東郷外相が新「遂行要領」に合意した際東條首相から取り付けた「内約」について述べているのであろう。しかし、この「内約」が成立しないことはすでに述べた。また、引用した文の冒頭の「乙案とは似ても似つかぬ」といったのは、米国版の「暫定協定案」を指している。米国側で「modus vivendi」と呼ばれたこの案は、日本ではさまざまな訳語が用いられている。本稿では、日本側の「modus vivendi」を乙案と呼ぶのに対し、米国側の「modus vivendi」は「暫定協定案」いう訳語を採用し、これについて若干付記する。

米国側暫定協定案の傍受と暗号の解読

ところで、太平洋戦争開戦過程において、米国側がいわゆる「マジック」で日本の外交暗号を解読していたことはよく知られている。このことは、日本側の情報軽視として一般にいわれてきた。しかし、日本側も米英の暗号を解読していたことを森山氏が近年発表し＊47、そのことを正している。さらにいえば、四七年八月十五日、極東裁判の法廷で外務省の文書課長が、米英の外交電報を解読していたことを証言している＊48。日本側も暗号を解読していたことは、当時から公表されていた。日本側の情報軽視というのは、「俗説」である。

さて、日米交渉の末期、日本側は乙案を提示した。これに対し米国側も、包括的協定としてのハル・ノートとは別に、それと併行して「暫定協定案」を用意した。先行研究には、このことはかなり以前から取り上げられている＊49。『太平洋戦争への道』でもこのことを、極東裁判における東條の証言とそれに関する「戦史室資料」を引用して、

東条は〔十一月〕五日以降、次第に主戦論へ折れて来ていたが、なお東郷との間の内約に基づいて甲・乙両案を何とかまとめるために、ある程度の譲歩をふくみとしていたのであり、後日〔巣鴨で〕、暫定協定案をめぐる米国内の経緯を聞かされた時には、「乙案を聞いてもらえれば勿論起りませんし、〔中略〕かりに米国において仮取極め案を出して来たならば、事態は余ほど変って来ていると思います」と答え、その前後、佐藤の同趣の質問にも「これが来ればネ」と嘆息した＊50。

と述べている。そしてそのあと、『太平洋戦争への道』は、「接到したものは乙案とは似ても似つかぬハル・ノートだった」とつづく。

これについて近年、森山氏は、「米側の暫定協定案の内容を暗号解読によってある程度把握して」いた日本の外務省は、それに近い「乙案による交渉妥結に最後の望みを抱いていた」と論じている。すなわち、米国側が「暫定協定案」を出して来れば交渉成立の可能性があった、というわけである。ところが、「アメリカは直前になって暫定協定案を放棄し、〔中略〕ハルノートのみを日本側に手交した」＊51。ひそかに「暫定協定案」の提示を期待していた日本側は、これで万策尽きたというわけである。これは、当時亜米利加局第一課長であった加瀬俊一の執筆した外交史

（七〇年刊行）に依拠した所説である＊52。このように森山氏は、『太平洋戦争への道』と同主旨の論旨を述べており、日本側が米国の暗号を解読していたことを新たに付記して、その論旨を補強している。

森山氏は、このあと続けて、

日本が戦争に踏み切った直接的な原因は、〔中略〕このままでは戦わずして屈服を余儀なくされる窮地に追い込まれたためで、〔中略〕戦略的ストック〔石油〕を食いつぶして動きがとれなくなった揚げ句に、より強硬な条件を押しつけられることであった。ハルノートは、これが杞憂でなかったことを証明したと当時思われていた＊53。

として、ハルノート開戦説を強調している。

この項の課題は、当時日本側がどこまで米国版暫定協定案のことを暗号解読により把握していたかを調べ、把握していたならそのうえで、日本政府と外務省がそれに最後の望みを託していたか否かを明らかにすることである。それによって、米国側が暫定協定案を出してきたら交渉成立の余地があったか否かを検証する。

さて、米国の「暫定協定案」は、五六年に刊行された米国版の外交文書、『Foreign Relations of the United States』（以下、『FRUS』）に所収されている。所収された草案（draft）には、十一月二十二日付と、十一月二十四日付と、十一月二十五日付の三つの版がある。前二者は事前検討（exploratory way）のため英蘭濠中の四ヶ国政府に示され、最終版は日本に提示されないまま捨てられた（discard）＊54。

他方、森山氏の依拠した加瀬課長（当時）の外交史には、米国が暫定協定の二十二日付草案を英蘭濠中各政府に内示した際に「わが方は暫定案を傍受解読した」となっている＊55。加瀬課長はその根拠として、巻末註釈欄に、「6 Months」と題した文書を添付している＊56。

この「6 Months」は、『FRUS』に所収されている。題目の上に、「ルーズベルト大統領から国務長官へ」となっている＊57。奥村氏によると、この文書は二十二日付草案の「基礎になっている」が、それ以上の直接の関係はない。すなわち「6 Months」は、三つの草案とは別物である。そのうえ「大統領からハルに送った鉛筆書の覚書」であるから＊58、傍受して暗号を解読する対象にはなり得ない。したがって加瀬課長の記述は、依拠するに値するものではない。

ところで、外交史料館所蔵の「日、米外交関係雑纂」というファイルには、本省と出先とのあいだで交換した電報の原本のほかに、「暫定協定案」に関する米国側の電報を日本側が傍受解読したと思われる文書が所収されている。当該文書は、所収電報を示した手書きの「目次」には載っていないが、十一月二十九日付発電の電報と三十日発電の電報のあいだに挟まれており、そこにある二通の英文文書のうちの後の方がそれである。それらは欄外上段に外機密とあり、欄外右側に本情報ハ御一覧後電信課長宛必親展トシテ御再回乞フと記されていて、外務省用箋に英文タイプで打たれている。欄外上段には、閲覧したという兼任の亜米利加局長の「山本」のサインがある。題目は「America's Draft Modus Vivendi」で、ハル（国務長官）からグルー（駐日米大使）宛の、十一月二十八日午後七時二十分発信の電報である。計七ページにわたっており、冒頭、「要約（summary）」として「米国が熟考し、英蘭濠中各国と協議したところの暫定協定案の詳細」と書いてある＊59。本文は、暫定協定案の条文ではなく、暫定協定があつかわれた経緯を国務省がグルーに通知したものである。そして、この本文とまったく同じ内容の文書が（除「要約」）、『FRUS』に所収されている＊60。

日本は、米国の外交暗号を傍受解読していた。ただし、傍受解読したこの文書は、米国東部時間で十一月二十八日午後七時過ぎ、すなわち日本時間で二十九日午前九時過ぎに発信されたものであった。そしてこの文書の欄外上段に「2/12/41」と記してある。これは、この文書を解読し浄書した日付（すなわち日本での文書の発行日付）であろう。これらのことから、米国の「暫定協定案」に関する電報を日本が傍受解読したのは確かである。しかし、外務省が「暫定協定案」の存在を知った時にはすでに開戦を決定・確認していたから、これに最後の望みを抱くことはあり得ないというのが結論である。

もっとも、「暫定協定案」の条文そのものはもっと早く傍受解読していた、しかしそれが敗戦後焼却されるなどの理由で外交史料館には置いていないという可能性も、全く皆無ではない。そこで、「これが来ればネ」と嘆息した件、すなわち、「暫定協定案」が米国側から提示されれば再考の余地はあったという東條の証言の真否を調べることにする。

暫定協定案による外交成立の可能性

極東裁判で、「かりに米国において仮取極め案を出して来たならば、事態は余ほど変って来ていると思います」と証言した東條は、部下だった佐藤賢了の同趣の質問に、「これが来ればネ」と嘆息したという。米国が「暫定協定案」を出してくれれば、戦争にはならなかったという東條の証言は、真実であろうか。

『太平洋戦争への道』に記載されている「戦史室資料」の、東條一人の腹の中を示す「これが来ればネ」という文言は、刊行された佐藤賢了の回想録に掲載されている。東條がこれを口にしたとき佐藤は、東條とともにA級戦犯として巣鴨に拘置されていた。佐藤には、刊行順に①『東條英機と太平洋戦争』(六〇年刊行)、②『大東亜戦争回顧録』(六六年)、③『軍務局長の証言』(七六年)と、三種類の回想録が刊行されている。そして、この場面での佐藤の回想録の記述が、時と共に改変されているのである。

すなわち最初の回想録①では、

証言がおわってから私は「アレはほんとうですか」とたずねたところ、東条さんは、「君らには云わなかったが、アノ通り考えていたのだ」と云った。〔中略〕「あれがくればなあ……」　そう云うと、もはや東条さんはあとをつづけようとはしなかった＊61。

回想録②でも、「あれがくればなあ」＊62とある。ところが最後に（死の翌年）刊行された③では、含みのある微妙な表現とはいえ次のように改変されている。

私は、「暫定協定案が十一月二十六日のハル・ノートの代りに来ていたら、あなた方は戦争に決心したか、せんか」ということを東條総理、東郷外務大臣、賀屋大蔵大臣、武藤軍務局長、島田海軍大臣・岡軍務局長等、関係者にきいてみた。さすがに東條さんは、「うん、これがくればむろん……」といいかけられたが、まさかこの期におよんで「これがくれば戦さしなかった」ともいえない、というような顔つきで、「ウーン」といって後は黙ってしまわれた。それから後の人は全部、「これさえ来とりゃ戦さするんじゃなかった」といった。しかし、果たしてそうかどうかは、質問した場合が、戦いはもう負けて、捕われの身になってからの感じであるので、もしも、そんなものが実際十一月の二十五日か四日に来たら戦さをしなかったかどうかは、非常に疑問である＊63。

佐藤は最後の回想録で、「これが来ればネ」と言ったのは東條ではなく、嶋田や東郷や賀屋など、東條以外の、開戦決定の場に居合わせた全員だったと証言を変えたのである。そのうえで佐藤は、暫定協定が来たら「戦さをしなかったかどうかは、非常に疑問である」と結んでいる。これは、たとえ暫定協定案が来ても戦をした、ということである。

正反対の趣旨を述べたこの二種類の回想記事は、いずれも二次史料であるが、どちらが真実であろうか。その決め手になったのが、もう一つの史料である。その史料は、戦後に佐藤が陸上自衛隊幹部学校の教官向けに講演したものを、筆録した非売品の小冊子である。この講演は、佐藤が、「母校の講堂に立つような懐かしさをこめ、心をあけひろげて」話したものとされている＊64。母校とは、今は陸上自衛隊幹部学校と呼ばれているかつての陸軍大学校で、佐藤は、そこの教官をやったことがある。この講演は、佐藤にとってごく内輪のものだったといえる。この小冊子には、③の回想録と同じことが載っていた*65。この内輪の講演会で話した方、すなわち③の回想録の方が、真実であろう。暫定協定案が来たとしても、戦をしたのである。そして内輪の講演内容から読み取れることは、佐藤に真実を述べた者は東條だけで、開戦決定の連絡会議に出席し、のちに巣鴨に拘置され名前の挙がっている嶋田、東郷、賀屋など他の者は、真実を述べていないのである。

そのうえ注目すべきことは、「もしも、そんなものが実際十一月の二十五日か四日に来たら戦さをしなかったかどうかは非常に疑問であります」*66との佐藤の証言は、連絡会議が最終的に開戦を確認したのが十一月二十六日であることと、奇妙なほどに整合している。

以上から、米国側の「暫定協定案」に関しては、「暫定協定案」の存在を知らない外務省がそれに最後の望みを託せるわけはなく、「あれがくればなあ」というのは、生き残った「関係者」全員が申し合わせた、後からの作り話ということになる。

4. 外務省の先輩たちの証言

強硬発言に転じた東郷外相

陸海軍いずれの記録を見ても、「国策再検討」の最終日の十一月一日、東郷は、賀屋とともに会議の最後まで開戦には慎重であった*67。それにもかかわらず、ハル・ノート接受の前日の十一月二十六日、開戦を確認する十二月一日の御前会議の奏請を決定し、翌二十七日には、「今後開戦ニ至ル迄ノ諸般ノ手順」を外務省から上程し、審議決定に至ったのである。連絡会議は全員一致を建前としているので、東郷も開戦に同意したことは確かである。新「遂行要領」が決定されたあと、そこに至る過程において、開戦に慎重であった東郷の身に、いったい何があったのであろうか。

すでに述べたように、十一月五日の御前会議で新「遂行要領」が決定されたあと、十一月十三日の臨時閣議で大増税案が閣議決定され、翌十四日の定例閣議でやはり臨時軍事費などの追加予算が閣議決定された。閣議決定されたということは、東條内閣の一員である東郷も、閣僚として署名をしたということである。

次の日の十五日の連絡会議には、自らが管轄する対米交渉の状況について説明をおこなっている。まず最初に、前内閣までの対米外交のやり方（近衛外交）への批判を述べたうえで、御前会議のあとただちにワシントンの野村大使に甲案・乙案を送った際の訓令として、次の文言を付け加えたと報告した。

モウ半年余リ忍ビ難キヲ忍ビ今年迄忍耐シテ来タ之ハ平和観念ニ出発スルノデアルカ忍耐ニモ限度アリ　米カ之以上帝国ノ要求ヲ無視スルコトハ米側ニ於テ十分猛省スル様又今日ノ事態ハ一日モ看過出来ナイ旨ヲ米ニ申シ入レラレ度シ＊68

その一方で、東京においても、外相自らグルー駐日米大使と会談し、

米ハ帝国ニ対シ武力ヨリモ強イ経済圧迫ヲ加ヘテ居ルノデアルカラ我ハ自衛上立ツ事モアル、米ガ支那ニ対シ帝国ガ払ッテキル犠牲ヲ無視スル事ヲ帝国ニ強要スルノハ恰モ日本ニ自殺セヨト言フノト同ジダ之レヲ本国ニ伝ヘヨ＊69

と通告したことも報告した。ちなみに、対米交渉が「不成立ノ場合ニハ独逸トノ関係ヲ緊密ナラシムル必要アリ」として、対独提携強化交渉にただちにとりかかることについて了承を求めたのも、十五日のこの連絡会議でのことであ

った*70。

そして二日後の十七日、東郷は東條首相とともに議会で演説をおこなった。演説は、新聞に、「今後の日米交渉最早長時間を要せず　協調態度も限度あり」との見出しで報道された。演説内容は次の通りである。

わが方の協調的態度にも自ら限度があり、事苟も帝国の生存を脅かしまた大国としての権威を毀損することとなるが如き場合にはあくまで毅然たる態度をもってこれを排除せねばならぬことは勿論であって〔後略〕*71。

新「遂行要領」の成立後、すなわち新国策に同意した十一月二日以降、東條内閣の閣僚として表に出てくる東郷の言動は、第三次近衛内閣時代の対米融和外交を棄てて、武力を背景とする強硬外交へと転換したものであった。

先輩たちの目に映った東郷外相

公の場ではこのように強硬外交に転じたとみえる東郷外相の様相は、外務省の先輩たちの目にどのように映っていたのであろうか。

十一月二十日夜、東郷は先輩の吉田茂と会談した。吉田の目に映った東郷は、「飽迄交渉に終始する決心なく、米側出方次第ニてハ戦も致方なきかニ考居るや」のようであり、「外相自身の心境多少就任当初と変化あるかに」見えた*72。

二日後の二十二日の朝、英訳事務にあたっていた嘱託の小畑薫良が吉田のところにやってきて、外務省の「交渉振の米国向ニあらさりし点」を述べていった。電報の訓令振りが、米国側の「疑惑を増大せしむる」ものだというのである*73。これらから、外務省は、組織のトップも、省内の空気も、なんとかして対米交渉を成立させよう、というものではなかったといえる。

ところで、東郷も来栖も、対米交渉に携わってはじめて状況が絶望的なことを知ったように、外務省内においても対米交渉に関する機密はよく保たれ、ごく一部の関係者以外の知るところではなかった。しかし、開戦を決めてしまったあとになってまでも、東郷としては、外務省の諸先輩を蚊帳の外に置きざりにしておくわけにはいかなかったのであろう、開戦について諸先輩の事後諒解をとるべく、外務省顧問であった先輩の佐藤尚武に、「政府の最後の腹を外務省の大先輩たちに伝え、そしてその意見も尋ねる」ことを依頼している*74。

そこで佐藤は「英文の文書を持参し」て一年後輩の吉田を訪問し、吉田の岳父の「牧野伸顕伯に見せてもらいたい」と頼んだ*75。牧野こそ、外務省の大先輩に相当する人物である。文書というのは、ハル・ノートの原文であろう。吉田が牧野邸に行き岳父にそれを見せたら、牧野は、

和戦の決は最も慎重を要する。この重大な時に当って外務大臣として、その措置、進退を誤らざるよう希望して止まない。そもそも明治維新の大業は、西郷〔隆盛〕、大久保〔利通〕など薩摩の先輩が非常な苦心を以て〔明治〕大帝を補佐して成就したものである。今日もし日米開戦するに至り、一朝にして明治以来の大業を荒廃せしむるようなことあらば、当面の責任者の一人たる外務大臣として、陛下および国民に対して申訳ないことであるのはもちろんだが、郷党の大先輩に対しても顔向けできないというものだ。これは同郷人の一人として特に付言しておく*76

と言ったという。吉田はその言葉を、「牧野伯の意見はいうまでもなく、戦争はすべきではないということだ」と解説し、吉田自身、「改めて東郷外務大臣を訪ね、牧野伯の言葉を伝え」、さらに六年後輩の東郷にむかって、「君はこのことが聞き入れられなかったら、外務大臣を辞めるべきだ。君が辞職すれば、閣議が停頓するばかりか、無分別な軍部も多少は反省するだろう。それで死んだって男子の本懐ではないか」と言ったと回想している*77。東郷も、

「最早倒閣以外ニ開戦を阻止する方法」はないことは認識していたようだった、という*78。
また十一月二十九日頃、グルー駐日米国大使は吉田に、「ハル・ノートは決して最後通牒ではない。日米両国政府の協議の基礎として認められたことを明示したものである。是非直接その趣旨を東郷外務大臣に説明したいから、会見を申し入れて貰いたい」と頼んだという。吉田は東郷にグルー大使の申し入れを伝えたが、東郷は、「すでに政府の方針も開戦と決定していたから」と、会談を承諾しようとしなかったという*79。
諸先輩への根回し役の佐藤尚武について、重光は、十二月二日付の手記で、次のように記している。

外務省顧問佐藤尚武氏は十二月二日午前記者〔重光〕を来訪し、最近の経過を述べ、戦争に導かんとする東郷外相の態度に反抗して三度計り不愉快なる論争を行ひ、一昨日（卅日）は遂に物分れとなり、顧問の職を辞するに至れりとの事を説明せらる。東郷外相は日米交渉は成立せず、戦争は不可避にして又避くるを要せず、長期戦の必敗は予想するに及ばず、との態度にて、佐藤氏の、戦争は国家転覆の虞れあるものなれば飽く迄之を避けざるべからず、又避け得と云ふ議論と正面衝突をなすものなり*80。

先輩たちは、開戦を阻止すべく辞職するよう勧めたが、東郷はそれに応じようとはしなかった。先輩たちの目に映った東郷外相は、対米開戦に向かって邁進する姿であった。それは、開戦過程に関する先行研究が依拠したところの、東郷が巣鴨の拘置所内で記録した回想録から浮かぶものとはおよそかけ離れた様相を呈していた。この場面でも東郷は、佐藤尚武が諸先輩のところをまわっていた頃のことを次のように回想している。

「ハル」公文に接した際の失望した気持は今に忘れない。「ハル」公文接到迄は全力を尽して闘ひ且活動したが、同公文接到後働く熱を失った。〔中略〕辞職とも考へて佐藤顧問其他に対し何人が自分に代って事態を戦争以外の方面に導き得る人はないかと質したが、それは他の何人にも期待し得られないことであるから自分に是非留任するやうにとのことであった*81。

東郷の回想は、吉田や重光の記録とは正反対になっている。これらの相反する記述は、依拠した史料の性質（一次史料）からいって、先輩たちの目に映った方が東郷の実際の姿であったといえる。そして先輩たちの目に映った東郷の姿は、閣僚としての表に現れた言動と重なっていた。新「遂行要領」成立後の東郷は、森山氏に代表される先行研究が記すような、すなわち「東郷外相ただ一人が最後まで外交による妥結を模索し続ける」姿とは、およそかけ離れた様相を呈していたのである。

しかし、そう結論づけるのは早計である。次の一次史料が、東郷の採った行動をみるうえで、さらに問題を複雑にしている。

先輩たちの果した役割

対米開戦に向かって邁進していると先輩たちの目に映じた東郷の様相は、別の目から見れば、また違って見えた。それは、新「遂行要領」が成立する前、「国策再検討」の席上で示したところの、対米開戦に慎重な姿勢に通ずるものであった。

東郷が対米交渉に見切りをつけた（すなわち開戦に合意した）十一月二十六日の翌日、すなわち十一月二十七日の連絡会議でのことであった。すでに述べたように、そこで、重臣の御前会議出席問題が審議された。大勢は、「政府統帥部ガ慎重審議シタ国策ニ対シ之ヲ覆ヘス如キコトトモナレバ大変ナコトダ」と、重臣の御前会議出席に反対した。それに対し、東郷「外相一人ハ御前ニテ重臣ノ懇談ヲナスモ可ナリ」と主張したというのである*82。

東郷の本来の行動様式は、官僚制組織の成員としてごく普通の、受け身の姿勢であったことはすでに述べた。行動様式が受け身の人は、何か機会がめぐってこないかぎり、自分の方から進んで他に働きかけることはしない。この時は、前日に天皇から「開戦スレバ何処迄モ挙国一致デヤリ度イ、重臣ハヨク納得シテヰルカ、政府ハドウ考ヘテ居ルカ、重臣ヲ御前会議ニ出席セシメテハドウカ」との御下問があった＊83。東郷にしてみれば、御下問に便乗して他に働きかけるという、絶好の機会がめぐってきた。

重臣の御前会議出席の件が宮中から持ち出された背景として、吉田茂の裏工作（働きかけ）があったとされている＊84。吉田の牧野宛書翰にも、「幣原男の所論を主とし而　和戦の重大国務を御親裁の場合、直ニ政府の決定を御採納あらせられす重臣会議に諮議せられ、其議を以而更に政府ニ再考を命せらるる」＊85うんぬんとあって、吉田や幣原が、局面の転換を図るべく、重臣会議に一縷の望みを託そうとしたことがうかがえる。外務省の先輩たちが画策した重臣の御前会議出席問題について、史料の裏づけこそないが、あるいは東郷にも先輩たちから働きかけがあって、連絡会議での東郷のこの発言につながった可能性がある。

わずかに残された一次史料およびそれに準ずる史料からこれまで垣間見てきた牧野伸顕、幣原喜重郎、佐藤尚武、吉田茂、重光葵、来栖三郎など要職を歴任した外交官の先輩たちの姿勢は、もちろん例外の先輩もいたが、対米開戦に慎重であった。東郷が時によって対米開戦に慎重な姿勢で臨んだことには、これら外務省の先輩たちの存在が背景にあったと想像できる。歴史と伝統のある官僚制組織の常として、先輩たちの目が光っていたということである。

先輩たちのもう一つの顔

しかし、この先輩たちにも、また別の面があった。「戦争に導かんとする東郷外相の態度に反抗して三度計り不愉快なる論争を行ひ、一昨日（卅日）は遂に物分れとなり、顧問の職を辞する」に至ったはずの佐藤尚武は、自身の回想録で次のように回想している。

〔諸先輩の意向を外相に伝えたら、〕外相は、これ以上、自分にはできないから、違った考えを持った先輩に引き受けてもらうほかはないという。私〔佐藤〕は、こういう時機に押し詰まってから出て来うる先輩は一人もあるはずはない。しかのみならず、先輩の方は皆、東郷外相を信頼しきって、最後までやってもらうつもりでおられる〔中略〕と述べて〔後略〕＊86。

諸先輩は東郷を信頼しているから、最後までがんばってもらいたいとの趣旨を述べた、となっている。これは、吉田の回想や当時の（佐藤に関する）重光の記録とは整合しない。その一方で、前述の東郷自身の回想録で「辞職とも考へて佐藤顧問其他に対し〔中略〕質したが、〔中略〕是非留任するやうにとのことであった」と、整合している。このように管見の限りでは、極めて特異な例である吉田茂を除き、外交官の回想録のほとんど（それらは東郷の回想録の刊行後に刊行された）は、個々への具体的指摘は省くが、一次史料と齟齬のある箇所で、二次史料である東郷の回想録と整合性をもっているのである。もっともそれが、組織防衛というものであろう。

そしてこのことが、この時期の外務省関係者個人の記した一次史料が（それも、確かな一次史料が）僅少であるという状況のもとで、太平洋戦争開戦過程について、史料にもとづき史実を明らかにせんとする者にとって、大きな障害となっている。それだけにここでは、「歴史の研究とは、史料をでき得る限り博く蒐集し、それらの史料の示しているものの中から、いかにして真実と非真実とを弁別するかという、一見簡単なようで甚だ高度の技術と深い洞察力を必要とする作業である」ことを＊87、痛感せざるを得ないのである。

東郷の採った道

すでに述べたように、東郷にとって、開戦を阻止するには辞職することが唯一の手段だった。それが主な外務省の先輩たちの勧めであり、軍部も東郷が辞職することを想定内に置き、かつ、本人自身も辞職が唯一の手段であることを認識していた。しかし辞職してもなお格式と名誉と資産が身についてまわる近衛文麿とちがって＊88、官僚制組織のなかで、受け身に行動することを旨として、学歴と資格試験合格とを跳躍台にしてやっと頂上に登りつめた一官僚にとって、職を投げ打つなど、なかなかできない相談であったのであろう。

また、次のような事情もあった。敗戦後の重光の回想である。

開戦後程なく駐支大使として転出すべく相談を受けた時に、東郷大臣に、何故外相は開戦に賛成したりやを質問した。外相は、軍部は勿論、企画院の提出した計数判断によっても、日本は必ず勝つ、といふことであったから、自分としてはこれを反駁することが出来ず、または反対の余地がなかった、とて当時の政府部内の状況を説明した＊89。

東郷が重光に説明したのは、開戦後一ヶ月も経たない四一年の終りであろう＊90。この史料は二次史料であるが、注目すべきことは、東郷がここでは、開戦に合意した理由を先輩に説明するにあたり、ハル・ノートにその理由を求めていないことである。東郷が理由としたものに、戦争をすべきか否かの議論には勝算を論ずるべきであったが、それが十分に議論できなかったことを挙げている。これは、他の一次史料とも通じるところがある（後述、第三部『国策再検討』における勝算の検討」）。

当時軍務課長であった佐藤賢了も、敗戦後ではあるが、開戦すべきか否かの問題のため、「国策再検討」の場で『勝算』を合議検討すべきであった」が、そのためには「統帥部をして統帥権の独立、作戦の機密の陰にかくれることを許してはならない」としている＊91。すなわち佐藤も、「国策再検討」の場で勝算を論議すべきところを、統帥権の独立や作戦の機密があるため、国家レベルでその検討ができなかったとしている。

立場の異なる東郷と佐藤が共通して言っていることは、今日的言葉でいえば、当時の政治システムでは文官と軍部

〔武官〕とのあいだに「情報の非対称性」があった、だから東郷〔文官〕は、対等な立場で議論を戦わせ軍部を説得させ得る立場になかった、ということである。

もう一つ東郷の採った行動について斟酌すべき点がある。それは、重光の四一年十二月二日付の記録に掲載されている。

〔前略〕外相は、陛下も戦争止むを得ずとの御思召なりと吹聴しつつあると伝聞し、只々唖然たるを得ず＊92。

従来の通説では、天皇もハル・ノートをみて、開戦はやむを得ないものだとしたとされている＊93。他方ハル・ノートについて天皇が報告を受けたのは、既述の、十一月二十八日午前、東郷外相が閣議を中座し天皇に報告したときである。天皇がハル・ノートをみて開戦を決心したという通説が事実であれば、この時のことになる。しかし、よく知られているように尊皇の念が強く天皇への報告に意を注いだとされる東條が、自分は閣議の席に残り、東郷一人をこの国家の大事についての説明に行かせたとは考えにくい。

他方、昭和天皇の戦争責任に関する実証的研究で実績のある山田朗氏は、状況証拠的な史料を挙げて、「九月六日の御前会議以降、〔中略〕十一月五日の御前会議に至る期間に天皇は開戦やむなしの考えに急速に傾斜した」としている＊94。宮内省〔現宮内庁〕関係の史料〔たとえば「侍従職記録」＊95〕が公開されていない現在、歴史学の立場では、天皇が開戦を受け容れたのはこの頃と概定するのが限界であろう。

「国策再検討」の段階において、連絡会議のなかでも外務省の省内においても、孤立無援に近い状態で開戦阻止にあたった東郷が、心の支えにしたのが天皇の意思だったことは十分に考えられる。その天皇の意思が「戦争止むを得ず」だと知れば、「とてもがんばりようがない」と考えたことは、理解できる＊96。そして、それを諸先輩への説明として吹聴する姿は、重光から見れば、「衮竜の袖に隠れる」さまであったのであろう。

以上を概観すれば、十一月末までに東郷は、官僚制組織の一方の司として、上司（昭和天皇）の意向を忖度し、諸先輩の意見に配慮しつつ成員の主張を統合し、「情報の非対称性」というハンディのなか、周辺の政治勢力とのせめぎ合いを通じて折り合いをつけることによって、外務省として志向すべき方向を明示しなければならない立場に置かれていた。

かかる立場に在って東郷は、先行研究が述べているような戦争阻止のために『ハル』公文接到迄は全力を尽して闘ひ且活動した」わけではないが、さりとて、軍部に迎合して進んで開戦に同意したわけでもない、これも今日的言葉を使用すれば、「通常人」であれば、斯くあったであろうという行動様式を採ったに過ぎない。俗に言えば、置かれた立場の空気を読んで、大勢に順応したのである。したがって多くの先行研究が描いた東郷の様相は、今日的価値観をもとにした彼に対する期待過剰であり、他方森氏が、外務省なり東郷を陸軍の暴走を止めようとするだけの消極的な存在ではなかったとするのは、外務官僚から外界に転身し東郷などとは異なったキャリアを積んだ松岡洋右などは例外として、彼ら一般的な官僚制組織の成員の性癖に対する過大評価だといえよう。

東郷の回想録の前に刊行した回想録で、部下であった加瀬俊一が述べているように、東郷にとって、「事態の推移を変更せしめるためになし得るところは殆どなかった」というのが＊97、辞職という選択肢は別にして実際のところであろう。そして、大蔵官僚出身の賀屋蔵相も、東郷同様辞職という選択肢を採らなかったことから、東郷のとった行動が、とりわけ特異なものではなかったといえる。

1　先行研究のなかには、在京の日本政府の立場で記述しながら、十一月二十六日にハル・ノートを接受したとしているものがある。また在京の外務省関係者の四一年十一月二十六日付日記に、「米国　日本ニ対シ提案〔中略〕絶望ニ近シ」と記述したものがある。後者の史料は、後日になって、「史料自称の成立年代には知られてゐるはずのない」（前掲ベルンハイム『歴史とは何ぞや』一七七頁）事象を記録したものである。

2　真珠湾攻撃の予定日を十二月八日と聞いた昭和天皇は、「八日ハ月曜日デハナイカ」と永野総長に問い返し、永野も「休ミノ翌日ノ疲レタ日ガ良イト思ヒマス」と答えた（前掲『杉山メモ』上、三八八頁）。攻撃予定日の十二月八日は日本時間であって、現地時間では七日の日曜日である。そのため米艦隊の乗組員の多くは休暇で上陸しており、奇襲攻撃には好都合な日であった。

3　前掲『日本外交文書』下巻、一八七頁、東郷外相宛野村大使電第一一八九号。

4　同右一九二～一九四頁、東郷外相宛野村大使電第一一九二号。

5　同右一八七～一八八頁、東郷外相宛野村大使電第一一八九号。

6　須藤氏は、「ハル・ノート」という呼称は「戦後使われるようになった俗称」だとしている（前掲「ハル・ノートと満洲問題」一六四頁）。

7　前掲『日本外交文書』下巻、一八八頁、東郷外相宛野村大使電第一一八九号。

8　同右一八七頁、東郷外相宛野村大使電第一一八九号。退出時刻は会見時間を「午後四時四十五分より約二時間」とあるのに依拠。日本の新聞は、「野村、来栖両大使は二十六日午後、一時間十五分に亘りハル国務長官と会談、（中略）午後五時五十七分会談を終り、国務省より退出した」と伝えている（『東京朝日新聞』四一年十一月二十八日付夕刊第一面）。会談時間（退出時刻）が野村大使電と異なるが、ここでは大使電に従い記述する。

9　同右一八七～一八八頁、東郷外相宛野村大使電第一一八九号。

10　受信した電報の処理事務については、坂野正高『現代外交の分析』（東京大学出版会、一九七一年）一八七～一八九頁。

11　前掲『日本外交文書』下巻、一八九～二〇一頁、東郷外相宛野村大使電第一一九一、一一九二、一一九三、一一九四号。

12　「太平洋戦争（二）」『現代史資料三四』（みすず書房、一九六八年）五四三頁。

13　前掲『極東国際軍事裁判速記録』第八巻、一九九頁、「東條英機宣誓口供書」。前掲「澤本頼雄海軍大将業務メモ」叢三、二二三～二二四頁、四一年十一月二十七日付日誌。

14　前掲『機密戦争日誌』上、一九二頁、四一年十一月二十七日、二十八日付日誌。

15　前掲『杉山メモ』上、五三二頁、「第七十二回連絡会議」。

16　前掲「田中新一中将業務日誌」八分冊の八、一一〇四頁、四一年十一月二十六日付日誌。

17　前掲『杉山メモ』上、五三六頁、「杉山総長ヨリ口述セラレ特ニ筆記セサルゴトク命セラレタルモ　将来ノ為特機中ノ特機トシテ責ニ任シ手記ス　有末大佐」。

18　前掲森「国策決定過程の変容」六一頁。

19　前掲『杉山メモ』上、「第七回御前会議質疑応答の概況」四〇六～四一六頁。

20　前掲佐藤「革新派外務官僚の対米開戦指導」五二頁。

21 連絡会議開催時刻は前掲『杉山メモ』上、五三三頁、「第七十三回連絡会議」による。
22 前掲『機密戦争日誌』上、一九一～一九二頁、四一年十一月二十七日付日誌。ただし同書は「対米交渉不成立」のあと改行しているが、防衛研究所所蔵の原本（写し）および日誌の実際の執筆者による戦後の著書（前掲戦史叢書『大本営陸軍部　大東亜戦争開戦経緯』五、四八三頁）にならい、改行はしない。
23 当時の日記・日誌の記事はおおむね時系列で記述されていることに鑑み、この日誌も「ハル・ノートを接受し（それをみて開戦を決意し）、開戦のための事務手続きの審議・決定をした」と読むよりも「開戦のための事務手続きの審議・決定をした、そこに、米国側の拒絶回答が来電した」と読むべきである。
24 前掲『杉山メモ』上、五三三～五三五頁、「第七十三回連絡会議」。
25 戦争指導班員であった原四郎少佐も、これらの議題を、開戦を前提にしたものとしている（前掲『大本営陸軍部　大東亜戦争開戦経緯』五、四八七頁）。
26 前掲『杉山メモ』上、五三三頁、「第七十三回連絡会議」。
27 同右五三四頁、「第七十三回連絡会議」。
28 前掲「嶋田繁太郎大将日記」四一年十一月二十八日付日記予記欄「昨夜電報接受」。ただし、嶋田の日記では、通常、「予記」欄には記事の記録は無い。したがって接受の記録が当日のものかどうか疑念は残る。なお、加瀬の回想録では「十一月二十八日東京で受理」となっている（前掲加瀬『ミズリー号への道程』九八頁）。嶋田の日記に関して疑念は残るが、ここでは、当時の記録にしたがうこととし、二十七日夜着とする。
29 「嶋田繁太郎大将開戦日記」『文藝春秋』（一九七六年十二月）三六六頁。
30 前掲「嶋田繁太郎大将日記」四一年十一月二十七日付日記。
31 『読売新聞』四一年十一月二十九日付朝刊第一面。
32 前掲『高木惣吉　日記と情報』五八一頁、四一年十一月二十八日付日記。
33 前掲森「国策決定過程の変容」六一頁。
34 前掲「嶋田繁太郎大将日記」四一年十一月二十八日付日記、本文（予記欄ではない）。
35 前掲『木戸幸一日記』下巻、九二六頁、四一年十一月二十八日付日記、「東郷外相参内、米国の対案を説明言上す。形勢逆転なり」。この「形勢逆転なり」には、ハル・ノートを接受して「天皇が最終的に開戦を決意した」との解釈がある（伊藤之雄「第四章　昭和天皇と立憲君主制」伊藤之雄ほか編『二〇世紀日本の天皇と君主制』、吉川弘文館、二〇〇四年、一一七頁）。この解釈は、ハル・ノート開戦説が前提になっている。ところが、天皇の意向が変ったことを側近がかかる語句で表現した例は管見の限りではない。この時期で「形勢逆転」という語句を使った例は、独ソ開戦に伴い米国の対日世論が宥和論から強硬論へ一転したことを表現したものがある（前掲野村『米国に使して』、一八五頁）。ここではこれを、天皇の反応でなく東郷の報告とみなし、米国が宥和論から強硬論に変ったと解釈する。

36　前掲『杉山メモ』上、五三六、五四五頁。
37　前掲森「国策決定過程の変容」六一頁。
38　前掲『杉山メモ』上、五三九～五四四頁。
39　塩崎弘明『日英米戦争の岐路』（山川出版社、一九八四年）一五〇頁。
40　前掲『太平洋戦争への道』七、三六二頁。
41　前掲『極東国際軍事裁判速記録』第八巻、一九九頁。
42　細谷氏によれば、野村は大使としての「伝達者機能を軽視し」、「一種の仲人的な行動様式を」とったとしている（前掲細谷「外務省と駐米大使館」二一四～二一五頁）。東郷も、「松岡と一九四六年五月巣鴨に於いて久振に面会すると、挨拶ぬきに君も野村に困ったらう、あんな者はないと激語を発し」たと回想している（前掲『東郷茂徳外交手記』一七九頁）。
43　前掲西『回想の日本外交』一二〇～一二一頁。西次官の述べたことはいずれも外交文書から実証できるが、詳細は略す。
44　「日米諒解案」を接受した際にも、「〔松岡〕外相は〔中略〕原案たる英文テクストの提出を亜米利加局に命じたり」とある（前掲戦史叢書『大本営陸軍部　大東亜戦争開戦経緯』三、五六〇頁「加瀬俊一手記」）。
45　前掲『日本外交文書』下巻、一八四頁、野村大使宛東郷外相電第八四一号。
46　『太平洋戦争への道』の刊行のあとに刊行された公刊戦史も、『太平洋戦争への道』と同様に東條の証言と東郷の回想録に依拠し、「東條大将の宣誓供述書には、〔中略〕東郷茂徳〔の回想録〕によるも、〔中略〕恐らく同日午後の連絡会議（午後二時ないし四時）は前記野村大使の第一報又は在米武官電の接到に伴って開催され、交渉の不成立が決定的と確認された後、前記のような『宣戦に関する事務手続順序』等の文書が決定されたのであろう」としている（前掲戦史叢書『大本営陸軍部　大東亜戦争開戦経緯』五、四八六～四八七頁）。
47　森山優「戦前期における日本の暗号解読能力に関する基礎研究」『国際関係・比較文化研究』三（二）（二〇〇四年）。
48　前掲『極東国際軍事裁判速記録』第六巻、二六四、二六六頁、外務省の通信課暗号研究班内の米英担当は五名で、彼らは参謀本部と連携して暗号解読に従事していた。
49　『太平洋戦争への道』が刊行される前、すでに奥村氏は、この「暫定協定案」（氏の訳語は「仮条約」）について詳述している（前掲奥村「ハル・ノート」四一～五〇頁）。

50 前掲『太平洋戦争への道』七、三六二頁。
51 森山優「近衛新体制の形成と日米開戦」『国際問題』五四六（二〇〇五年）四五頁。
52 前掲加瀬「日米交渉」二七七、三九三〜三九四頁。
53 前掲森山「近衛新体制の形成と日米開戦」四五〜四六頁。
54 U. S. Department of State, *Foreign Relations of the United States, 1941*, Vol. IV, (Washington, D. C., U. S. Government Printing Office, 1956), pp. 635, [*hereafter F. R. U. S*]「Draft of Proposed "Modus Vivendi" With Japan」の脚注63。この三案については、須藤氏が詳述している（前掲須藤『日米開戦外交の研究』二六八〜二七〇頁）。
55 前掲加瀬「日米交渉」二七七頁。
56 同右三九三〜三九四頁。
57 *F. R. U. S.*, p. 626.
58 前掲奥村「ハルノート」四一〜四四頁。
59 外交史料館所蔵「日、米外交関係雑纂　太平洋平和並東亜問題に関する日米交渉関係（日付順）」第六巻、「Summery: Details of a modus vivendi which America did consider and on which Britain, the Netherlands, Australia and China were consulted.」。
60 *F. R. U. S.* pp. 683-684.
61 前掲佐藤『東條英機と太平洋戦争』二四二頁。
62 佐藤賢了『大東亜戦争回顧録』（徳間書店、一九六六年）一九三頁。
63 佐藤賢了『軍務局長の証言』（芙蓉書房、一九七六年）二四九〜二五〇頁。
64 前掲佐藤『弱きが故の戦い』岸本重一陸将（第二代幹部学校長）「すいせんのことば」。
65 同右一八六頁。
66 同右一八六頁。
67 陸軍側の史料：「賀屋、東郷ハ最後迄数年先ノ戦争ノ事ハ不明ナルニ付決心シ兼ネルトテ大体臥薪嘗胆ノ人ラシク看取セラル」（前掲『杉山メモ』上、三七八頁、「第六十六回連絡会議」）、海軍側の史料：「聞きしところによれば、最後まで開戦賛成せざりしは賀屋と東郷にして」（新名丈夫編『海軍戦争検討会議記録　太平洋戦争開戦の経緯』（毎日新聞社、一九七六年）一八六頁、吉田善吾元海相発言）。
68 前掲『杉山メモ』上、五二二頁「第六十九回連絡会議」。

69 同右五二二頁「第六十九回連絡会議」。
70 同右五二二～五二三頁「第六十九回連絡会議」。
71 『読売新聞』四一年十一月十八日付夕刊（発行日は十七日）。
72 前掲『吉田茂書翰』六六四頁、四一年十一月二十二日付牧野伸顕宛書翰。
73 同右六六四頁、四一年十一月二十二日付牧野伸顕宛書翰。
74 佐藤尚武『回顧八十年』（時事通信社、一九六三年）四四五頁。
75 前掲吉田『回想十年』第一巻、四八頁。
76 同右四九頁。
77 同右四九～五〇頁。なお池田十吾氏は、この牧野の言葉をもって、牧野は東郷に「職務に精励するよう忠告した」と吉田の解説とまったく正反対の解釈をし、さらに吉田自身も東郷に、辞職せず「外相に止っているように述べた」として吉田の回想録の記事と正反対の内容を記している（池田十吾「東郷外相と日米交渉」『国士舘大学政経論叢』七八、一九九一年、二三頁）。
78 前掲『吉田茂書翰』六六五頁、四一年十二月一日付牧野伸顕宛書翰、「東郷ハ其部下ニ最早倒閣以外ニ開戦を阻止する方法なしと申居る由」。
79 前掲吉田『回想十年』第一巻、五〇頁。
80 前掲『重光葵手記』三一三～三一四頁。編者の伊藤隆氏は、この佐藤の話を、「注目される」としている（六八三頁、「解説」）。当時の既成概念からみると、画期的指摘である。
81 前掲『東郷茂徳外交手記』二六一～二六二頁。
82 前掲『杉山メモ』上、五三四頁、「第三十七回連絡会議」。
83 同右五三三頁、「十一月二十六日御下問、奉答」。
84 升味準之輔『昭和天皇とその時代』（山川出版社、一九九八年）一六四～一六五頁。
85 前掲『吉田茂書翰』六六三頁、牧野伸顕宛四一年十一月十四日付書翰。
86 前掲佐藤『回顧八十年』四四五～四四六頁。
87 林健太郎「ランケの人と学問」『世界の名著　続一一　ランケ』（中央公論社、一九七四年）七頁、ランケを始祖とする学問としての歴史学研究について述べた言葉。
88 近衛の行動様式については、前掲『対米戦争開戦と官僚』を参照されたい。
89 重光葵『昭和の動乱』下（中央公論社、一九五二年）一二八～一二九頁。

90　重光が南京に着任したのは四二年一月十日（前掲『重光葵手記』六九五頁、年譜）。
91　前掲佐藤『大東亜戦争回顧録』一八五頁。
92　前掲『重光葵手記』三一三～三一四頁。伊藤隆氏は本史料について、「概ね一次史料として扱ってよいと思われる」としている（五七三頁「解説」）。本稿もそれにならう。
93　たとえば前掲升味『昭和天皇とその時代』一六七～一六八頁。氏の所説は、木戸幸一の敗戦後の証言などに依拠している。
94　山田朗『昭和天皇の戦争指導』（昭和出版、一九九〇年）七九～八〇頁。
95　木下道雄『側近日誌』（文藝春秋、一九九〇年）七一頁、四五年十二月四日付日誌「戦争責任者については色々御話あり。右は非常に重要なる事項にして且つ外界の知らざる事あり。御記憶に加へて内大臣日記、侍従職記録を参考として一つの記録を作り置くを可と思ひ、右御許を得たり。松平内記部長を相手とし、予自ら作成の考へなり」。
96　山田氏は近衛の側近の富田健治の回想録を引用し、天皇が戦争やむなしとなれば、「とてもがんばりようがない」との近衛の言葉を、近衛の「責任回避の言」としている（前掲山田『昭和天皇の戦争指導』八〇頁）。しかし、官僚制組織のなかで働いてきた内務官僚出身の富田なら、近衛の言葉は理解できるはずであり、富田の「責任回避の言として割り引いて」うんぬんは、富田が天皇に遠慮して記したとみるべきである。
97　前掲加瀬『ミズリー号への道程』九七頁。

Ⅶ　ハル・ノートのその後

1．駐米大使館の様相

交渉を継続した駐米大使館

ワシントンの大使館ではハル・ノート接受に関する会見の要報を送信したあと、さらにそれを追いかけるように、「米側提案〔中略〕ニ徴スルモ彼我ノ主張懸隔著シク御来示ノ期日内ニ当方主張ヲ受諾スルコトハ遺憾乍ラ見込ナキニ至レル次第ナリ」と打電し、執行部署の最末端の立場から、交渉妥結の見通し無しとの判断を東京の本省に伝えた*1。大使館付の陸軍武官も並行して「米文書ヲ以テ回答ス　全ク絶望ナリ」と送信し*2、海軍武官も「成立ノ望極メテ少シ」と送信した*3。両大使も大使館付の駐在武官たちも、そろって、同じ見解を東京に伝えたのである。

新「遂行要領」を執行すべき諸部署のなかで、従来から、終始開戦回避に動いたのが明確なのは、外務省の出先の駐米大使館だと東京からは見られていた*4。その駐米大使館の両大使が、陸海両武官も含め、ついに交渉を断念したかのような報告をした。それをさせたのが、ハル・ノートであった。新「遂行要領」の規定に従えば、最終案である乙案が米国側に拒絶されたことにより「武力発動ヲ中止」する手立ては失われたはずである。しかし大使館は、新「遂行要領」をみていない。だから「御来示ノ期日内ニ当方主張ヲ受諾スルコトハ遺憾乍ラ見込ナキニ至レル次第ナリ」と本省に報告したものの、それが、即開戦を意味する重大な言葉だとは認識していなかったようである。

なおこの大使館からの電報は米国東部時間十一月二十七日に発信されており、東京に着信した日時は記録されていないが、おそらく、日本時間で二十七日夜から二十八日ではないかと思われ＊5、したがって二十八日には、東京も、交渉の見込みなしと大使館が判断したことを知ったものと思われる。

繰り返しいえば御前会議決定を執行するうえにおいて、本省は出先の駐米大使館に新「遂行要領」を伝えなかった。そのかわりに甲案・乙案を送信し、来栖への口頭指示も含め交渉期限については三通りの期限を訓令し（そのように出先では理解した）、また乙案については送信後、新「遂行要領」で規定された範囲内で計四回にわたって修正を訓令した＊6。最初に甲案・乙案を送信した際（十一月四日）の訓令には、「本交渉ハ最後ノ試ミニシテ我対案ハ名実共ニ最終案ナリト御承知アリタク」＊7と、これが最終案であることを明記している。最終案だといいながら、そのあと変更しているわけだから、これでは、新「遂行要領」を見ていない出先は、混乱したことであろう（出先の混乱は、既出の武藤の回想にもある）。甲案・乙案が最終案ではない、米国の出方によってはまだ譲歩の余地がある、と誤認したと考えられる。乙案の修正（来栖私案）を進言したことは、そのあらわれである。

それだけではない。ハル・ノートを受け取った後も、出先は交渉成立をあきらめなかった。翌二十七日（米国東部時間）にはルーズベルト大統領と直接ハル・ノートについて考え直すよう交渉し＊8、米国政府首脳に条件緩和などを働きかける裏工作をなし＊9、さらに本省に対して「時局打開ノ為ニ」首脳者級の会談を提案、米国側に打診する許可を求め＊10、東條首相の「東亜ヨリ英米ヲ駆逐スヘシ」との演説について米国の猜疑心をこれ以上強めさせないために「外交問題ニ関シ何等意思表示セラルル場合ニハ充分御留意ヲ得タク」と進言し＊11、ルーズベルト大統領の意向をさぐった結果「依然平和ヲ欲シオル点明瞭トナリタリ」と報告し＊12、わが仏印進駐軍増強に関する風説に関し「真ニ交渉妥結ヲ期セラルルニ於テハ勿論単ニ交渉ヲ継続シオク御意向ノ場合ニ於テモ御来示ノ説明」では駄目だから修正してもらいたいと進言するなど＊13、なおも出先はあきらめることなく、交渉成立のための活動をつづけた＊14。

駐米大使館と欺瞞外交

このようにハル・ノートを受け取った後の新「遂行要領」の執行過程をみると、駐米大使館は、まだ完全には破局に立ち至っていないとの認識を持っていた。そして、米側が譲れば当方も対応して譲ることにより、たとえ乙案が拒絶されてもまだ譲歩の余地がある、しかしそれにしてもハル・ノートは妥結に達するには懸隔があまりにも大きすぎる、これでは期限の期日内に交渉を成立させる見込みはないと判断した、と来栖は回想している*15。そこで、大使館としては、「遺憾乍ラ見込ナキニ至レル次第ナリ」と、着信日付の記録のない前述の電報を送信したと解釈できるのである。

もちろん大使館は執行部署であっても、決定部署ではない。だから、彼らが開戦を決定したわけはない。けれども米国東部時間で十一月二十七日に発信した彼らの見解だけは、本省を通して開戦への意思決定にかかわった人たちに伝わっていった（外務省宛の電報は陸海軍にも回付される）。大使館の判断を採用するか否かは、東京が決定権を握っていた。実際来栖はこのとき、この報告を受けて「我政府としては如何なる態度に出てくるか。これが我々の大きな関心の眼目とならざるを得なかった」と回想している*16。

ところが東京の当路者たちは、着信日付のないこの電報を受信するまえ、日本時間十一月二十六日午前（米国東部時間十一月二十五日）、既述のように、開戦することを確認していた。佐藤元英氏の言うところの、東京の政府は、「ハル・ノートが発出されなかったとしても、開戦外交は着実に進められていくレールに乗っていた」というのは、正鵠を得ていた。

さらにいえば、「国策再検討」の最終日に統帥部から出した新国策の対案である「参謀本部案」には、

対米交渉ハ〔中略〕開戦企図ヲ秘匿シ戦争遂行ヲ容易ナラシムル如ク行フ〔中略〕万已ムヲ得ザル場合ニ於テハヲ〔ママ〕対米交渉以下ヲ左ノ如ク修正ス

戦争発起直前迄対米交渉ヲ継続ス　其交渉ニ方リテハ開戦企図ノ秘匿ト開戦名目ノ把握ニ勉ム＊17

となっていた。出先は東京が決心しているとは思っておらず、最後までひたすら交渉を続けた。このことは、結果として、「国策再検討」の場で採用されなかった右記の「参謀本部案」の趣旨に沿って、出先が、法律用語を使えば「善意で」、奇襲攻撃を成功させるための欺瞞外交をしたことになる。もちろん、ワシントンでの交渉状況を電報で知っていた東京は、そのことを、承知のうえであったことはいうまでもない。すなわち十一月二十九日の連絡会議において、海軍と東郷とのあいだに次のようなやりとりがあった。永野、嶋田、岡など海軍側が「戦ニ勝ツ為ニ外交ヲ犠牲的ニヤレ」と強く主張したのに対し、

外相　「〔前略〕出先ニ帝国ハ決心シテキルト言フテヤッテハイカヌカ〔後略〕」

〔中略〕

○　「ソレハイカヌ、外交官モ犠牲ニナッテモラハナケレハ困ル　最後ノ時迄米側ニ反省ヲ促シ又質問シ我カ企図ヲ秘匿スル様ニ外交スルコトヲ希望スル」

外相　「形勢ハ危殆ニ瀕シ打開ノ道ハ無イト思フガ、外交上努力シテ米国ガ反省スル様ニ又彼ニ質問スル様ニ措置スル様出先ニ言ハウ」

○　「国民全部ガ此際ハ大石蔵之助ヲヤルノダ」＊18

東郷は最終的に、「討ち入り」は断念したとばかりに受け取られるよう「昼行燈」を決め込んだ忠臣蔵の大石内蔵助に倣い、欺瞞外交に同意したものと読み取れる。

それとは別に本省は、前日の二十八日付で出先に、

米案ニ対スル帝国政府見解（両三日中ニ追電スヘシ）申入レヲ以テ実質的ニ打切トスル他ナキ情勢ナルカ先方ニ対シテハ交渉決裂ノ印象ヲ与フルコトヲ避ケルコトトシ度キ情勢ナルカ〔後略〕＊19

と電報している。追って伝えるが、交渉を実質的に打ち切る場合にはそれを悟られるな、というわけである。このあと出先のとった行動は前述のとおりであり、結果として欺瞞外交になった。

対米外交に関しても「参謀本部案」は、決定過程において採用こそされなかったものの、執行過程においては遂行されたのである。

2．ハル・ノートと国論統一

統治する側の国論統一

出先が、あきらめることなく、なおも戦争を避けるため米国政府と本省に働きかけていたころ、東京では、開戦への準備が進められていた。

意思決定過程の中枢に居た人たちのあいだでひとたび開戦と決まった以上、中枢だけでなく、周辺に居る国家の指導的立場にある人たちの「国論統一」＊20が必要であった。国論を統一する作業は、実質的に開戦を決定した直後から始まった。その対象は、史料にあるところによれば、あるいは重臣であったり、あるいは外務省の先輩たちであったり、あるいは枢密顧問官たちであったり、いわゆる統治する側にある人たちであった。

重臣たちには、「米国から最後通牒が来たため御下問があるから参内せよ」との通知があった。召集された重臣たちには、おそらくハル・ノートであろう、「米国からの通牒は一応これを閲読」させ、政府側が、「開戦は、当然であるかの如き説明」をしたという＊21。既述の、十一月二十九日の重臣との懇談会がそれである。

外交官の先輩たちには、これも既述のように、外交顧問の佐藤尚武がハル・ノートと思われる文書を持って先輩たちのところをまわっている。

「天皇ノ諮詢ニ応ヘ重要ノ国務ヲ審議ス」ると憲法で定められた枢密顧問については＊22、武力発動をした直後に枢密院会議が開催された。ある古手の顧問官は、「本件御諮詢ハ『宣戦布告ヲシテ良イカドウカ』ト云フ御尋ネナリヤ、即チ戦争開始ニ付テハ既ニ勅裁アリタル次第ナリヤ」と質した。東條首相は開き直ったかのように、「然リ」と答えたと外務省条約局長は記録している＊23。今回の対米開戦では、御前会議に出席した枢府議長を除き、一般の顧問官たちは、開戦の意思決定の外に置かれていたことを象徴するやりとりであった＊24。しかし、顧問官たちがまったく無視されたわけではなかった。既述の吉田茂の回想によると、「政府はハル・ノートの訳文に多少手を加え、国民感情を刺激するようなニュアンスをもったものにして、それを枢密院に回付した」という。また枢密顧問官の一人が戦時中に手記したところによると、開戦前の十二月四日、東條首相と東郷外相が枢密院を訪れて対米交渉の経緯を説明し、ハル・ノートについても駐米大使館の判断を聞かされたという＊25。これらの史料から、改竄の有無は別として、枢密院に対してもハル・ノートの説明はあったことがわかる。

これらの活動の成果であろう、グルー大使は、「政府筋と密接な関係を持つ有名な日本人」から、彼の友人たちが「十一月廿六日付米国文書の実際的内容を知らずにワシントンが日本に最後通牒を送ったと信じている」と知らされた＊26。重光も、「海軍部内の躊躇してゐた分子も、政府の他の方面における異論も、悉く開戦論に合一してしまった」と回想している＊27。

対英米戦争というのは、日本にとって、困難な戦争であったことは大方の認めるところであった。その遂行を容易ならしめるべく、意思決定には加わらなかったけれども国家の中枢の周辺に居て指導的立場にあった人たちの合意を、当局は、取り付けることに成功した。そこに、ハル・ノートが使われた。そしてこれらの人たちは、その後も、ハル

・ノート開戦説を信じ続けたことであろう。

一般国民の国論の統一

すでに述べたように、これからとりかかる対英米戦争は、いわゆる総力戦となることを当時の要路者たちは覚悟していた＊28。総力戦では、全国民が総動員される。総動員された国民を駆使して戦勝を得るには、国民のモラールを高く維持することが必要である。そのために国論の統一は、統治する側にある人たちだけではなく一般国民についても必要であった。その方策として策定したのが、既述の、十一月二十七日の連絡会議で決めた「戦争遂行ニ伴フ国論指導要綱」である。具体的には、「宣戦詔書渙発ノ奏請」、「政府決意ノ表明」、そして「外交経過ノ発表」があった＊29。これら一般国民を対象にした国論統一のための活動は、開戦直後から、マスメディアを使っておこなわれた。

日本時間十二月八日午前七時（米国東部時間七日午後七時）、太平洋戦争の開戦を告げる臨時ニュースがラジオをとおして流された。有名な、「帝国陸海軍ハ本八日未明西太平洋ニ於テ米英軍ト戦闘状態ニ入レリ」である。そのあと十一時四十分、宣戦詔書の放送に引き続き「大詔ヲ拝シテ」と題した東條首相の全国民向けの放送がなされ、さらに午後零時二十分の「政府声明」に引続き「日米交渉ノ経緯ニ関スル外務省発表」が放送された＊30。

これらの放送内容は、翌九日の新聞に改めて掲載された。外務省発表のものは、「日米交渉経過」と題し、ハル・ノートの「大要」が記載されていた。「大要」とはなっているものの、ハル・ノートの本文である第二節（Section 2）の全十ヶ条が、要旨も含めてもれなく記載されていた。また、「大詔を拝して」の方は、軍服姿の東條首相の写真とともに、「必勝の信念を放送」との見出しで、「勝利は常に御稜威の下にあり」との結語でもって構成されていた。これには、ハル・ノート全十ヶ条のうち、主要な三ヶ条の要旨が記されていた＊31。

このように国論統一のための活動は、ほんの一握りの統治する側の人たちだけではなく、広く一般国民を対象にしておこなわれた。対米交渉の主任課長であった加瀬は、東郷の回想録の出る前に出した回想録で、ハル・ノート開戦説を記す一方で、ハル・ノートが「国民を一挙に戦争に駆り立てることに利用」されたと記している＊32。ハル・ノートは、一般国民向けにも使われたのである。

この時のこととして先行研究には、次の中堅層の日誌の一節がよく引用される。

米国ノ回答全ク高圧的ナリ〔中略、高圧的な内容の記述〕之ニテ帝国ノ開戦決意ハ踏切リ容易トナレリ　芽出度々々々　之レ天佑トモ云フベシ　之ニ依リ国民ノ腹モ堅マルベシ　国論モ一致シ易カルベシ＊33

この中堅層の日誌は、官僚制組織のなかで「全般状況を知り得る立場にない」人たちが、「限られた情報をもとに〔中略〕観察した戦争指導の一側面」である。陸軍中央の中堅層である彼らの職務は、戦争に勝てるようにすることであった。彼らも、この戦争が総力戦になるものと認識していた。総力戦を戦ううえで必要なことは、国論の統一であった。そこに、ハル・ノートが来た。ハル・ノートの内容は高圧的であった。これで、国論の統一が容易にできるようになる。勝つための要件が、一つクリアされた。自分たちの仕事がやり易くなる事態が図らずも到来したことは「天佑」であって、そのこと自体、自分たちにとって「芽出度々々々」であった。

3. 手を加えられたハル・ノート

ハル・ノートと満洲問題——須藤眞志氏の所説

冒頭述べたように、ハル・ノートについて、教科書は、米国は「ハル・ノートによって、満洲をふくむ中国大陸・仏印からの全面撤兵、三国同盟の否認、汪政権の解消など強硬な要求をだすに至った」となっている。なかでも、ハル・ノートの強硬な要求についてよく挙げられるのが、満洲からの撤兵である。

このハル・ノートと満洲問題について、先行研究では須藤眞志氏が、この問題を複数回取り上げている。そのなかで氏は、ハル・ノート開戦説を前提にして、「満州を含む全中国からの撤兵」を米国側が要求したことを挙げて、この実否について次のように結論づけている。すなわち、ハル・ノートの原文（英文）では China からの撤兵と表現されているが、

①条文そのものから、China に満洲が含まれるかどうかを判読するのは難しい＊34。

②米国の意図としては「China のなかに満州を含める積もりはなかった」＊35。

③日本の多くの政策決定者には、米国は支那と満洲を区別していないはずだとの認識があった＊36。

すなわち、ここに転記したものによるかぎり、米国側は China には満洲を含まないつもりでハル・ノートを提示したにもかかわらず、日本側は China には満洲を含んでいると認識した、というのが氏の所説である。すなわち、日米間に、コミュニケーションギャップとパーセプション・ギャップが存在したというのが氏の主張のベースになっている。

しかし須藤氏の所説にはいくつかの問題がある。米国は China と満洲とを区別してないはずだ、と日本の多くの政策決定者が認識していたと結論づけた氏は、その根拠に二次史料を挙げている。それらの史料に記載された、東條、田中新一、佐藤賢了のような「トップの軍人達」の言動を挙げ、彼ら「日本の軍部関係者は、戦前から戦後に至っても、それどころか戦後になってからの方が一層ハル・ノートには満州からの撤兵、満州国の否認が、あたかも文面として要求されていたかのごとき表現をおこなっている」と述べている＊37。

これには、次のような問題がある。

①引用した際の些細な転記ミスは別として（内容は略）、

②引用した史料は、いずれも戦後になってから書かれた史料である。したがって、戦後になってからの事象についての記述は一次史料であるが、開戦前の事象についての記述は二次史料である。

③実際に開戦の意思決定に直接参画したのは三人のうち東條（陸相）のみであり、他の二人は、「トップの軍人」ではない。

とはいえハル・ノートが開戦過程で果した役割についての須藤氏の指摘は、事の本質にかかわるところがある（後述）。そこで、確かな史料から確かな歴史的事象のみを選別・採用し、それをもとにして、氏の指摘した事象につきその実態を再構築していきたい。

ハル・ノートと満洲問題――日本側当局の認識

ところで、問題の関心を日本側の開戦への意思決定過程を明らかにするという点に置けば、解明すべきなことは、日本の開戦の意思決定にかかわった連絡会議の出席者たちが、開戦当時、ハル・ノートをどのように認識していたか、ということである。ハル・ノート開戦説を前提にすれば、その認識をもとに彼らは開戦すべきか否かを判断したからである。

そこでこの項では、須藤氏にならってハル・ノートのなかにある満洲問題に対象をしぼり、連絡会議の出席者たちがハル・ノートに記載されているという「満州を含む全中国からの撤兵と満州国政府の否認」について、開戦当時どのように認識していたかを、一次史料にもとづき明かにする。

『杉山メモ』には、ハル・ノートの満洲撤兵要求について、十二月一日の御前会議で枢府議長から、「全支那カラ撤兵セヨトイフ点ニ於テ米カ支那トイフ字句ノ中ニ満州国ヲ含ム意味ナリヤ否ヤ」との質問があったと記録されている*38。したがって、ハル・ノートを接受した当時、開戦の意思決定をする人たちの周辺で、満洲からの撤兵を米国は要求しているとの風説が流れていたことは確かである。

そこでまず、「China からの撤兵」要求の原文（英文）を左に掲げる。訳文については、外務省のものは操作されている可能性があるので、ここでは米国側の原文に何が書いてあったかを明らかにするために、筆者の訳文（意訳でなく直訳）を使う。なお問題の「China」の訳語は、当時の一般的呼称でありかつ一般的訳語であった「支那」を使う。

The Government of Japan will withdraw all military, naval, air and police forces from China and from Indo-China. ＊39

〔拙訳：日本政府は、支那および仏印から、全陸海空軍および警察を撤退させること〕

「China からの撤兵」については、それ以前の、たとえば、ハル・ノートより二ヶ月弱前の、近衛内閣時代の、十月二日付（三日着信）の日米首脳会談に関する米国側回答の文中にも同趣旨の文があり、その原文（英文）は、左のようになっている。

It is believed that a clear-cut manifestation of Japan's intention in regard to the withdrawal of Japanese troops from China and French Indo-China would be most helpful in making known ―― in particular to those who might be inclined to be critical ―― Japan's peaceful intentions and Japan's desire to follow courses calculated to establish a sound basis for future stability and progress in the Pacific area. ＊40

〔拙訳：日本軍の支那および仏印からの撤退に関する日本のはっきりした意図を明かにすることは、日本の平和への意図と、太平洋地域における将来の安定と進歩のための健全な基礎を確立することを今後の針路にするとの日本の望みを知らしめるために、もっとも有効であろうと信ずる次第である。――このことは、日本に対し疑惑を抱きがちな人びとに対して、とりわけ有効だと思われる〕

米国の提示した表現を原文でみるかぎり、右の両者のあいだには、表現の仕方には差異があっても（十月二日付のものは、日本の立場を慮った表現になっており、ハル・ノートは直截な表現になっている）、China からの撤兵という内容については同じことを言っている。

他方日本側では、十月二日付のものを接受したあと、「トップの軍人」は、China からの撤兵問題について、満洲からの撤兵を含まないとの認識で議論をしている。たとえば十月十二日の荻窪会談で、東條陸相は、

駐兵問題ハ陸軍トシテハ一歩モ譲レナイ、〔中略〕支那事変ノ終末ハ駐兵ニ求メル必要ガアルノタ＊41

と発言し、また、二日後の十四日の閣議で、これまた東條陸相が、

米国ノ主張ニ其儘服シタラ支那事変ノ成果ヲ壊滅スルモノタ満洲国ヲモ危クスル更ニ朝鮮統治モ危クナル＊42

と発言し、米国の要求を、直接的には支那事変、すなわち盧溝橋事件以降の問題として捉えている。満洲や朝鮮の植民地経営の問題については、日本が、盧溝橋事件以降の成果（すなわち支那事変の成果）を放棄した場合の波及効果として危惧していると解釈できる（いわゆるドミノ理論）。すなわち陸軍のトップの一人である東條は、十月二日付の米国側の要求は、明かに、中国本土（長城以南）からの撤兵だと看做して発言しているのである。したがって十月二日付文書の China を中国本土だとするからには、同じ内容の、十一月二十六日付のハル・ノートの China も、また、中国本土だと看做すはずである。「東條の三段論法」として知られている彼の論理的思考能力は＊43、この解釈を補強するものである。すなわち、トップの軍人は、ハル・ノートを見て、China からの撤兵は支那事変以降の占領地、すなわち長城以南の中国本土からの撤兵だと認識したはずである。

ハル・ノートと満洲問題——日本側当局の発言

それでは、ハル・ノートの満洲問題について、実際に当時の関係者や関係当局がどのように表現したか、それを、一次史料に記載されているもののみを左に列挙する。表現者の立場が、原文を発信したところに近いと思われる順に並べて、

○外務省訳文：
「日本政府ハ支那オヨビ仏印ヨリ一切ノ陸、海、空軍兵力及警察力ヲ撤収スベシ」＊44
○十一月二十八日外務省起案、十二月八日ラジオ放送、十二月九日新聞発表の「日米交渉経過」：
「日本政府は支那および仏印より一切の軍隊（陸、海空および警察）を撤収すべし」＊45
○十二月一日御前会議における外相説明：
「日本政府ハ支那及仏印ヨリ一切ノ軍隊（陸、海空オヨビ警察）ヲ撤収スヘシ」＊46
○駐米大使館付陸軍武官の電報：
「支那及仏印ヨリノ全面撤兵」＊47
「日本軍隊ノ支那及仏印ヨリスル完全ナル撤兵（陸海軍並ニ警察）」＊48
○十二月八日東條首相ラジオ放送、十二月九日新聞発表「大詔を拝して」：
「支那より我が陸海軍の無条件全面撤兵」＊49

以上のように、管見の限りでは、一次史料に記載された責任ある当局の言葉は、Chinaを支那と訳しており、満洲を含むような表現は一切ない。それだけではない、東條首相が放送した「無条件撤兵」を除けば、いずれも、撤兵を求めたハル・ノートの原文を忠実に直訳もしくは意訳したものであり、異なる解釈が入る余地はない。その一方で、

満洲からの撤兵を米国が要求しているとの風説を、枢府議長が耳にしたというのもまた事実であろう（枢府議長は政策決定をおこなう立場ではなく、諮問を受ける側である）。したがって、水面下の謀略的な流言飛語はあったとしても、満洲からの撤兵を要求されたと公然と言うものは、責任ある当局者にはいなかったと認められる。言い換えれば、東條首相をはじめ開戦の意思決定過程に参画した責任者は、開戦当時、米国は日本に対し満洲からの撤兵までは要求していないと認識していたのである。

したがって、須藤氏の所説から一次史料と矛盾する部分だけ削除すれば、満洲からの撤兵要求が米国からあったと公然と言われるようになったのは、戦後になってから、ということになる。氏の主張のこの部分が正鵠を得ていたことは、このあと実証する。

手心を加えた訳文

ここまでは満洲問題にしぼって、日本側当局者が国論統一のためにハル・ノートの訳文に手を加えたか否かを論じた。その結果判明したことは、満洲問題についていえば、当時の訳文は、ほとんど手を加えられていなかったということである。

それでは、満洲問題以外についてはどうであったか、当時の記録（一次史料）から調べてみる。ここでは満洲問題も含め、冒頭の教科書が挙げている主要三条件を対象とする。主要三条件とは、ハル・ノートの本文（第二節）の、第三条「満洲撤兵問題」、第四条「汪政権処遇問題」、第九条「三国同盟問題」である。これらをそれぞれ筆者の責任で要約し、全体を俯瞰できるように、表現者の立場が原文を発信したところに近いと思われる順に並べて、一つの表にすると次のようになる。

表1　ハル・ノート主要三ヶ条の訳文（第四、第九条の引用史料は、既述した第三条の引用史料と同じである）

出　典	記載した文書の種類	汪政権処遇（第四条）	三国同盟（第九条）	満洲撤兵問題（参考）（第三条）
米国政府原文（拙訳）	一次史料	汪政権を支持せず	同盟を骨抜きまたは空文化	支那から撤兵
外務省訳文				
「日米交渉経過」				
陸軍武官電（伝聞）		汪政権を否認		
御前会議外相説明			同盟否認	——
首相放送			同盟廃棄	支那から無条件撤兵
教科書（参考）	——	汪政権を解消	同盟否認	満洲を含む支那から撤兵

この結果判明したことは、次のとおりである。

①外務省訳文や「日米交渉経過」など事務当局の（下僚の）手になったものは、原文を忠実に伝えている。

②東條首相、東郷外相など組織のトップとなっている者の発言は、なにがしか「訳文に多少手を加え、国民感情を刺激するようなニュアンスをもったもの」に改変されている。

③先行研究の集大成ともいうべき教科書は、東條首相、東郷外相の発言とくらべると、さらに格段に「手を加え、国民感情を刺激するようなニュアンスをもったもの」に大きく改変されており、原文からはなはだしく乖離して

いる。

以上から、開戦当時に国論を統一するために使われたハル・ノートは、当該組織のトップによって多少訳文のニュアンスに手を加えられた場合もあるが、満洲からの撤兵要求ほどの大きな改変は、公然とはおこなわれていなかった。このことは、まだ開戦当時には、ハル・ノートを利用して、公文書を改竄までして何が何でもこの開戦を合理化・正当化しようとするに至ってはいなかったことを示している。

ところがそのあと、ハル・ノートの訳文は大幅に改竄され、米国が「ハル・ノートによって、満州をふくむ中国大陸・仏印からの全面撤兵、三国同盟の否認、汪政権の解消など強硬な要求をだすに至った」（教科書）ため、日本としては、「もはや交渉の余地はなく、十二月一日の御前会議は英米蘭に対する武力行使を最終的に決断した」との、満洲問題まで含んだ高圧的なハル・ノート開戦説が流布し、現在に至っている。これと、今回明らかにした史実との乖離は、いったい、いつ、どこから生じたのであろうか。そして、そのような開戦説が流布した意義はなにか。そこで、戦時中と敗戦後、ハル・ノート開戦説がいかなる取り扱いを受けてきたか、その経緯について簡単に言及する。

4．戦時中と敗戦後のハル・ノート開戦説

来栖大使の情宣活動

須藤氏は「ハル・ノートというのは戦後使われるようになった俗称」だとし、戦時中は、「昭和一九年（四四年）七月に来栖三郎が日米交渉について演説をした要旨が新聞に掲載されているが」、ハル・ノートという言葉は使用していない。「東京裁判あたりから使われるようになったのかもしれない」が、「いつごろから誰がハル・ノートという言葉を使用しだしたのかは今後の研究課題となる」、としている*50。

戦時中ハル・ノート（「挑発的対日覚書」と称している）開戦説が一般国民向けに報道されたのは、読売新聞の場合、

四二年十一月と四三年二月の二回である。いずれも、四二年八月に交換船で帰国した来栖大使が東京と大阪で行った大政翼賛会主催の講演の要旨であり、紙面に大々的に取り上げられている。見出しには、「戦争挑発の責任は米国にあり　恫喝の日・昨年十一月廿六日」とか、「妥協の余地絶無　敵の無条件降伏のみ」とか、刺激的な言葉が並べられていた＊51。この講演内容は、小冊子にされて、第一回講演より一ヶ月遅れで出版されている＊52。

ところで、帰国後来栖が外務省に提出した「昭和十七年〔四二年〕六月五日稿」の「来栖大使報告」は、「米側ガ十一月二十六日付公文ヲ殆ド最後通牒同様ニ取扱ヒ」とある程度で＊53、ハル・ノート開戦説に相当する報告はない。ところが講演の方は、

米国側がこれ〔乙案〕に対し十一月廿六日付をもって、三国条約より実質上の離脱、支那並に仏印よりの全面的撤兵、南京政府の否認、多辺的不可侵条約による華府会議体制の再建〔第一条〕等、わが国の受諾到底不可能なること最初より明瞭なる諸点を含みましたノートを突きつけて参りましたので、交渉はここに最後の重大なる難関に逢着するにいたったのであります＊54。

となっていて、ハル・ノート開戦説を取り上げている。ただしこの段階ではまだ、言葉こそ刺激的になっているが、内容については、教科書のレベルの満洲問題まで含めた高圧的なものには至っていない。

ちなみにハル・ノート開戦説を取り上げている日本の関係者の記事をみると、多くは、ハル・ノートを接受した日付として米国東部時間の十一月二十六日を当てている。たしかに米国政府の立場に立てば、あるいはワシントンに駐在した在外使臣の立場に立てば、ハル・ノートを接受したのは二十六日になる。しかし接受したその瞬間は、日本では、「時差」の関係で二十七日になっていた。真珠湾攻撃については、日本の関係者は、米国東部時間（あるいはハワイの現地時間）の十二月七日ではなく、十二月八日という日本時間の日付を当てている一方で、なぜかハル・ノート

っているのである。

の接受日は米国東部時間の日付を当てている。ハル・ノート開戦説は、十一月二十六日という日付と「セット」とな

報道されたハル・ノートという名称

極東裁判について、教科書は、「ポツダム宣言にもとづいて」おこなわれたもので、「侵略戦争を計画・実行して『平和に対する罪』を犯したとして、戦前・戦中の多くの指導者が」連合軍の手により訴追された裁判であると教えている。そして、「この裁判には、勝者による敗者に対する一方的裁判という批判もあった」と付記している＊55。

極東裁判が勝者の裁判であるとの実否は別として、「ハル・ノート」という固有名詞が、はじめて新聞の見出しになったのは、管見の限りではこの裁判の最中である。すなわち敗戦後二年余経った四七年十二月十日、東京朝日新聞の第一面に、「ベタ記事」で、「東京裁判　ハル・ノートで開戦決意　嶋田証言終る」という見出しの記事が掲載された。「ベタ記事」とはマスコミ関係者が使う呼称で、紙面下部に並べられた記事のことである。この記事には、次のように書かれていた。

〔四七年十二月〕九日の東京法廷で嶋田〔繁太郎〕証人は日本の開戦決意がハル・ノートにより決したことを次のごとくのべた〔後略〕。＊56

他方読売新聞には、前日の十二月九日の紙面に、その前の日の八日の法廷でのやりとりが紹介され、そのなかに、嶋田被告の発言として「ハル・ノート」の文字が記してあった＊57。極東裁判あたりからというのは、須藤氏の指摘のとおりであった。そしてそこに、なにゆえか、旧海軍関係者が関わっていたのである。

法廷でのハル・ノート開戦説

極東裁判の速記録は、Ｂ４判四段組の全十巻からなっている。そのなかにハル・ノートの字句が出てくるのは、四七年九月二十五日、元蔵相の賀屋被告の尋問の際である。

○ワーレイ検察官　あなたは昭和十六年〔四一年〕十二月一日に総理大臣に対して、私は戦争に反対はしませんということを言いましたか。
○賀屋証人　十二月一日でございましたか。
○ワーレイ検察官　十二月一日以前ですと申しました。
○賀屋証人　それは申しました。いわゆるハル・ノートが来まして後に申しました＊58。

賀屋は、ハル・ノートという字句を、自分が開戦に同意したことと関連させて口にしている。ちなみに賀屋が開戦に実質同意したのは十二月一日ではなく、もっと以前の、十一月二日の朝、もしくは増税と追加予算を閣議に上程した日（十三〜十四日）であることは前述した。賀屋の証言のあと、速記録にハル・ノートが出てくるのは、嶋田の下で海軍次官を務め今回弁護側証人として出廷した澤本頼雄の宣誓口供書である。証言は、四七年十二月五日におこなわれた。

一九四一年十一月二十六日のハル・ノートを受け取って米国に譲歩することを主張した人々は不快な打撃を受けたのであった。〔中略〕この通告は、それ迄戦争に反対してゐた多くの海軍関係者の懐いてゐた平和への最後の望を殆んど止めを刺したと余は信じてゐる＊59。

これこそ、ハル・ノート開戦説であった。ちなみに海軍関係者が開戦決意を公式に表明したのは、もっと以前の、十一月一日であったことも前述した。このあと、元海相嶋田繁太郎の宣誓口供書が読み上げられた。当日連絡会議で海軍を代表し開戦決意を表明した嶋田は、「誰一人として米英との戦争を欲した者はなかった」＊60と法廷で述べたうえで、

〔にもかかわらず〕ハル・ノートの受諾を主張したものは、政府部内にも、統帥主脳部にも一人もゐなかった。その受諾は不可能であり、本通告は我国の存立を脅かす一種の最後通牒であると解せられた。右通告の条件を受諾することは日本の敗退に等しいといふのが全般的意見であった＊61。

と陳述し、さらにそのうえ、十二月九日には、弁護人の質問に答え、「日本を戦に導いたのは石油ではありません。ハル・ノートであるということを昨日申し上げました」＊62と証言している。ここで石油とは、日本軍の南部仏印進駐に対する米国側の経済制裁措置で、四一年八月一日発令の石油の全面禁輸を指しているものと思われる。海軍と石油の関係を考えれば、信じがたい証言である。嶋田は、ハル・ノートにくらべれば石油禁輸など問題ではなかったと公開の席上で主張したのである。

このあと法廷では、東郷被告と東條被告によってハル・ノート開戦説が主張された。そして最後にこれらを総括したものが、被告側最終弁論の総論として主張された。核心となるところは、次のとおりである。

十一月二十六日ハル長官が野村大使に手交した覚書〔屢々「ハル・ノート」と呼ばれるもの〕は〔中略〕受領者側に於ては之を以て全く新な出発であり「最後通牒」であり「挑戦」であり、従来の如き方法を以て交渉を継続し、両国間の問題を処理せんとする努力の途を塞いだものであると認めたのである＊63。

このあとハル・ノートの主文である第二節の十ヶ条の条文が読み上げられた。焦点の中国問題についての最終弁論での主張は、次のようになっていた。

ハル・ノートの規定の大部分は支那問題に関連して居る。本覚書に依れば日本は支那より直に全軍隊を撤退するのみならず租界並に団匪事件〔北清事変〕の協定に基く協定の地域の治安維持に当って居た警察も撤退するのである　租界や団匪事件の協定に基く権利は他の治外法権と共に抛棄され此の点は満州国に於て同様である。満州国の承認は撤回さるべく、汪政権は消滅しなければならなかった。以上の結果は日本が亜細亜大陸から完全に撤退することを意味し　日本の権益は合法的たると否とを問わず悉く抛棄せられなければならなかった＊64。〔空白は引用者〕

そして被告側は、ハル・ノートを満洲の放棄まで要求した苛酷なものだと主張し、このようなハル・ノートを突きつけられれば、「日本は即時降伏するか又は勝目なくとも戦に訴ふるかの何れか一を選ばされたのである」としたうえで、インド代表のパール判事を有名にした次の言葉をもって、最終弁論の総論のハル・ノートの項を結んだ。

真珠湾の前夜〔米国〕国務省が日本政府に送った様な覚書を受け取れば　モナコやルクセンブルグでも米国に対し武器を取って立ったであろう＊65。

「パール判決」として知られるこの言葉は、実は、被告側が最終弁論で述べたものである。もう一つここで、はっきりさせておきたいことがある。それは、これまで再三述べてきたことであるが、先行研究における「ハル・ノート開戦説が依拠する史料の中軸の部分は、当事者である東郷の回想録と、極東裁判における東條の証言である。そして、ここでの論証は略すが、東郷の回想録は極東裁判における東郷の証言と重なっている。極東裁判において被告側は、ハル・ノートは満洲からの撤兵まで含んだ苛酷な要求であったとして、これをもって日本側の開戦の動機として主張している。したがって、教科書に記載されたハル・ノート開戦説は、極東裁判の被告側〔日本側〕の主張そのものだったのである。

自らもA級戦犯として訴追され絞首刑に処せられた元陸軍省軍務局長武藤章は、獄中での日記に、極東裁判における国家対国家の戦争責任の論争について、次のように記述している。

私の不思議に思うのは、日本の某々新聞が、東京裁判を連合国対被告〔の論争だ〕と思いこんでいることである。〔戦争の被害をこうむった日本国民が〕被告に対して如何に憎悪を感じても、彼等は日本を代表している。彼等が侵略者であれば、日本も侵略国である。侵略国に対する制裁は、被告に対する処罰に終るのではない。それは平和条約にもりこまれるのだ。しかるに、日本の新聞にして「日本を侵略国と裁定しろ」と煽りたてている*66。

このような状況のもとで、被告たちは、ハル・ノート開戦説をもって開戦はやむを得なかったと主張することによって、極東裁判の法廷において「国家弁護」の論陣を張ったのである。武藤の論理にしたがえば、ハル・ノート開戦説は、被告たち個人や被告が属する組織を弁護するだけでなく日本という国家を弁護することによって、その後結ばれることになる平和条約を日本側に有利にする狙いがあったというのである。

被告たちの孤立した戦いの結果は、どうなったであろうか。それを記述する前に、米国政府が、開戦当時、ハル・ノートをどのような意図をもって日本側に提示したかについて言及しておこう。米国のこの時の意図が何であったかは、米国が中心となって構成された連合国の判事たちの判決に、なにがしかの影響を及ぼしたと思われるからである。

ハル・ノートを手交した米国側の意図

このとき、米国国務省の極東政策の形成過程において中心的役割を果たしたとされるのは、政治顧問（political adviser）のホーンベックだとされている＊67。ホーンベックは、ハル・ノートを手交した翌日付の「極東問題の情勢判断と今後の見透し（Problem of Far Eastern relations — estimate of situation and certain probabilities）」と題する覚書に、ハル・ノートについて次のように記述している。

アメリカ政府は、われわれが宣言した原則〔いわゆるハル四原則〕や、アメリカの外交政策の一般的な目的とはかみ合わない行動をとる日本に対して、これを「容認」する意図は一切ないことを今回明らかにしたものであり、現在・過去・未来にわたる日本の侵略政策と侵略行為を大目に見て、黙認する意図はないということを明らかにしたものである〔拙訳〕＊68。

これまで日米間でやりとりされた文書を踏まえてこのホーンベックの覚書をみると、ハル・ノートの意義が的確に説明されている。すなわち、日米交渉のはじめから米国政府が主張してきた対日政策の原則は一貫しているが、ハル・ノートを提示した意義は、その原則を具体化するうえで、これまでオブラートに包んで表現してきたものを今回はっきりさせたことにある。態度をはっきりさせた以上、如何なる事態にも対応する覚悟があるものとみることができる。そしてそれを日本に手交するからには、米国側は対日戦争を覚悟したはずである。現に国務省の経済顧問であったファイスは、ハル・ノートを手交する前日の二十五日午後、国務長官ハル、陸軍長官スティムソン、海軍長官ノックス、陸軍参謀総長マーシャル、海軍作戦部長（日本の軍令部総長に相当）スタークが、大統領のもとに集まり、「現状維持案〔ハル・ノート〕の問題よりも、日本が攻撃を始めた場合いかに対処するかという問題を協議したように思われる」と、スティムソンの日記に依拠して推定している*69。

したがって、法廷で日本側がハル・ノート開戦説を主張しても、米国としては、胸に手を当てれば、思い当たる節があったというわけである。

極東裁判の判決

その結果であろう、極東裁判の判決文は、ハル・ノート開戦説について、ハル四原則を掲げたうえで、次のように論じている。

> これらの原則を実際に適用するというこの提案〔ハル・ノート〕は、日本の指導者たちを現実に直面させた。かれらはこれらの原則を実際に適用する気は決してなかったのであり、このときにも、適用するつもりはなかった。かれらの戦争準備は、いまや完了した。〔中略〕かれらが全員一致で決定したことは、戦争をすること、交渉の打切りによって、警告がアメリカ合衆国とイギリスに届く前に、選択された地点において、両国の軍隊を日本の軍隊が攻撃できるように、外交上の応酬を操ることであった*70。

日本が現在・過去・未来においてとってきた、あるいはとろうとした政策や行為は、米国の政策とは本来相容れないものであった。米国はそれまで諸般の事情からそのことをあいまいにして衝突を避けてきた。しかし今回、それをはっきりさせた以上、もともと米国の宣言した原則を受け容れる気のない日本に、選択の余地はなかった。このように極東裁判の判決は、ハル・ノート開戦説と整合する判断をくだし、そのうえで論議を日本の主張するハル・ノート開戦説（ハル・ノートの苛酷な要求）からそらし、早々に日本側の欺瞞外交と奇襲攻撃に論議の焦点を移した。「真珠湾のだまし討ち」である。宣戦布告をする前に攻撃を開始した日本の国際法違反であれば、より容易にその不正義を明確にできるからであろう。これがハル・ノートに関する、極東裁判の判決であった。

開戦時は天皇の側近（内府）として政治の中枢にあり、敗戦後は連合国によって戦犯として訴追された木戸幸一は＊71、六四年、極東裁判に関する法務省の聴き取り調査に対して、次のように答えている。

裁判が長引くにつれて、米国での真珠湾事件査問委員会の報告書が漸次弁護団でも入手出来るやうになり、太平洋戦争は日本が仕掛けたものであるかどうかの点についての疑問が持たれるやうになり、弁護側に有利な材料として利用された。こんな事情も手伝って、〔中略〕審理の結果は上述のように太平洋戦争段階の防禦が一番よく出来、戦争責任の所在も何れにあるかはっきりしないような情況になった＊72。

極東裁判において、「太平洋戦争段階は比較的うまく防禦でき」「戦争責任の所在も何れにあるかはっきりしないような情況になった」、と木戸は証言している。開戦の動機を、ハル・ノート開戦説にうったえたからだと思われる。こうしてハル・ノート開戦説は、実質的に法廷で、旧敵国である連合国、すなわち勝者によって認知された。満洲からの撤兵要求の有無についても、否定されなかった（肯定もされていないが）。今日、教科書にあるような満洲撤兵も含めたハル・ノート開戦説が通説となっているゆえんの一つは、勝者によって認証されたことにあると判断できる。実際の武力による戦争にこそ惨敗を喫したが、日本は、太平洋戦争の戦争責任（開戦責任）の論戦には負けなかったのである。

1　前掲『日本外交文書』下巻、一八八～一八九頁、東郷外相宛野村大使電第一一九〇号。
2　前掲『機密戦争日誌』上、一九二頁、四一年十一月二十七日付日誌。

3 前掲「澤本海軍大将業務メモ」叢三、二三頁、四一年十一月二十七日付日誌。
4 前掲『機密戦争日誌』上、一九一頁、四一年十一月二十四日付日誌。「交渉妥結ヲ念願スル野村来栖ト決裂ヲ念願スル陸軍特ニ参謀本部ト正ニ正反対ナリ」。
5 この電報（第一一九〇号）を所収した『日本外交文書』には、発信は十一月二十七日（米国東部時間）となっているが午前・午後の記載は無く、着信に至っては期日の記載も無い。またこの電報は、外交史料館所蔵の原本「日、米外交関係雑纂」にも所収されていない。
6 前掲『日本外交文書』下巻、一四三頁、一四三〜一四四頁、一六二〜一六四頁、一六四頁、野村大使宛東郷外相電第七六八号、第七七二・七七三号、第七九九・八〇〇号、第八〇一号。
7 同右六八〜七〇頁、野村大使宛東郷外相電第七二五号。
8 同右二〇三〜二〇四頁、東郷外相宛野村大使電第一二〇六号。
9 同右二五一〜二五二頁、東郷外相宛野村大使電第一二七二号。
10 同右二二四〜二二五頁、東郷外相宛野村大使電第一二二七号。
11 同右二二五〜二二六頁、東郷外相宛野村大使電第一二三〇号。
12 同右二三四頁、東郷外相宛野村大使電第一二五五号。
13 同右二三四頁、東郷外相宛野村大使電第一二五六号。
14 駐米大使館があきらめずに活動していたことは、井口武夫「対米最終覚書と米大統領の親電の解読工作をめぐる史実の再検証」『国際政治』一四四（二〇〇六年）八七〜八八頁。
15 前掲来栖『日米外交秘話』一四八頁、「日米間の主張の懸隔があまりに甚だしく、政府訓令のタイム・リミット中に、我方の主張を受諾せしめる見込は到底なくなった」。
16 同右一四八頁。
17 前掲『杉山メモ』上、三七七頁、「対南方国策遂行に関する件　参謀本部案」。
18 同右五三七〜五三八頁、「第七十四回連絡会議」。
19 前掲『日本外交文書』下巻、二〇六頁、野村大使宛東郷外相電第八四四号。
20 前掲『木戸幸一日記』下巻、九二四頁、四一年十一月十九日付日記、木戸が天皇に言上した言葉。
21 若槻禮次郎『古風庵回顧録』（読売新聞社、一九七五年）四一八〜四一九頁。
22 大日本帝国憲法第五十六条。

23 佐藤元英「昭和十六年十二月八日対米最後通牒『覚書』と宣戦布告問題」『中央大学文学部紀要』二〇六（二〇〇四年）八四頁。
24 前掲『日本外交文書』下巻、二六九頁。
25 枢密院の形骸化は二九年のパリ不戦条約批准問題の頃から始まり（川上寿代「不戦条約批准問題と枢密院」『日本歴史』五六五、一九九五年）、四〇年の三国同盟批准問題においては、「辛うじて形式的な対面〔ママ〕を保った形」となっていた（前掲森「国策決定過程の変容」四二～四三頁）。
25 深井英二『枢密院重要議事覚書』（岩波書店、一九五三年）一八六～一九一頁。
26 前掲『滞日十年』下、二五一～二五二頁、十二月五日付日記。グルーは同趣旨の電報をハル長官に送っている（*F. R. U. S.*, pp. 720-721.）
27 前掲『昭和の動乱』下、一二九頁。
28 たとえば、前掲『杉山メモ』上、三一五頁、「軍令部総長説明事項」。
29 前掲『杉山メモ』上、五三四頁、「戦争遂行ニ伴フ国論指導要綱」。
30 前掲『機密戦争日誌』上、一九九頁、四一年十二月八日付日誌。
31 『東京朝日新聞』十二月九日付朝刊第三面。
32 前掲加瀬『ミズリー号への道程』九九頁。加瀬は回想録に、ハル・ノート開戦説を記す一方で、「私は最終的政策決定に関する事情に格別精通してゐない」とも記している（九七頁）。言葉どおりにとれば、「最終政策決定」のことはよく知らないが、ハル・ノートは、国論統一のために利用された、と解釈することができる。
33 前掲『機密戦争日誌』上、一九二頁、四一年十一月二十七日付日誌。
34 須藤眞志「ハル・ノートと満州問題」『法学研究』六九（一二）（一九九六年）一六七頁。
35 同右一七七頁。
36 同右一七〇頁。
37 同右一七〇頁。
38 前掲『杉山メモ』上、五三九頁、「第八回御前会議」。
39 前掲『日本外交文書』下巻、一九六頁、東郷外相宛野村大使電第一一九四号。
40 同右七頁、豊田外相宛野村大使電第八九〇号。
41 前掲『杉山メモ』上、三四七頁、「十月十二日五相会議」。
42 同右三四九頁、「閣議ニ於ケル陸軍大臣説明ノ要旨」。

43 前掲『木戸幸一日記　東京裁判期』四六三頁、後継首班を「東條とした場合にはその九月六日の決定を楯として三段論法を封ずるため〔後略〕」。
44 前掲『日本外交文書』下巻、一九九～二〇一頁。
45 『東京朝日新聞』四一年十二月九日付朝刊第三面。
46 前掲『杉山メモ』上、五四九頁、「日米交渉ニ関スル外務大臣説明」。
47 前掲『機密戦争日誌』上、一九二頁、四一年十一月二十七日付日誌。
48 前掲「澤本頼雄海軍大将業務メモ」叢三、二四頁、四一年十一月二十七日付日誌。
49 『東京朝日新聞』四一年十二月九日付朝刊第三面。
50 前掲須藤「ハル・ノートと満州問題」一六四～一六五頁。同右一七八頁、注釈五。
51 『読売新聞』四二年十一月二十七日付夕刊第一面、四三年二月二十八日付朝刊第二面。
52 来栖三郎『大東亜戦争の発火点　日米交渉の経緯』（東京日日新聞社、大阪毎日新聞社、一九四二年）。なお、同趣旨のものが雑誌『翼賛政治』四（一九四二年）にも掲載されていることを多比羅充氏にご教示いただいた。
53 前掲『日本外交文書』下巻、三八七頁。
54 前掲来栖『日米交渉の経緯』一一二頁。
55 前掲『詳説日本史』三三七頁「戦犯問題」。
56 『東京朝日新聞』四七年十二月十日付朝刊第一面。検索は、朝日新聞のデータベース「聞蔵」による。
57 『読売新聞』四七年十二月九日付、第二面。検索は、読売新聞のデータベース「ヨミダス」による。
58 前掲『極東国際軍事裁判速記録』第七巻、一一二頁。
59 同右七四〇頁。
60 同右七四七頁。
61 同右七四八頁。
62 同右七七四頁。
63 同右第九巻、六〇五頁。
64 同右六〇八頁。
65 同右六〇九頁。
66 前掲『武藤章回想録』四八四頁、四八年十一月七日付武藤章日記。

67 トムソン「国務省——人と機構」細谷千博編『日米関係史　I』（東京大学出版会、一九七一年）。ファイス『真珠湾への道』（みすず書房、一九五六年）。

68 *F. R. U. S.* p. 672.

The American Government has now given clear indication that it has no intention of making "concessions" to Japan which would be inconsistent with the declared principles and the general objectives of American foreign policy and that it does not intend to condone or give countenance to policies and practice, past and present and future, of aggression on Japan's part.

69 前掲ファイス『真珠湾への道』二八二頁。

70 前掲『極東国際軍事裁判速記録』第十巻、七六一頁。

71 内府の役割と機能については、川口暁弘「内大臣の基礎研究」『日本史研究』四四二（一九九九年六月）、松田好史「情報管理者としての木戸幸一内大臣」『日本歴史』六七八（二〇〇四年一一月）。

72 前掲『木戸幸一日記　東京裁判期』四四七～四四八頁「第三部　木戸幸一談話」。

Ⅷ　残された課題

1．小　括

南部仏印進駐を機に米国から全面禁輸の経済制裁を受けた日本は、九月六日の御前会議において、十月上旬までに対米交渉がまとまる目途が見出せない場合の対米（および英・蘭）開戦を国策（旧「遂行要領」）として決定した。交渉はまとまらないまま十月を迎え、日米交渉の継続を主張する近衛首相と、交渉打切り・開戦を主張する東條陸相とが衝突した。ところが関係者が論議を詰めていくと、御前会議の決定に不用意な点があったことがわかった。近衛内閣はこれに責任をとって総辞職した。そのあと旧国策に対して「白紙還元の御諚」が下され、「陸海軍協力の御言葉」もあって新内閣のもとに、あらためて、連絡会議で国策を見直すことになった。「国策再検討」がそれである。

ところが、東條新内閣のもとで行なわれた「国策再検討」の論議は、「白紙還元の御諚」や「陸海軍協力の御言葉」の真の意図に違背する方向に進んでいった。その結果決定された新国策（新「遂行要領」）は、形だけの交渉継続策を採って不確定な余地を残したものの、実質的には、これまで続いた「非決定」の連鎖を断ち切ったものになった。新「遂行要領」は連絡会議出席者全員の合意を得て即座に持ち回りで署名をとり、そのあと軍事参議院での軍事面の諮詢を経て＊1、十一月五日、御前会議で承認された＊2。

この新「遂行要領」は、陸海軍統帥部にとってみれば、決定過程においては自らの主張を部分的にしか実現できない不完全なものであった。しかし執行過程において、関係部署は、統帥部作成の原案（「参謀本部案」）の趣意に沿って、規定にない開戦への準備を政戦両略にわたって執行していった。このようにして、形のうえでしか残されていなかった不確定な余地は、なし崩し的に埋められていき、積み重ねられた既成事実（開戦への準備）を前にして、外交交渉を管轄する東郷外相もついに対米交渉に見切りをつけたことを意思表示し、開戦のための事務手続きの審議決定をおこなった。

この開戦に至る過程は、一致した国策を確立し難い明治憲法下のこの時期の政治システムのもとにおいて、対米問題における政戦両略の一致という問題を、決定過程において若干の不確定な余地を残すことによって全員の同意（一任）をとりつけ、しかるのち執行過程において規定にない事項も既成事実化してそれらを積み重ねることによって、「やむなし」とする空気が大勢を制し、開戦という一致に到達したものである。一致に到達したのは、ハル・ノートという外圧によるものではなかった。

このあとの対米外交は、統帥部作成の原案に沿って奇襲攻撃を成功させるためにおこなわれ、他方、開戦決定には加わらなかった国家の指導的立場の人たちや一般国民に対し、到来したハル・ノートを「天佑」として使って国論の統一を図った。

それだけではない。敗戦後には極東裁判の場で、ハル・ノートを「国家弁護」のために活用した。そのために中国本土の問題に満洲問題を含ませて、ハル・ノートの拡大解釈をおこなった。このようにして、武力戦にこそ敗れはしたが、太平洋戦争の戦争責任に関する論戦には、日本側から先制攻撃をしかけたにもかかわらず日米いずれに戦争責任があるのかわからないところまで巻きかえすことに成功した。

2．ハル・ノート開戦説否認の意義

歴史学上の問題

ある事象を歴史学の対象とするには、ある程度の時間の経過を必要とすることは、よく言われることである。日本の歴史上、多くの人に未曾有の災禍をもたらした太平洋戦争は、その被害を受けたとする人たちが多数生存しており、いまだその傷も癒えていない。また、現在の政治システムが当時のそれと関連があるだけに、駆け引きの道具として利用されてしまうことも少なくない。その意味で太平洋戦争は、歴史学の対象とするのに、まだ、十分な時間の経過を経ていないのかもしれない。

近代史研究者の伊藤隆氏は、かつて、歴史学に持ち込まれたイデオロギーによって、戦後の研究は、「皇国史観」の束縛を脱した代わりに「極東裁判史観」が公定化され、「裁判の判決が、昭和史の解釈の基本的方向として受容された」と論じ、「これが戦後三〇年以上たった今日でも色濃く残存しているのが現状である」とした＊3。

今回「ハル・ノート開戦説」の実否を追及した結果からわかったことは、戦後七十年弱たった今日でも、「極東裁判史観」は色濃く残存していたことである。ハル・ノート開戦説は、極東裁判における被告側の主張そのものであり、かつ、判決も直截的な表現こそ避けているが、ハル・ノート開戦説の上に判決文ができあがっているという意味で、それを、容認したとみることができる。

開戦の理由をハル・ノートに求める定式からの解放

対英米戦争は、日本側が先に手を出したということは明らかであった。被告たちは、手を出すに至った事情を、ハル・ノート開戦説で説明することによって、日本の戦争責任を軽減しようとした。ハル・ノート開戦説は容認され、国家防衛は成功したようにみえた。それだけではない。ハル・ノート開戦説は未曾有の戦禍をこうむった国民に対する弁明としても機能した。

これに対し、今回、史料批判という歴史学上の手続きを経て、史料の示しているものについてその実否を弁別する作業をおこなうことによって、ハル・ノートを接受し開戦にいたった過程を明らかにし、ハル・ノート開戦説は、あるものは開戦当時の、またあるものは極東裁判での作為であることを実証することができた。今後は、「アメリカに一方的に追い詰められた」とするハル・ノート開戦説を排除するのに、「歴史観」や「政治評論」という「主観」の力を借用する必要はないと思われる。

3．開戦過程における新たな疑問

ところがこの過程で、新たな疑問が湧き出てきた。

極東裁判において、ハル・ノート開戦説を極東裁判で主唱した人たちは、海軍省を中心とする海軍と、外務省と、大蔵省であったことが今回明らかになった。ところが、彼らはこれまで、対米英開戦には慎重であったとされている。通説では開戦に慎重であったとされる彼らが、ハル・ノート開戦説を極東裁判の法廷で熱心に述べ立てたのは、はたして「国家弁護」のためだったのだろうか。

太平洋戦争の開戦過程は、従来から、陸軍の問題としてとらえられてきた。すなわち、陸軍の対米主戦論に、外務省を中心とする政府や良心的なあるいは米国の国力を知悉していた海軍が抵抗したが、結局、陸軍に引きずられてしまったという筋書きである。しかし、ここまでみるかぎり、主戦論をふりかざし国論を開戦に主導したとされる陸軍の影は薄い。太平洋戦争開戦過程において、陸軍はいったい、どのような役を演じたのであろうか。当時国内最大の政治勢力であるとされた陸軍の同意なくして、戦争に突入することはできなかったはずである。そうであれば、陸軍にとっての開戦の動機を解明することなくして、太平洋戦争開戦過程を解明したとはとうていいえないであろう。

1　前掲『杉山メモ』上、三八八〜四〇六頁、「十一月四日軍事参議院会議議事録」。
2　同右四一六〜四三〇頁、「第七回御前会議要領」。
3　前掲『近代日本研究入門』伊藤隆「戦時体制」八八頁。

第二部

破綻した陸軍の対ソ戦略と「関特演」

I　満洲事変が招来したもの

1. 満洲事変が招来したソ満国境の新事態

陸軍からみた満洲事変の狙い

太平洋戦争への開戦過程を論ずるうえで、その出発点を、三一年九月十八日の柳条湖事件を契機にした満洲事変に置くのが一般的である*1。

満洲事変の原因は、歴史教科書によると、中国の不平等条約撤廃、権益回収要求によって脅かされた満洲における日本の権益――いわゆる満蒙問題を解決するために、陸軍、とりわけ現地に駐屯していた関東軍が「武力によって満州を日本の勢力下におこうと計画した」ものとされている*2。

なお教科書には「陸軍とりわけ関東軍」が計画したとあるが、公刊戦史の『戦史叢書』によれば、満洲事変は現地陸軍の独断専行によるものではなく、関東軍の具申による「省部〔陸軍省と参謀本部〕一体の画策」であったとなっている*3。さらに近年の研究では、関東軍と陸軍中央は、方針は一致していたものの「時期や占領範囲等の明確な一致は欠いたまま」九月十八日を迎えたとされている*4。そして、「現地における用兵は、〔関東軍の〕石原〔莞爾〕参謀の思想と板垣〔征四郎〕参謀の実行力が推進力となっており、軍事作戦的に見事な成果を挙げた」とされている*5。

満洲事変の思想的推進力であったとされる石原は、柳条湖事件直前の三一年五月のこと、「満蒙問題私見」として次のように記している。

我国ニシテ完全ニ北満地方ヲ其勢力下ニ置クニ於テハ露国ノ東進ハ極メテ困難トナリ満蒙ノ力ノミヲ以テ之ヲ拒止スルコト困難ナラス　即チ我国ハ此拠ニ初メテ北方ニ対スル負担ヨリ免レ其国策ノ命スル所ニ依リ或ハ支那本部ニ或ハ南方ニ向ヒ勇敢ニ其発展ヲ企図スルヲ得ヘシ＊6

ソ連はロシアと呼ばれた時代から、日本にとって北辺の脅威であった。満洲事変を起した陸軍軍人たちの目論見の一つに、北満を手に入れ、北辺の脅威であったソ連とのあいだの緩衝地帯に仕立て上げることがあった。そして、それによってソ連からの脅威を緩和し、中国や南方に進出するフリーハンドを得ようという戦略であった。これが全陸軍を代表する（あるいは、陸軍内で共有化された）方針であったか否かは別として、満洲事変の現場の中枢にいた陸軍軍人はこのような考え方を示していた。陸軍中央の首脳部もその考えに理解を示した（あるいは了解した）であろうし、その考え方に共鳴した人たちによって満洲事変が実行にうつされ、軍事作戦的にみて成果を挙げた。では、どのようにして、どのように見事な成果を挙げたのか。

好機を捕捉した満洲事変

第一次大戦中の一五年（大正四年）のこと、米英その他の列強が大戦のため介入の余力のない時機を見計らって、日本は、中国に対し「二十一ヶ条要求」を出した＊7。列強はこれを火事場泥棒だとして反発を示したものの、欧州戦線に力をとられて具体的な対日制裁措置をとる余力はなかった。これについて、対米開戦当時参謀本部作戦課に在籍し、敗戦後戦史室の前身部署に勤務した井本熊男は、わが国の「為政者〔大隈重信内閣〕が千載一遇の好機と見て、このような政策をとったことは将来に禍根を残した」と回想している＊8。禍根云々は後知恵だとしても、当時の為政者は、千載一遇の好機だとみて「二十一ヶ条要求」を出したという。それどころか第一次大戦への参戦そのものも、戦史叢書によれば、「日本の安固と発展とを図るため、いわゆる千載一遇の好機を捕捉しよう」として、当時の為政者たちが意図したものだとなっている＊9。

三九年十月参謀次長に就任し、総長が皇族（閑院宮載仁）のため実質的に総長職務を代行した澤田茂は、政策達成手段としての「好機捕捉」の意義を次のように述べている。

イタリアはイギリス・フランスが〔ドイツに〕完全にやっつけられたところを見て〔中略〕、宣戦布告をした。〔中略〕イタリアは労せずして南フランスの要域を手に入れた。つまり国力の弱いものは、このようにうまいチャンスを捕まえることが大事であり、さすがにムッソリーニは大政治家だと思った＊10。

このように当時の為政者（政治家）や陸軍の首脳は、自らを、列強のなかでの弱者として位置づけていた。弱者だということを、国民を初めとして対外的にどのように説明していたかは別として、弱者であるからこそ、弱者が強者と伍していくための政策達成手段として、「好機捕捉」によってハンディキャップを埋めようとしたといえる＊11。

満洲事変も同様に、好機を捕捉して実行に移したものであった。事変を惹き起こすにあたり、石原は、「露国ノ崩壊ハ、天与ノ好機ナリ」とし＊12、「支那ヲシテ益々増長セシメ、自然ニ好機ヲ招来スル如クスルコト」＊13と論じている。その結果、日露戦争では十数個師団をもってしてもなおできなかった北満略取を、満洲事変では、わずか一個師団（第二師団）の兵力でもってなし遂げ、軍事作戦上の成果を挙げ得たのである＊14。

これについて加藤陽子氏は、「①ソ連が未だ軍事的に弱体なうちに、しかも②中国とソ連の関係が最悪のときをねらって」と、満洲事変は「好機捕捉」を意図して実行したと説明している＊15。幸いなことに、事変の遂行中、ソ連軍の介入はなかった。

満洲事変に関する国民的評価

今日では満洲事変は、出先の関東軍が「奉天郊外の柳条湖で南満洲鉄道を爆破し（柳条湖事件）、これを中国軍（張学良軍、当時は軍閥が割拠していた）のしわざとして軍事行動を開始」したことでよく知られている*16。それは、満洲軍閥張学良の大軍に対して、少数の関東軍が、勝つための手段として、先制攻撃の利を得るべく仕掛けたものであった。

ところが江口圭一氏によると、当時、真相は「日本国民のほとんどすべてにたいしてかくされ、事件は中国軍（張学良軍）の満鉄爆破と日本軍への攻撃によってひきおこされたという虚構」がまかり通っていた。「国民が真相を知ったのは、〔中略〕極東国際軍事裁判の審理を通じて」であって、それさえも一部に過ぎず、全容が明らかになったのは、五六年に「首謀者の一人の回想が発表されてからのことである」という。事変当時、真相を隠蔽する情報操作の媒体になったのは、マスコミ（新聞とラジオ）であった。マスコミは、「関東軍の発表をうのみにしたニュースを流した」、と氏は述べている*17。

情報操作は柳条湖事件だけではない。事変の拡大とともに、新聞の紙面は「日本軍の奮戦と勝利をたたえ、中国への侮蔑と憎悪をあおり、国際連盟を敵視」した記事を掲載した*18。東京日日新聞と大阪毎日新聞の系列は、とりわけ「ハッスル」していたという。それまで「リベラルな紙面」をつくる一方で、発行部数で毎日系列に水をあけられていた朝日新聞の系列も、毎日系列の情報操作に追随していった*19。

ちなみに旧軍将校に対する戦後の聴き取りによれば、陸軍が新聞をつかって積極的に情報操作をするようになったのは、二九、三〇年頃からで*20、そのための工作として、新聞社の幹部クラスには陸軍次官や軍務局長があたり、現場の新聞記者には軍務局の新聞班があたったという*21。新聞班というのは、総力戦を前提にして（戦争は国民全体が取り組むものだという考えに立って）軍がもっと「広義国防」に乗り出さなければいけないといわれた時代に、軍務局長直属で、いまの広報的な仕事をやり出した部署である。これらの対応には、機密費がつかわれた。新聞社の方も、積極的に情報を取ろうと最精鋭の記者を陸軍省に派遣し、派遣された記者たちは、陸軍省の一室を占拠してそこにたむろしていたという*22。

こうして満洲における陸軍の軍事的成功と、マスコミの情報操作による相乗効果があって、陸軍は、国民の大々的な支持を得た。そして、三二年三月に満洲国建国宣言、九月に日満議定書締結と満洲国承認へと、事態は順調に進展しているかにみえた。

ソ満国境の新事態

ところがこの成功の影で、満洲事変は、思いがけない事態を招来していた。関東軍の北満進出により対日脅威を意識したソ連が、東欧諸国と不可侵条約を締結して西側の安全を確保する一方で、東側のソ満国境の兵力を増強してきたのである*23。

表2　ソ満国境の兵力の推移*24

師団	32年9月	33年11月	34年6月	35年末	36年末	37年末	38年末	39年末	40年末
ソ連軍	8	8	11	14	16	20	24	30	30
日本軍	6	5	5	5	5	7	10	11	14

ソ連側の増強に追いつこうと日本が兵力を増強しても、ソ連側はさらに増強し、日本側を引き離した。ソ満国境での彼我の兵力比は、その後太平洋戦争の開戦に至るまで、おおむね、三対一で推移していった（表2）。

なお表2は、地上兵力のみを戦史叢書から転記したものだが、引用元の戦史叢書の表には航空兵力も記載されていて、航空兵力ではソ連軍は、地上兵力の差以上に日本軍を数のうえで圧倒していた。当時の航空兵力は、主に陸戦の補助兵力であった*25。地上兵力からみれば航空兵力は砲兵同様装備であり、航空兵力の存在は、陸軍装備の近代化を意味していた。そして同一陸兵数あたりの航空兵力もソ連軍が優越していることは、ソ連軍の装備の近代化が日本軍より進んでいたことを意味していた。装備の近代化においても、ソ満国境での日本軍は、ソ連軍に圧倒されていたのである。こうして、満洲事変によって北辺の安寧を確保するという陸軍の当初の目論見は外れた。

三八年から敗戦直前まで満洲に駐在して主として特務機関に在職し諜報関係の仕事に携わっていた西原征夫（敗戦時大佐）は、日本陸軍のこの状況を次のように回想している。

当時の中央省部の有力筋によれば、満洲事変は日本に対し予想以上の成功を齎したが、物心両面の準備が出来ない内に、身に余る長大な国境線において、新興の強大国ソ連と接壌することになったため、爾後日本はそれこそ鏤骨の苦難を味わなければならないことになったというのである*26。

2．ソ満国境の新事態に関する先行研究

ソ満国境の兵力比の推移をとりあげる意義

さて、筆者はこれまで、太平洋戦争開戦過程の先行研究について、奇異に感じてきたことがいくつかある。その一つは、三一年九月に始まった満洲事変後のソ満国境での彼我の兵力の推移について、先行研究のほとんどが取り上げていないことである。これを奇異に感じたゆえんは次のとおりである。

戦史叢書は表2のように、三二年から四〇年の九年間のソ満国境における兵力の推移を掲げ、その解説として、推移した状況を三つの期間に区分し、それぞれ

①三二年九月〜三四年六月を「均衡破綻」
②三五年末〜三七年末を「最悪危機」
③三八年末〜四〇年末を「危機持続」

と呼んでいる*27。

ところで、日中戦争が起きたのは三七年七月のことである。そのことを頭において右の区分をみたとき、日中戦争は、日本陸軍にとってソ満国境が②の「最悪の危機」にあるときに起きたことがわかる。日中戦争は、満洲事変と違って、日本側が作為して起こしたものではないというのが通説で、偶発した盧溝橋事件を契機に、局地紛争から全面戦争に発展していったものである。ならば陸軍の立場は、事態に対し受け身であったはずである。そこで、ソ満国境の「最悪の危機」を主担任として抱えていた立場で、陸軍は、この局地紛争に対してどのような意図をもって対処したのか、さらに言及すれば、ソ満国境が「最悪の危機」だと認識していたら、陸軍は、紛争の拡大を防ぎ、局地紛争のうちに解決しようとしなかったのか、あるいは、全面戦争に拡大してしまったあとにおいても、和平工作を展開して収拾を図ろうとはしかなかったのか、という疑問がわいてくる。

また、開戦前は対米英(蘭)戦争と呼び、開戦後は大東亜戦争と呼んだ太平洋戦争は、四一年十二月に起きている。すなわち、ソ満国境が③の「最悪の危機」が「持続」する最中に、日本側の意思により(日本側の先制攻撃により)起こしたものである。既述したように、ハル・ノートによってやむなく起こしたのではない。したがって最大の政治勢力であった陸軍が、自らが主担任であった対北方戦面が「最悪の危機」が継続するときに、太平洋戦争開戦過程においてソ満国境の状況をどのように認識し、どのように対処しようとしていたのか、これは、太平洋戦争への開戦過程を論ずるうえで重要なファクターのはずである。しかるに管見のかぎりでは、開戦過程をあつかった先行研究のほとんどが、ソ満国境の兵力の推移を取り上げていない。これが筆者には、奇異に感じられるゆえんである。そこで本稿では、太平洋戦争の開戦過程において、日本陸軍が、ソ満国境のこの事態をどのように認識し、どのような意図をもって対処したかを、まず明らかにしていきたい。

先行研究が明らかにしたもの――その一

ソ満国境における彼我の関係について、直截的にそれを叙述したものが、中西治氏の研究である。以下、中西氏の研究成果を紹介する。

日露戦争後、これまでどおり日本は、武力による対外膨張政策をとり続けた。その尖兵が関東軍であった＊28。関東軍は、「満州事変以来、すること、なすことが、うまくいった」。ソ連が満州事変のあいだ中立の態度をとり、そのあと東支鉄道の権利を満洲国に売り渡したことから、「関東軍はソ連弱しとみた」。そのためであろうか、ソ満国境地帯で紛争が続発しはじめた＊29。この国境紛争、とりわけ戦略単位の軍隊が戦った「最初の局地戦争」である張鼓峯事件は、「日本に多くの教訓を残した」。出先の独断専行の問題、近代戦におけるソ連軍の実力をあなどったこと、敗戦を認めようとしない風潮、などがそれである。しかし「日本はこのことに反省せず、再びノモンハンで失敗を繰り返すのであった」＊30。

ノモンハン事件の「敗戦は日本に大きな衝撃を与え、明治以来の日本の対外政策を再検討すること」になった。それまでの日本は、「朝鮮、満州と北へ向かって順調に膨張してきた。そして、次に蒙古、シベリアを狙ったが、〔ノモンハンで〕失敗した。〔中略〕日本は北への膨張を停止し、南へと方向転換した」＊31。日本の支配者は戦争とその結果の恐ろしさを知らず、戦争を続けたのである、と。

中西氏の叙述するところでは、「日本が明治以来、対外膨張を国是とし、〔中略〕帝国主義の時代に帝国主義的に対応」してきた＊32。そこには、満洲事変がソ満国境の日本陸軍の兵力比の劣勢を招来したという認識はなかった。すなわち、ノモンハンの「敗戦」で大きな衝撃を受けるまで、当時の陸軍首脳部がソ満国境の兵力比の劣勢に危機感を抱いていたという認識は、氏の叙述からはうかがえない。そして、そこに浮ぶ日本陸軍の印象は、好戦的で無謀で夜郎自大な旧陸軍という既成概念から成り立っていた。

しかし日本陸軍が北方から南方へ転換したゆえんは、ノモンハンの敗北ではない。何が日本陸軍をして、北方から南方へ方向を転換せしめたのかは、これから順を追って述べる。

先行研究が明らかにしたもの——その二

太平洋戦争開戦過程を論究するうえで、満洲事変後のソ満国境での彼我の兵力比を取り上げた数少ない先行研究のなかから、まず、加藤陽子氏の研究を紹介する。

加藤氏は、ベストセラーになったその著書で、戦史叢書所載のソ満国境の兵力比を示した表から航空兵力のみを抽出し、それを棒グラフにして掲げている。氏はこの航空兵力の劣勢を「お寒い状況」だとし、それに対処するため「満州国と国境を接する場所でソ連軍を効率よく撃退」するよう、華北（北支）を「国民政府の支配から切り離し」「日本軍の飛行機を配備」しようと考えた、と説明している。この陸軍の華北分離工作は中国と決定的な対立を招くものであって、「ソ連の復活」（極東の軍備増強を指している）を前にして「なりふり構わず華北を特殊地域にしようとはかる日本陸軍のやり方を見て絶望せざるをえない」と評価している＊33。すなわち氏の叙述から、ソ満国境の航空兵力の劣勢を挽回しようとした行為が、日中戦争につながったと読み取れる。

加藤氏の著書は、ソ満国境の危機を指摘した点において画期的である。しかし、そのあとの叙述は、史料から得られる歴史とは異なっている。ここではその例を一、二挙げる。

①この時分ではまだ、航空兵力は陸戦の補助兵力であった。したがってソ満国境の「お寒い状況」を、航空兵力比でもっていうのは適切とはいえない。航空兵力が「お寒い状況」にあるのは、日本陸軍の装備の近代化が「お寒い状況」にあることを示しているのであって、ソ満国境の日本軍が劣勢にあるか否かの判断は、まず、地上兵力の比（三分の二）によるべきである。

②陸軍による華北分離工作の意図は、航空兵力を配備するためではなく、主として次の二つである。一つは、当時の呼称でいえば「北支蒙疆」における陸兵を中心としたいわゆる「防共駐兵」である。防共駐兵とは、ソ満国境から満洲へ侵攻するソ連軍部隊とは別に、その外側の外蒙古から内蒙古を経由して華北に侵攻してくるソ連軍部隊に備えたものである*34。いま一つの目的は、日満（日本と満洲）に不足し、華北にはある資源の獲得であった。石炭と鉄鉱石、綿花などがそれである*35。したがって華北分離工作は、加藤氏のいうようなソ満国境の兵力比の劣勢に対する直接的な対応措置ではない。

加藤氏には、ベストセラーになったこの著書とは別に、やはり版を重ねた新書版の著書がある。ここでも、航空兵力のみを抽出したグラフを掲げている。もっともこちらの著書では、地上兵力の劣勢についても文章で数行触れている。そして「対ソ戦備の遅れの自覚から」、その対応策として廣田内閣の対米接近政策を挙げ陸軍がそれを支持した旨を記し、その内容を記述している*36。後述するが、ソ満国境の危機に関する外交的対応策はこれが主ではなく、よく知られたものが別にある。

以上から、加藤氏の所論はソ満国境の「お寒い状況」を指摘したこと自体は画期的であるが、叙述にあたっては、史料による事実関係の確認が望まれる。

先行研究が明らかにしたもの――その三

加藤氏の著書より十三年前の山田朗氏の著書には、ソ満国境の彼我の兵力比の推移に着目した叙述がなされている。氏の示した兵力比の推移は、「数字」のうえでは戦史叢書から引用した表2とおおむね整合している。厳密にいえば、日本側兵力量には、朝鮮軍二個師団が計上されていない。張鼓峰事件の日本側の主役は、朝鮮軍であった。これを加算してはじめて、国境に対峙する日ソの兵力比になる。以下、その推移について、氏の述べている要目を紹介する。

もともと日本陸軍は、「一貫してロシアを仮想敵国として軍拡と訓練、作戦研究に」従事してきた。ロシアが革命後ソ連になっても、相変わらず「極東ソ連軍の動向に神経をとがらせ」た＊37。満洲派遣師団は、満洲事変の翌年に一個から三個師団にしたものの、めだった増強はなかった＊38。関東軍の本格的な増強がおこなわれたのは三七年以降で、「師団以上の戦略兵団は都市周辺に展開していたが、三八年以降は、ソ連との国境付近へと移動した。〔中略〕これは、関東軍が〔中略〕自らは対ソ戦準備に専念しはじめたことを意味している」＊39。以後四〇年まで毎年のように増強がおこなわれ、太平洋戦争開戦の直前には、質は低下したもののスケールだけは大きくなった。

この間において、三七年に日中戦争が起きたが、関東軍の増強はつづけられた。中国戦線では慢性的な兵力不足に悩まされはしたが、関東軍からの大規模な兵力転用は考えられなかった。それどころか、日本陸軍は、関東軍には精鋭部隊とされた伝統ある常設師団を優先的に配置し、中国戦線には、急造した特設師団で間に合わせた。

他方ソ連側は、満洲事変の最中の三二年に、シベリア鉄道の複線化工事の開始、ウラジオストック軍港の復活、ソ満国境でのトーチカ陣地の構築の開始などをおこない、三四年以後毎年三〜四個師団の増強をおこなった＊40。

この兵力量の推移に対し日本陸軍が執った措置を、山田氏は、次のように説明している。すなわち、近代化が遅れていた日本陸軍は＊41、

①機動力・火力を軽視し、訓練の行き届いた歩兵による白兵主義でもって臨み＊42、

②作戦は、「つねに『寡をもって衆をうつ』」という前提で＊43、

③「戦場をソ連領内に求め」る＊44、

というものであった。

山田氏はこれらを記すに当って慎重に言葉を選んで記述しているが、この論旨から、敗戦後侵略者として烙印を押され、好戦的で、時代遅れの装備と精神論が横行し、そのため合理性を欠いた作戦を計画、遂行したとされる日本陸軍の姿が浮かび上がってくる。すなわち、ソ満国境における彼我の兵力比については、もともと寡をもって衆をうつ

のが前提であれば、三対一の劣勢であることはそれほど支障にならないとみている。それに、もともと白兵主義であるから、近代化の遅れもそれほど深刻には考えていない。それでも三七年からの本格的な増強は、シベリア侵略のための「対ソ作戦構想を崩壊させないための対策であった」＊45という。そして、「日中戦争の拡大にもかかわらず、〔中略〕対ソ戦力としての関東軍を質的に充実」させようとしたのは、陸軍の意思が、現下にとりくんでいる日中戦争よりも、シベリア侵略の準備を優先していることをあらわしている。このように解釈できる山田氏の説明には、戦史叢書にある「最悪危機」という危機感が当時の日本陸軍には希薄であり、それよりも、対ソ侵略戦争の準備に躍起になっている様相がうかがえる。

日本陸軍が対ソ戦争の準備に躍起になっていたとするならば、いつソ連領内に攻め込む計画だったのであろうか。

3．ソ満国境の新事態に関する陸軍の基本認識

史料からうかがえる当時の陸軍の情勢認識

ソ満国境における彼我の兵力比の問題で日本陸軍がとってきた措置について、当時の陸軍の史料は、おおむね次のように解説している。陸軍省の定期刊行物がそれである。

陸軍装備の近代化については、列国の装備が第一次大戦へ参戦して画期的な近代化を遂げているなかで、欧州戦場に参戦しなかった日本は、旧態依然のまま推移してきたとみている＊46。陸軍は、欧米諸国と比較し自らの装備の遅れを認識していた。

日本を取り巻く国際情勢については、ソ連に着目し、ロシア時代と同様「依然伝統の東方経略企図を継続し、思想謀略と国境付近武力の集中を以て相当露骨なる挑発的態度を示し」てきた、とみていた＊47。そして満洲「事変の発生に伴ひ、我国四囲の国際情勢は急転し国防充実は一日も忽がせにすることが出来なくなったので、十数年間放棄せ

られあった国防上の大欠陥を先づ応急的に補整せんとし」た＊48。ところが、前途の予測が困難ななかで「国力就中財力」を消費するわけにもいかず、「陸軍として最小限度の弥縫的処置」として、「兵備改善五年計画及作戦資材整備六年計画等」によって「応急的に補正」することとした＊49。すなわち、近代化の遅れについて陸軍は認識していたが、財政的見地から軍事費を急増させるわけにはいかず、間に合わせで済ませてきたということである。

「然るに其後ソ連邦に於ては五〔ヶ〕年計画の遂行に伴ひ国力著しく進展し、〔中略〕軍備亦益々急激に拡張せられて底止《〔マヽ〕》する所を知らず、〔中略〕彼我の懸隔を著しく増大するに至り、現状を以て推移せんか、〔中略〕我が国防の前途寒心に堪へぬものがあるに至った。そこで陸軍は、〔中略〕急激に表面化した蘇連邦の武力行使も辞せない積極的東方政策に対し、軍備の均衡に依って戦禍を未然に阻止」しようとしたのである＊50。

かかる経緯を経て現在（三九年）に至っても、なお、「我が陸軍の全兵力にも匹敵する在極東蘇領の蘇軍部隊に対し、我が在満兵力は余りにも寡少であり、〔中略〕而も国軍主力は目下支那に出動しあり静的《〔マヽ〕》方面の力は、政略上の見地からしても、戦略上の見地からしても、まことに危険なる状態にある」＊51。

以上が陸軍省発行の定期刊行物に記されているソ満国境の彼我の兵力比に関する記事である。この史料からうかがえることは、満洲事変によって刺激されたソ連が、ソ満国境に兵力を集中してきたため、彼我の兵力比は危険な状態になり、日本側が増強しても五ヶ年計画の成功を背景にソ連側はそれ以上に増強し、とても追いつける状態になかった。なんとか軍備の均衡を保ってソ連の侵略を抑止しようと思うが、日中戦争にも手を割かねばならなくなり、危険きわまりない状態にある、というものである。これは、既出の表2の内容とも、その推移についての戦史叢書の解説とも整合している。と同時にこれは、山田氏、なかんずく中西氏の叙述した、日本陸軍のソ満国境の状況に関する情勢認識とは正反対になっている。すなわち、史料をもとに明らかにした歴史的事象についてその関連性や構造を考察するうえでどのような要素を重要視しているかの違いを指すものが「歴史観」だと定義すると、客観的事実としてのソ満国境の彼我の兵力比について中西氏が触れていないのは、歴史観に左右された結果と看做すことができる。他方、解釈の面で従来の既成概念から完全には脱していないものの、客観的事実としてソ満国境の兵力比を取り上げた山田氏の研究からは、既成概念に縛られた歴史観から脱却を試みている姿勢がうかがえる。

ところで、この兵力比の劣勢に対して、日本陸軍はどのように対処しようとしたか。ここで引用した陸軍省の刊行物には、その考え方が次のように記されている。

必勝を期せんとせば、数に於ても優勢を占めることが必要であるが、兵力に於て優勢を占めんとするは容易ならぬ事であるので、陸軍としては伝統的軍人精神の砥励、訓練の精到、指揮統帥の卓越、戦法の選択、編制装備に対する工夫等、諸般の手段を尽して国軍作戦能力の向上を図り、以て兵力量の劣勢を補はんと努力している次第である。併し作戦能力、訓練等にも自から限度があるので、過去の戦勝に酔って、妥当なる比率を無視することは多大の禍根を包蔵するものと云はざるを得ない。況や近代戦に於ては、軍の装備就中飛行機及機械化の優劣が勝敗に影響することは、極めて大であって如何に勇敢であり訓練精到であっても、旧式装備の軍は到底近代装備の軍の比ではないことは、伊エ〔イタリア・エチオピア〕戦争及今次の事変〔日中戦争〕の例に見るも明である＊52。

この史料の主旨は、（山田氏の指摘するところの）機動力・火力を軽視し訓練の行き届いた歩兵による白兵主義も、「寡をもって衆をうつ」作戦も、先制攻撃によって戦場をソ連領内（敵地）に求める行為も、いずれも、兵力量が劣勢にある者が、自らを弱者として認識し、弱者が強者と伍していくための方策として採用したものであって、これには自ずから限界がある。これらの対応策はあくまで「奇策」であって、たまたまこれに成功したからといってそれにおぼれてはならず、本来の軍事的合理性にしたがうべきである、といわんばかりのものである。

以上、当時の陸軍省の刊行物から、ソ満国境の彼我の兵力比に関する当時の陸軍の見解を抜き出して整理した。そこから、このソ満国境の彼我の兵力比の推移についての陸軍の見解を読み取ると、

①ソ満国境の彼我の兵力比は「最悪の危機」にあり、
②劣勢を回復しよう兵力を増強しようとしても国力の差からいかんともし難く
③弥縫的対策として作戦、訓練、精神力などでカバーしているが、これには限度があり、抜本的対策が必要である、
というものであった。

そこには、中西氏のいうようなソ連軍をあなどったような姿勢はもちろんのこと、山田氏のいうような、あるいは通説としていわれているような、精神論を弄し軍事的合理性を欠いた日本陸軍、というものは見当たらない。あるいは、そういったものは、国力の関係からやむを得ずそういった状況を呈しているが、それはあくまで暫定的なものであって本来の姿ではなく、そういったものには限界があることを当時の日本陸軍中央は認識していた、と解釈できるのである。

日本軍の伝統的な作戦の基本方針――弱者の作戦

ここまで引用した史料からは、山田氏、とりわけ中西氏が叙述するような、通説になっている日本陸軍の様相はうかがえない。これを、どう解釈したらよいだろうか。

よく知られているように、戦前の日本の国防の基本戦略を記した軍事機密文書として、「帝国国防方針」がある。これは、陸海軍の統帥部の協議により策定され、明治天皇の裁可を得ている。「帝国国防方針」は、国家目標と国家戦略、またそこから導かれる国防目的と国防方針、仮想敵国と所要軍備などについても定めたもので、数次にわたり改訂された。

日露戦争直後の〇七年（明治四〇年）に制定された最初のものは、まず第一に「帝国国防ノ本義ハ自衛ヲ旨トシ」とし、それを補うかのように「国利国権ヲ擁護シ開国進取ノ国是ヲ貫徹スルニ在リ」となっていた。戦史叢書は、前半の部分の「自衛」は海軍の主張で、後半の「開国進取」をキーワードにした記述は陸軍のものだとしている＊53。

このように国防方針は、陸海軍の、いわゆる「両論併記」ともいうべきものであった。
ところでこのころの日本とロシアの関係について、戦史叢書は、山縣有朋や田中義一の文書に依拠しつつ、次のように説明している。

日露戦争では、露国は国内事情や内部の不和などによって日本に勝利を譲ったが、もし継戦意志を堅持して、ハルピン付近で反撃にでていたならば、どうなったであろうか、このことは陸軍の中央統帥部では、充分知りつくしていた。この真相は一般には理解され難い。議会や政府及び海軍側から見れば、陸軍首脳は恐露病にかかっているか、または反対に鮮満に帝国主義的侵略を企図しているものと映ずるであろう。しかし事実は、真剣に軍事的不敗の態勢を確立することに大童であったのである＊54。

そして作戦の方針（文面では「国防方針」となっている）としては、「国力ニ鑑ミ勉メテ作戦初動ノ威力ヲ強大ナラシメ速戦速決ヲ主義トス」となっていた。すなわち、長期戦を戦うだけの国力がないから、先制攻撃で一挙に敵国をたたき勝敗を決する、というものである。国防方針にもとづく基本作戦計画ともいうべき「帝国軍用兵綱領」には、「露国ニ対スル陸軍ノ作戦ハ常ニ先制ノ利ヲ占ムルヲ以テ主眼ト」なすとしている＊55。すなわち作戦の基本方針は、「先制攻撃」であった。「先制攻撃」は、三六年の第三次改訂でも踏襲された。すなわち「帝国国防方針」には、「一朝有事ニ際シテ機先ヲ制シテ速ニ戦争ノ目的ヲ達成スル」とあり、「帝国軍ノ用兵綱領」には、「陸海軍協同シテ先制ノ利ヲ占メ攻勢ヲ取リ速戦即決ヲ図ルヲ以テ本領トス」とあった。そのうえで「帝国国防方針」に、「尚将来ノ戦争ハ長期ニ亘ル虞大ナルモノアルヲ以テ之ニ堪フルノ覚悟ト準備トヲ必要トス」＊56と追記し、長期戦はまだ先のこととしていたのである。

先制攻撃は、奇襲をもって開始される。奇襲攻撃は、弱者が強者に伍して勝利を得ようとする戦術である。そしてそれには、攻勢を取るという作戦方針と、速戦即決・短期決戦という作戦方針とが随伴していたのである。これが日本軍の、伝統的な作戦の基本方針であった。それは、「一般には理解され難い」ものであり、「帝国主義的侵略を企図しているものと映ずるであろう」と自覚していたけれども、本当のところは、ひそかに自らを弱者と認識した者の戦術だったのである。

具体的な対ソ作戦計画

それではこの基本方針にもとづいて、具体的な対ソ作戦計画はどのようなものであったのかについて簡単に触れておく。

具体的な対ソ作戦計画は、関東軍によって作成され、参謀本部の承認を要した。開戦時の情報部ソ連課（第五課）の課長で、後に関東軍参謀副長（作戦担当）になった松村知勝（敗戦時少将）は、ソ満国境で満洲とソ連が直接国境を接することになった満洲事変以降の対ソ作戦計画について、次のように述べている。

一貫した方針は、まず沿海州にある敵を撃破しこの地域を占領するにあった。これは啻に極東ソ連軍の主力が沿海州に存在していたばかりでなく、ここを占領してソ連海軍および空軍によるわが本土に対する脅威を除き、満洲と本土との連絡を確保するための先決要請であったからである＊57。

すなわち沿海州への攻撃は、内地への空襲を防ぎ、かつ、内地から満洲への補給路を確保するのが作戦目的であった。また、沿海州に在るソ連軍の主力を撃破する意味は、ヨーロッパロシアからの増援の到着する前に、極東にあるソ連軍を撃破するためであった。そこには、日露戦争のときのバルチック艦隊（在欧ロシア海軍）が到着する前に、旅順に在る東洋艦隊を撃滅しておこうというのと同じ戦略構想があった。日本軍にモスクワを占領するだけの兵力（戦力）がない以上、採り得る戦略は、大陸との補給路を確保し長期不敗の態勢に持ち込む以外にはなかったといえる。

日本にとって脅威であったのはソ連軍の侵攻であり、日本海を越えて日本本土（内地）を空襲されることであった。さらにいえば、南方と比べ、シベリアには魅力的な資源はなかった（後述）。その意味で日本軍には、対ソ侵略の意図などはなかったのである。このことは、従来の通説を否定するものである。

4．ソ満国境の新事態に関する陸軍の対処方針

新事態に関するもう一つの先行研究

ソ満国境の彼我の兵力比の推移に着目した数少ない先行研究に、山田朗氏のもののほかに、もう一つ、戸部良一氏のものがある。氏はその論文のなかで、日ソの兵力比の推移について、次のように記述している。

特に憂慮されたのは極東ソ連軍の増強である。日ソの兵力差は次第に拡がりつつあり、〔中略〕陸軍当局者の眼は対ソ戦備の充実にほぼ釘付けとなる＊58。


この一節は、ソ満国境における彼我の兵力比の推移について、本稿で、ここまで史料にもとづき構築した「事実」と、それについての当時の陸軍中央の「認識」とを端的に表している。

それだけではない。氏の所説には、先に述べたような山田氏の著書には見当たらない点、すなわち、北辺の脅威を、陸軍が、最終的に如何に処理し、如何に解決しようとしていたか、その構想が記されている。

そこで太平洋戦争開戦過程において、当時最大の政治勢力とされた陸軍の首脳たちが＊59、ソ満国境の彼我の兵力比に象徴される新事態に対してそれをどのように認識し、どのように対処したかについて、これ以後は、先行研究と

して戸部氏の所説を基礎にして構築・展開していくこととする。

ソ満国境の新事態と軍機保護

満洲事変によって北辺の安寧を確保するという陸軍の当初の目論見は、既述のように外れてしまった。事態は、石原莞爾の期待したような「我国ハ此拠ニ初メテ北方ニ対スル負担ヨリ免レ其国策ノ命スル所ニ依リ或ハ支那本部ニ或ハ南方ニ向ヒ勇敢ニ其発展ヲ企図スルヲ得」という事態は招来しなかった。それどころか、「北方ニ対スル負担」は増大した。にもかかわらず、このあと日本陸軍は、「支那本部」に、あるいは「南方」に進攻していった。客観的にみれば、陸軍のこの無謀ともいえる行為を、どう解釈すればよいのだろうか。

実は、満洲事変で起きたと同じような事象（出来事）が、過去にも起きていた。海軍大将で、後に外相に登用され、対米開戦時には駐米大使であった野村吉三郎は、敗戦後に、米軍の聴き取り調査に応え、次のように証言している。

　日露戦争では、ロシアは優勢な大兵力を繰り出して来たが、日本艦隊は対馬海峡で勝利を得ました。そこで首脳部ではこれで戦争はケリがついて妥協平和になるのだと思った。当時、全国を遊説してまわった人たちは、いつも、これで輝やかしい勝利が日本の頭上にやってきたと胸をそらし、軍部も、勝負なしの戦争とは考えなかった。ただ、達見の有識者だけがこれで互角の戦争に漕ぎつけたと内心思っていたが、国民の士気を落さないようにとの配慮から公然と実際は勝敗なしなどと言わなかったのだと思います＊60。

日露戦争の陸戦では、奉天会戦のあと、日本軍の戦力は尽き果てたが＊61、海軍が来航したバルチック艦隊を日本海海戦で殲滅させたことにより日本近海の制海権を得ることで、大陸とのあいだの補給路を確保し得て、とりあえず不敗の態勢すなわち互角の態勢に持ち込むことができた。そして、米国に仲介を依頼し媾和交渉に入った。

ところが国内では、陸海ともロシアに大勝利を博したと喧伝されていて、「実際は勝敗なし」だということは国家の指導的立場にある一部の人のみの知るところであった。政府としては賠償金は獲得できず、不十分な条件で媾和するほかなかったが、何も知らない国民は媾和条件に不満で、日比谷公園で媾和反対の集会を開き、それが暴動に発展した＊62。

満洲事変も成功したものとして喧伝され、陸軍の挙げた成果は国民の賛美の的となった。その陸軍にとって、満洲事変がソ満国境の苦境を招いたことは、対ソ連にはもちろん、自国民にも知られたくない都合の悪いことであった。そこで、この苦境を伏せておく一方で、周囲が気のつかぬ間にこの問題の解決をなんとか図りたいと考えたはずである。そのように看做せば、このあと陸軍中央がおこなってきたことが説明できる。さいわいなことに軍部にとって、統帥権の独立を建前にして、軍事機密（軍機）上の問題は部外に対し伏せておくことは可能であった。

かつて一一年（明治四四年）のこと、議会で、軍機に関する質問がなされた。それに対し軍部は、次のように答弁し、軍機の開示を拒んだ。

①軍機には、作戦計画や戦時編制などのように、直接国防用兵に関する秘密としての絶対的機密と、平時編制、特殊兵器などのような軍事利益保護のための相対的秘密がある。

②陸軍国防計画の方針と海軍国防計画の方針は、軍機であるから開示できない＊63。

そのうえ一八九九年制定され三七年改正された軍機保護法では、海外駐屯軍の兵力量と装備とは、軍機保護の対象として規定されていた＊64。そしてソ満国境の新事態は、日露戦争のときと同様、一部の人のみの知るところであった。現に満洲事変の構想を練り、その執行現場の中枢に居た石原莞爾でさえ、三五年八月に作戦課長に就任して初めて、対ソ兵力比の劣勢に愕然としたという＊65。

陸軍は、海軍に対してもこの新事態を隠しとおしたのであろうか。開戦のとき陸軍の田中新一と同じ立場にあった海軍の福留繁は、敗戦後の回想録に次のように記している。

陸軍は満洲を獲て対ソ国防態勢を強化し得たといえるが、海軍はワシントン軍縮条約の主力艦劣勢比率に加うるにロンドン軍縮条約によって補助艦兵力の低比率協定となり、遂に国防当局の自信喪失を招くに至った〔後略〕＊66。

敗戦後になっても、太平洋戦争開戦時の海軍作戦部長であった福留は、陸軍が満洲事変で対ソ態勢を強化できたと言っている。福留クラスでも海軍は、本当に陸軍の実情を知らなかったのか、それは、このあと明らかにしていきたい。ちなみに自分（海軍）の方は、軍縮条約で対米軍備が弱体化したと言っている。これが事実か否かも後述する。

優先順位を設定した陸軍の「国防国策大綱」

日本陸軍がソ満国境の危機に直面し軍備の充実を図らねばならなかったこのとき、日本海軍もまた、大変な事態に直面していた。海軍軍備の、無条約時代への突入である。これにより、このあとは条約にしばられることなく、一国の工業力が、その国の艦船の保有量を決することが可能になった。それは、国力のある国にとって都合のよいものであった。日本海軍は「この事態に直面した」というよりも、この事態に自らの意思で入り込んでいった。すなわち、三四年の、主力艦の軍縮を協定したワシントン条約の破棄通告（失効は三六年）と、三六年の、補助艦艇の軍縮を協定したロンドン条約からの脱退がそれであった。軍縮条約がなければ、自由に建艦できると思ったのであろう。彼らの置かれた立場からは、自国の国力の限界が、視野に入らなかったものとみられる。

このように時勢は、陸海軍それぞれに軍備の充実を必要とする事態を迎えていた。この時において、陸軍大学校次席卒業の石原莞爾は、作戦課長や戦争指導課長など中央の要職を歴任し、参謀本部としての「国防国策大綱」の作成にたずさわっていた。

陸海軍では、既述の「帝国国防方針」と「用兵要綱」に沿って、例年、「年度作戦計画」を策定していた。しかし石原から見れば、これらは「作戦計画」であって、「戦争計画（構想）」ではなかった。このころの「帝国国防方針」では、米ソ支（中国）の三国が仮想敵国になっていた＊67。この方針のもとでは、海軍としては世界一の海軍国米国を相手に軍備をととのえるつもりであったし、陸軍は世界一の陸軍国ソ連を相手に軍備をととのえるつもりであった。そして、それらを同時に並行して行うこともありえた。これではとうてい、実行性が担保できない。

原資は限られているからには、まずどれに適用するか、優先順位をもって臨まねばならない。この場合も、「優先順位」を規定した「戦争計画（構想）」が必要であった。この戦争計画の陸軍側の原案が、参謀本部が起案した「国防国策大綱」であった。

作成された「国防国策大綱」は、三六年六月、参謀本部トップの閑院宮参謀総長の決済を得た＊68。そこには、東亜の保護指導者たる地位を確立するという国策の実現のため、まずソ連の屈服に全力を傾注し、そのあとこれと親善関係を結んで東亜に在る英国の勢力を駆逐し、英国が屈服したあと米国との決戦に備えるとの構想が記されていた＊69。米英ソを同時に相手にして戦うのではなく、まず「対ソ先決」し、しかるのち、長年月かけて段階的に各個撃破するという、優先順位を定めたシナリオであった。この構想について、米国を相手に最終戦争をするという点に着目して無謀な構想とみる向きがあるが、そうではなく、限られた原資を投入する「優先順位」を定めたことに意義がある、とみるのが本稿の立場である。この史料の重要性にかんがみ、当該箇所を抽出し転記する。

> 先ツ蘇国ノ屈服ニ全力ヲ傾注ス　〔中略〕蘇国屈服セハ適時之ト親善関係ヲ結ヒ進テ英国ノ東亜ニ於ケル勢力ヲ駆逐ス　〔中略〕蘇英屈セハ日支親善ノ基礎始メテ堅シ　之ト共同シテ〔中略〕米国トノ大決勝戦ニ備フ＊70

もう一つ注目すべき点は、陸軍の作成したこの「国防国策大綱」が、対ソ関係を何が何でも武力にうったえ解決しようとするものではなかったことである。そこに、強大な陸軍国であるソ連に対して、日本陸軍が、いかに対処し、いかに解決しようとしていたかが記されている。

〔対ソ〕兵備充実成リ且戦争持久ノ準備概ネ完了セハ蘇国ノ極東攻勢政策ヲ断念セシムル為積極的工作ヲ開始シ迅速ニ其目的ノ達成ヲ期ス　而シテ戦争ニ至ラスシテ我目的ヲ達成スルコトハ最モ希望スル所ナリ*71

すなわち、彼らの軍事思想は、いたずらに武力に訴えるのではなく、戦争をせずに目的（ソ連の極東侵略政策を断念させること）を達成するのが最良であるという、古来の兵法にかなったものであった*72。ここだけに着目すれば、陸軍は必ずしも、従来いわれていたような夜郎自大な様相を呈していなかった。

両論併記の「国策の基準」と「帝国外交方針」

「国防国策大綱」を陸軍として執行するためには、予算の割り当てが必要であった。国家の総予算に占める軍事費の割合がある一定の範囲にあることから（後述の表4）、限られた軍事費のなかから然るべき配分を受けるためには、まず、海軍の合意を得ることが望ましかった。しかし海軍側の基本方針は「北守南進」であり*73、今回の陸軍側の「対ソ先決」とは競合していた。調整の結果は、三六年八月、廣田内閣下の五相（首陸海外蔵）会議決定という形で、「国策ノ基準」という文書にまとめられた。まずソ満国境の危機に関係する事項としては、「名実トモニ東亜ノ安定勢力タルヘキ帝国ノ地位ヲ確保スルニ要スル国防軍備ヲ充実ス」として、「陸軍軍備ハ蘇国ノ極東ニ使用シ得ル兵力ニ対抗スルヲ目途トシ特ニ其在極東兵力ニ対シ開戦初頭一撃ヲ加ヘ得ル如ク在満鮮兵力ヲ充実ス」と決定した。他方海軍軍備の方も、「米国海軍ニ対シ西太平洋ノ制海権ヲ確保スルニ足ル兵力ヲ整備充実ス」と決定した*74。その部分だけみれば合理性のある政策にみえる。しかしそこには、「対ソ先決」を意味する言葉はなく、同様に「北守南進」

という言葉もなかった。国家としての優先順位が、定めてなかったのである。これは、多元化した政治システムの下での、森山氏の言葉を借りれば陸海軍による「両論併記」というべきものであった。そしてこれらの両論を、国家として同時に並行して執行することは、とうてい不可能なことを意味していた。

これと同時に、四相（首陸海外）会議で「帝国外交方針」が決まった。それには、米英とは「親善関係ヲ増進」し、米英に、日ソ関係において日本に好意的な態度を執らしめるとした。これには、「蘇連邦ハ〔中略〕極東ニ過大ノ軍備ヲ配シテ東亜方面ニ対スル其ノ武力革命的迫力ヲ増大シ」つつあるとの情勢認識があった。そこで、「国防ノ充実ト相俟テ外交手段ニ依リ」、ソ連の「東亜ニ対スル侵寇的企図」を挫折させようというものだった。しかしこの程度の外交措置では陸軍としては不安で、別に、後述の策を考えざるを得なかった。

かくしてこれらは作文に終わっただけで、執行可能な国策には至らなかった。そして参謀本部考案の「国防国策大綱」は、陸軍部内にとどまったまま盧溝橋事件を迎えた。

結果論ではあるが振り返ってみれば、限られた予算を陸海軍が取り合うことになった淵源は、陸海軍いずれもが、それぞれ自らの墓穴を掘った結果によるものであった。すなわち陸軍は、自らの作為で満洲事変を起こした結果として、対ソ軍備充実に多額の予算を充てる必要が生じた。他方、多額の建艦費を必要とする無条約時代への突入も、日本海軍自身が選択した道であった。陸軍が墓穴を掘った結果であるソ満国境の兵力比の劣勢の状況の推移は、すでに説明した。他方、海軍の建艦競争の推移は、どのような状況になっていたのであろうか。

日米海軍の建艦競争——割を食った陸軍

日本海軍が西太平洋の制海権を確保するため必要だとした艦船の比率は、よく知られているように、対米七割であった。

表3でわかるように米国海軍は、条約の限度までの建艦を長らく怠っていた。そのため比率は、日本海軍の目標と

する対米七割を大きく上回って、一時は対米八割にも達していた。しかし日本が海軍軍縮条約から脱退し無条約時代になった三七年以降、米国が本格的に建艦に取り組むようになると、日本海軍の対米比率は漸減し、太平洋戦争開戦前には、わずかではあるがついに目標の対米七割を切るに至った。軍縮条約からの脱退が、日本海軍をして、自らの墓穴を掘らしめたゆえんである。

もう一つ注目すべき点がある。この戦間期、陸軍の方は主担任の対北方戦面で、三対一の危機に見舞われていたのに比べ、海軍の方は、目標の対米七割をおおむねクリアしていた。海軍の方は、その点で国防に不安がなかった。

これは、第一次大戦の頃から海軍の方に軍事費が厚く配分されており、そのためこのような事態となったものとみられる。これについて、開戦時陸軍省軍務局軍事課に勤務した元大佐の中原正敏は、次のように回想している。

第一次世界大戦が終っての大正七年〔一八年〕の国防方針改訂で、陸軍は相手国であったロシア帝国が大正六年〔一七年〕に崩壊しているので目標を失った感があって〔中略〕陸軍費は低迷するのであったが海軍はアメリカに対する目標として八八艦隊の八カ年計画を発足しその予算は急増して陸軍に倍増するにいたった＊76。

ロシア革命あたりから満洲事変の頃まで、海軍に引き充てられた予算は、二倍とはいかないまでも、陸軍のそれを大幅に上回った（表４）。その結果海軍の対米比率は目

表３　日米海軍の艦船比の推移（千屯）＊75

華府、倫敦 両条約制限量		30年 6月	34年 末	35年 末	36年 末	37年 末	38年 末	39年 末	40年 末	41年 開戦
日本 米国	763 1,186	706 979	749 957	769 964	768 969	814 1,048	833 1,132	838 1,204	865 1,249	944 1,382
比率	64	72	78	80	79	78	74	71	69	68

表４　国家総予算と陸海軍軍事費（億円） ＊77

特記事項	年	国家総予算（億円）	軍事費（億円）	軍事費対総予算（%）	陸軍軍事費（億円）	海軍軍事費（億円）
日露協約(一)	〇七	6.16	1.98	32.1	1.26	0.72
	〇八	6.36	2.12	33.3	1.41	0.71
	〇九	5.32	1.74	32.7	1.04	0.70
	一〇	5.34	1.84	34.4	1.01	0.83
	一一	5.69	2.04	35.8	1.04	1.00
	一二	5.77	1.99	34.5	1.04	0.95
	一三	5.87	1.91	32.0	0.95	0.96
第一次大戦始	一四	6.21	1.76	28.0	0.87	0.89
	一五	5.86	1.82	31.0	0.98	0.84
日露協約(四)	一六	6.01	2.10	34.4	0.94	1.16
ロシア革命	一七	7.54	2.86	37.8	1.23	1.63
第一次大戦終	一八	10.63	3.42	32.1	1.24	2.18
	一九	12.20	5.36	44.0	2.20	3.16
八八艦隊予算	二〇	14.44	6.49	31.1	2.46	4.03
	二一	15.83	7.29	46.0	2.47	4.82
華府軍縮条約	二二	14.81	6.03	40.0	2.30	3.73
経済恐慌	二三	13.88	4.98	35.8	2.23	2.75
	二四	16.15	4.55	28.2	2.06	2.49
	二五	15.49	4.42	28.5	2.14	2.28
	二六	15.8	4.34	27.5	1.97	2.37
	二七	15.8	4.91	27.9	2.18	2.73
	二八	17.6	5.17	28.5	2.49	2.68
	二九	17.4	4.95	28.4	2.27	2.68
倫敦軍縮条約	三〇	15.6	4.43	28.4	2.01	2.42
満洲事変	三一	14.8	4.54	30.7	2.27	2.27

標に対し遜色がなかったが、他方陸軍の対ソ比率はあまりにも少なかった。海軍は、多元化した政治システム下で、予算獲得に、うまく立ち回ったといえる。

対ソ軍備充実計画と日独防共協定の締結

かかる過程を経て、陸軍は、対ソ戦備に専念した軍備充実計画を建てた。この計画は三四年に検討が開始され、三六年十一月に決定となったもので、計画の完成予定は四二年度となっていた。しかし完成まで対ソ劣勢が続くので、その間は、対米英との親善とは別に、さらなる国際関係などの情勢の改善を必要とした*78。

国際関係の改善とは、ソ満国境の兵力比が劣勢のあいだ、ソ連の攻撃を抑止するため、対ソ牽制という点で利害が一致するドイツと提携することであった*79。これは、ソ連の脅威にさらされている日本にとって、「遠交近攻」と称すべき外交政策であった。この政策は、陸軍が主導して締結された日独防共協定によって具現化された。

日独防共協定には、表と裏の二つの顔があった。表の顔は共産主義インターナショナルの活動に対する共同防衛であり*80、裏の顔は、この協定の「秘密付属協定」の形をとって、ソ連から「挑発ニヨラサル攻撃ヲ受ケ又ハ挑発ニ因ラサル攻撃ノ脅威ヲ受ケタル場合ニハ」、他の一国は、ソ連の「負担ヲ軽カラシムルカ如キ効果ヲ生スル一切ノ措置ヲ講セサルコト」となっていた。当時の外相（有田八郎）は、枢密院でこの協定を「帝国対外政策ノ重点ヲソ連ノ東亜ニ対スル侵寇的企図ノ挫折竝ニ赤化進出ノ阻止ニ置キ国防ノ充実ト相俟テ」締結するもの、と説明している*81。

秘密付属協定では、この緩やかな共同防衛の約定とともに、次の一条が交わされた。

締約国ハ本協定ノ存続中相互ノ同意ナクシテ「ソヴィエト」社会主義共和国連邦トノ間ニ本協定ノ精神ト両立セサル一切ノ政治的条約ヲ締結スルコトナカルヘシ*82

防共協定は、これによってドイツがソ連と組むことはありえなくなり、日本が東側からソ連を牽制するかわりに、ドイツも、つねに西側からソ連を牽制することを約束したと判断できるものであった。ソ連も、背後に日本とよしみを通じる国が控えていれば、そう容易く日本に侵攻してくることもないだろう。こうして陸軍は、一時の安寧を得た。三六年十一月のことであった。

ところがわずか半年先の三七年七月、北平（現在の北京）郊外で、日中間の全面戦争のきっかけとなった盧溝橋事件が勃発した。

1 たとえば、日本国際政治学会の手により共同研究として編まれた前掲『太平洋戦争への道』全七巻は、満洲事変から始まっている。
2 前掲『詳説　日本史』三一六頁。
3 前掲戦史叢書『大本営陸軍部』一、三〇六～三〇七頁。
4 種稲秀司「満洲事変におけるハルビン進攻過程」『軍事史学』一七七（二〇〇九年）二二一～二三頁。北満の攻略については、種稲氏のご教示によるところが大きい。
5 前掲戦史叢書『大本営陸軍部』一、三一〇頁。
6 角田順編『石原莞爾資料　国防論策篇』（原書房、一九七八年）七七頁、「満蒙問題私見」。
7 前掲『詳説　日本史』二九六頁。
8 井本熊男『作戦日誌で綴る大東亜戦争』（芙蓉書房、一九七九年）二四頁。
9 前掲戦史叢書『大本営陸軍部』一、二〇四～二〇五頁。
10 森松俊夫編『参謀次長　沢田茂回想録』（芙蓉書房、一九八二年）四九頁、「三宅坂の思い出」。なおこの書に収録された史料には、①在職中の日記・手記・記録、②巣鴨拘置所内での記録、③出所後自宅で口述筆記した回想録、がある。「遺稿」は澤田の手で封印されたもので①に属し、「三宅坂の思い出」は公表を前提にしたもので③に属す（一二～一三頁、森松俊夫「解題」）。
11 森茂樹氏は、「好機便乗というのは陸軍の一部が一時期となえた方針ではあっても、これが政府全体に共有されたかどうかは疑わしい」としている（森茂樹「第二次日蘭会商をめぐる松岡外相と外務省」『歴史学研究』七六六、二〇〇二年、一五頁）。
12 前掲『石原莞爾資料』三八頁、「戦争史大観」（二九年七月）。

13 同右四六～四七頁、「講話要領」（三〇年三月）。
14 北満への進攻については、前掲種稲「満洲事変におけるハルビン進攻過程」による。
15 加藤陽子『戦争の日本近現代史』（講談社、二〇〇二年）二四六～二四九頁。
16 前掲『詳説　日本史』三一六～三一七頁。
17 江口圭一『十五年戦争の開幕』（小学館、一九八二年）、八四～八五頁。
18 同右八五頁。
19 同右八七～九〇頁。一連の江口氏の先行研究については、中田崇氏他のご教示による。
20 『鈴木貞一氏談話速記録』下（日本近代史料研究会、一九七四年）四〇〇頁。
21 同右三六〇頁。
22 前掲『西浦進氏談話速記録』上、一六九頁。
23 前掲種稲「満洲事変におけるハルビン進攻過程」三四頁。
24 前掲戦史叢書『大本営陸軍部』一、四〇〇頁。なお、山田朗氏は別史料からさらに詳細なデータを提示しているが、朝鮮軍をも関東軍に含めてしまった誤記を修正すれば、本表とおおむね有意差はない（前掲山田『軍備拡張の近代史』一六〇頁）。
25 たとえば、前掲山田『軍備拡張の近代史』一五五頁。
26 西原征夫『全記録ハルビン特務機関』（毎日新聞社、一九八〇年）四六頁。旧特務機関関係者の団体（北斗会）の協力を得て記録したが、「機微な問題をはらむ」として、旧上司の指示により一時発表を控えたとされている（同書二九〇頁）。
27 前掲戦史叢書『大本営陸軍部』一、四〇〇頁。
28 中西治「関東軍と日ソ対決」三宅正樹ほか編『大陸侵攻と戦時体制』（第一法規出版、一九八三年）一三〇～一三一頁。
29 同右一三二頁。
30 同右一三九～一四〇頁。
31 同右一五〇頁。
32 同右一五五頁。
33 加藤陽子『それでも、日本人は「戦争」を選んだ』（朝日出版社、二〇一〇年）三一八～三一九頁。
34 外務省編『日本外交年表竝主要文書』下（原書房、一九六六年）四〇五～四〇七頁、三八年十一月三十日御前会議決定「日支新関係調整方針」。前掲佐藤『弱きが故の戦い』一四〇～一四一頁。前掲『西浦進氏談話速記録』上、二〇三～二〇四頁。
35 前掲『日本外交年表竝主要文書』下、四〇五～四〇七頁、三八年十一月三十日御前会議決定「日支新関係調整方針」。および前掲『西浦進氏談話速記録』上、一四一頁。
36 加藤陽子『満州事変から日中戦争へ』（岩波書店、二〇〇七年）一八〇〜一八五頁。
37 前掲山田『軍備拡張の近代史』一五九頁。
38 同右一五八頁。
39 同右一六四〜一六五頁。
40 同右一五八〜一七一頁。
41 同右一〇七〜一一一頁。
42 同右一五七〜一五八頁。
43 同右一六二頁。
44 同右一六一頁。
45 同右一六三頁。
46 陸軍省『昭和八年版　帝国及列国の陸軍』（陸軍省、一九三三年）八頁。
47 陸軍省『昭和十年版　帝国及列国の陸軍』（陸軍省、一九三五年）六頁。
48 陸軍省『昭和十四年度版　帝国及列国の陸軍』（陸軍省、一九三九年）三一頁。
49 同右三一〜三二頁。
50 同右三二〜三三頁。
51 同右三四頁。
52 同右二六頁。
53 前掲戦史叢書『大本営陸軍部』一、一五九頁。
54 同右一七六頁。
55 同右一六一頁。
56 同右三九五頁。
57 松村知勝『関東軍参謀副長の手記』（芙蓉書房、一九七七年）四五〜四六頁。
58 戸部良一「陸軍と次期大戦」『国際政治』九一（一九八九年）七一頁。
59 先行研究の多くは、国策決定のイニシアチブを握っていたのはいわゆる中堅層であるとの前提に立っている（たとえば前掲波多野『幕僚たちの真珠湾』。前掲麻田『両大戦間の日米関係』。前掲森山『日米開戦の政治過程』）。筆者は、中堅層の記録は、全般状況を知り得る立場にない者が限られた情報をもとにしている（前掲『機密戦争日誌』上、xiii 頁「解題」）との見解に立ちこれを扱う。
60 米国戦略爆撃調査団、大井篤ほか訳『証言記録　太平洋戦争史』第一巻（日本出版協同、一九五四年）九九頁。
61 古屋哲夫『日露戦争』（中央公論社、一九六六年）一六〇～一六四頁。
62 同右二〇八頁。
63 前掲戦史叢書『大本営陸軍部』一、一七九～一八二頁。
64 軍機保護法施行規則第一条。法の解説については、日高巳雄『軍機保護法』（羽田書店、一九三七年）一三〇頁、一六六～一七二頁による。
65 戸部良一「陸軍の日独同盟論」『軍事史学』一〇二（一九九〇年）二六頁。前掲戦史叢書『大本営陸軍部』一、三七〇～三七一頁。
66 福留繁『史観真珠湾攻撃』（自由アジア社、一九五五年）七〇頁。
67 前掲戦史叢書『大本営陸軍部』一、二四五頁。前掲戸部「陸軍と次期大戦」七一頁。
68 同右三八八頁。
69 前掲戸部「陸軍と次期大戦」七一頁。
70 前掲戦史叢書『大本営陸軍部』一、三八八頁。
71 前掲『石原莞爾資料』一八三～一八四頁「国防国策大綱」。
72 金谷治訳注『孫子』（岩波書店、二〇〇〇年）四四～四五頁、「百戦百勝は善の善なる者に非ざるなり。戦わずして人の兵を屈するは善の善なる者なり」。
73 海軍の北守南進政策については、相澤淳『海軍の選択』（中央公論新社、二〇〇二年）一八八～二一一頁に依る。
74 前掲『日本外交年表竝主要文書』下、三四四頁、「国策の基準」。
75 前掲戦史叢書『大本営陸軍部』一、四〇一頁。
76 前掲中原『大東亜補給戦』二九頁。
77 同右五三～五四頁。
78 前掲戸部「陸軍と次期大戦」七二頁。
79 前掲戸部「陸軍の日独同盟論」二七頁。
80 前掲『日本外交年表竝主要文書』下、三五二～三五三頁、「共産インターナショナルに対する日独協定」。

81　同右三五一頁「日独防共協定枢密院に於ける有田外相説明」。
82　同右三五三～三五四頁、「共産インターナショナルに対する協定の秘密付属協定」。

Ⅱ　日中戦争の勃発から欧州新局面の到来まで

1．日中戦争の勃発と軍備充実計画の修正

日中戦争の勃発とソ連の援蔣行為の開始

三七年七月七日の盧溝橋事件を機に起きた華北（北支）での局地紛争は、八月上旬華中（中支）に飛び火した。第二次上海事変である。このとき中国の大軍と交戦した現地駐屯の海軍陸戦隊が苦境に陥り、海軍の要請で、陸軍は大部隊を華中に派遣した。これをもって、全面戦争への発展とみるのが通説になっている。

ソ連は、八月下旬、中国とのあいだに中ソ不可侵条約を締結し、さらに三七〜三九年の間、借款と、飛行機、戦車、砲、銃弾薬などの軍需物資を供与した。その際約一〇〇〇機の飛行機とともに、義勇兵として操縦士を派遣し、日本軍と空中戦を交した。派遣したソ連軍人のうち、二〇〇〇人以上が戦死したとされている*1。ソ満国境に配備した圧倒的な兵力をバックにして、ソ連は、「援助」という形で日中戦争に介入してきたのである。

日本で「援蔣行為」と呼ばれた第三国の対中国援助は、当初はもっぱらソ連のみであったが、やがて事変の長期化につれ、中国に権益を持つ英米も加わった。

繰り返し試みられた対中和平工作

当時は支那事変と呼ばれた日中戦争は、特異な戦争であった。その一つとして、宣戦布告がなされなかったことがある。「事変」と呼んだのは、そのためであった。米国政府の外交文書でも＊2、「China conflict」、「China incident」などと呼ばれていた。

もう一つ特異なことは、戦闘行為がつづいた八年間のあいだ、戦局を優位に進めた側の日本から和平工作が提起され、中国側に働きかけを繰り返したことである。

主なものを、松崎昭一氏の研究に沿って時系列で列挙すると、

①三七年七月　石原作戦部長発案の近衛首相又は廣田外相の南京訪問案と近衛首相による宮崎龍介派遣。
②三七年七月　外務省、陸軍省、海軍省合同による船津振一郎工作。
③三七年十一月　多田駿参謀次長、石原作戦部長主導によるトラウトマン工作。
④三八年六月　宇垣外相主導による孔祥熙工作。
⑤三八年十月　参謀本部などの主導により国民政府ナンバー2の汪兆銘政権樹立にいたった梅工作。
⑥四〇年二月　参謀本部主導による桐工作。
⑦四〇年十月　松岡外相主導による銭永銘工作。
⑧四五年二月　小磯國昭首相、緒方竹虎情報局総裁主導による繆斌工作。
⑨四五年四月　支那派遣軍主導による何柱国工作。

など、十数回にも及ぶ多数の和平工作が実施された＊3。

このように、陸軍、とりわけ勝敗の結果責任を一身に背負った参謀本部のなかに、中国と停戦したいとの念願は途切れることなく続き、それが、元老西園寺公望の政治秘書原田熊雄の耳にもしばしば入った。そのことは、原田が口述した「原田日記」と呼ばれる史料に記載され、西園寺にも報告されている。

三七年十二月二十七日口述　「参謀本部は一時も早く戦争をやめたいので、『ドイツを仲介にして支那側の希望を判明させたい』と言って非常に焦ってゐる」。

三八年一月十九日口述　「参謀本部は、一時も早く支那との間の戦争を中止し、ソヴィエトに対する用意をしたい、といふことを非常に希望し、また心配してゐるのであって、参謀次長〔多田駿〕の如きは、〔中略〕今まで決まったことを根本から覆して、蔣介石を相手にして平和に局を結びたいといふ様子であった」。

三八年二月二十一日口述　「もしソヴィエトが出て来た時には一たまりもなくやられるといふことを、参謀本部が心配してゐた」。

三八年九月七日口述　「参謀本部から軍令部に向って、『なるべく速く和平に局を結びたいと思ふが軍令部はどうだ』と言って同意を求めて来た。これはなるべく速くといふよりも、寧ろ即時戦争を中止する、即ち即時和平工作といふことである」。

三九年六月十五日口述　「参謀本部に〔汪兆銘と交渉するよりも〕蔣介石と直接交渉した方がよい、といふ一派がある」。

四〇年三月五日口述　「『陸軍は汪兆銘の政権を樹立しようと思ったけれども、なかなか難しい。どうにかして早く戦をやめたい』と非常に悲鳴を上げてゐる。陸軍大臣〔畑俊六〕は、口では強いことを言ってゐるけれども、とてもやりきれないから何らかの方法で戦をやめたい、と思ってゐるやうだ」＊4。

これらの記録から、陸軍の首脳部がソ満国境での危機を深刻に考えており、ソ満国境の兵力比の問題を解決するにあたり、日中戦争の勃発と拡大が大きな障害になっていると認識していたことが読み取れる。そして、満洲事変がかえって対ソ関係に危機をもたらしたことや、日中戦争が、満洲事変のもたらしたほころびを修復するのに障害となっていることなど、これらの内情は、部外にはやたらにオープンできるものではなかった。したがって、部外に、和平工作の緊急性と重要性がどの程度理解され、協力がどの程度得られたかは疑問であった。

もう一つこの記録から読み取れることがある。陸軍のなかで対中和平工作にもっとも熱心だった部署は、参謀本部であった。ところが、対中和平工作が必ずしも陸軍全体の賛成を得ていたわけではなかった。陸軍部内の意見は分裂し、それがそのまま外部に露呈した。これは、この当時の日本陸軍が組織として意思統一が十分にできておらず、言い換えると、組織として意思決定するシステムが十分には整備されていなかったからであろう。そのために、陸軍部内の意見が分裂したまま外部との折衝にあたったり、あるいは分裂したまま執行過程に移行したりした。このことが、陸軍としての政治力を弱化させたことであろう。

日中戦争は、日本陸軍にとってソ満国境が「最悪の危機」にあるときに偶発した盧溝橋事件を契機にして起き、局地紛争から全面戦争に発展していった。陸軍がこの戦争にどのような意図をもって、どのように対処したのか、その答えの一つが、繰り返し、しかしバラバラに試みられた対中和平工作だったのである。

「対ソ処理」と「次期大戦」

それでは、北辺の脅威の解消のためおこなう最終的な「対ソ処理」について、陸軍がいかに考え、いかなる構想を練っていたかに話を移す。戸部氏によれば、陸軍の政策文書に「次期大戦」の語句が出てくるのは、日中戦争の長期化が明確になった頃だという＊5。ここで「次期大戦」とあるのは、このあと欧州で始まるであろうとされた次の世界大戦のことを意味している。

ところで当時の日本の対ソ兵力は劣勢で、作戦をどのように工夫しても対ソ戦の勝利は覚束なかった。また、「たとえ軍備充実計画が完成しても、それで対ソ優位を確立するわけではなく、単にあまりにも甚だしかった対ソ劣勢を軽減するだけで、対ソ戦勝利の条件としては十分とはなりえなかった。それゆえ対ソ処理を実施するとすれば、極東でのソ連の力を減少させ制約する状況と機会の発生が望ましかった」。それが、次期大戦の発生だったのである*6。そして好機としてそれを捕捉するためには、次期大戦の発生は軍備の充実が完成した後であらねばならず、「過早の対ソ戦を防止」する必要があった。そこで、日独伊が提携を強化すれば、英仏ソは枢軸陣営への挑戦を断念するだろうから、世界戦争への発生は枢軸側によってコントロールできると考えた。そのために、従来からのソ満国境の兵力比の劣勢を外交的に補完することに加え、本格的なドイツとの軍事同盟、すなわち防共協定の強化が必要不可欠と考えたのである*7。ちなみに軍事同盟であるべきものを、あえて「防共協定強化」と称したのかは、「日本国内で、三国の軍事同盟という表現が呼びおこす反発をやわらげるために、来たるべき日独伊三国間の協定と、従来の日独伊防共協定との連続性を強調しようとして」採用されたという*8。

防共協定強化問題の難航

複雑な経緯をたどった防共協定の強化問題については、さまざまな観点から研究が行われている。本稿では陸軍が防共協定の強化を企図したにもかかわらず、それが挫折した過程について、対ソ処理の観点から触れることにする。

三宅正樹氏によれば、「防共協定強化問題と称せられた日独伊三国軍事同盟への始動は、〔中略〕三七年後半、日本軍部によって開始されたと見るのが妥当」だという*9。当時ドイツは、スデーテン問題で英仏との戦争を予期していたから、同盟の対象をソ連のみに留めず、さらに英仏をも対象とすることを希望した。そこで陸軍は、ドイツの希望を呑んで一刻も早く同盟を締結するように主張した。だが、これに対して、元老西園寺公望をはじめ、重臣と呼ばれる宮廷と関係の深い有力者の多数、ならびに海軍や外務省の首脳部は同盟の対象をソ連に限ることを主張し、英仏をも敵に回すべきでないとして譲らなかった*10。そして、この問題をめぐって五相会議は七〇回に及ぶ会議を開いても決定できず、小田原評定を続けたことはよく知られている*11。

このことは、陸軍が、いかにドイツとの軍事同盟にこだわったか、言い換えると、いかにソ連の脅威に脅えていたかを示している。しかし、陸軍の主張は理解を得られなかった。陸軍が、どこまでソ満国境の状況を開示して部外の理解を得ようとしたのか不詳である。通説では、日独同盟を結びたいとの陸軍の「横車」に、海軍の米内光政・山本五十六・井上成美の「海軍良識派」がこれに抵抗したとされているが、いずれにせよこの防共協定強化問題の難航で、陸軍のもつ政治力の大きさとその限界がみえてきたといえる。

孤立した陸軍

この頃の政府は、必ずしも陸軍に協力的とはいえない内閣が続いていた。海軍出身の米内内閣は非陸軍色でよく知られているが、その前の陸軍出身の阿部信行内閣についても、「ここに記述し得ざる最高の御意志により内閣に自由の制限せられあるを知り戦時最高政策の指導が大なる困難に逢着するにあらざるやを憂えたり」、と澤田参謀次長がなげくほどであった*12。「最高の御意志」とは、昭和天皇の意思（思召）であろう。

西園寺の秘書原田が内府の湯浅倉平から聞いた話では、天皇の考えは「阿部を総理として、適当な陸軍大臣を出して、陸軍の粛清をしなければ」ということであるので、「外には言へないけれども、内大臣〔内府〕はこの点を主にして〔次の首相の人選を〕考へてをった」ということであった*13。

首相にとどまらず陸相の人選についても、「総理の親任〔式〕の時に、陛下は陸軍のよくないことをつくづく慨嘆された後で、『新聞に伝へるやうな者を大臣に持って来ても、自分は承諾する意思はない』と仰せられ、極めて厳粛な御態度で、『どうしても梅津か畑を大臣にするやうにしろ。たとえ陸軍の三長官が議を決して自分の所に持って来ても、自分にはこれを許す意思はない。〔中略〕』と仰せられた」という。これは、原田が内府から聞いて西園寺に報告した話である*14。

天皇や宮中グループは、陸軍には冷たかった。陸相を誰にするかは陸軍三長官会議の推薦によって決める、というのが従来の慣例になっていた。天皇はそれを無視し、大権を発動した。多元化した政治システムのもとでもっとも政治力があるとされた陸軍が、自分たちのトップを自分たちで選ぶことができなかった。トップ人事は、官僚制組織では重大事であり、かつ関心事であった。それが、部外からの介入を受け容れざるを得ない立場に置かれていた。敗戦後であるが佐藤賢了は、陸上自衛隊幹部学校での内輪の講演で次のように述べている。

戦後世間では軍閥が、天皇を担ぎ、天皇を利用して勝手な〔ま〕ねをしたというが、それは全く皮相の観察であるばかりでなく、為にせんとするいい分である。むしろ軍部は、端的にいうなら、天皇にどれだけ押えられたかわからない。〔中略〕杉山さんも、天皇にいかにして御裁可を得るかにその大部の精力を使ったといっても過言ではない。天皇の御前へ出たら、ゴマカシや、無理押しは全く出来ない。筋の通らぬことは内奏も上奏も出来ないし、してもお許しがないが、特に却下されなくても、御気色必ず曇る。それを押してしまえる横着者は日本では到底ありえないのである*15。

天皇まで向こうにまわした陸軍は、政府内で孤立していた。ちなみにこのとき、三長官会議で陸相候補に挙げられたのは多田駿であった*16。多田は、参謀次長のとき（三七年八月～三八年十二月）対中和平に熱心だった。多田が陸相になっていれば（すなわち天皇が陸相人事に首を突っ込まなければ）、対中和平は、また、別の展開があったかも知れない。陸軍が天皇の信任を回復するのは、東條英機陸相の登場と、彼による北部仏印進駐の際の信賞必罰人事まで待たねばならなかった*17。それまでのあいだ、政府内政治における陸軍の苦闘が続くのである。

修正を余儀なくされた軍備充実計画

このようにして当初は「北支事変」と呼ばれた局地紛争が、「支那事変」と呼ばれた全面戦争に拡大していく過程で、前年十一月に決定をみたばかりの対ソ軍備充実計画は重大な事態に直面した。すなわち、軍備充実計画と「支那事変処理」とは人員・資材・予算（ヒト・モノ・カネ）において競合し、陸軍が日中戦争を遂行する以上、軍備充実計画に修正を加えざるを得なくなったからである。この修正を加えた計画は、「修正軍備充実計画」として三九年十二月に上奏裁可を得て、四〇年度よりスタートすることになっていた＊18。

ところがこの修正計画が完成しても、それによって整備されるのは、必要とされる対ソ兵力の七割に満たなかった。しかも陸軍省の計算によれば、この修正計画を達成するには約三十五万の兵力を中国本土（長城以南）から引き揚げる必要があり＊19、撤兵を計画しても、執行過程での困難が予想された。当時の参謀次長澤田茂は、時期は後にずれるが次のような記録を残している。

〔四〇年〕五月十八日　陸軍部会議を開き　在支兵力整理の大方針並びに本年度事変解決せざるに於ては　本年末を以て情勢の如何にかかわらず持久戦態勢に移す等を決定せり　この兵力整理及び持久戦問題は　在支諸軍の士気に及ぼす影響の多大なるに鑑み　絶対機密扱いをなすこととせり＊20

計画した「在支兵力」の整理が既成事実に引きずられ、執行に移せなかったことはいうまでもない（後述、「下僚政治にあやつられた修正軍備充実計画」）。かくして、この修正軍備充実計画もまた破綻した。

日中戦争の勃発とその全面戦争化・長期化によって、またしても陸軍の目論見（対ソ軍備充実）は外れた。対外的に顕示した華北（北支）、上海・南京地区、武漢三鎮、廣東地区と、相次ぐ中国戦線での華々しい戦果の陰に、同時にソ連・中国の二ヶ国を相手にした陸軍は、それぞれに中途半端な対応しかできず、お手上げ状態になっていた。満洲事変の推進者でのちに参謀本部作戦部長に就任した石原が、盧溝橋事件後、日中戦争の拡大化（全面戦争化）に抵抗したのは、こうしたことを予想していたからであろう。

ところが、修正軍備充実計画が破綻する前に、思いがけない事態が起こった。それは、軍備充実計画の存在意義を無にしただけでなく、もともとの石原構想である「国防国策大綱」を無にするものであった。それが、独ソ不可侵条約の成立である。

独ソ不可侵条約の成立と窮地に陥った陸軍

日本国内で防共協定強化問題が難航するなか、三九年八月の独ソ不可侵条約締結と九月の独軍のポーランド侵入にともなう英仏の対独宣戦布告、すなわち第二次世界大戦の勃発とは、日本陸軍に衝撃を与えた。

ドイツがソ連との提携関係に入ったため、ドイツとの対ソ同盟締結の可能性はなくなり、防共協定強化（日独軍事同盟）の企図は破綻した。防共協定の「秘密付属協定」の形をとって、「締約国ハ本協定ノ存続中相互ノ同意ナクシテ『ソヴィエト』社会主義共和国連邦トノ間ニ本協定ノ精神ト両立セサルモ一切ノ政治的条約ヲ締結スルコトナカルヘシ」と取り交わした約定が、ドイツによって破られたのである。

ドイツの立場からすれば、三国同盟は、ソ連を対象とする防共協定の強化としてではなく、英仏を対象とする全く新たな軍事同盟として考えられていた。日独伊軍事同盟に寄せたドイツの期待は、英仏に対する牽制と威嚇であった。このドイツの欲した条約が、ヒトラーの望んだ期間中には具体化しないことが明らかになったことが、ドイツをソ連との不可侵条約に奔らせたゆえんであった*[21]。

ドイツがソ連と組んだ結果、日本が東側からソ連を牽制するかわりに、ドイツも西側からソ連を牽制するとの約定の基礎は消滅し、当面、ドイツとの対ソ軍事同盟成立の可能性はなくなった。それだけではない。次期大戦も、陸軍の目論見より前に、すなわち対ソ軍備充実計画が完成はおろかスタートする前に、始まってしまったのである*[22]。すなわち、

①修正軍備充実計画の完成、
②ドイツとの対ソ軍事同盟の成立、

③次期大戦の到来、

この三つの合わせ技で、北方処理（北方問題の解決）をおこなう予定であった陸軍の目論見は、根底から覆ってしまった。あろうことかこのとき日本陸軍は、ノモンハンでの局地紛争で、ソ連軍を相手に苦戦中であった。これら陸軍の目論見の外れは、もはや修復はきかないものと思われ、事態は絶望的となった。さらに悪いことに、苦境に陥った陸軍は当時政府内において孤立し、既述のように天皇や宮中グループからも冷たくあしらわれていた。下僚たちの目にも、「陸軍はシュンとしてしまった」ようにみえた＊23。

2．欧州新局面の到来と陸軍の戦略大転換

欧州新局面の到来と第二次近衛内閣の成立

ところが一年も経たないうちに局面は激変した。翌年の四〇年五月、突如西部戦線（マジノ線）を突破したドイツ軍は破竹の勢いで進撃、同月オランダ政府は英国に亡命、同月末英軍はダンケルクから撤退を開始し、翌六月にはフランス政府が降伏する事態となった。この結果日本の南方に――それは米英仏蘭の植民地から構成されていた――力の真空地帯が生まれたのである。苦境に陥っていた陸軍にとって、それは、まばゆいばかりの好機の到来に見えたであろう。

元気を回復した陸軍は、伝家の宝刀を抜いた。軍部大臣現役武官制を活用し陸相を辞任させ後継陸相を推薦せず、陸軍に非協力的な米内内閣を倒したうえで、陸軍の意に沿うとみられた近衛文麿に大命が降下するよう工作したことはよく知られている。そして七月、第二次近衛内閣が成立し、同月、新国策「世界情勢ノ推移ニ伴フ時局処理要綱」（以下、「時局処理要綱」）が決定された。この原案を作成し決定に導いたのは陸軍であり＊24、その背景には、陸軍の対外戦略の大転換があったのである。

以下、陸軍の戦略の大転換について、北方〔対ソ〕、南方、対中〔対支〕の三戦面の順に説明する。

陸軍の戦略大転換——対ソ戦略の転換

対北方戦面では、当時の陸軍は「どのような作戦をとろうとも成功は覚束なく、それゆえ対ソ作戦計画の検討は実質的に断念」せざるをえない状態に置かれていた*25。澤田が残した記録には「防共」の文字は禁句だとして、その理由に、

今や国際情勢の転換に鑑み　統帥部は対ソ国交調整を以て最重要事となし　建川〔美次〕大使の派遣等のことあり*26

とある。参謀本部首脳は対ソ戦略を、従来の「対立」から、「国交調整」へと転換したのである*27。戦略転換の結果は、海軍年来の「北守南進」政策とおおむね整合し、海軍に受け容れられた。相澤淳氏によれば、北守南進政策をとる海軍は、戦間期において、「対ソ提携論を展開するほどの親ソ派集団としても存在」していたという*28。陸軍の戦略転換は、結果として、海軍の既存の戦略との一致をもたらした。そして、海軍も含め、「従来ノ対ソ折衝ノ観念ヲ一掃シ北方安定ノタメ放胆ナル施策」をとることで一致した*29。

この陸軍の対ソ戦略転換は、南方に真空地帯が生じた時点からではなく、その前の、独ソ不可侵条約締結のころから兆しがあったように思われる。というのは、予備役陸軍大将宇垣一成が、独ソ不可侵条約締結の知らせを聞いて、日記に、次のように記しているからである。すなわち、「日米通商〔条約〕の廃棄、〔天津英国租界封鎖問題解決のための〕日英東京会談の不調、独蘇の握手等日本の国際関係は茲に御破算」になったとして*30、米英と親善関係を増進しソ連を牽制しようとした試み〔「帝国外交方針」〕は破綻しつつあるとの認識のもとに、

日蘇間にも五年乃至十年間の不可侵条約を締結すること。而して必要あらば独をして仲介せしむるも可也。日、蘇、独、伊、の連衡によりて支那の始末を行ひ、同時に大にアングルサクソンを後退せしむること＊31。

と日独伊ソの四国連合構想を提唱している。宇垣は当時の陸軍中央とは必ずしも良好な関係にはなかったが、いまなお陸軍部内に人脈があったと思われる。

政府レベルでも第二次近衛内閣は、外相に松岡洋右を登用した。そのうえで「独伊トノ政治的結束ヲ強化シ対蘇国交ノ飛躍的調整ヲ図ル」ために＊32、①ソ連を枢軸陣営に組みいれ日独伊ソ四国連合を結成することを前提に、まず日独伊三国同盟の締結に踏み切り＊33、②駐ソ大使として外務官僚の東郷茂徳を更迭し後任に陸軍出身の建川美次を充て、③赴任した建川を通じて即座に日ソ不可侵条約をソ連側に提議したのである。

陸軍の戦略大転換――南進論の抬頭

澤田の残した記録によれば、陸軍部内ではそれまで「可成り低調」であった南進論が、五月末の欧州でのドイツ軍の成功をみて抬頭してきたという。この南進論では、来るべきドイツ軍の英本土上陸までには「対南方方略を決定し、所要の準備」をする、となっていた＊34。それは、二正面作戦を避けるという考えのもとに、国交調整により北辺の安寧を保つという対ソ戦略と関連していた。それと同時に、後述のような対中戦略とも関連していたのである。

南進論はこれまで、主として海軍のほかに、外務省革新派のあいだで提唱されていたが＊35、ここにきて、陸軍部内でも論議されるようになった。先行研究ではあまり注目されていないが、国内最大の政治勢力である陸軍が、それまで無関心で過ごして来た南進論に目を向けたことは、日本にとって、歴史の大きな曲がり角になった。

陸軍の戦略大転換――対中戦略の転換

澤田の残した記録の引用をつづける。

当時に於ては　支那事変を速やかに単独に処理し　欧州戦乱に不介入という思想　陸海を通じ極めて濃厚なり〔中略〕予は　支那事変は欧州戦争と其の運命を共にすべく　〔中略〕為し得れば南方作戦を敢行することが支那事変を有利に解決する途にあらずやと思う旨を〔阿南惟幾陸軍次官に〕述べしも　大なる共鳴を得ず*36

参謀本部首脳としては、欧州戦争には不介入とし支那事変（日中戦争）は単独処理するという戦略から、事変を欧州戦争と関連させて、別の言い方をすれば南進政策と関連させて処理する戦略に転換したのである。

すなわち、蔣介石政権の対日抗戦意思の継続は諸外国（欧米）からの援蔣行為によるところが大きいとして、四〇年七月、英国と交渉しビルマルートを閉鎖させ、九月には北部仏印進駐を強行し仏印ルートを閉鎖する一方で、十一月、「支那事変処理要綱」を定め、「日華基本条約」を締結して蔣介石とたもとをわかって重慶を脱出した汪兆銘政権を蔣政権に代わる中華民国政府として承認し、対中持久戦態勢の確立をはかったのである。

好機を捕捉し南方へ

このようにしてできあがった「時局処理要綱」とその後の展開を、先行研究では、「好機南方武力行使」という方針以外、具体性は皆無だとしている。そして「好機南方武力行使」については、立案に参画した政治勢力の意思が統一されておらず同床異夢の決定であり、かつ、具体策の決定を先送りしたものだ（「非決定」という語句を使用）としている*37。しかしそれは、それまでバラバラの方向を志向していた陸海外のあいだでの戦略を一致させて、国家全体の向かう方向を一つの方向に集中させたものであるだけに、経過的にみてそのようなところがあっても不思議はなく、自然な成り行きと見るべきである。

そのうえ、海軍や外務省はいざ知らず、参謀本部首脳の方針は明確であった。以下は四〇年七月、陸海軍統帥部首脳が、「時局処理要綱」を昭和天皇に上奏したときの、天皇（上）と澤田参謀次長（奏）とのやりとりの記録である。

上　本案ヲ見ルト多少ノ危険ハアルモ目下南方問題解決ノ好機ナル故之ヲ敢行セント欲スル如ク考フルカ如何

〔中略〕

上　好機トハ如何

奏　例ヘハ独逸ノ対英攻撃成功ノ場合ノ如キハ其一例テ御座リマス

上　ソノ場合ニ米国カ英国援助ニ出ツルノテハナイカ

奏　ソノ場合米国カ戦力ヲ持チマシテ英国援助ニ出テ来マスカ或ハ単ニ消極的ニ米州ノ防衛ニ専念致シマスルカハ其ノ時ニナリマセヌト判明シ兼ネマス

上　色々聞イタカ要スルニ多少ノ危険ハアルモ此ノ好機ニ於テ南方問題ヲ解決する決心と解シテ可ナリヤ

奏　左様ニ御座リマス*38

「好機捕捉」というのは、既述のように陸軍のみならず政府も含めた、弱者たる日本の伝統的政策達成手段であった。そして決定した「時局処理要綱」の根幹となるところは、好機を捕捉し南方問題を解決する、好機とはドイツ軍が英本土攻撃に成功した時である、という認識を、天皇と澤田は、海軍の統帥部も居る席で確認し合っているのである。

「時局処理要綱」策定の意義

かかる手続きを経て、陸軍からみれば、「国防国策大綱」以来の構想である対ソ→対英→対米という「処理」の順序を、対ソに替えて対英を最初にもってきて、対米を、対英と一緒にするかどうかそのときになってみないとわからないとし、他方最初に処理する予定だった対ソは最後に回したのである。国内最大の政治勢力であった陸軍としての、画期的な戦略転換であった。そしてこのあとの歴史の展開は、この通りになった。マクロに見れば、太平洋戦争開戦へ向けての舵は、このとき切られたといえる。

決定した「時局処理要綱」に基き計画・執行した具体的事項について、各政治勢力別にみると、まず陸軍は、従来は全くといってよいほど南方に関心が薄く、対ソ・対中問題に取り組んでいただけであったが、今回、「時局処理要綱」の決定を受け北部仏印進駐を強行し、陸軍内部に多少の混乱があったものの、南進への第一歩を踏み出した＊39。海軍も本格的な対米戦備促進（出師準備第一着）に着手し＊40、政府も、ソ連を取り込むことを前提にした日独伊三国同盟政策に転換した＊41。このように陸軍の戦略の大転換が海軍や外務省のなかで志向されていたものと整合し得たことにより、陸海外のあいだでの政戦両略の一致を見て国家全体の向かう方向が定まり、具体的動きに波及していった。これが、四〇年七月二十二日の連絡懇談会（以下、連絡会議）で決定した、新国策の「時局処理要綱」であった。森山氏の太平洋戦争開戦過程に関する研究の結論は、「最終的な政治勢力の合意形成はハル・ノートまで持ち越されていたことを明らかにした」となっている。これは事実でなく、改竄された歴史であることは第一部で実証した。それでは、対英米戦争に関する合意はいつ形成されたのであろうか。

「戦略」という言葉を、どこで戦うかを定めることだと定義すれば、多元化した政治勢力である陸海外の戦略の「合意形成」は、マクロに見れば、開戦一年半前の四〇年七月の「時局処理要綱」においてできあがったといえる。どこで戦うかといえば、南方で戦う、であった。ただし、いつ、どの程度の規模で、どの国を相手にして、という詳細は、まだ十分には煮詰まっていなかった。いいかえれば、その部分の決定は先送りにされた。先送りしたものの、いつ決行するかについては、好機が到来したときと決めた。これは森山氏のいう「非決定」であるが、どこで（どの国と）戦うかという戦略としてはマクロに見れば「両論併記」ではなかった。すなわち、対ソ戦略についての目論見が次々と破綻し、窮地におちいった陸軍が、欧州新局面の到来を好機とみて思い切って戦略を転換した結果が、海軍や外務省の戦略に歩み寄る形になって、日露戦争後はじめて、近代日本の歴史において政戦両略の一致を見た画期的な出来事となったのである。

作戦部長の田中は、この頃のことを、次のように回想している。

> 筆者〔田中〕は昭和十四年〔三九年〕二月から十五年八月まで駐蒙軍参謀長に在勤し、次で十五年十月から参謀本部第一部長の職を奉ずることになったが、参謀本部に入って見て、極端に驚かされたことは、統帥部の全体を通じて南方に方向を転換し、今や支那事変の直接解決を殆んど絶望視している実情であった。筆者が軍事課長時代〔自昭和十二年三月至十四年二月〕には、南方に戦線が拡大延長することが、陸軍省部首脳によって極度に警戒せられたのであったが、爾后一年半后の今日に於ては、省部を挙げ滔々として南方え南方え〔ママ〕と方向転換しつつある。正に驚くべき変化であった。勿論それは欧州に於ける英、仏、蘭の敗退、それから生ずる英、仏、蘭植民地の無主化的傾向に刺戟せられたものであり、又米英の対支補給援助の遮断を全うせんとする企図に出でたるものであることは疑われなかった＊42。

このあと、「時局処理要綱」で「南方で戦う」と決定した日本が、いつ、どの程度の規模で、どの国を相手にして、という詳細を確定して行った過程を、順序をおって述べて行くことにする。

澤田次長の更迭とその述懐

この政戦両略を一致させた画期的な「時局処理要綱」を決めたあと、参謀本部の実質的トップであった澤田は、この年の十二月に中国戦線に転出となった。そして二年後の四二年十一月、中将で予備役に編入され、敗戦後は、ドゥリットル空襲の飛行隊員捕虜処刑問題に連座し、戦犯として巣鴨で服役した。敗戦時の陸軍省人事局長だった額田坦は、巣鴨の獄中で一緒になった澤田を、「万事を諦観して一言の不平も洩さず、己れを忘れて唯旧部下の釈放のみを念願し努力」していたと回想している*43。その澤田は、自らの回想録を次の言葉で結んでいる。

参謀総長閑院宮殿下のご辞職に伴って、私もまた次長の地位を去ることとなり、結局、今まで北方ソ連に全力を向けておったわが陸軍を、南方シンガポール方面に方向転換することをきめただけで、後は東條陸相ならびに後任の塚田〔攻〕次長に、万事をゆだねることになったのであった。〔中略〕やはり日本の南方への方向転換が、なんとなしに日米戦争の機運を引き起こしたのではないかと思い、私としてその責任を免れないことを痛感する次第である*44。

澤田は、陸軍大学校では首席はおろか優等でもなかったが、一時期、中央の枢要な地位に就くことができた。そのなかで生き残った旧軍将官の記録としては、めずらしく、誠実に自らの戦争責任に言及している。澤田自身にその意図はなかったとしても、澤田が舵を切ったその先に、破局が待ち受けていたのは事実である。それだけに、自己否定を厭わなかった澤田の残した記録は、信頼が置けるものと判断した。これが、本稿の叙述に際しその多くを依拠したゆえんである。

1　前掲中西「関東軍と日ソ対決」一三五～一三七頁。
2　*F. R. U. S.*
3　松崎昭一「日中和平工作と軍部」三宅正樹ほか編『大陸侵攻と戦時体制』（第一法規出版、一九八三年）。
4　前掲『西園寺公と政局』第六巻、一九二頁、二〇六～二〇七頁、二二九頁、第七巻、九九頁、三八六頁、第八巻、一九一頁。

5　前掲戸部「陸軍と次期大戦」七五頁。
6　同右七七頁。
7　同右七八頁。前掲戸部「陸軍の日独同盟論」二九〜三〇頁。
8　前掲三宅『日独伊三国同盟の研究』一四三頁。
9　同右一四八頁。
10　前掲義井『昭和外交史』八八頁。
11　前掲戸部『外務省革新派』一五八頁。
12　前掲『沢田茂回想録』一四七頁「遺稿」。
13　前掲『西園寺公と政局』第八巻、六一頁、三九年九月一日口述分。
14　前掲『西園寺公と政局』第八巻、六二頁、三九年九月一日口述分。
15　前掲佐藤『言い残したこと』一六四〜一六五頁。
16　額田坦『陸軍省人事局長の回想』（芙蓉書房、一九七七年）九〇頁。
17　天皇の東條に対する気持ちは、回想録のなかの東條についての初出の記事から読み取れる。「〔東條は〕大命に反し北仏印進駐をした責任者を免職して英断を振った」（寺崎英成編著『昭和天皇独白録』、文芸春秋、一九九一年、六八頁）。
18　前掲『沢田茂回想録』一五四頁、「遺稿」（上奏日は前掲戦史叢書『大本営陸軍部』二、六頁）。ちなみに本稿にある対ソ軍備充実計画の内容ならびに後述の対支戦略構想は、陸軍省岩畔豪雄軍事課長が企画院首脳部に説明した「国防計画」と整合する（武部六蔵ほか『武部六蔵日記』、芙蓉書房出版、一九九九年、三七五〜三七七頁、三九年三月十九日付日記）。
19　前掲戸部「陸軍と次期大戦」八一頁。
20　前掲『沢田茂回想録』一六七頁「遺稿」。
21　前掲三宅『日独伊三国同盟の研究』一九二、一九六頁
22　前掲戸部「陸軍の日独同盟論」三三頁。
23　加登川幸太郎「関特演」『軍事史学』一二一（一九八五年）三頁。
24　服部卓四郎『大東亜戦争全史』第一巻（鱒書房、一九五三年）五七頁。この書は、戦史叢書の先駆的書である（前掲『西浦進』三二三〜三二八頁）。
25　前掲戸部「陸軍の日独同盟論」三四頁。
26　前掲『沢田茂回想録』一七一頁「遺稿」。

27 もっとも三宅氏は、一年前のノモンハンでの敗北も対ソ接近政策とは無関係ではないとしている（前掲三宅『日独伊三国同盟の研究』三三二頁）。
28 前掲相澤『海軍の選択』一九三〜一九七頁。
29 前掲『杉山メモ』一四頁、大本営陸海軍部「所要事項の説明」。
30 前掲『宇垣一成日記』三、一三五三頁、三九年八月二十六日付日記。
31 同右一三五四頁、三九年八月二十六日付日記。
32 前掲『杉山メモ』上、一一頁、七月二十二日大本営政府連絡会議決定「時局処理要綱」。
33 四国連合構想については、たとえば三宅正樹『スターリン、ヒトラーと日ソ独伊連合構想』（朝日新聞社、二〇〇七年）。
34 前掲『沢田茂回想録』一七三頁「遺稿」。
35 満洲事変後の外務省革新官僚の動きについては、たとえば前掲佐藤「革新派外務官僚の対米開戦指導」四八〜四九頁。
36 前掲『沢田茂回想録』一七二頁「遺稿」。
37 前掲森山『日米開戦の政治過程』一五〜一六頁。
38 前掲『沢田茂回想録』一一八頁「遺稿」。
39 同右一五頁、森松俊夫「解題」。前掲義井『昭和外交史』一一一〜一一二頁。
40 戦史叢書『大本営海軍部　大東亜戦争開戦経緯』二、（朝雲新聞社、一九七九年）一三九〜一四〇頁。前掲『杉山メモ』上、九三〜九四頁。「時局処理要綱」に関する海軍側の動きは、相澤氏の前掲『海軍の選択』二〇六〜二〇九頁に詳しい。そしてその叙述内容は、陸軍側から見た本稿の叙述と整合している。
41 前掲義井『昭和外交史』一二五〜一二六頁。
42 前掲田中「大東亜戦争への道程　三」一七五頁。
43 前掲額田『陸軍省人事局長の回想』四二七頁。
44 前掲『沢田茂回想録』一〇三〜一〇四頁「三宅坂の思い出」。

Ⅲ　独ソ開戦後の対ソ戦略

1．独ソ開戦に入る前に

太平洋戦争開戦過程における対ソ戦略の意義

四一年六月の独ソ開戦をうけて陸軍がおこなった「関特演」について、高等学校用歴史教科書は次のように教えている。

同年六月に、西ヨーロッパ一帯を制圧していたドイツは、突如独ソ戦争を開始した。七月、これに対応するためにひらかれた御前会議は、軍部の強い主張によって、対米英戦を覚悟のうえの南方進出と、情勢有利の場合のソ連攻撃とを決定した＊1。

さらに右記には、「ソ連攻撃とを決定した」というところに脚注がついており、次のような解説をしている。

このとき、陸軍は極東ソ連の占領計画をたて、約七十万人の兵力を満州に集結した。これは関東軍特種演習（関特演）とよばれたが、南進計画決定によって八月に中止された＊2。

教科書はこのように記述してあるが、太平洋戦争開戦過程研究の古典である『太平洋戦争への道』には、独ソ戦の推移は「必ずしも独軍の有利とならず戦局持久化の公算あり」として参謀本部首脳は陸軍省首脳に、「本年度は〔中略〕対ソ武力行使は行なわず」と通告したとし*3、波多野澄雄氏や森山優氏も同様に、参謀本部は来年春まで対ソ武力行使を保留し、そのために、「それまでに南方を片付けようという構想があった」としている*4。これらの学説は、八月に中止したわけではなく、雪の融ける来年春に延期したというもので、とりわけ後の二者は軸足を北方に置いた構想であったとし、教科書の記述とはニュアンスが異なっている。さらに波多野氏は、このことが「国策決定に時間の要素を持ち込んだ」と、後の対米開戦に関係する注目すべき指摘をおこなっている。いずれにせよその結末については、太平洋戦争開戦の陰に隠れて、いつのまにか消えてしまっている。

他方南方については、仏国と交渉して実施した南部仏印進駐が、米国による対日石油禁輸を招いた。その後の経過から見て、この南進政策が太平洋戦争開戦への「決定的なターニングポイントとなった」、と一般的には考えられている*5。

太平洋戦争開戦過程研究のなかでこの一連の出来事を扱った先行研究は、石油禁輸を招いた南進の選択肢に着目しその意思決定過程に軸足を置いて論じたものが大部分であり、北進の意思決定過程に軸足を置いて論じたものは、ほとんど見当たらない。しかしながら当時の最大の政治勢力は陸軍であり、陸軍こそ後に対米開戦に至る意思決定過程を主導したとされている*6。かかる政治力を持った陸軍によって主導されたとする北進の意思決定過程は、もっと検討されて然るべきである。あるいはそこに、太平洋戦争を開戦するにいたった誘因の一つが潜んでいるのかもしれない*7。

それではまず前置きとして、独ソ開戦に至るまでの日本の状況を、日本陸軍の観点に立っておさらいしておきたい。これを把握することなくして、対ソ戦略と「関特演」の歴史的意義を理解することはできない、と考えるからである。

その前に順序として、「時局処理要綱」を展開した参謀本部の新しい陣容や業務分担について、その一部に触れておく。

「時局処理要綱」を展開した参謀本部の新陣容

北部仏印進駐時の混乱の責任をとって、四〇年十月、参謀総長は閑院宮載仁から杉山元に、作戦部長（第一部長）は富永恭次から田中新一に、同年十一月、参謀次長は澤田から塚田攻に替わり、参謀本部の首脳陣は一新された＊8。この大異動を契機として、いわゆる下剋上（本稿では指揮命令系統の紊乱を下剋上と呼ぶ）の風潮は衰え、軍首脳部とくに陸相の統制力が強化されたとなっている＊9。

よく知られているように、作戦部長になった田中は好戦的でとかく専横行為があったとされており、他方総長の杉山は「便所の扉」といわれ、どちらから押しても開く「ダラ幹」とされている。そして田中の作戦部長登用は、陸相の東條英機が、澤田の反対を抑えておこなった人事だとされている＊10。

その田中について、当時陸軍中央に在籍していた田中の部下で、いわゆる「中堅層」と呼ばれた立場の人の敗戦後の回想録には次のようなものがある。

　田中中将は豪気勇猛の性格を有し、識能、実行力を兼備し、積極無類の武力政策思想を抱いていた。しかして田中中将自らその著書に言明している如く、いわゆる親独派で、かつては筆者のいう中枢幕僚群中の錚々であった。したがって有能な諸素質と共に、後述の陸軍指導中枢の欠陥的特性として筆者があえて掲げた諸件は自ら自覚することなく、全部顕著に具備していたと筆者は見ている。そのことが、田中新一部長の在任間の戦争ならびに作戦指導に顕著に現れたのである＊11。

田中に関するこういった類の記述は、回想録だけでなく、後に述べるが、一次史料である業務日誌にも出てくる。いずれも中堅層の記録したものである。

これらの史料の記述を反映したためか、先行研究には、当時の陸軍中央での田中の果たした役割を、過大視したものがある。たとえば、就任間もない頃の四〇年十一月一日付の田中の日誌には、

対支策

1）重慶政府ノ降伏ハ此際問題トセス　尠クトモ第二義的ニ考フコトトシ　全面的東亜ノ解決ニ依リ自然ニ其降伏ヲ予期シ得ヘキコト

2）、3）〔略〕＊12

とあり、十一月二十八日付の日誌には

〔対支戦面の〕局面転換トシテ考量セラルルハ

イ　更ニ武力ヲ総動員シテ支那ヲ徹底的ニ圧伏スルカ

ロ　一転シテ対支和平ヲ実現スルカ

ハ　南方政策ノ実施ニ依リ英米ノ積極政策ヲ封スルト共ニ徐ロニ支那屈服ヲ策ス＊13

と、記してある。この記事から澤田次長が提唱した対中戦略は、一日付の1）とか、二十八日付の「ハ」に、組織の財産として新体制に引継がれていることがわかる。

ところが或る先行研究は、日誌のこの記事をもって、田中を中心とする幕僚たちがこれらを新たに考案したとして

いる＊14。また別の先行研究は、近衛文麿が四〇年七月「再び首相の座につき」、九月に「三国同盟が締結され」たころ、「参謀本部のなかで作戦を担う部署のトップ、作戦部長の田中新一という人物などは、蔣介石が和平に応じないならば、持久戦となる日中戦争を戦い抜くための経済的基盤を、南方の資源獲得によって〔中略〕構築しようと考えていました」と、前者の先行研究と同趣旨の記述をしている＊15。ちなみに駐蒙軍参謀長であった田中新一が作戦部長に就任したのは三国同盟が締結されたあとの四〇年十月であって、後者の先行研究の記述には時期的な誤認もある。これらの先行研究には、それまで参謀本部の実質上のトップであった澤田次長とその関係者の築いた実績を見落とし、それを一段下の部長クラスの田中の実績だと誤認し、田中を、参謀本部の中心人物として組織をリードしたと誤認しただけではなく、参謀本部という組織の持つ政策の「継続性」を見落とすとともに、彼ら組織を構成する成員が、「組織人」として、組織の持っている財産を継承するという概念が抜け落ちているように見える。

田中が専断をもって事を処理し、その地位以上の権能を発揮し組織を動かしたかどうかに関して、田中の業務日誌に次のような記述が残されている。

総長ヨリ
○意見ハ充分陳ヘルモ　キマッタルコトハ直チニ其方向ニ邁進スルコト
○上マデ通スコトナク　勝手ニキメサルコト
○陸軍省トノ関係ヲ適切ニスルコト
○〔参謀本部の〕第二部、第三部トノ関係ヲ良好ニスルコト＊16

すなわち杉山は着任早々田中に、意見は大いに述べてよいが決定したらそれに従うこと、勝手に決めずに必ず上の了解を取ること、関係部署と良好な関係を保つこと、と組織人であれば当然恪守すべき心構えを訓示し、田中もそれを自らの日誌に書きとめている。

陸軍部内で人事畑を歩んできた額田担は、その常として、人材を活用するという観点から、ヒトのポジティブな面に光をあてて人物評価をしている。杉山については、「一見茫洋とされているが、実は頭脳すこぶる明晰で人物の鑑識眼も高く、科学的知識に富み、〔中略〕塚田前参謀次長や〔中略〕田中前第一部長のような悍馬をよく制御して」、と絶賛している*17。われわれはここで、杉山や田中の人物評に対する既成概念については「白紙還元」し、以後の史料を読む必要があろう。組織のなかにおける相互の人物評価は、しばしば、見る人の立場に依存しがちだからである。

軍部大臣現役武官制に関連した省部業務分担の改変

「関特演」で起きた問題の背景として、陸軍省と参謀本部の業務分担の問題がある。ここでは、陸軍内の運営に関する業務処理上の具体的案件を取り上げ、陸軍省と参謀本部とのあいだの業務分担がどのようになっていたかを述べたうえで、それが中堅層の目にはどのように映ったかを略述する。

陸軍中央の官衙の構成の大略について、開戦時作戦課員であった瀬島龍三の回想録にある説明をここに転載する。

陸軍の中央部として「参謀本部」「陸軍省」「教育総監部」があり、〔中略〕参謀本部は憲法上、天皇の統帥大権を輔翼する独立した機関であり、陸軍省は国務を輔弼する内閣に帰属し陸軍に関する軍政を管掌する機関であった。しかし、参謀本部の管掌する「国防用兵」と陸軍省の管掌する軍の建設・維持などの「軍政」との間には、密接な関係があり、参謀本部の管掌する国防用兵についても、陸軍省または陸軍省を通じて政府と緊密な連携をとる必要があった。例えば、予算に関する問題がそうであった*18。

明治憲法でうたわれた天皇の統帥権は、よく知られているように内閣の輔弼の外にあり、陸海軍の統帥部長、すなわち参謀総長と軍令部総長がこれを輔翼（と当時呼んだ）したとされている。これを、「統帥権の（政府からの）独立」という。

ところで、軍部が政治介入をする際の手段として知られているものに、軍部大臣現役武官制がある。山本権兵衛内閣が一三年（大正二年）、その弊害を排するため現役武官制を廃止し、予後備の将官でも補任可と変更したことは有名である。その際陸軍は、軍部大臣の持つ権限を現役武官のなかに囲い込むため、陸相の権限のかなりの部分を参謀総長（現役武官）に移管した。ところが二・二六事件直後の廣田弘毅内閣のもとで現役武官制を復活させたとき、参謀本部は、参謀総長の得た権限を、そのまま手放そうとはしなかった。その結果、太平洋戦争に至るまで、参謀本部に権限が集中することになった。

開戦時陸軍省軍務局軍事課員であった加登川幸太郎は、軍事史学会における講演で、現役武官制にかかわる省部のあいだの業務分担の改変について次のように説明している。

参謀本部と陸軍省の関係は、「初め〔参謀本部に権限を移す前〕は全くすっきりして、参謀本部は完全に作戦と情報を担当する用兵の府であり、〔それ以外の〕人事と予算はもとより、〔中略〕陸軍の外部に関連ある事項など、〔中略〕全部陸軍省の担任であった」＊19。それが、軍部大臣現役武官制の廃止にともない、「戦時編制も動員計画も動員関係諸条規も参謀本部が起案権を持った」結果＊20、「すっきりした業務分担が〔中略〕ゴチャゴチャになってしまった」＊21。

このように述べたうえで、加登川は、「起案権は決定権に通ずる」ところがあるとして＊22、陸軍省の持っていた決定権が参謀本部に移ったことを示唆し、その一方で、「陸軍大臣は〔中略〕陸軍軍政を管理する任務を持っており、業務分担でも大臣が同意しなければ動かないことは明らか」であるとしたうえで、実際には「細かい軍の運用については〔中略〕多くのことは参謀本部の〝参謀サン達〟が握っていた」と述べている＊23。この説明には、論理構成からみていくぶんの混乱がみられるが、それも含めて軍事課の資材班員であった加登川の立場から見れば、そのように見えたと理解するのが妥当であろう。さらにはっきりさせるため、実際の具体例に当ってみる。

下僚政治にあやつられた修正軍備充実計画

前章で縷述した「修正軍備充実計画」について、加登川は、この講演で次のように述べている。

ノモンハンは〔中略〕日本陸軍の航空戦力も、戦車戦力も、砲兵戦力も駄目である。通信にも大きな欠陥があると、欠陥だらけが暴露したのであります。〔中略〕それで大急ぎで大蔵省と苦しい折衝をした後に、いままでの「四十一個師団、飛行約百四十二個中隊」という計画から「六十五個師団、飛行百六十四中隊」に拡げたのであります。〔中略〕参謀本部は、軍備充実、拡大となると、何時でも正面軍備の増大を言い出すのであります。〔中略〕「古い装備の部隊の増加」が「軍備充実」の中味であった、〔中略〕私はそう思っております。〔中略〕とにかく、こうしたことに関する参謀本部側の考え方が問題なのだが、〔中略〕日本陸軍を強くする主導権は彼等〔参謀本部〕にあったのであり、その人たちの考え方が何より肝心であったのであります*24。

この加登川の講演から、「修正軍備充実計画」はノモンハン事件での敗戦が契機になって計画したもので、それが「古い装備の部隊の増加」になったのは、起案権のある参謀本部の主張に従ったからである、と読み取れる。これは、加登川の認識である。他方、計画を上奏した時点の参謀次長澤田によれば、既述のように軍備充実のニーズは、従来からのソ満国境の危機的事態であって、ノモンハン事件は、それが顕在化したものに過ぎない。そして既述のように「陸軍が日中戦争を遂行する以上、軍備充実計画に修正を加えざるを得なくなった」ので、そのしわ寄せが装備に行ったのである。下僚であった加登川が、多くの損害を出したノモンハン事件については知悉したとしても、石原莞爾が作戦課長に就任して初めて知ったようなソ満国境の危機的事態を知り得ていたかは疑問である。そうであれば、陸軍中央の中堅層である加登川の目に映じたものは、『機密戦争日誌』の史料批判にあるように、官僚制組織のなかで、「全般状況を知り得る立場にない」者たちが、「限られた情報をもとに〔中略〕観察した」当時の状況の「一側面」に過ぎないのである。

「修正軍備充実計画」はノモンハン事件を契機として計画されたものと認識している加登川は、さらに次のように言っている。

何よりも支那事変の消耗を減らさねばこの膨大な蓄積が出来る筈がない。〔中略〕中国にある兵力八十五万を昭和十五年〔四〇年〕と十六年度の前半に五十万に減らす。つまり三十五万を削減することを前提条件として、〔中略〕大急ぎで〔中略〕計画を立てたのであります。〔中略〕こうして計画は発足しましたが〔中略〕国家として、大本営として大きな決心をしない限り、伸びきった中国戦線のどこから兵力を抜くというのか、〔中略〕修正軍備充実実行計画の拡大を要求した参謀本部は、兵力削減にどれほどの自信と熱意とを持っていたものであろうか。〔中略、要求された〕軍事課は、前線の兵力を削減し、それで軍備充実をするのだ、と走っている。〔中略〕どうやって兵力を抜くのか、兵力削減など出来る筈はないと私は思っておりました*25。

加登川は、こんな計画など「出来る筈はない」と言っている。出来もしない計画を立てて、それが出来なかったとしても、自分たちの責任ではない、ということであろう。加登川が「他人事」のように言うのは、無理もない。加登川からみれば、これは参謀本部の立てた計画なのである。加登川の在籍する陸軍省軍務局軍事課資材班は、参謀本部の計画にもとづき「奉行」するだけである。「奉行」とは、政務として執行するとの意味である。業務分担上かつては陸軍省の担任であったものが、軍部大臣現役武官制を廃止した際、動員令、戦備令、部隊の編成、戦時編制などとともに、「陸軍大臣に協議の上参謀総長允裁を仰ぎ、陸軍大臣之を奉行す」と変更になったものである＊26。この計画の起案権は、参謀総長に移っているのである。これが、加登川のみたところである。

他方参謀本部首脳の澤田の側からみれば、次のような事情があった。澤田がこの「修正軍備充実計画」を決裁したときは三九年十月で、第四師団長（大阪）から参謀次長に就任したばかりの時である。この時「本計画を決裁するに当り」、手落ちがあったという。それは、「支那方面との相互関係を如何になしありやの突っ込みたる研究を逸した」ことで、具体的には師団数、旅団数の大まかな報告を受けただけで、「其の兵数、予算等につき精細追求せざりし」ままに決裁してしまったことであるという。参謀本部の「事務当局は陸軍省に対し、昭和十五年度〔四〇年度〕在支兵力を五〇万、爾後四〇万になす為の了解を与え」たことについて、自分（澤田）への「前次長〔中島鉄蔵〕からの申送りもなく、事務当局は殊更に之を予に報告せず」と、自分が知らぬ間に下僚が勝手にやったものだと澤田は弁明している＊27。

前述したように、澤田参謀次長の実質上の後任の杉山参謀総長は、部下の田中に、任命に際し、組織人として恪守すべき心構えを訓示した。「上マデ通スコトナク　勝手ニキメサルコト」である。それに違背した実例が、澤田の述べたこの参謀本部の「事務当局」の所業であった。澤田が参謀本部の編制の当事者を追及すると、「陸軍省の同僚相手に対し、昭和十五年度には在支兵力を五〇万に整理すべしとの覚書を与えた」のは確かであるが、しかし「これは予算計算上の一応の見当に過ぎずして、情勢判断に基づく数字に非ざることは添付」したと担任者は澤田に弁解したという。業務分担を厳格に適用すれば起案権は陸軍省ではなく参謀本部にあるので、これ〔一応の見当〕という言い分）は、担当者の言い逃れであって、参謀本部の責任だったのである。澤田は、「元来、かくの如き重要問題を上司の認可をも経ず、〔省部の〕下僚間に於て決定することは、既に下僚政治の一端にして、甚だ好ましからざるところなり」と断じている＊28。そして澤田は、次のように結論づけている。

数的問題はすべて陸軍省の下僚の掌握するところにして、上司と雖も如何ともなす能わず、また其の数字が、局外者よりしては全然見当につかぬ伏魔殿の如き感じあり＊29。

軍事課の下僚の加登川は参謀本部を非難しているけれども、参謀本部の澤田次長の立場からみれば、直接の原因は加登川も含めた陸軍省や参謀本部の中堅層による「下僚政治」と、それをそのまま手を拱いてきた陸軍首脳部の怠慢にあったといえる。それだけではなく、その背景に、業務分担が軍部大臣現役武官制に関連する改変で「ゴチャゴチャになってしまった」ことがあった。ちなみにこのケースの「下僚政治」は、中世史や戦国時代に出てくる無秩序な社会現象を象徴する「下剋上」とは別物であって、上層部が現場の細かいことに精通しない一方で、下僚が、上層部の目の届かない現場の細かいことを、所与の権能を利用し自己の考えで処理することであって、程度の差こそあれ、階層構造をもつ官僚制組織にみられる分業の通弊である。

ところでこの件について、軍事課で三七年八月予算班長、三九年に高級課員に就任し事務方として陸軍予算を取り仕切ってきた西浦進が、近代史研究者たちの聴き取りに応じて次のように証言している。

私はなんとかして支那事変というのはおさめなければいかん〔中略〕それには私は予算を詰めて兵力を減らすことによってやって行くよりか仕様がないと思ったのです。〔中略〕ちょうどあたかもその当時軍備充実計画があったわけです。要するにソ満国境のさっきの話にあったソ連がどんどん兵力を増す、これに対抗して参謀本部はやっきになっているわけなのです。〔中略〕私は〔中略〕「それでは参謀本部の案をある程度認め、その代りこれを実現するためには支那派遣軍の兵力を減らして貰わないと困る。〔中略〕支那派遣軍のほうも大きな予算を持ち大きな兵力を持ち、それから関東軍も充実なんてことはとても国力上から言っても財政的に言っても出来なければ、人員資源の点から言っても出来ない〔中略〕」。そういって参謀本部が片一方関東軍の兵備充実を欲するあまり〔「欲するのを利用して」ヵ〕、参謀本部の作戦課と覚え書を作ってしまったのですよ。〔中略〕下心はなんにも言わずに、〔中略〕本当は支那事変をおさめたかったのです＊30。

この件での下僚政治の推進者は、のちに東條首相が兼任した陸相の秘書官に登用され、敗戦後は旧軍組織が解体されるなかで人員整理を免れ、極東裁判では被告側資料の収集に、そして初代戦史室長として戦史叢書全般の編纂に腕を振るった西浦進だったのである。西浦のこの証言は、ソ満国境の状況や修正軍備充実計画策定の意図がこれまでの本稿の叙述と整合する一方で、証言内容が戦争責任や組織防衛などに直接関係しないこと、聴き取りでの証言であること、および西浦自身悪びれた風もなく証言していることから西浦にとって自己否定につながらないこと、などから、信憑性があると判断できる。

軍部大臣現役武官制に関連する省部間の業務分担の改変は、陸軍省は権限に対して不釣合いな責任を負わされている一方で、参謀本部には過度の権限が集中していた。すなわち、今日組織論で体系化された原則である「責任権限一致の法則」にかなってなく、それが、陸軍組織の円滑な運営の障害になっていた、これがその一例である。

2．独ソ開戦のもたらした波紋

同盟破棄論と陸軍首脳部のドイツ不信

「時局処理要綱」で天皇や澤田が確認し合ったところの、南方における好機は到来しなかった。ドイツ軍は、英国に上陸するかわりに、翌四一年六月二十二日、日ソの仲介をするとの約束を反故にし、ソ連との不可侵条約を破ってソ連に侵入した。独ソ開戦である。このため、「時局処理要綱」で定めた日独伊ソ四国連合構想の目論見は破綻した。当時四国連合を目論み三国同盟締結に同意・了承した者は、約束が違うといって同盟破棄を主張するはずである。事実、近衛首相はそう主張した。そのことが、澤本頼雄海軍次官の業務日誌に記載されている。

本日、総理ハ陸海相ヲ招キ所信ヲ披瀝ス　口吻ハ三国条約破棄トアリシモ、陸相ハ反対ス＊31。

他方、政府内の陸軍の代表者は破棄に同意しなかった。陸軍がドイツと提携したそもそもの主旨は、対ソ牽制のためであった。そして未だに、ソ満国境の危機〔兵力劣勢問題〕は解決できていなかった。そのため陸軍には、三国同盟の破棄という選択肢は無かったと推測できる。ソ満国境の兵力比の劣勢は、解決するどころかますます差が拡大し深刻度は増していた。自ら採った行動〔満洲事変を起こしたこと〕の結果が、陸軍の採るべき選択肢の幅を狭くしたのである。一部の先行研究がいうように、陸軍の首脳部に、親独意見が多かったため同盟を破棄しなかった、というのではない。たとえば参謀本部ナンバー2の参謀次長塚田攻は中堅層に、「次長ハ枢軸ヲ必ズシモ好マズ」との印象を与えている＊32。また、当時軍務課高級課員の石井秋穂が、敗戦の翌年執筆した回想録によると、

〔四一年十月〕五日午前十一時陸相官邸ノ一室ニ武藤〔章、軍務局長〕、眞田〔穣一郎、軍事課長〕、西浦、佐藤〔賢了、軍務課長〕、石井、二宮〔義清、軍務課員〕、田中、岡本〔清福、情報〔第二〕部長〕、有末〔次、戦争指導〔第二十〕班長〕、種村〔佐孝、戦争指導班員〕ガ参集シテ米国ノ〔十月二日付〕覚書ヲ検討シタ。研究ガ一段落シタ頃東條陸相ガ突然現ワレ、〔中略〕佐藤軍務課長ガカネテノ持論タル「ドイツト単独講和ヲシナイ旨ノ約束ヲトリツケレバ大丈夫ダカラ、コノ際九月六日ノ決定ニ基キ〔対米〕開戦ノ決意ヲナスベキダト主張スルト陸相ハ「ドイツヲ当テニ決心シテハナラヌ。ソンナモノヲ信用シテモ駄目ダ日本独力デヤル」ト一蹴シテ室ヲ出タ＊33。

陸軍省トップの東條も、陸軍の政策決定に携わった事務方も含めたメンバーの前で、ドイツへの不信をあらわにし

た。独ソ開戦のあったこの頃、陸軍首脳は、ドイツに不信感を抱いていたのである。しかし彼らにとって、北辺への脅威はそれ以上のものだったのであろう。それで、三国同盟の破棄はできなかったと思われる。いずれにせよ、ドイツを当てにして戦略の転換を図った陸軍は、ドイツ軍の英本土上陸作戦の不履行、対ソ国交調整の挫折に直面し、またしてもその目論見が破綻したのである。

それだけではない。日本にとって、独ソ開戦がもたらしたもっと重要なことがある。それは、独ソ開戦が米国の対日政策をして、宥和政策から強硬政策へと転換せしめたことである*34。それが日本に、もっと大きな禍をもたらしたことは後述する。

このような状況のなかで、日本と日本陸軍には、いかなる選択肢が残されていたのであろうか。実際にはこのあと、日本は、南部仏印進駐を六月二十五日に決定し、そして「関特演」の実施を七月二日に決定した。その意思決定の過程をこれから叙述する。

北進論の勃興

当時の米国側の記録によると、国務省の極東部は、ドイツ軍のソ連侵攻によって日本政府内に論争と混乱が起きると見ていた。すなわち日本政府内の或る一派は、ソ連がドイツとの戦争に没頭する数ヶ月間ソ連からの侵攻の脅威を免れるので、その間に、蘭領東印度や英領馬来への軍事作戦に乗り出すべきだと主張するであろう。別の一派は、このときこそソ連の脅威を除去する絶好の機会だとして、極東ソ連への侵攻を主張するであろう。そして短期間で勝利をおさめたドイツが、極東ソ連に親独政権を樹立するのを恐れる日本人は、この一派を支持するであろう。このように予測した極東部長ハミルトンは、日本は前者すなわち南進ではなく、後者すなわち北進を選ぶであろうと確信していた*35。これが、独ソ開戦のあとの日本の動向を、外から窺ったものの一つである。

開戦当日の六月二十二日、同盟国ドイツから日本に、「撃滅戦ハ短時日ニ終ル、〔中略〕為シ得ル限リ独乙ヲ援助セラレルコトヲ希望ス」との要請があった＊36。

これをうけて、六月二十五日から三十日まで連日にわたり、独ソ開戦後の国策を検討するための連絡会議がもたれた。席上外相の松岡洋右から、北進論が繰り返し主張された。松岡は、「独『ソ』戦ガ短期ニ終ルモノト判断スルナラハ、〔中略〕北ヲ先ニヤルヘシ、独カ『ソ』ヲ料理シタル後ニ対『ソ』問題解決ト云フテモ外交上ハ問題ニナラヌ」＊37と主張した。ソ連が屈服したあとになって、分け前を寄越すようドイツと交渉してくれといわれても、外務省としては困る、軍が血を流してこそ、応分の分け前に与ることができる、というのが松岡の言い分であった＊38。ちなみに前年夏にはソ連も含めた四国連合構想を提唱し、そのためだとして三国同盟締結を主導したのも、同じ松岡だったことはよく知られている。

七月二日の御前会議では、昭和天皇の面前で枢府議長の原嘉道が北進論を高唱した。

「独『ソ』開戦ハ日本ノ為真ニ千載一遇ノ好機ナルヘキハ皆モ異論ナカルヘシ、『ソ』ハ共産主義ヲ世界ニ振リ蒔キツツアル故何時カハ打タネハナラヌ、〔中略〕国民ハ『ソ』ヲ打ツコトヲ熱望シテキル　此ノ際『ソ』ヲ打ッテモライ度イ＊39

杉山は部長会報で、「原枢府議長ノ質問ハ適切ニシテ、エグル様ダッタ、オ上ハ非常ニ御満足ノ様子ナリキ」と＊40、御前会議の様子を部下たちに話した。御前会議における枢府議長の発言は、通例では、天皇の聞きたいとしているところの質問をするものとされている＊41。かねてから天皇が北進論に傾斜していたことは、すでに、先行研究で指摘されている＊42。在野においても、「金融、財閥、旧政党方面ニハ可也深刻ニ撃蘇論」が唱えられていた＊43。ソ連を撃てとの声は、至るところから起こっていた。対ソ戦の主たる執行機関は陸軍であり、それに応えることができるかどうかは、陸軍の存在意義にかかわることであった＊44。

当時の陸軍の実情

独ソ開戦にあたり各方面から期待を寄せられた当時の陸軍の状況を、参謀本部作戦部長の田中新一は「昭和十六年自六月二日　至七月四日」の業務日誌の冒頭に、次のように記している。

1）大戦争ヲヤレハ　軍隊ノ内容特ニ精神的内容ヲ根本的ニ変質セシム
2）将〔兵〕我国ノ精神的崩壊ハ今次事変ノ最大損失ノ一〔ツ〕ナリ*45

満四年にならんとする日中戦争（支那事変）が将兵の士気を荒廃させてしまった、との認識を示している。田中がなげいた精神的内容の根本的変質とは、具体的にどのような事象を指しているのかは、この記事だけではわからない。精神的なものだけではなく、物的にも、陸軍は危機的状況にあった。周知のように陸軍は、仮想敵国としてソ連（ロシア）を想定し軍備を整えていた。ところがソ満国境に対峙する日本軍の地上兵力量は、三五年以降、ソ連のほぼ三分の一しかなかったことは、これまで縷々述べてきた。劣勢なのは、「量」だけではなかった。牡丹江（ウラジオストック北西）に司令部を置いた関東軍の主決戦軍である第三軍司令官の河邊正三は、四一年六月初旬、実情視察のため現地を訪れた田中に、次のように語った。

a）対機甲ノ装備訓練ノ欠陥　訓練ノ出来サルハ装備ナキニ仍ル
b）A〔Artillery、野砲兵、砲兵火力〕ニ対スル一切ノ認識ノ欠除　満洲事変以来Aナキ敵〔中国軍〕ニ対シタル結果、Aニ対スル正当ナル認識ヲ益々失ヒ、「ノモンハン」ニ敗北喫驚シタルモ尚之レ例外ナリト観スル程度ナリ原因ハAニ対スル訓練教育ノ欠陥ナリ

c）近代戦ノ様式ニ関スル認識ノ不十分*46

関東軍は、主決戦軍でさえも、「質」の面でも機械化されたソ連軍を相手の近代戦には堪えられない状況にあるということだった。

日本陸軍は、極東ソ連軍に対し量のみならず質もはるかに劣勢にあり、かつ、国境では、毎年のように武力衝突が起きていて、紛争は激化する一方であった。すなわち、事変直後の三二年～三四年は小規模紛争期とも称すべきもので、彼我いずれも斥候または諜者などにより情報収集をおこなった。次の三五年～三六年の間は、中規模紛争期と称すべき時期で、彼我共に国境兵力を増強しこれがため国境侵犯も積極的となった。そして日中戦争が起こったこのあとになると、ソ連は第二次五カ年計画を達成し国力は隆々として、国境紛争も大規模紛争期を呈するに至っていた。三七年の乾岔子事件、三八年の張鼓峰事件、そして、三九年のノモンハン事件がそれである*47。

日本は、ソ連の脅威にさらされていた。これが、当時の陸軍が置かれていた実情であった。そして陸軍は、任務に見合うだけの人員・資材・予算（ヒト・モノ・カネ）を与えられていなかった。このことから、対ソ軍備の充実は陸軍にとって長年の課題とされてきたこともすでに述べた。そして、不幸な結果に終わったこの国の歴史の解明において、問題をさらに複雑にさせたのは、陸軍がここまで窮状に陥っていたことが機密事項であり、それを知る立場にあった開戦当時の陸軍中央の首脳たちが、この戦争で悉く戦死するか自決するかさもなければ刑死し、かつ、加登川の講演で明らかなように、敗戦後に証言した中堅層のあいだに、これらのことが必ずしも十分に共有化されていなかったことである。

兵力比からみた独ソ戦の帰趨

独ソ戦の帰趨について、当のドイツ側は、「短時日ニ終ル」と日本側に通告してきた。それを真に受けたのか松岡外相も、連絡会議の席上で「短期終結ノ判断」であると言明し、それを根拠に北進論を高唱した＊48。

ところで田中の六月九日付の業務日誌には、四一年三月末時点の独ソの兵力比が記載されている。それをみると、独ソの対峙する地上兵力は、ドイツは一五〇個師団（全兵力は二四〇個師団）、ソ連は一四四個師団（全兵力は二二三～二二三個師団）であり、第一線の航空機は、ドイツは一〇〇〇～一五〇〇〇機、ソ連は六〇〇〇機となっていて＊49、陸戦の補助兵力である航空兵力は別にして、地上兵力はほぼ拮抗していた。ちなみに東久邇宮稔彦の四月七日付日記には、ドイツ軍の兵力についての参謀本部情報部長の岡本清福の報告が記載されていて、それには、「ドイツは、〔中略〕現在は約百八十個師団を有している。そのうち約百三、四十個師団を東方ソ連国境に配置」している、と記してある＊50。田中の記録より、岡本の報告はドイツ軍が少な目になっている。いずれにせよ客観的にみて、この兵力比に独ソの国土面積比と人口比を加味すれば、ポテンシャル（潜在能力）はソ連の方が上と思われ、ドイツの言う短期勝利をそのまま鵜呑みにはできないとの判断が客観的にはできるはずである。

客観的事実はさておき、田中や参謀本部は、独ソ戦を、短期終結するものと判断したのであろうか。それについてある先行研究は、七月初旬に「ドイツの地上戦力はソ連軍の二倍半、航空戦力は三倍」との山下訪独軍事視察団の報告を受け、それを「そのまま鵜呑みにしたわけではなかったが、北方解決を先行させせようという雰囲気は省部幕僚の全体を覆い、とくに作戦部の意思として凝固しつつあった」と述べている＊51。この山下報告は、先行研究の著者が戦史叢書から引用したものである。ところが戦史叢書に記載された山下報告は、実は、「独逸ノ一師団ハ『ソ』ノ二師団ニ匹敵スル」との前提を置きそのうえで兵力量を換算して報告したもので、いわゆる「たられば論」である＊52。山下報告がドイツ側の兵力量を二倍に換算したことの妥当性の有無（たとえば独ソの戦車性能の優劣）については、ここではこれ以上言及しない。問題は、これを引用した先行研究が、ドイツの兵力を二倍に換算したことを断らず、結果だけを引用（流用）していることである。これでは、先行研究の結論をそのまま受け容れるわけにはいかない。ちなみに、この山下視察団の報告を、陸軍中央は冷ややかに受けとめたとの証言があることは後述する。

独ソ戦の帰趨は判じ難い。それ以上に、極東地域での日ソの兵力差は質量とも歴然たる差があることは認識している。陸軍として、勝敗の結果責任を問われる以上、勃興した北進論に応えて対ソ開戦の決意をすることは、容易ならざることであったと想像できる。それでは実際に、陸軍は如何なる行動を採ったのだろうか。

1　前掲『詳説　日本史』三二九頁。
2　同右三二九頁。
3　前掲『太平洋戦争への道』七、二三七頁。
4　前掲波多野「開戦過程における陸軍」一五頁。前掲森山『日米開戦の政治過程』一七六頁。引用文は森山。
5　たとえば前掲義井『日独伊三国同盟と日米関係』一八〇頁、前掲森山『日米開戦の政治過程』一四六頁など。
6　たとえば前掲波多野「開戦過程における陸軍」。
7　森山氏はこれにつき、「北進は実行されずに終ったため当時の政策形成との関係については、これまでほとんど真剣に検討されてこなかった」とし、これが「盲点になっていた観がある」としている（前掲森山『日米開戦の政治過程』一七一、一九一頁）。
8　前掲『沢田茂回想録』二二三～二二四頁、「遺稿」。
9　前掲『太平洋戦争への道』六、二四三頁。
10　前掲『沢田茂回想録』九二～九三頁、「三宅坂の思い出」。
11　前掲井本『作戦日誌で綴る大東亜戦争』三七頁。
12　前掲「田中新一中将業務日誌」八分冊の一、六六頁、四〇年十一月一日付日誌。
13　同右一〇三頁、四〇年十一月二十八日付日誌。
14　前掲波多野『幕僚たちの真珠湾』四五～四八頁。氏は、国策決定のイニシアチブを握っていたのは中堅層であるとの前提に立っている。
15　前掲加藤『それでも、日本人は「戦争」を選んだ』三五八頁。
16　前掲「田中新一中将業務日誌」八分冊の一、四頁、四〇年十月十二日付日誌。
17　前掲額田『陸軍省人事局長の回想』一三三頁。
18　瀬島龍三『瀬島龍三回想録』（産経新聞ニュースサービス、一九九五年）七〇～七一頁。
19　前掲加登川「関特演」五頁。

20 同右九頁。
21 同右七頁。
22 同右七頁。
23 同右一〇頁。
24 同右一二〜一三頁。
25 同右一三〜一四頁。
26 同右九頁。
27 前掲『沢田茂回想録』一五五〜一五六頁、「遺稿」。
28 同右一六五頁、「遺稿」。
29 同右一六六頁、「遺稿」。
30 前掲『西浦進氏談話速記録』下、二六〇〜二六一頁。
31 前掲「澤本頼雄海軍大将業務メモ」叢一、一六頁、四一年六月二十六日付日誌。
32 前掲『機密戦争日誌』上、一一七頁、四一年六月十三日付日誌。
33 前掲「石井秋穂大佐回想録」八三一〜八三二頁。
34 義井博「独ソ開戦が日米交渉に及ぼした影響」『軍事史学』一四（一九七八年）一三五〜一三六頁。
35 *F. R. U. S., pp. 276-277.*
36 前掲「田中新一中将業務日誌」八分冊の五、五六二頁、四一年六月二十二日付日誌。本電報は、公開された外交史料館所蔵「大東亜戦争関係一件館長符号扱来電綴第一巻　三、在独大使館」および「第二次欧州大戦関係一件　独蘇開戦関係」には収録されていない。
37 前掲『杉山メモ』上、二四四頁、「第三十四回連絡会議」。
38 同右二二七頁、「第三十二回連絡会議」。
39 同右二五六頁、「第五回御前会議」。
40 同右二五九頁、「第五回御前会議　会議後の〔総長〕所見」。
41 前掲『木戸幸一日記　東京裁判期』三九七頁、「松平康昌宣誓供述書草稿」。
42 吉沢南『戦争拡大の構図』（青木書店、一九八六年）一九八頁。
43 前掲「澤本頼雄海軍大将業務メモ」叢一、二二頁、四一年七月十一日付日誌。

44　海軍が対米開戦を決心した理由の一つに、「戦争ヲ為シ得サル海軍ハ無用ノ長物ナリ」との非難を避けたかった（前掲「澤本頼雄海軍大将業務メモ」叢三、四一年十月三十日付日誌）、とあることからの推定。
45　前掲「田中新一中将業務日誌」八分冊の五、四七七頁、日付記載なし。
46　同右四八四頁、四一年六月六日付日誌。
47　前掲西原『全記録ハルビン特務機関』四六〜四七、五八頁。
48　前掲「田中新一中将業務日誌」八分冊の五、五九四頁、四一年六月二十七日付日誌。『杉山メモ』では間接的な表現になっているが、松岡が「短期終結ノ判断」だったと解釈できる（前掲『杉山メモ』上、二四四〜二四五頁、「第三十四回連絡会議」）。
49　前掲「田中新一中将業務日誌」八分冊の五、四九五頁、四一年六月九日付日誌。
50　東久邇稔彦『一皇族の戦争日記』（日本週報社、一九五七年）四二頁、四一年四月七日付日記。
51　前掲波多野『幕僚たちの真珠湾』一〇三頁。
52　前掲戦史叢書『大本営陸軍部　大東亜戦争開戦経緯』四、二八五頁。原史料は、防衛研究所所蔵の「櫛田正夫大佐業務日誌」（頁数記載なし）四一年七月六日付日誌の「高山少佐欧洲情勢報告」。

Ⅳ　北進論と「関特演」の発令

1．北進の是非

田中部長の北進論――参謀本部の中堅層の記録

田中作戦部長は、関東軍の作戦準備の状況を視察するため、既述のように六月初旬、満洲に出張した。その結果関東軍の実情は、とうてい、対ソ侵攻に堪え得るものではないことがわかった。ところが、戦争指導班の業務日誌には、次のように記録されている。

午前十時ヨリ総長統裁ノ下部長会議開催〔中略〕方針中ニ好機ニ乗ズルモノアレバ武力ヲ行使スベキヲ明ニスルコトニ決ス　〔田中〕第一部長右ヲ述ベ総長又同意セルガ如シ　第一部長ハ北方解決ノ意強シ＊1

日誌には、田中の帰京を待って開かれた部長会報で、田中は、独ソ開戦を好機とみてそれを捕捉すべく北進論を主張した、参謀本部としても、それで決まったという。もっとも文末に、「如シ」などとあるから、日誌の執筆者〔戦争指導班員〕が、会報の出席者から伝聞した記事である。日誌はさらにつづく。

〔第二十〕班長　部長会議ノ結果ニ基ヅク修文案ヲ第一部長ト審議ス　第一部長好機ヲ作為捕捉シテ武力ヲ行使スヘキヲ強調ス　遂ニ憤慨シ将ニ腕力ニ訴ヘントス　第二十班長同意ノ已ムナキニ至ル　大作戦部長タルモノガ階級ト腕力ト暴力トヲ以テ国家ノ大事ヲ談ズルガ如キ不可ナリ*2

先行研究はこれらの史料に依拠して、田中は強硬な北進論者であり、参謀本部を強引に北進に主導したとしている*3。もっともごく一部の先学は、田中部長のこの言動は自身の満洲での視察結果と矛盾していることを指摘している*4。この指摘を基礎に置き、この先を続ける。

戦争指導班の中堅層たちは、田中の言動の矛盾に気づくことなく、強硬な北進論だったと日誌に記した。中堅層たちの日誌には、田中の満洲視察報告の記事はない。したがって、中堅層たちは視察報告を聞いていないと看做せる。そのために、矛盾に気がつかなかったのだろう。田中が腕力まで使って北進論を主張したことは、たとえそれを記録した史料が一次史料であっても、伝聞記事であり、かつ満洲で田中自身が耳にし、目に見たものに関する田中自身の記録と矛盾している以上、それをそのまま鵜呑みにすることは危険である。そのため、さらなる検証を加えることにする。

参謀本部内の北進論——陸軍省の中堅層の記録

陸軍中央の中堅層たちには、関東軍の実情が、どこまで知らされていたのであろうか。戦争指導班の班員ではないが、陸軍省のエリート部署とされた軍事課に四〇年五月に配属され、まず資材班に編入、しかるのち翌年三月に予算班に編入された加登川の場合は、すでに述べたように、「軍備充実計画」をソ満国境の危機と結びつけて認識していない。このことは、加登川が、ソ満国境の実情を十分には知悉していなかったことを示している。

これにつき、さらに検証を進める。加登川は、関東軍の状況について、戦後、軍事史学会の講演で次のように語っている。

この本〔戦史叢書『関東軍』二〕には、上は参謀本部から関東軍、それに〔ソ満国境の〕東部国境の攻勢を担当する第三、第五軍に至るまで、突破に確信あり、とした史実は何一つ書かれていないのであります＊5。

加登川にとっての「史実」は、関東軍の第三軍と第五軍はソ満国境を突破する自信を持っていたということであり、かつ、加登川はそう認識していた、ということである。ところが、この戦史叢書にはそうは書いてない、これは如何なることか。

官僚制組織（階層組織）においては、情報というものは、中枢部署であっても、末端の成員にまでそのまま展開されるわけではない。一般の成員には、秘匿される事項があった。この場合の、第三軍・第五軍が国境を突破する力はない、というのがそれに相当する情報で、それが、中枢といえども加登川クラスには展開されていなかったことを証明している。

それでは、関東軍の実情は十分に知悉されていないことを前提にして、陸軍省の中堅層には、北進に関する参謀本部の意向がどのように展開されており、それがどのように認識されていたか、陸軍省側の一次史料をみて検証する。

六月二十七日付の陸軍省の課長会報（課長会議）の記録である。まず、軍務局軍務課長（佐藤賢了）が発言した。

　以下申述おる本件〔南部仏印進駐決定〕の経緯についてはこの場限り〔課長止まり〕とし他に洩らざる〔ママ〕様注意せられ度。〔中略〕独ソ開戦の帰結が如何になるか不明であるが、〔中略〕現在迄のところソ連は重慶同様、案外持つかも知れぬとの観測もあり。〔中略〕現在の時点では、在支兵力を引抜き迄して、北方に武力行使をなすも、得るところ、きわめて少き状況なり。少くも、資源的に見れば北に向うことは、きわめて不得策なりと考うる向もあり。いづれにしても〔中略〕しっかりした国策を樹立する必要あり＊6。

この場限りの機密だと断ったうえで、軍務課長は慎重に言葉を選びながら、北進に疑問を呈したとみることができる。そして、北進をやるにしても、国策で決定したうえでの話だとしている。ついで軍務局の軍事課長（眞田穰一郎）が発言した。

帝国国策の見地よりする考慮は暫らくこれを措き、純然たる作戦準備の見地より考うる時、次の如き四つの案あるものと思考せらる。〔中略〕現在迄のところ最悪の場合、すなわち上述の第四案〔直ちに青柿をむしりとる〕を考え、相当程度の作戦準備に関する具体案を参本〔参謀本部〕より提示されたり。これは国策が決定して戦争指導の大綱が確定せる上で行わるべきものなり＊7。

参謀本部の方は陸軍省と違って北進に積極的で、純軍事的にみて「最悪の場合」を想定し直ちに作戦準備に入るとして、その場合の具体案の「提示」が参謀本部からあったという。しかし、国策として決定していない以上、陸軍省としては、話はこれからだということである。これが、陸軍省軍務局の両課長が省内の公式の席上で展開した情報である。

これらの情報から、陸軍省の課長クラスは北進に慎重であった。それに反し、参謀本部の方は北進に積極的だったと、陸軍省の課長クラスには見えた。もっともそれは、陸軍省の課長クラスが、関東軍の実情（北進成功の見込みはほとんどない）を知悉していないうえでのことであった。もし知悉していれば、参謀本部の北進論に疑問を持ち、問いただすはずである。史料からはそれがうかがえない。

参謀本部首脳の見解――田中部長の記録

陸軍省の中堅層には、参謀本部は北進論だったように見えた。実際のところ、参謀本部で重きをなしたとされる田中作戦部長は、北進についてどのように考えていたのであろうか。果たして田中は、戦争指導班の業務日誌に記されているように、彼自身が日誌に記した満洲視察の結果と矛盾するような、積極的北進論を唱えたのであろうか。また、田中部長をはじめ参謀本部内の北進論を受けて、参謀本部の首脳はどう決裁したのだろうか。これらの疑問を田中の業務日誌から読み取ることにする。

田中は満洲視察からの帰途、業務日誌に、「南北先後ノ関係」と題して、「北ノ失敗ハ直接国防ノ危機ヲ生ス、満洲及支那事変ニ直接影響ス」、他方南進の失敗は必ずしも直ぐには影響しない、「故ニ北ニ充実シタル力ヲ用フルコトハ先ツ先決ナルヘク」、と書いている。参謀本部に課せられた責任、すなわち武力行使の結果に責任を負う立場からみれば、国家の安全保障上、影響の大きいのは北方の方のように見え、それゆえ北方を優先すべきだというのが田中個人の考えであった。しかしそのあと、田中は、「以上ハ原則ニシテ応用ハ情勢ニ依ルヘシ」と記している＊8。情勢によっては柔軟性をもって臨む、ということである。そこには、何が何でも北進という、先行研究などに叙述された田中の強硬姿勢は見当たらないし、これまでの参謀本部の中堅層の日誌に書いてあるような田中の硬直した性急さも認められない。これが、帰京途上の田中個人の考え方であったと読み取れる。

さて、田中の帰京を待って六月九日午前十時から部長会報がもたれた＊9。席上、参謀総長の杉山は、ここで武力行使を「決心シテヤルカ」それとも「情勢ヲ見テヤルカ」、今がその「岐レ目」だとしたうえで、結論として「情勢ヲ見テヤル」と裁決した。今はやらない、である。杉山はそのうえで、「不敢取、南北ニ戦備ヲ整フルコト」との方針を明示した。そしてさらに、やるとしても「兵力ハアマリ支那ヨリ減セス」にやる。すなわち「大体ニ於テタタケル（現在兵力ニテ）」範囲で、という具体的な実行計画の枠組みを指示した＊10。

参謀次長の塚田攻が「南方ノ兵力行使ハ公算増加セリ」と言ったところ、杉山も、「対支作戦上ビルマ作戦ニ依リ援蔣ルート遮断ノ必要モアルヘシ」と応じ＊11、中国戦線を念頭に置いたうえで、南進論に理解を示した。杉山が部長会報で裁決した参謀本部の方針は、当面、南北とも戦備を整えつつ形勢を観望することであった。森山氏が著書でつかった言葉を援用すれば、問題の先送りによる「非決定」といえる。加登川は、「参謀本部の行動を顧みて、何故、ああも、何かがしたかったんだろうかと私は今でも思います。『待つ』という決心をしない」と嘆いている＊12。しかし、それは加登川の誤解である。加登川には見えなかっただけで、参謀本部のトップは、加登川の期待した通り、形勢観望を裁断したのである。

そしてもし優先するとしても、北進ではなく南進、というものであった。このように形勢を観望し南北とも戦備だけは整えることを、総称して、当時、「南北準備陣」と呼んだ。

澤田が参謀次長のとき立てた戦略は、対ソ先決をあきらめ後回しにし、南方問題の解決を先決とし、それと関連させて日中戦争を解決しようというものであった。今回杉山が裁決した方針も、前任の澤田のときの、大転換を経て確立した戦略と整合していた。参謀本部の陣容は澤田次長体制から杉山総長体制に一新されたが、政策（方針）は、組織として継続性を保っていた。すなわち、対ソ戦略が破綻してしまった以上、いったんは断念（保留）した北進を今になって提唱することは、断念した理由、すなわち陸軍の目論見が破綻してしまったことに、目をつむることになる。

それでは、なぜ参謀本部は、陸軍省の課長クラスに対して北進論を唱えたのであろうか。彼らは、軍事課員の加登川と同様に、ソ満国境の危機を知らなかったのだろうか。

なお、田中部長が、参謀本部内で、強硬に「好機捕捉北方武力行使」を主張したように見えたゆえんは、行論の都合上、第二部の最後の方に譲る。

混乱させられた先行研究

参謀本部の首脳部の考えは南北準備陣で、それも、どちらかというと、南進に軸足を置いていた。そこで今度は、解明する対象を参謀本部の中堅層の北進論に絞り、固有名詞を挙げて、個々人の言動を先行研究がどのように記述しているか調べてみる。ここでは例として、森山氏の『日米開戦の政治過程』を紹介する。

まず、独ソ開戦について、大略次のように記している。大島浩駐独大使から独ソ開戦不可避の情報が入電した六月六日、陸軍省軍務局の佐藤、眞田の両課長が参謀本部を訪れ、南方武力進出を主張した。作戦部の土居明夫作戦課長と情報部の唐川安夫謀略課長と天野正一欧米課長が「これに同調した」＊13、という。

森山氏はさらに章を改めたうえで北進論を取り上げて、北進論は「陸軍の対外政策に大きな比重を占めていた」としている。その陸軍のなかで「参謀本部は、最先鋒の田中第一部長を筆頭に対ソ開戦に大いに意欲的で」、中堅層も「動員開始を主張」した＊14という。そしてその具体例として、「七月一日の参謀本部二課〔作戦課〕、軍事課、軍務課合同研究で〔土居に代わり一日から作戦課長になった〕服部二課長〔卓四郎作戦課長〕が、本格的対ソ動員を省側に要求した」、それに対し省側が反対すると、翌日服部はそれを参謀本部の各課長に報告し、報告を受けた参謀本部情報部の磯村武亮ソ連課長と、天野、唐川の両課長は、三日、「軍務課長室に押し掛け、対ソ開戦を主張」したという＊15。

この記述内容には不自然なことがある。森山氏によれば、六月上旬には参謀本部の土居〔作戦〕、唐川〔謀略〕、天野〔欧米〕の三課長が、いずれも南進に同調していたにもかかわらず、一ヶ月ほど後の七月上旬には、土居に代わって作戦課長になったばかりの服部も、磯村武亮（ソ連）、唐川、天野の参謀本部情報部の三課長も今度は北進を主張しているのである。そして氏は、その不自然さについて指摘していない。

そこでこの先行研究が依拠した史料を調べてみる。まず、六月上旬の記事は、戦争指導班の業務日誌に依拠している＊16。これは中堅層のものではあるが、同じ組織内のほぼ同じ階層の成員に関する記事であって、班員クラスの「限られた情報」の範囲内に納まるものであり、史料として採用して差し支えないと思われる。他方七月上旬の記事は、戦史叢書と『石井日記《ママ》』に依拠したとしている。戦史叢書のこの記事は、さらに軍務課高級課員の石井秋穂の業務日誌と回想録および作戦課作戦班長の櫛田正夫の業務日誌に依拠している。孫引きを避けて、これらの原史料に筆者が直接依拠して七月上旬にあった記事を記述し直すと、次のようになる。

七月一日、軍事課・軍務課・作戦課の会同があった*17。軍務課の石井の日誌には、作戦課長の「服部ヨリ対ソ戦開始時期ニツキ説明ヲ受ク」とのみなっている*18。説明をした側の作戦課員櫛田の日誌には、題目の部分に黒鉛筆で下線が引いてあって、「服部課長説明　動員ニ関スル件」〔傍線は原文では下線〕とある。詳細は後述するが、説明した内容は、独ソ戦の見透しと、対ソ戦に関して防衛する場合の動員規模と攻勢をとる場合の動員規模、および、それぞれの日程についてなどであった*19。したがって、森山氏のいうような「本格的動員を要求した」というものではなく、「説明」であった。このニュアンスの違いについても、後に詳述する。

さて、六月初旬には土居、天野、唐川の各課長が南進論であったのが、七月初旬には北進論に変わった件である。六月六日には独ソ開戦はわかっていたから、この一ヶ月弱のあいだに国際情勢や各部署の力関係などの状況的要素に変化はない。そして、六月の件の依拠した史料も七月の件の依拠した史料も、いずれも課長クラスの言動を、同じ階層の中堅層が業務日誌に記録したものであり、依拠した史料の質に差異はない。

ところが、敗戦の翌年の四六年に執筆した回想録には、石井秋穂は、七月の件について「唐川、天野、磯村ノ三課長ハ軍務課長ニ押シカケ　ソ連ガ崩壊サセラレルコトモアリ得ルトテ状勢判断ヲ述ベタ」としたうえで、「磯村氏ハ慎重ダッタ」としている*20。やや、腰が引けている。その石井は、十年後の五六年に回想録のこの部分について修正を施している。


磯村ロシア課長はその後こっそりと佐藤軍務課長室に来て、ソ連は決して簡単に参るものではないとの数字的根拠を説明した。私はこれでソ連の不死身性を信ずるに至った*21。

磯村課長のこの言動は、前言を覆したものであった。すなわち、参謀本部の同僚が居る前では、磯村は、心にもないことを口にしたとみることができる。そこで、この場面に登場する参謀本部の他の課長も六月には南進に同調したものの、七月のこのときには心にもないことを口にしたと仮定すれば、六月には南進を主張し、七月の今回には北進を主張したということの説明がつく。そのゆえんは、「北進論最先鋒」の田中作戦部長の指示にもとづくものだったとも、参謀本部内での申し合わせによるものだったとも、あるいは別の意図からだとも、さまざまなケースが考えられる。ここでは、登場する参謀本部の課長クラスは、実は全員、本来は南進論だった（北進論ではなかった）と仮置きする。ちなみに軍務課の石井は、「私はこれでソ連の不死身性を」と言っているから、磯村の話を聞くまでは、石井も、ソ満国境の実情について十分には知悉していなかったと思われる。

山下訪独視察団の見た参謀本部の北進論

四〇年十二月シベリア経由で出張した陸軍中将山下奉文を団長とする約十人の訪独軍事視察団は、独ソが開戦するとの報を聞き、四一年六月十九日、急遽ベルリンを発って、二十一日モスクワを経由しシベリア鉄道で帰国した。ドイツがソ連領に侵攻したのは、視察団がモスクワを発った翌日のことであった。満洲から一足先に飛行機で帰京した山下は、その日の六月二十八日、杉山、東條、木村兵太郎次官、塚田攻次長など陸軍省部の全首脳を前にして視察報告をおこなった。席上山下は、ヒトラーの要請もあって即時対ソ開戦を説いた。東條は、「君の報告はきいた。ご苦労であった。今後の方策については自分が十分に考え、処置する」と、それを引き取って座は解散となったという。視察団の一員として山下に随行した参謀本部作戦課員の高山信武は、「田中第一部長に対し、この報告会席上の疑問と不満を申し述べた」という*22。これについて高山は、次のように回想している。

〔田中〕部長は苦笑しながら、「東條さんと山下さんはどうも昔からうまが合わなくてね」と簡単に答えられた。しかし筆者には、なんとしても納得がいかなかった*23。

このあと田中は、東條の性格を高山に説明したという。言いつのる部下を、上司が、陸軍省トップの性格論まで持ち出し説諭し宥めた、という構図である。この回想から、参謀本部内や陸軍省の中堅層の記録にあるような、北進論を強硬に高唱する田中部長の姿は浮かんで来ない。

高山は、七月一日付で作戦班長から作戦課長になったばかりの服部卓四郎にも食らいつき、北進論を説いた。服部は答えた。

> 対ソ開戦の決意は極めて慎重でなければならない。わが国の燃料保有量は僅か二年間の使用量に満たない。万一、日ソ戦が長びけば日本としては策の施しようがないのだ。〔中略〕ここしばらく独ソ戦の推移を見守り、年内解決が可能のようであれば北進する。然らずんば南進決意だ＊24。

高山はその後もいく度か、服部課長、田中部長に北進決断の意見を具申したが、「一蹴され」、高山の「孤軍奮闘もなんら報いられるところなく結末を迎えた」という。高山は、回想録を執筆した「今日においても、南進案よりは北攻案をとるべきであったと確信している」＊25、と憤懣やるかたない。ドイツ帰りの高山の北進論は、参謀本部の作戦部内では孤立していたことがわかる一節である。

このとき、高山は少佐で、作戦班長の櫛田正夫のもとで対中国作戦を担任していた。陸軍の中枢とはいえ組織の末端であり、その点では加登川と同様な立場にあった。そして、当時の自分の採った行動を、（通らなかった意見について）自己否定する立場にはなかった。したがって高山は、証言を、今日の価値観に統合する必要はなく、自身の記憶にあるとおり証言すればよかった。高山の意見が参謀本部内で孤立していたことから、参謀本部内の課長クラスが、全員、南進論だったという仮置きは、改めて事実として認定できる。

田中自身の日誌によれば、参謀本部の首脳たちは北進論を唱えていない。田中は上司から、部長就任にあたって「キマッタルコトハ直チニ其方向ニ邁進スルコト　上マデ通スコトナク　勝手ニキメサルコト」と釘を刺されている。これらの史料から、参謀本部は北進論であったという先行研究の結果は疑問である。

また、参謀本部内が北進論であったか否かは、ここに至る状況からも判断できる。陸軍は、欧州新局面の到来を好機とみて戦略を大転換し、対ソ先決だったところを対英先決に切り替え、いったんは北進を保留（断念）したのである。そこに至る経緯が組織のなかで継承され、責任者がその経緯を知悉していれば、そのときの理由が解消されないかぎり、陸軍にとって北進はあり得ない。北進を保留（一時断念）した理由として、①修正軍備充実計画の完成、②ドイツとの対ソ軍事同盟の成立、③次期大戦の到来、の問題があったことはすでに述べた。欧州の新局面の到来と独ソ開戦は、理由のうち②と③の問題を解消せしめた。残ったのは、①の修正軍備充実計画、すなわち対ソ軍備充実計画の「完成」であった。ところが「修正軍備充実計画」は、もともと「完成」しても必要な兵力の七割にも満たない。その程度の修正軍備充実計画も、破綻してしまった。破綻した理由は、計画段階における陸軍省や参謀本部の中堅層による下僚政治と、それをそのまま手を拱いてきた陸軍首脳部の怠慢にあったこともすでに述べた。したがって理由の②と③の問題を解消せしめても、理由の①の問題が解消されない限り、勝敗に責任のある陸軍首脳部にとって北進はあり得なかった。

これらの状況から考察すれば、参謀本部には、二次史料とはいえ高山の回想録に記述されているように、先行研究が指摘するほどの真剣な北進論は存在しなかったとみた方がよい。実際の田中の動きも、参謀本部の中堅層の動きも、先行研究が述べたものと違って、複雑なものであった。そうであれば、参謀本部が主導したとされる「関特演」というのは、いったい何だったのだろうか。

連絡会議でたたかわされた北進論

さて、六月二十五日の連絡会議では、「南方施策促進に関する件」として南部仏印進駐が決定され、即日天皇に上奏、裁可された*26。この日の連絡会議では、そのあと引きつづいて、「情勢ノ推移ニ伴フ帝国国策要綱」（以下、「国策要綱」）などが審議された。「情勢ノ推移」、すなわち独ソ開戦をうけて、日本としていかなる国策で臨むかという議論である。席上、既述のように松岡外相から即時北進論が主張された。執拗な松岡外相の主張に対し、杉山参謀総長の口から次の言葉が発せられたことが田中の日誌に記されている。

対「ソ」目標ニハ陸軍ハ出来アラス*27

かつてこれと同趣旨の言葉が、海軍側から発せられたことがある。三九年八月八日、平沼内閣下の五相会議において、陸相板垣征四郎が防共協定強化（事実上の日独伊軍事同盟締結）を主張してやまなかった時のことである。このとき、時の海相米内光政は同盟締結に反対し、「日本の海軍は米、英を向うに廻して戦争するやうに建造されては居りません」と「ハッキリ」言明した。そのため、「険悪な雲行」になったとされている*28。今回は、連絡会議で外相松岡が北進論を主張してやまなかった時、米内と同趣旨の言葉が、陸軍参謀総長杉山元によって発せられた。この言葉は、海軍のときと同様、陸軍の存在意義を否定したと受け取られかねない発言であった。杉山は続けた。「支那ハアリ、限度アリ、条件カ要ル」*29。陸軍はいま中国戦線で戦っており兵力にも限界がある、対ソ戦をするとしても条件が要る、条件さえ整えば開戦する、という趣意であろう。杉山は米内と違って即時に全面拒絶はせず、条件をつけて、決定を先送りしたのである。ところが米内の言葉は有名になったが、不思議なことに、同じ趣旨の杉山の言葉は（政治的に長けた言葉であるにもかかわらず）、管見の限りでは先行研究に取り上げられていない。

なお、杉山の発した「陸軍ハ出来アラス」うんぬんという、陸軍の存在意義を問われかねない言葉は、ニュアンスを微妙に変えて、『杉山メモ』にも記載されている。

外相ハ積極論ヲ唱フルモ、陸軍ノ軍備充実未タ完全ニ出来居ラズ、支、北、南、三方面ノ条件ニヨッテ始メテヤレルノデアル、例ヘハ極東ニ動乱勃発、極東兵力ノ西送、ソ連政権ノ崩壊等ノ情勢ニナッタラヤリ得ルノデアル*30。

しかし、条件を付けて決定を先送りすることは実質骨抜きになると考えたのであろう、松岡は、さらに二十六、二十七日と連日の連絡会議で、執拗に即時北進を主張した。そしてついに三十日、「北ニ出ル為ニ」、既に決定済みの「南仏進駐ヲ中止シテハ如何」とまで言い出した。海軍の一部に動揺が走ったが、杉山が反対し、首相の近衛文麿も内相の平沼騏一郎も杉山の肩を持ち、孤立した松岡は、他の出席者の反応を見て主張を引っ込めた。反共思想で知られた平沼が、「北ヲヤラネハナラヌト思フ。而シ出来ルカ出来ナイカガ問題デ、之ハ軍部ノ御考ニヨル外ナシ」と事を収めた。永野修身軍令部総長も、「北ニ手ヲ出スニハ、海軍トシテハ〔中略〕約五十日カカル〔それでは間に合わない〕」と、杉山の即時対ソ開戦反対論に同調した*31。ちなみに海軍軍令部の永野は、公言は差し控えているが、陸軍の苦しい内情をつかんでいたようである。

独ソ戦勃発直後〔中略〕私〔柴勝男〕は、藤井〔茂〕、大野竹二（軍令部直属）と相談の上、総長、大臣、局長に集って貰い「このままでは対ソ戦に引摺り込まれる」と訴えたが、永野総長は「何を云ってる。もう米国との戦は近いぞ」と云われた。よくよく探って見ると、陸軍もソ連とはやりたくないのだとのことであった*32。

「北守南進」の海軍の戦略からいっても、海軍が北進論を主張することはなかった。こうして、即時対ソ開戦論は阻止された。陸軍の主張は通ったのである。

このあと、七月一日の連絡会議では、予算規模のためであろう、河田烈蔵相からの「陸軍ハ武力的準備ヲヤルノカ」と聞かれた。杉山は、「在満部隊ヲ戦時編制トナシ次テ攻勢ヲ取リ得ル様ニ〔中略〕最小限ノ兵力ヲ整ヘ」ると答え、同席した参謀次長も、「準備ハヤル　而シ乍ラヤリ得ル最小限ノ兵力ヲ整ヘテヤル積リナリ　ムチャクチャニ沢山ノ準備ヲヤル考ヘハナイ」と答えた＊33。このようにして杉山は決定を先送りすることによって、当面のあいだ対ソ開戦をせぬことと、同時に、対ソ戦になった場合の準備のためと称して、最小限ではあるが軍備の充実をやることを認めさせた。

軍務課の石井は戦後の回想に、「日本のいわゆる評論家たちも、あの政策の文章を引用してあれやこれと批評しているが一も正解者は見当らない」として、次にように記している。

> 七月二日の政策の真意が不決意の準備陣で殊に対ソ攻撃を強く拘束する性質のものであったに過ぎない＊34

「対ソ攻撃を強く拘束する」とは、簡単には対ソ開戦はさせない、との意であったのであろう。その方針が国策に顕われた当該箇所を、このあと次項で記しておく。

七月二日御前会議の決定

七月二日、御前会議が開催された。会議に提案された「国策要綱」には、北進に関し、

> 独「ソ」戦ニ対シテハ〔中略〕暫ク之ニ介入スルコトナク密カニ対「ソ」武力的準備ヲ整ヘ〔中略〕独「ソ」戦争ノ推移帝国ノ為有利ニ進展セハ武力ヲ行使シテ北方問題ヲ解決シ北辺ノ安定ヲ確保ス＊35

となっていた。すなわち、通説ではこの規定を「好機捕捉北方武力行使」を決定したと解釈しているが、本稿ではこれを、即時開戦はせず事実上対ソ戦は先送りという「非決定」の内容であったと解釈する。そのゆえんを以下に説明する。

既述のように枢府議長の原は、繰り返し北進論を主張した。それに対し陸相の東條英機が、「原枢府議長ト同シ考ヘナルモ目下帝国ハ支那事変遂行中テアル」と、イエス＝バット（Yes But）話法で陸軍全体の置かれている状況を述べた*36。今は無理です、というものである。つづいて杉山が、

〔極東に在る〕「ソ」ハ30Ｄ〔三十個師団〕〔ウチ〕４Ｄ〔四個師団〕西送　関東軍ハ平時編制ノ11Ｄ〔十一個師団〕「ソ」ハ戦時体制*37

と、具体的な数字と編制の違いを挙げて、関東軍がとうてい太刀打ちできない状況にあることを説明し、その上で、「守ル為ニモ外交ノ後拠トナル為ニモ又将来ノ攻勢ノ足場ニモ関東軍ヲ充実シテ更ニ進ンデ好機ニ乗シ攻勢ヲ採ラセタイト思フ」と答えた*38。好機を捕捉し武力行使をするにしても、関東軍を充実したうえでの将来のことである、というものである。

この規定によって、北進に関する勝敗の責任を一身に負う陸軍は、窮状をぶち明け開戦決定を先送りし、その上で、好機到来の際の準備と称して、それまで十分に得られなかった人員・資材・予算（ヒト・モノ・カネ）を獲得する根拠を得たと解釈できる*39。

会議の後、原は杉山のもとに歩み寄り、

「〔暫く之（独ソ戦）に〕介入スルコトナシ」ト云フ事ヲオ尋ネシタノハ私ハワカラナカッタカラオ聞キシタノダ満洲ノ兵備ナドヲ聞カウトシタノテハナイ他意ナキ故不悪〔あしからず〕＊40

と、ねんごろに釈明したという。これは、陸軍の対ソ軍備の実情を説明しなければ納得を得られないところまで参謀総長を追い込んだことについて、原が、本意ではなかったと杉山に釈明したと解釈できる。外国に駐屯する軍（この場合は関東軍）の軍備の状況を「探知」または「収集」することは、軍機保護法に抵触することであり＊41、枢府議長といえども聞くことをはばかられたことがこの原枢相の釈明からうかがえる。

ちなみに田中の業務日誌では、右記のように数字を挙げて、杉山が原に関東軍の状況を説明したことになっているが、他方、『杉山メモ』には単に「此ノ際関東軍ノ状況ヲ説明ス」とあるのみで、関東軍の師団数や編制内容は記載されてない＊42。これは、関東軍の状況について下僚に伏せるため、杉山が、部長会報で筆記を禁じたためと解釈できる。「外交能否ニ拘ハラス」御前会議を開催することを決めた時と同様に、このときも田中は、禁じられても筆記をしている。ちなみに七月四日の参謀本部部長会報の席では、「少佐大尉級ニテ機密事項ヲ宅□ニテ話スモノアリ」と、下僚（あるいは中堅層）たちの機密事項の取扱いについて、部内に注意が喚起されていた＊43。

2．「関特演」の発令

「関特演」という呼称

七月二日の御前会議で、「密カニ対ソ武力的準備」を行うことが決まった。この決定に先立ち、六月二十六日、関東軍は次のような通牒を発した。

時局関係事項ノ秘匿呼称ニ関スル件
隷下一般へ通牒
昭和十六年六月二十六日　関東軍参謀長吉本貞一
独ソ開戦ニ伴フ時局関係事項ニシテ業務処理ノ為平時的事項ト截然区別ヲ要スルモノハ自今関東軍特種演習（関特演）ノ秘匿名称ヲ使用スルコトニ定メラレタルニ付通牒ス＊44

通説では「関特演」と称する秘匿名称は、北進のための「対ソ武力的準備」のことで、準備を密かに行うための秘匿呼称だとされている＊45。しかしこの通牒には、そのような内容は明記されていない。しかも、この通牒は陸軍省内に回付されているにもかかわらず＊46、「関特演」の呼称は、当然記載があるはずの日本国内の当時の記録（後から追記した部分、および、書き直した部分を除く）には見当たらない。たとえば『杉山メモ』や『機密戦争日誌』や『木戸幸一日記』などに、記載されていないのである。ハル・ノートという有名な言葉も、日本がそれを接受し開戦を決めたとされた頃には使われていなかったと同様に、対ソ戦争の準備として発令されたとされる「関特演」という有名な言葉も、それが執行されたとされる頃には日本国内（内地）では使われていなかったのである。

さらに不思議なことがある。この通牒にある具体的措置については、大陸命（大本営陸軍部命令）として七月十一日付で天皇の名前で発令されている。すなわち、公式に決定し、公式に執行命令が発令されるよりも前に、命令を受ける立場の出先の執行機関が、秘匿呼称を決め、それを中央も含めた関係各部署に通知しているのである。

これらについてここでは指摘するだけにとどめ、本稿では行論の都合上、従来の通説に従い、七月二日御前会議で決定し、七月十一日付大陸命で発令、執行された「対ソ武力的準備」に相当するものを、「関特演」と呼ぶことにする。

「関特演」に関する大陸命の発令と具体的内容

七月二日の御前会議の決定では、「関特演」などに関する「具体的措置ニ関シテハ別ニ之ヲ定ム」となっていた。この具体的措置について、事務方の省部の課長クラス以下による協議がおこなわれた。その集まりが、既述の、「七月一日の参謀本部二課〔作戦課〕、軍事課、軍務課合同研究」である。この日、陸軍予算の配分にあずかる陸軍省軍事課と、国防関連事項の対外折衝にあずかる陸軍省軍務課と*47、そして参謀本部からは作戦計画の主務者である作戦課が会同した。まず作戦課から、「独ソ戦ノ見透」「対ソ作戦の特性」の説明があり、次に、既述のように防衛の場合と攻勢の場合の動員規模と、その日程についての説明がおこなわれた。すなわち、

対ソ作戦ノ特性
　作戦時期ノ限定→二ヶ月、冬季ニ入ル
　準備ハ秋ヲ目標ニテヤリ好機ヲ逃サヌ様ニ　八月一杯ヲ目標ニ作戦準備ヲ進ム
　□□〔「荏苒」カ〕熟柿ヲ待タントセハ米国ノ手カ入リ非常ナ脅威トナル
　現在ノ極東〔ソ〕軍ノ西行　三D〔三個師団〕　一機械化軍団、
対ソ戦ノ目標
　対ソ戦ノ兵力　一六D〔十六個師団〕　第一目標
　　　二〇D〔二十個師団〕→二〇数個〔師団〕　第二目標
　現満洲兵力（一二〔師団〕）ニテハ満洲防ヱ不可能
　防ヱ上最小限　一六D〔十六個師団〕（在満一二ヶ、在鮮二ヶ、内地51D、57D）
　攻勢　二〇数個〔師団〕
　〔中略〕

7／7～10／7　動員下令
七月上旬ニ開戦準備決意ヲナスニアラサレハ秋季作戦ハ断念スルヲ要ス＊48

それに対して、陸軍省側からは、動員がソ連を刺激し攻撃をまねきやすくなり、かえって北方の安全はおびやかされるのではないかなど、動員そのものに対する消極的な意見が出た＊49。その様子を聞いて、三日の日に、参謀本部の情報部の三課長が軍事課長室に押し掛けてきて、「ソ連ガ崩壊サセラレルコトモアリ得ルトテ状勢判断ヲ述ベタ」ことも既述した。

そこで七月四日の夜、田中が陸相の東條の所に乗り込んで直談判をし、事は中堅層の頭越しに決まったとか、田中が東條を口説き落としたうんぬんと、加登川も先行研究も、いずれもそういう趣旨のことを述べている＊50。

ところで、軍部大臣現役武官制が廃止された際、陸軍省の業務のかなりの部分が参謀本部に移ったことはすでに述べた。それまでは「平時編制及戦時編制は陸軍省之を起案し、参謀本部に協議す。但し動員計画の基礎となるべき作戦上の要求は参謀本部より陸軍省に移す」となっていたのが、戦時編制も動員計画も参謀本部所管諸部隊の平時編制も、いずれも参謀本部が起案することになった。陸軍省は、単なる「奉行機関」になったのである＊51。加登川も述べているように元は「すっきりした業務分担がゴチャゴチャになってしまった」ものだから、この件も、分担の境界のところで双方が自己の権限を主張し合って揉めたものと想像できる。

いずれにせよ主担任部署の作戦課からみれば、陸軍省の課長クラスが動員そのものに対しグズグズ言って、御前会議で決定したことを奉行しようとしない。そこで主管の田中（少将二五期）が、おそらく杉山（大将一二期）の意を受けてであろう、直接陸相（中将一七期）のもとに説明におもむいたということが考えられる。上位者への説明なら、杉山御大がわざわざ出向くことはなく、下位の担当者が出向くのが一般的だからである。

それを、下僚から見れば、豪腕の田中部長が東條陸相に直談判して口説き落としたように見えた。しかし、「東條の三段論法」で知られる東條が、そう簡単に下僚（この場合は田中）に口説き落とされたとするのは早計であろう。東條は、事務を処理するにあたってルールを厳正に適用することを旨としていた。また、「判を押すのがとにかくなかなか押してくれない」ことでも知られていた*52。その東條が、田中の説明ですぐ了承した。西浦はのちに、「関特演」の「動員をするかしないかで非常にもめて、〔中略、別件で〕眞田軍事課長処罰問題までおこりまして」と、この問題がもめたことを証言している。その裏で西浦は、動員をさせないよう「毎日朝出勤をすると軍事課長の真田さんのところへ行って」「真田さん頑張りなさいよ、これで動員なんかしたら大変だから」とそそのかし、煽っていた形跡がある*53。しかし、そもそも業務分担からいって非は作戦課の決めた枠に従ってやろうとしない軍事課にあり、厳正な措置を旨とする東條のことだから、決まったことをやらない眞田の処罰問題が起きたとしても不思議はない。ともかくこの問題は、官僚制組織においていつも揉めるもとになる業務分担の境界のことを頭に入れて史料を読まないと、一方の一方的な話を聞いて、それをそのまま鵜呑みにすることになる。

さて、このようにして両者のあいだで決まった大枠をもとに具体化された内容は、七月七日、陸相・総長列立上奏し、裁可となった。主な御下問、奉答は次のとおりであった。

✓〔天皇〕動員ハ已ムヲ得ヌモノトシテ承認ス
✓〔天皇〕ドコモココモ重点ナリ困リハセヌカ　関東軍カ却テ手ヲ出シハセヌカ
〔総長〕不敗ノ態勢ナリ*54

こうして「関特演」の執行命令は、天皇の裁可を得て、七月十一日付で大陸命第五〇六号として発令された。この大陸命には冒頭、「一　大本営ハ対蘇警戒戦備ヲ強化ス」とうたっていた*55。文面通り読めば、ソ連軍の満洲侵攻を想定し、警戒態勢の戦備を強化するということである。御前会議で決定した「好機北進」の趣旨は記されていない。

大陸命には、このあと、動員部隊が記載されている。戦史叢書の解説によれば、「関特演」は「人員約五〇万、馬約十五万を増強した動員で」、関東軍の戦闘能力が一挙に激増したかのような印象があるが、実際には、「直接戦闘力に結びつくものとしては師団二個と砲・工兵など一部の軍直部隊が増加されたにとどまり、大部の増員は在満鮮平時編制諸隊を戦時体制に移した際特に連、大隊などの小行李、大行李や師団の衛生隊、野戦病院、兵器勤務隊、制毒隊などが新設されたこと並びに兵站諸隊が動員されたことによって生じたものであった」という*56。すなわち「関特演」の執行命令は、在満部隊を二個師団増加、朝鮮軍もあわせて計十六個師団とし、それを、七月一日の連絡会議で蔵相に説明したように、平時編制から戦時編制へと、ソ連軍と同様の編制に変更するというものであった。

これは、服部作戦課長が軍事課・軍務課との会同で説明した対ソ戦の兵力の第一目標に相当し、「防エ上最小限」のものであって、攻勢をとり得る態勢にはとうていなり得なかった。大陸命で執行を命令した「関特演」の具体的内容は、大陸命の冒頭の言葉のとおり、「対蘇警戒戦備ヲ強化」すること、すなわち防衛態勢の強化に他ならなかった。御前会議で決定した「好機北進」のための「対ソ武力的準備」の執行命令は、厳密に見れば発令されていなかった。発令されたものは、杉山参謀総長が天皇に答えたように、「不敗ノ態勢」作りだったのである。

対ソ武力発動時機の判定基準

既述のように七月二日の御前会議では、「独ソ戦争ノ推移帝国ノ為有利ニ進展セハ武力ヲ行使シテ北方問題ヲ解決シ」、と決定した。この「有利ニ進展」したとみなせる時機は、具体的にどのような状況をいったのであろうか。戦史叢書ではそれを、田中の戦後の回想録にもとづき、欧州戦線の増援で極東ソ連軍が西送され、「八月上中旬ころにおいて、極東ソ連の地上軍が半減して約一五コ師団となり、航空その他軍直部隊が、三分の一に減ずる」状況だとしている*57。そうすれば、年内に決着をつけることができると。

たしかに関東軍が「関特演」の呼称を通知した六月二十六日付の田中の日誌には、「対ソ作戦」と題して、「作戦実施ノ為極東情勢ノ基準　半減　軍直航空　三分ノ一　（八月上中旬ノ）」＊58と記してある。また作戦課が「関特演」の具体的措置について軍事課・軍務課に説明した日の翌日の七月二日、作戦課は、参謀本部内の情報部（第二部）の各課長を召集し、好機、すなわち武力発動の時機について次のように説明している。

> 敵極東軍30Ｄ〔三十個師団〕カ半減セル場合ニ応シ　約一倍半ノ兵力ヲ以テ攻勢ヲトルノヲ基準トス　20数ケ師団＊59

好機の判定を極東ソ連軍の兵力が半減した時とし、それを、一倍半の二十数個師団でもって攻撃するというものである。二十数個師団というのは、前日の一日に作戦課から軍事課・軍務課に説明した第二目標であって、攻勢をとるために必要な兵力である。ところが、実際に「関特演」に動員したのは、防衛最小限の十六個師団に過ぎない。したがってこれでは、極東ソ連軍が半減したとしても、攻勢をとることはできない。

そのためであろうか、大陸命発令の三日後の七月十四日付の同じく田中の日誌に、「対ソ武力行使ノ好機」と題して

> 1）「スターリン」政権ノ「ウラル」亡命
> 2）「スターリン」政権ノ崩壊
> 3）「ウラル」亡命ノ影響
> a）軍需補給ノ断絶若ハ激減
> b）民需激減＊60

と記してある。この記事の示す状態は、連絡会議で松岡が北進論を主張した際忌避したところの、血を流さないで分け前に与ろうというものに近い。青柿論が熟柿論に変わったといってもよいだろう。このように、好機の判定基準がグラグラしていたのである。

この「好機」の判定について、田中自身も、大陸命発令の翌日の十二日付の日誌に「独ソ戦の好機トハ如何」と記している。この場合の好機とは、大陸命で発令した規模の関東軍では、これくらいの条件がそろわなければ開戦はできない、というものであろう。いずれにせよ「好機」の判定基準は、実際には公式的に明確にされておらず、作戦部のなかでグラグラとふらついている状態にあった。そのような類のものは、結局一部の人たちがあれこれ言い立てているだけで、公式的には、何も決まっていなかったとするのが妥当であろう。すなわち、北進を開始する具体的条件が確定しないままに、「防衛上最小限」の動員だけが進められていったとみるべきである。それではいったい、何を目的に、これらを動員したのであろうか。それを、これから順を追って明らかにしていきたい。

1　前掲『機密戦争日誌』上、一一三頁、四一年六月九日付日誌。
2　同右一一四頁、四一年六月九日付日誌。
3　たとえば前掲森山『日米開戦の政治過程』一三六頁。前掲波多野「幕僚たちの真珠湾」八〇〜八一頁。
4　中山隆志『関東軍』（講談社、二〇〇〇年）二一八頁。
5　前掲加登川「関特演」二四頁。
6　前掲「金原節三業務日誌摘録」前篇その三のロ、三七、四〇、四一頁。
7　同右四二、四三頁。
8　前掲「田中新一中将業務日誌」八分冊の五、四九二頁、四一年六月八日付日誌。
9　前掲『機密戦争日誌』上、一一三頁、四一年六月九日付日誌。
10　前掲「田中新一中将業務日誌」八分冊の五、四九八頁、四一年六月九日付日誌。
11　同右四九九頁、四一年六月九日付日誌。
12　前掲加登川「関特演」一四頁。

13 前掲森山『日米開戦の政治過程』一三五頁。
14 同右一七一～一七二頁。
15 同右一九一頁。
16 前掲『機密戦争日誌』上、一一一頁、四一年六月六日付日誌。
17 前掲「櫛田正夫大佐業務日誌」（頁数記載なし）四一年七月一日付日誌。
18 前掲「石井秋穂大佐日誌」其二、二五八頁、四一年七月一日付日誌。
19 前掲「櫛田正夫大佐業務日誌」（頁数記載なし）四一年七月一日付日誌。
20 前掲「石井秋穂大佐回想録」七五九～七六〇頁。
21 前掲石井「昭和十六年前半期の最高国策の補正」八〇頁。
22 高山信武『参謀本部作戦課の大東亜戦争』（芙蓉書房出版、二〇〇一年）三三、三六頁。
23 同右三六頁。
24 同右四一頁。
25 同右二九八頁。
26 前掲『杉山メモ』上、二二五～二三一頁。
27 前掲「田中新一中将業務日誌」八分冊の五、五七九頁、四一年六月二十四日（二十五日カ）付日誌。
28 緒方竹虎『一軍人の生涯』（文藝春秋新社、一九五五年）五八頁。
29 前掲「田中新一中将業務日誌」八分冊の五、五七九頁、四一年六月二十五日付日誌。
30 前掲『杉山メモ』上、二二五頁、「第三十二回連絡会議」。
31 同右二四八～二四九頁、「第三十六回連絡会議」。
32 防衛研究所所蔵「元海軍大佐柴勝男氏からの聴取書」聴取日時　六〇年十一月十一日、聴取者　官房司法法制調査部参与　豊田隈雄（頁数記載なし）。
33 前掲『杉山メモ』上、二五一頁、「第三十七回連絡会議」。
34 前掲石井「昭和十六年前半期の最高国策の補正」七九頁。
35 前掲『杉山メモ』上、二六〇頁、「情勢ノ推移ニ伴フ帝国国策要綱」。
36 同右二五九頁、「第五回御前会議」。
37 前掲「田中新一中将業務日誌」八分冊の五、六二五頁、四一年七月二日付日誌。

38 前掲『杉山メモ』上、二五九頁、「第五回御前会議」。
39 先行研究には、七月二日の御前会議の意義を、「作戦部の性急な北方武力行使をいかに押えるか、にあった」とするもの（前掲波多野「開戦過程における陸軍」一二頁）、「南北準備陣という両論併記」で陸海軍の意見のバランスをとったとするもの（前掲森山『日米開戦の政治過程』二二～二三頁）などがある。
40 前掲『杉山メモ』上、二六〇頁、「第五回御前会議」。
41 軍機保護法第二条「軍事上ノ秘密ヲ探知シ又ハ収集シタル者ハ六月以上十年以下ノ懲役ニ処ス」。軍機保護法施行規則第一条二、ハに定めた軍事上秘密を要する事項とは、「外国ニ駐屯スル軍隊〔中略〕及其ノ軍需品ニ関スル左ノ事項　甲、戦闘序列又ハ軍隊区分ニ基ク隷属系統、部隊号、部隊数又ハ部隊ノ人馬数〔中略〕　乙、前号ニ掲グル部隊ノ装備又ハ軍需品ノ種類、数量〔後略〕」。条文の解釈は、それぞれ前掲日高『軍機保護法』一六六～一七二頁、一三〇頁。
42 前掲『杉山メモ』上、二五九頁、「第五回御前会議」。
43 前掲「田中新一中将業務日誌」八分冊の五、六三三頁、四一年七月四日付日誌。
44 防衛研究所所蔵「陸満密大日記　昭和十六年」第九冊第五六号満密第一〇一三号。
45 前掲戦史叢書『大本営陸軍部　大東亜戦争開戦経緯』四、二六三頁。
46 前掲「陸満密大日記　昭和十六年」第九冊第五六号満密第一〇一三号。
47 前掲『西浦進氏談話速記録』上、一六六～一六七頁。
48 前掲「櫛田正夫大佐業務日誌」（頁数記載なし）四一年七月一日付日誌。なお、前掲戦史叢書『大本営陸軍部　大東亜戦争開戦経緯』四、二七四～二七五頁に、戦史室（当時）により成文化したものが掲載されている。成文化には解釈が介在するので、原文による。
49 前掲「櫛田正夫大佐業務日誌」（頁数記載なし）四一年七月二日付日誌
50 前掲波多野『幕僚たちの真珠湾』九八頁。前掲森山『日米開戦の政治過程』一七二頁。前掲加登川「関特演」一七頁。前掲『西浦進氏談話速記録』上、三三〇頁。なお田中の日誌には該当記事はない。
51 前掲加登川「関特演」七、九頁。
52 前掲『西浦進氏談話速記録』上、七七頁。
53 同右、下、三三〇頁。
54 前掲「田中新一中将業務日誌」八分冊の六、六四二頁、四一年七月七日付日誌。『杉山メモ』には該当記事はない。
55 『「大本営陸軍部」大陸命・大陸指総集成』第六巻（エムティ出版、一九九四年）四〇頁。

56 戦史叢書『関東軍』二（朝雲新聞社、一九七四年）二七～二八頁。
57 同右三二一頁。
58 前掲「田中新一中将業務日誌」八分冊の五、五八一頁、四一年六月二十六日付日誌。
59 前掲「櫛田正夫大佐業務日誌」（頁数記載なし）四一年七月二日付日誌。
60 前傾「田中新一中将業務日誌」八分冊の六、七〇二頁、四一年七月十四日付日誌。

V　北進断念の意思表示と「関特演」のその後

1．北進断念の意思表示

極東ソ連軍の動向

通説では、八月上中旬に極東ソ連軍が半減することをもって対ソ侵攻の「好機」だと取り決めてあったとされている。すると、北進論成立の基礎は、極東ソ連軍の西送状況に関する情報にあったといえる。

情報をとる現地の日本側諜報組織は、当初は哈爾賓特務機関、後の関東軍情報部本部であった。その構成は、①白系露人事務局を設置して白系露人を組織化し、②文書諜報班を設置し入手した露文文書記録を白系露人に分類整理させ、③白系露人に哈爾賓のソ連領事館員と気脈を通じさせ、諜報活動とし、④白系露人の特殊移民部落を造設し、諜報要員の獲得と係留をおこなった。かくして白系露人という切り札を持った哈爾賓特務機関の諜報謀略工作は成果を挙げ、特務機関以外においても、関東軍を通じて活動したという*1。

参謀本部情報部ソ連課に九年間在籍した林三郎の回想によれば、「独ソ開戦第一日の午後、多数のソ連兵がトーチカ陣地に姿を現わし、すぐさま工事にとりかかった。〔中略〕工事の種類は、散兵壕や交通壕の構築、鉄条網の新設、既設鉄道網の補修などであった」という*2。ソ連側は日本の侵攻に備え、軍備の強化に着手した。そして日本の参謀本部は、その敵情をつかんでいた。

開戦後一ヶ月経った七月二十八日、参謀本部が入手した極東ソ連軍の兵力は、狙撃師団（歩兵師団）が三十二個師団のほか、騎兵師団が四個師団などで*3、この兵力は独ソ開戦時よりむしろ増えていた。杉山は天皇の問いに、

寧ロ兵力ノ増加アリ　大体国策決定ノ独「ソ」戦争ノ推移ニ投スル時期ニ至ラス*4、

と答え、ソ連軍の兵力がむしろ増加しているので、国策で定めた「武力ヲ行使シテ北方問題ヲ解決」するための「独『ソ』戦争ノ推移帝国ノ為有利ニ進展」する時期には、未だ至っておりませんと報告した。

対ソ開戦の好機など、到来するどころか、かえって遠ざかっていった。そしてその兆候は、日本が「関特演」の動員を開始する前、すなわち独ソ開戦の時から顕われていた。これでは北進は、はじめから成立するわけはなかった。そしてその情報を、参謀本部首脳はつかんでいたのである。

百号態勢と机上検討で終わった百一号態勢

そもそも陸海軍統帥部は、毎年年末、次年度の「年度作戦計画」を立てていた。四〇年末に上奏した四一年度の陸軍の年度作戦計画では、陸軍全体で計五十三個師団に増強し、もし対ソ戦となる場合には、現在対ソ国境に配置した十四個師団に加え、

第一次集中　内地から六個師団　中国戦線から十四個師団　（計三十四個師団）
第二次集中　内地から三個師団　中国戦線から六個師団　（計四十三個師団）

を増派し*5、この兵力をもって、極東ソ連軍三十個師団（四〇年末の兵力）に当るという計画になっていた。もっともこの計画では、南進を想定していなかった。

ところで六月十八日付の田中の日誌には、総合戦略を練るために、種々の兵力配置案が図示されている。そのなか

に、「北方　攻勢　25D〔二十五個師団〕　警戒　16D〔十六個師団〕」と書いてあり＊6、さらにそのあとに、

1）南北共ニ好機ニ投シ武力ヲ行使ス、
2）支那戦面ノ自主的縮少ノ件
3）対「ソ」警戒兵力（16‥‥）
4）対「ソ」攻撃兵力（25‥‥）＊7

と記してある。3）は、今回の大陸命第五〇八号で実施された兵力であり、防御を前提にした十六個師団態勢だと読める。するともう一つの4）は、攻勢を前提にした二十五個師団態勢ということになる。戦史叢書では前者を百号態勢、後者を百一号態勢と呼んでおり＊8、田中の日誌のこの後の記事でも、「関特演」ではなく、こちらの呼称が使われている。もっとも、年度作戦計画に比べれば、二十数個師団からなる今度の百一号態勢は、これが仮に本格的な対ソ攻勢態勢だとすれば、はなはだ貧弱な態勢である。

しかしその貧弱な百一号態勢であっても、当時の日本には、存立し得る余地はないことがわかった。そのゆえんは、二つあった。一つ目は、田中がかねてから懸念していた冬営問題であった＊9。七月三十日、関東軍から、満洲での越冬は六十三万人が収容限度だという連絡が入った。建物、燃料、衛生上の問題から、という詳細な説明も添えられていた＊10。これでは、百一号態勢（百二十万人＊11）はおろか百号態勢（八十五万人＊12）もとれない。

二つ目は、支那派遣軍とのせめぎ合いであった。百一号態勢をとるには、中国戦線から兵力を引き抜くほかない。田中の日誌には、第四、第六、第二十一、第三十三、第四十一の各師団を抽出する計画が記してある＊13。ところが支那派遣軍総司令官畑俊六の日誌には、

中央は兎角支那事変処理の根本を忘れ我より進んで此際事を構へんとするの懸念（特に参本第一部長あたりの気運にかられて）あり。当軍よりも六師団及航空の全力を北に転用せんとするが如き研究あるを以て、此の如きは支那事変処理の根本を忘却し国民との公約を無視する一大事なるを以て、先般余より杉山参謀総長へ私信を以て善処を希望し置きたるか、正式に軍司令官として意見を具申するため本日野田〔謙吾〕総参謀副長を上京せしめ、大臣、総長に具申書を提出せしむることとす＊14。

と記してある。参謀本部でまだ研究（検討）段階の情報が、支那派遣軍の首脳の耳に入ったのである。畑と杉山は士官学校が同期で、陸軍大学校では畑は首席だったが、杉山は優等にもなれなかった。しかし進級は杉山の方が早く、栄職にも先に就いた。杉山としては、畑に、気遣いをしなければならない立場にあったとみられる＊15。その杉山からの指示であろう、七月三十日付の田中の日誌に、「総軍司令官意見具申ニ関スル件」と題して、「返事ヲ出ス事」、「統率ノ破綻ノ因トナラサル事」、「後宮〔淳、支那派遣軍〕総参謀長ニ対スル連絡ノ件」などの十一項目が記してある＊16。中国戦線からの戦力の引き抜きはするな、ということである。翌日の七月三十一日、田中は、東條陸相からも、「支那事変処理カ第一義ナリ　此方針ヲ変フルヤ」と言われた＊17。

このように北進を前提にする百一号態勢は、参謀本部にとって、検討だけはしてみたものの、とうてい成立するものではなかったのである。

作戦計画の行きづまりと北方の脅威

「年度作戦計画」の対ソ作戦構想では、満洲西部国境は守勢を維持し、北部国境と東部国境から攻勢に出ることとなっていた。しかし現実の作戦計画立案を担任する関東軍は、百一号態勢での北正面の攻勢作戦に自信を持てなかった。「交通網、補給、鉄道（黒河上流）ノ関係」で、「作戦準備ハ出来アラス」だったからである＊18。そこで関東軍は、代替案として七月二十九日、東正面攻勢の側面作戦としての三江作戦を参謀本部に提案した。満洲東北部の三江省から、沿海州と黒龍州とを制する戦略的要衝であるハバロフスクを衝き、これを一挙に攻略し、速戦即決の目途を立てようという作戦であった＊19。翌三十日、作戦の成算をただされた関東軍参謀副長は、「大抵出来ルト思フモ確実ニ出来ルトハ言ヒ難シ」と答えた。それに対し総長の杉山は、「確実ニ勝テル作戦」でなければいけない、陸軍としては「重点主義」でやる、「アヤフヤノ所ヘ手ヲ出サス」と用兵の原則を述べ、その要件を満たさない三江作戦の提案は棄却された＊20。もうどうやっても、北進する手はなくなったのである。

同三十日、杉山は参内した際、天皇から、

極東「ソ」軍ハ兵力ヲ西送セサルガ　之ハ日本軍カ動員シタカラデハ無イカ　動員ヲ中止シテハドウカ＊21

と言われた。この御下問の形をとった勧告について、田中の日誌には、括弧をつけて「(動員ヲヤメタラ、西進ヲヤルト云フ考)」と記してある＊22。「関特演」をやめれば、極東ソ連軍はドイツとの戦場に向うだろう。極東ソ連軍が西進すれば、ソ満国境のソ連軍は弱体化する。そこに、日本軍が北進する好機が生まれるかもしれない。天皇の意図は、七月二日の御前会議での原枢相の発言中の様子などと結び合わせると、あるいは北進にあったのかもしれない。

ところで、「関特演」はやめてはどうか、という天皇に対し、杉山は、次のように答えた。

大変テス　今日関東軍カ戦備不十分　「ソ」カ機先ヲ制スヤモ知レス　不測ノ変ニ備フル戦備ヲヤル為ナリ之ハ当然ノ措置ナリ　隙ヲ与ヘサルヲ要ス＊23

今のままではソ連が攻め込んでくれば、大変なことになります。隙を見せたら、ソ連は、いつ攻め込んでくるかわかりません。「関特演」は防御のため必要ですから、お言葉ではありますが続けます、と杉山は言い切った。杉山は、「関特演」に関する帷幄上奏においては、これまでも動員目的を、専守防衛（不敗の態勢）として説明してきていた。今回も、それに変わりはなかった。ちなみに、『杉山メモ』には「総長ハ動員続行ノ必要性ニ関シ詳細奉答申上ケタリ」として、具体的奉答内容を記していない＊24。ここでも、関東軍の戦備不十分ということが、下僚には伏せられていたようにみえる。したがって、『杉山メモ』だけでは（下僚に展開された情報だけでは）真相を解明するには不十分だといえる。

この直後の八月四日、連絡会議では「対ソ外交交渉要綱」を定め、「如何ナル変局ニモ対処シ得ル様至急対ソ武力的準備ヲ整フルモ　偶発的事件ニ依リテ対ソ戦ノ開始ニ至ルコトヲ厳ニ戒メ　既定ノ国策ニ従ヒ　内外ノ情勢我方ニ有利トナルニ非サレハソ連ニ対スル武力ノ行使ハ行ハス」と決定した＊25。その一方で八月六日、ソ連側からの先制攻撃、とりわけ航空攻撃に対する対応を協議し、その件の命令示達について天皇の裁可を得た＊26。対ソ専守防衛の確認であった。

三戦面の優先順位についての陸軍の混乱

田中作戦部長が東條陸相から、「支那事変処理カ第一義ナリ　此方針ヲ変フルヤ」と言われたこのとき、対北方、対南方、対中（対支）の三つの戦面のうち、対中戦面を第一義にと考えていたのは東條陸相だけではなかった。杉山が「関特演」の執行につき裁可を得るべく上奏した際に、天皇は、「北ニモ、支那モ、仏印モ八方ニ手ヲ出スカ　支那事変ノ処理に信念カアルカ」とただしている＊27。この天皇の言葉は、当時の日本の政策決定システムの特徴の一つを表していた。すなわち当時の政策決定過程を見ると、「一定の目標を設定し、それに必要な合理的な手段を選択するために政治的リーダーシップを強力に発揮したり」、また、「多元的な意思を調整・統合するに十分な能力をそなえた政策決定者をトップにもちえないシステムがそこに存在」していた＊28。別の折であるが、東久邇宮稔彦は天皇

に、

陛下が批評家のやうなことを仰せられるのは如何でありませう、不可と思召されたら、不可と仰せらるべきものではありますまいか*29

と直言したという。

これらの周囲の空気のなかで、杉山は、独ソ開戦を控えた六月九日の部長会報では、南北準備陣に充てる「兵力ハアマリ支那ヨリ減セス」と言ったり、援蔣ルート遮断に役立つと言う観点から南進に理解を示すなど、対中戦面に相応の意を払ってきた。本来対中戦面は、兵力と経費を節約することを旨としたはずであった。にもかかわらず陸軍首脳は、大元帥（昭和天皇）も含め、このとき、全四十九個師団中二十七個師団を展開して戦闘中の中国戦線のことを*30、念頭から外すわけにはいかなかったのであろう。

石原作戦部長時代の「国防国策大綱」で対ソ解決を最優先にし、それが挫折した澤田参謀次長時代には、戦略の大転換をおこない「時局処理要綱」で対英を最優先にした。しかしドイツ軍の英本土上陸作戦の決行の遅れから、対英攻撃の好機はなかなか到来せず、英米と対抗するための四国連合構想は独ソ開戦によって破綻してしまった。

これまで日本は、多元化した政治システムのもとで国家レベルの優先順位をつけることが出来ず、国策は両論を併記してお茶を濁してきた。それでも陸軍部内では、これまでは優先順位をつけてきた。それがこのような事態を迎えるに至って、陸軍までも、北方、南方、対中のあいだの優先順位に混乱を来たしてきたのである。優先順位をつけられないということは、言い換えればそれは、陸軍にとって、順位をつけようにも、魅力的でかつ確実に成立し得る選択肢が無くなってしまったことを意味していた。国内最大の政治勢力であったはずの陸軍には、国策策定において、イニシアティブをとる余裕がなくなったのである。

年内北進断念の展開

このあとの田中の日誌（写し）は、頁番号の重複、用紙の変更や横書きから縦書きへの書式変更があり、八月七日と九日の記事が欠落している。日誌が、部分的に改竄されたり破棄されたりしたことがうかがえる。このような紙面の乱れとともに、明らかにのちに追記したと判断できる毛筆で（通常ペン字）、「北より南へ」、「南主北従」などの言葉が記してある。陸軍部内に、何かが起こったと思われる。

他方、八月九日の参謀本部中堅層の方の業務日誌には、次のような記事がある。

> 年内対ソ武力解決ハ行ハザルヲ立前トスルコトニ決ス　本件陸軍内ノ決定ニシテ海軍ハ勿論政府ニ之ヲ移サズ
> 右ニ伴フ帝国陸軍作戦要綱成ル
> 一、対ソ十六師団ノ警戒ハ益々厳ナラシム
> 二、三、〔略、後述〕
> カクシテ北方武力解決ハ明春以降ニ延期セラル　但シ好機ガ明春以降ニ到来スルカ否ヤハ疑問ナリ
> 六月二十二日以来ノ興奮モ消失セリ　情勢判断ハ遂ニ的中セサリキ＊31

この決定は、年内の北進はこれを断念するというものであった。そしてこの決定は、陸軍限りの機密とした。断念する理由としては、独ソ戦短期終結という情勢判断が的中しなかったためとしている。またしても、好機が到来しなかったことになる。支那派遣軍にも、同様の知らせが参謀次長から派遣軍総司令官に伝えられた。これも理由を独ソ戦の進捗状況として＊32、年内北進断念の責をドイツに負わせていた。もっとも支那派遣軍の畑は、「対ソ作戦中止は先般〔支那派遣〕軍よりなしたる意見具申に促進せられ」たとして＊33、自分たち支那派遣軍の意見が通ったからだとしている。

注目すべきことは、この日誌の執筆者（戦争指導班員）が、年内北進断念を、「好機捕捉」という「弱者ノ戦法ニ甘ンゼザルベカラザル帝国トシテハ又何ヲカ云ハンヤ」と記していることである。日本の政策は弱者の戦略であって、弱者であるがゆえに、「好機捕捉」に頼らざるを得ないことがこのような結果を招来したとしている*34。彼らはこれについては、日本が置かれた立場の弱さを客観的に認識していたのである。

一方、軍務課の石井の当日の業務日誌には、「参本ヨリ軍務局長ヘ」として、「関特演」については「北ハ九月ニハヤラヌ　南ハ〔後略、後述〕」とあるだけである*35。このようにこの決定は、東京では陸軍内にとどめ、海軍や政府には伏せておき、支那派遣軍にも機密保持を呼びかけていた*36。

ところで「関特演」について詳述した戦史叢書は計三冊あるが、最後に刊行されたものには、「初めより影薄かりし北進論」と題して、

北進の声が高かったのは独ソ開戦後の十数日にすぎず、七月中旬には早くもその影が薄らぎ、同下旬後半期に至っては、事実上消滅した*37。

と記してある。「好機捕捉年内北進」の計画は初めから影が薄くて、十数日の寿命しかなかった、ということの記事が正鵠を得ていたとすると、初めから影が薄く、断念も内輪（陸軍）だけで内々にであったから、結局のところ、計画それ自体が、名ばかりの存在であったということになる。

実際のところ、縷述したように、北進の計画は、機密に触れることの出来る人にとって、とうてい成り立たない計画なのは明らかであった。したがって、これらの人が、どこまで真剣に北進の準備作業に取り組んだか、疑問である。陸軍部内の北進論は、部外の北進論とちがって、名ばかりの存在であったといえる。それを実証するように、管見の限りでは、一次史料に、参謀本部首脳が公式の席上で北進論を唱えた記事はない。しかし、名ばかりの存在だったの

は「北進論」であって、「関特演」で動員されたヒト・モノは、満洲の地に残った。

残された「関特演」

ところで、作戦課の瀬島龍三は、このときのことを次のように回想している。

　私は部長〔田中〕、課長〔服部〕の指示により、この断念の主旨を起案し、上層部の決裁を受けた。
　一、満洲に新たに増派・集中中の部隊は極力、国境方面を避けて中・南満に駐屯し、やがて来る冬季の越冬態勢に入る。
　二、在満戦力の欠陥補強のための作戦資材の集積、道路建設、通信施設整備は実施する。各部隊は訓練に専念し、関東軍は七十万挙げて戦力の向上に邁進する＊38。

　独ソ開戦を受けここに至るまで、「関特演」は、「好機捕捉年内北進」の看板を掲げてひそかに進められた。それが途中で、「北進」の看板を、内々のうちにそっとおろした。「関特演」の名で動員されたヒトとモノは満洲に残し、後方に下げて越冬態勢に入らせることにする。それらは、これから「在満戦力の欠陥補強」に活用する。これが、瀬島の書いたものであった。

　この「在満戦力の欠陥補強」は、石原莞爾以来陸軍が営々と進めてきたところの、「対ソ軍備充実計画」の継続に他ならなかった。満洲事変以来、参謀本部の諸先輩が手がけてきて、遅々として進まなかったものである。そうだとすると、それを、この際「関特演」という名目で、一挙に完成させようとしたことになる。その計画を記した文書を瀬島参謀は、田中部長や服部課長の指示を受けて作成し、上層部の承認を得たと解釈できる。

　ここまで縷述してきたことをまとめる。独ソ開戦を機にして満洲の現場で、関東軍がつけた「関特演」という呼称で執行されたものは、参謀本部の諸先輩の長年の念願であった「対ソ軍備充実計画」であった。この「関特演」は、参謀本部にとっては、七月二日の御前会議の決定した「国策要綱」にもとづく百号態勢であった。百号態勢は、北進を開始すべき具体的要件（判定基準）を確定しないままに、「防衛上最小限」の規模の動員として進められた。陸軍省側には、幹部だけには説明をして了解を取り、事務方には十分な説明をせず、動員の「奉行」だけを執行させた。説明を省いた目的は、満洲事変がもたらしたソ満国境のほころびを、ひそかに修復しようとしたところにあったと思われる。ほころびが存在することを、少しでも広がらないようにするためであった。現に軍事課の加登川は、その存在を敗戦後まで知らずにいた。

この計画がどのような形で仕組まれたか、現地の関東軍に「関特演」という符牒を付けさせることをどのように申し合わせたのか、そして、田中作戦部長がそのなかでどのような役割を果したかについての記述は、通常の太さのペン字で書かれた田中の業務日誌の、廃棄を免れた大部には見当たらない。あるのは、このあと紹介する関係者によって記述された二次史料である。

2．「関特演」・対ソ軍備充実・満洲国建設

陸軍にとっての「関特演」の意義

「関特演」は、陸軍にとって長年の念願であった「対ソ軍備充実計画」であった。しかし、陸軍から見ればやらねばならない計画ではあったとしても、これまでは細々やってきて済んだことを、今ここであえて一挙にやるという意義は何であったのだろうか。北進の看板を下ろしたあと、何を目的にして、「関特演」という名の「対ソ軍備充実計画」を、陸軍首脳はやることにしたのであろうか。当時もその疑問が、陸軍部内にあったようである。田中部長の回想録には、次のような記事がある。

省部の一部に〔中略〕今年内の北方武力行使を断念した以上既定通りの作戦準備を進める必要はないではないか、〔中略〕作戦準備の方法およびその程度は東京殊に軍政当局の意図に反し、なかんずく経費の関係を無視するという非難の声があがってきた＊39。

その前に述べておくことがある。実は、今回の年内北進断念の陸軍部内への展開には、年内北進断念以外にもう一つの伝達事項があった。それを、参謀本部の中堅層の八月九日付業務日誌には、「帝国陸軍作戦要綱」の二番目と三番目の項目として

二、対支既定ノ作戦ヲ続行ス
三、南方ニ対シテハ十一月末ヲ目標トシテ対英米作戦準備ヲ促進ス＊40

と記してあり、陸軍省の中堅層の同じく八月九日付業務日誌には、「参本より軍務局長へ」として「北ハ九月ニハヤラヌ」のあとに、「南ハ11D〔十一個師団〕デ十一月迄ニ準備スル」と記してあった＊41。これらの一次史料から、陸軍部内としては、あるいは参謀本部内としては、対米英開戦の作戦準備を、十一月初頭もしくは十二月初頭を目途として進めることに決定したことがわかる（開戦決定とは別）。この対米英戦作戦準備の詳細は第三部に譲ることとして、ここでは、参謀本部の北進断念の意思表示は、対南方作戦準備の促進とセットになっていたことを特記しておきたい。言い換えれば、「関特演」という名の今回の「対ソ軍備充実計画」は、陸軍部内では対南方作戦準備と連動していたのである。

ふたたび、田中の回想録に出てくる記事を引用する。

（一）南方優先なりとしても陸軍としては結局北方に戦わざるを得ず、北方の確乎たる鉄壁なくして南方に戦うことはできない。
（二）従来における関東軍の作戦準備は名目のみにして対ソ戦にたえうべき基幹態勢は全く出来ていなかった。今日の機会において一挙に作戦準備を引きあげる外その対策を見出し難い。今回の在満兵力の増強は、対ソ武力行使の予想に発するものであることは否定しえないが、同時にたとえ対ソ武力行使はなくとも、この機会に統帥部多年の宿題たる関東軍兵備の画期的増強を実現せんとする意図は当初から第一部には明確に意識されていたのだ。又関東軍の兵備増強が南方作戦の第一前提となるべきことはいうまでもない＊42。

この記事を記載した史料は、敗戦後の五八年に執筆された二次史料である。とはいえ「関特演」が、「統帥部多年の宿題たる関東軍兵備の画期的増強」だとして、ソ満国境の危機に対処する念願の軍備充実計画だとする田中の回想は、本稿がここまで史料をもとに積み上げてきた当時の状況と、整合性がとれている。田中が、「当初から第一部〔作戦部〕には明確に意識されていた」とし、当初から意図的に進めてきたとしていることも、独ソ開戦を前にして関東軍を視察し、その直後の部長会報で視察結果と矛盾する言動を執ったことを説明しており、それが、予算措置を楯に取る陸軍省の抵抗を押し切るためのものであったとすれば、理由が立つわけである。

すなわち、六月二十六日付で関東軍から「関特演」の符牒を通達したことをもって、

関東軍は昭和十六年六月二十六日という時点で、すでにソヴィエトに対する作戦準備をはじめていたのでありま す＊43。

と、加登川が軍事史学会の講演で述べているのは、陸軍省の一課員だった加登川が「関特演」を、通説どおり、武力北進の準備として認識していたからである。加登川の視点に立ってみれば、七月二日御前会議で決定し、七月十一日付大陸命で発令、執行された武力北進の準備こそ、「関特演」と呼ぶものであった。ところが陸軍首脳の立場から見た「関特演」は、ソ満国境の兵力比の劣勢を補完するための「軍備充実計画」の延長上にあるものだった。七月二日の御前会議では北進論を抑えるために名目として北進の名義を掲げものの、七月十一日付の大陸命では「対蘇警戒戦備ヲ強化ス」と本来に戻した。

そしてこの田中の回想には、いままでやらずに済ませてきた「対ソ軍備充実計画」を、ここに来て、あえて「関特演」という名でおこなう意義が記してある。それは、日本が南進を選ぶと決めた以上、背後から襲われることのないよう北方の安寧を確保しておかねばならないからである。戦略の大転換をおこなって四〇年七月に定めた「時局処理要綱」では、四国連合を前提に置いていた。好機武力南進は、四国連合を締結することとセットになっていた。四国連合の目論見が独ソ開戦で破綻したいま、北方を安寧に保つために四国連合に代わるものが必要であった。ソ満国境の軍備充実こそ、南方作戦の前提でなければならなかった。

そして背後の安寧を確かにすることは、「多元的な意思を調整・統合するに十分な能力をそなえた政策決定者をトップにもちえない」このときの日本の政治システムでは、それを、陸軍独自の責任でもってやるほかなかった。四一年十月二十七日付の連絡会議で賀屋蔵相の「陸軍ハ南方、支那、ソ〔北方〕ヲ〔同時に〕ヤッテユケルカ」との問いに、陸相としての東條は、次のように答えている。

陸軍ハ対ソ主、南ハ支作戦＊44

田中は自身の業務日誌にある東條のこの言葉を、後に成文化して、「陸軍としては対ソ防衛が主作戦で　南方は一個の支作戦だと考えている」としている＊45。この言葉こそ、陸軍としての、太平洋戦争に対する基本的なスタンスであった。そして北方は陸軍の責任であると言明した東條は、部下から、「特に責任観念が強過ぎた」ともいわれる人物であった＊46。国防に対する自己の責任を感じたからこそ陸軍は、「関特演」に名を借りて、ソ満国境の軍備充実をおこなったのである。

満洲国にとっての「関特演」

八月二十日、田中作戦部長は満洲を訪れた。関東軍に、「北方処理ヲ今年中ニ為スヘキヤ否ヤニ関スル件」についての中央の内意を伝えるとともに、「今後ノ作戦準備」として「百号態勢戦備ハ速ニ之ヲ整フ」こと、「露国ヨリ開戦シ来レル場合」および「明春以降ノ対蘇攻勢ヲ顧慮シ作戦準備ヲ遺憾ナカラシム」ことなどを中央の意思として通告した＊47。

軍司令官の梅津と参謀長の吉本とは、対北方問題の解決についてそれぞれ見解を述べたあと、吉本が関東軍としての「関特演」を執行する際の作戦面の問題点を挙げた。

> 中央ノ措置ト相俟チ本秋開戦ヲ目途トシテ準備シタルモ〔中略〕基本的準備〔鉄道、道路〕ハ十分ナラス　兵力集中、資材輸送ヲ十分ヤッテモ作戦ハ相当ノ制肘《ママ》ヲ受ク。〔今後は〕現地基本的作戦準備ノ促進　鉄道、道路網冬ニ入ルモ力ヲ注クコト　実行ハ軍政的行政的制扼ニ対シテハ統帥部ノ支援ヲ希望ス＊48

満洲国では鉄道や道路網といった兵站面でのインフラ整備が遅れているから、いくら人員（ヒト）や資材（モノ）を内地から持ってきても、活用できない。冬に入っても作戦準備としてのインフラ整備を続けたいので、予算や資材の配分は陸軍省が「奉行」するところであるが、それらが取れるよう参謀本部も支援してほしい、ということであった。

関東軍だけではない。満洲国も「関特演」の継続を切望していた。それには、次のような事情があった。

よく知られているように、満洲国の国政は内面指導という形をとって、実質上、日本人が実権を握っていた。その国政の責任者であった満洲国総務長官は、関東軍司令官の指揮命令下にあった。すなわち満洲国は、実質的に、「建国」の主体であった陸軍の、いわば間接統治下にあったのである。

三八年十二月のこと、関東軍は満洲国政府に対し「国境方面における国防的建設に関する要望事項」を提示した。それは、「日満共同防衛の見地に基き〔中略〕国境方面に於ける国防建設に関し在満兵団の増強、産業開発五ヶ年計画に照応しつつ〔中略〕其の施策の集中徹底化を図る」＊49ものであった。これをうけ満洲国政府は翌三九年の五月、「国境建設施策基本要綱」を定め、具体策として、政府関係部局、協和会、満鉄、関係特殊会社、国軍幹部が協同して、鉄道・道路・通信・航空・郵政・農業・畜産・水産・鉱業・工業・保健医療・福祉〔寮官舎〕の多岐にわたり、総額百億円でもって三ヶ年計画の「北辺振興計画」を建て、同年六月より実施に入った＊50。

しかし、鉄道は奥地での工事が難工事となり、道路も人手不足と難工事が重なり、通信は長距離ケーブルが資材難で、福祉も病院・診療所・防疫所・官舎・庁舎の建設が資材難で延期されるものが多く、計画は難航した＊51。

「関特演」が発動された頃のこと、軍務課高級課員の石井の回想録に、次のような記事が出ている。

満洲国の武部〔六蔵〕総務長官は上京して各方面の空気を打診した。われわれを星ヶ丘茶寮に招き一杯機嫌で曰く「はあ、オレは知らんぞ、満洲国がどうなろうと。まあやるだけのことはやる」と。彼はすでに対ソ開戦が確定されたものと思い込んでいたようだ。熟柿が転ったら、のこのこと拾いに行くのだから満洲国にそれほど大きな影響はあるまいに、と私はいささか奇妙な感じに取りつかれた＊52。

満洲国の文官のトップであった武部の振る舞いが、陸軍省中堅層の石井の目にどのように映ったかは別として、満洲国の行政を実質的にあずかる武部にとって、「北辺振興計画」が難航するさなか、「関特演」は、天から降ってきた恵みの雨だったのであろう。実際、「関特演」が発動されたことにより、「国境方面における陣地及び道路の構築、物資集積所の建設、作戦資材の集積等が緊急に実施されることとなり、これに必要な莫大な労働力と軍馬の供出が満洲国政府に要請された。〔中略〕多数の軍隊が国境方面に配置されると、〔中略〕現地自給態勢をとる〔中略〕ため開拓政策の推進、建設資材の生産工場設置等の措置が必要となってきた」＊53。このようにして「北辺振興計画」は「関特演」と名を変えて、国家建設（産業開発）のためのインフラ整備を、満洲国より一段上のスケールの、「大日本帝国」としてのヒト・モノ・カネでもって取り組むことになったのである。

具体例として、道路建設をとりあげる。政府関係者の回想によれば、「建国以前の満州は市街地以外には道路は全然無かった」。それが、「関特演北辺振興等を契機として道路建設のピッチは急速に高まり、〔中略〕終戦時には国道約三万キロを完成し、〔中略〕道路総延長は約五万キロに及んだ」＊54。なかでも「北満の中心ハルピンと南満の玄関大連を結ぶ延長一、〇〇〇キロの高速自動車専用道路」は、いっときは中断を余儀なくされたが、「関特演」により「日本と満州とをつなぐ動脈として、〔中略〕高らかに建設のラッパ」が鳴りひびいた。この高速道路の建設は敗戦後中国共産党政府に引き継がれ、残留日本人技術者の手によって奉天〜鞍山間は舗装まで完成したという＊55。

「関特演」の持つ三つの顔

太平洋戦争開戦直前の四一年十月、磯村武亮の後をついで参謀本部の情報部ソ連課（第五課）の課長となり、後に関東軍参謀副長（作戦担当）になった松村知勝（敗戦時少将）の、「関特演」について概観した証言がある。

昭和十六年〔四一年〕春、独ソ戦争が開始されると、〔中略〕とりあえず北方準備陣という考えで準備態勢をとったのが例の「関特演」であった。あの頃は石油禁輸の直前であり、またドイツの進撃も成功している時でもあったが、陸軍としては対ソ戦争にふみ切る決心もつかず、特に関東軍は完全装備のソ連軍にはとうてい対抗できないのでとりあえず関東軍は主として、後方部隊、兵站関係部隊を補充強化して準備態勢をとったのが関特演の実情であった＊56。

この松村の回想は、主として田中作戦部長の記録に依拠した本稿の記述と整合している。

ところで、ヒト・モノ・カネを握って「関特演」を「奉行」する立場にあった後の初代戦史室長西浦進は、当時軍事課高級課員として、補佐すべき上司の眞田課長に意見具申し、作戦部の立てた計画を阻止しようとしたことはすでに述べた。西浦は回想録に、「関特演」のことを次のように書いている。

独ソ開戦後〔中略〕参謀本部方面ではこの際シベリア問題を解決すべしとする思想が台頭してきた。〔中略〕大臣も一時は大いに北方に食指が動いたらしかった。私はこのときこそ何としてもシベリアに第二の支那事変を作ることを防がねばならぬと決心した。参謀本部から関東軍の兵力を約二倍とする大動員案が持ちこまれた。私はこの動員阻止、已むを得ない場合でも対ソ開戦は断乎避けねばならぬと考えた。〔中略〕かくして動員は行われた。この動員の目的は北方問題積極的解決にあったことは明かである＊57。

西浦の証言によれば、「関特演」は、参謀本部が独ソ開戦を好機として捉えて対ソ武力行使をするための作戦準備であった。松村が「とりあえず関東軍は主として、後方部隊、兵站関係部隊を補充強化して」としているのに対し、正反対ともいえる見解である。

もう一つ、西浦のこの証言で注目すべき点がある。西浦は自身の権能を活用（利用）し、北方武力行使を阻止しようとして活動（画策）したと自認していることである。好機を捕捉し北方に武力を行使することは、その是非はともかく、御前会議で決定した事項である。かくの如き重要問題を、一高級課員（筆頭課長補佐に相当）の立場で阻止しようというのである。それはかつて、「修正軍備充実計画」を執行した際、自身の権能を利用し事を処理しようとしたところの、下僚政治の再現であった。あのときは、日中戦争をやめさせるため、であった。今度は、北進を阻止するため、である。

西浦はさらに、証言している。

南方作戦間北方安全保持のためとか、北南両用の構とかの見方もあるが、せんじつめてみるとその理由は成り立たない。この動員は秘密裡に行い、秘匿名称を関特演といったがその関特演は何といっても私にはよくわからないものであった＊58。

西浦は、戦史室長として執筆者とともに戦史叢書の内容に関与するとともに、叢書執筆のために防衛研修所に集積した史料すべてにアクセスできる立場にあった。すなわち、陸軍大学校首席の俊才であった西浦進は、史実は何かを知り得る立場にあった。そこで、「せんじつめてみるとその理由は成り立たない」と主張する一方で、「南方作戦間北方安全保持のためとか、北南両用の構とかの見方も」あると、自己の証言と異なる趣旨の証言を紹介している。

既述のように、「関特演」を詳述した戦史叢書は三冊ある。この戦史叢書の「記述内容に関する責任は、戦史室長と執筆者のみ」があずかるものとしている＊59。刊行したときの戦史室長は一番目は西浦進、二、三番目は島貫武治であり、執筆者はそれぞれ島貫武治、原四郎、西原征夫であった。このうち中央官衙に居たのは西浦、原の両名で、当時陸軍省軍事課員であった西浦は、「関特演」につき、「田中第一部長は強硬に動員を主張した。〔中略〕この動員の目的は北方問題積極的解決〔武力解決〕にあったことは明かである」と、回想録に記している。これが、現在の通説になっている。

他方西原が、この三番目の戦史叢書（そこには、第三軍も第五軍もソ満国境突破の自信があるとは書いてない）を執筆中のこと、戦時中戦争指導班の班長だった甲谷悦雄は、「私は郷里山口県から西浦進戦史室長の名をもって何度呼び出されたか知れないが、その用件の少なくとも三〜四割程度は、西原君の対ソ情報勤務の記憶をたしかめるためだった」と証言している。そして仕事の面で、「私の記憶する限り、ただの一度でも〔西原と〕見解や意見は対立したことはない」と付け加えている＊60。通説で構築されている第一番目と第二番目の戦史叢書の「関特演」に関する記述は、この西浦戦史室長の回想を基調にして編まれているが、西原が執筆した三番目の戦史叢書は、独自の観点で執筆されている可能性があると思われる。しかし、ここではこれ以上言及しない。

「関特演」について総括すれば、独ソ開戦を契機に勃興した「ソ連を撃て」との声に応じて、「好機北進」のための作戦準備として計画したとされるものが、「関特演」の一つ目の顔であった。陸軍省の中堅層の見た「関特演」や、一番目と二番目の戦史叢書に編まれた「関特演」がこれだった。他方これを名目にして、参謀本部と関東軍は、長年の課題であった対ソ軍備充実計画の完成を計り、対米作戦間北方の安寧を確保しようとした。これが、「関特演」の二番目の顔であった。だから北進を断念しても、これ（軍備充実計画）は継続された。陸軍首脳が推進した「関特演」が、これであった。そして満洲国政府はこれに便乗し、難航していた国家建設（産業開発）のためのインフラ整備を大々的におこなった。御前会議で枢相が提唱した「ソ連を撃て」という錦の御旗のもとに、軍事的論理と、行政的論理あるいは経済的論理がせめぎ合いながら、新興国家たる満洲国において、「関特演」という看板を掲げた近代国家建設の事業として発展していったものがこれである。これが、「関特演」の三つ目の顔であった。「関特演」は、立場によって見える顔が違っていたのである。

3.「関特演」のその後

関東軍と北方静謐確保

十二月三日、対米開戦を目前にして大陸命第五七八号が発令された。「大本営ノ企図ハ速ヤカニ南方要域ヲ攻略スルト共ニ、〔中略〕此間露国ニ対シテハ極力戦争ノ発生ヲ防止スルニ在リ」との基本方針の下に、「関東軍司令官ハ満洲国及関東州ノ防衛ニ任スルト共ニ情勢ノ推移ニ応スル為昭和十六年度〔四一年度〕帝国陸軍作戦計画訓令別冊第二章ニ準拠シ露国ニ対スル作戦準備ヲ実施スヘシ」というものであった*61。年度作戦計画の該当箇所には、米英蘭国が参戦し、次いで露国が参戦したケースが記されていた*62。

当時の関東軍参謀の作戦班長は、この時期の関東軍の使命を「静謐確保」だとして、

これは〝静けさを保つ〟ということであるが、この一般にはあまり使うことのない「静謐確保」が、昭和十六年〔四一年〕十二月、大東亜戦争が開始されてから、昭和二十年〔四五年〕八月のソ連参戦にいたるまで、関東軍の一大標語となったのである*63

と回想している。明春〔四二年春〕の北進計画など、どこかに消えてしまっていた。にもかかわらず「関特演」の方は、四二年に入っても続けられた*64。「軍備充実計画」の延長上のものだったからであろう。

執行部署たる関東軍の兵站担当参謀の回想によれば、「関特演」発動の際、関東軍作戦課長田村義冨大佐は大本営作戦部長の意図に基づき、従来不備であった物的作戦準備を一挙に解決すべく、作戦関係者に、「予算等に介意することなく実行に移すよう」意図を述べて鋭意督励したという*65。関東軍は、田中作戦部長を介して伝えられた意を受けて、待望のインフラ整備を行った。満洲国も、そのおこぼれにあずかった。懸案の予算の方は、「大東亜戦争の

勃発で、臨時議会が開かれ、新たに臨時軍事費が追加され、ウヤムヤのうちに辻褄が合わされてしまった」という*66。十一月十七日臨時議会で決定された、既出の、追加予算のことであろう（第一部、「臨時軍事費などの追加予算」）。

ソ満国境の壁の崩落

北方の確乎たる鉄壁なくして南方に戦うことはできない。そのために、関東軍の兵備増強が南方作戦の第一前提とすべきとの考えのもとに、「関特演」は継続されたと田中は証言している。しかし戦史室長の西浦は、「南方作戦間北方安全保持のためと〔中略〕の理由は成り立たない」と否定した（既出、『「関特演」の持つ三つの顔』）。西浦は否定したが、実際はどうであったか。

日本が対南方作戦（対米英作戦）を開始して四年弱経った四五年八月、ソ連は日本に宣戦を布告した。このときまだ、日ソ間には中立条約が存在していた。そして、宣戦布告の知らせが届く前に、極東ソ連軍はソ満国境を突破した。八月九日未明のことであった。引用するのは当日の、木戸内府の日記である。

　午前九時五十五分より十時迄、御文庫にて拝謁す。ソ連が我国に対して宣戦し、本日より交戦状態に入れり。就ては戦局の収拾につき急速に研究決定の要ありと思う故、首相と充分懇談する様にとの仰せあり*67。

昭和天皇は直ちに木戸を通じて、事態を収拾するよう首相に指示した。手を挙げよう、ということであった。手を挙げることを提唱したのは、天皇だけではなかった。次に引用するのは、近衛の女婿細川護貞（後の首相細川護熙の父）の日記である。

　午前九時、〔中略〕〔高松宮〕殿下は電話に御出まし遊ばさるるや「ソ連が戦線を布告したのを知ってるか」と仰せあり、〔中略〕余は、「是又実に絶好の機会なるを以て、要すれば殿下御躬ら内閣の首班となられ、急速英米と和を講ぜらるるの途あり。〔中略〕」と言上、殿下は「近衛〔文麿〕にやらせろ近衛にやらせろ」と仰せあって〔後略〕＊68。

高松宮は、自分などより近衛を首相にして事態を収拾させろと言ったという。天皇も含めたこれらの人びとのあいだで、ソ連の参戦は、この戦争にとどめを刺すものとの共通認識があったようである。ソ満国境の壁の崩落は致命的であった。歴史は、「北方の確乎たる鉄壁なくして南方に戦うことはできない」との田中の証言を実証した。

太平洋戦争の推移とともに、「関特演」で増強されたソ満国境の日本陸軍は、逐次南方・内地に転用されていった。他方ソ連軍は、ドイツの降伏後、欧州戦線の歴戦の部隊を極東に東遷させた。こうして始まった日ソ戦の実相は、彼我戦力の大きな格差のため、特に堅固な築城施設のない方面において、各陣地は一両日のあいだに突破され、ひとたび突破された部隊は、再び態勢を立て直すことができず、概して離散する向きが多かったという＊69。

満洲や北朝鮮で起きた惨状は、軍のみにとどまらなかった。「関特演」について詳述した三番目の戦史叢書は、次のように記している。

国境線以外、軍の主力は作戦の必要上概して少しく内部に撤退したため、「根こそぎ動員」によって一家並びに職域・地域の中心を失った居留民の逃避行は悲惨を極めた。途中あるいは暴れいな敵軍並びに暴民の迫害によって命を落とし、又は凌辱を被り、幸いにそれらの毒牙を免れても、着のみ着のまま、わずかな携行食だけの難民にとっては、それこそ雲煙万里のさまよいの連続であり、疲労・疫病・飢餓、そして日ごとに加わる北満の寒気、精根の限界が永遠の別れであった。〔中略〕最後の対ソ防衛戦における在満居留民の動態は、我が国歴史上類例のない大悲劇であり、それはまた統帥との相関性についても大きな問題として残されている＊70。

満洲事変以降、「陸軍当局者の眼は対ソ戦備の充実にほぼ釘付け」であった。その戦備が崩落した結果がこれであった。高松宮の日記には、北朝鮮での出来事が記されている。

北鮮ニ侵入セル「ソ」兵ハ白昼街道ニテ通行中ノ婦女ヲ犯ス。汽車ノ通ラヌタメ歩イテ来ル途中、一日数度強姦セラル。〔中略〕元山カ清津ニテハ慰安婦ヲ提供ヲ強イラレ人数不足セルヲ籤引ニテ決メタリ。日本婦人ノ全部ハ強姦セラレ自殺セルモノモ少カラズ。〔中略〕満洲ヨリ南下スル列車モ殆ンド平壌ニ止メラレ悲惨ナ光景ヲ呈シアリト＊71。

在満居留民の大多数は、教員、技術者、商人、鉄道職員等中流階級であったという＊72。

極東裁判と「関特演」

敗戦後の極東裁判では、侵略戦争を計画・実行して「平和に対する罪」を犯したとして、当時の日本の指導者の多くが連合軍の手により訴追された。ソ連は、この裁判に、原告として連合国側に席を連ねた。この裁判で日ソ間の出来事をあつかった「段階」(phase) は、ソビエット段階と呼ばれた。

この段階の最終弁論で、被告の日本側は、冒頭、次のように主張した。

このソビエット段階には、他の段階と根本的に相異してゐる点があります。それは、〔中略〕日本側から戦争を開始、又は遂行したと主張するなどは出来ないのだ、と云ふことであります。即ち、この起訴状で述べられてゐる期間に於て日ソ両国間に起った唯一の戦争は、昭和二十年〔四十五年〕八月九日、ソビエット社会主義共和

国側が日本に対して〔中略〕宣戦し且つ開始した戦争であって〔後略〕＊73

極東裁判の他の「段階」では、原告の国々は、日本を自国に対する侵略国家として訴追した。これらの国々は、いずれも、日本から先制攻撃を受けた国だった。ソ連が他の原告の国々と同じ側の席に就くには、日本に、対ソ侵略計画があったことを実証する必要があった。ソ連側検察の示した証拠のなかで、特に目立ったのは「関特演」の関係であった。ソ連は、七月二日の御前会議の決定は、対ソ戦争計画の準備を表すものであるとの立場をとった。そして、それに沿って証人を繰り出した＊74。

その一人、富永恭次は「関特演」当時、陸軍省人事局長であった。次に引用するのは、富永のモスクワにおける尋問調書である。富永は、東條の側近として知られていた。その富永の証言では、東條陸相は「関特演」計画の核心であり、東條には、ソ連を攻撃する強い意図があったというものであった。


問、東條ハ関特演ニ関係アル仕事ニ就テ如何ナル役割ヲ演ジマシタカ。

答、東條ハコノ計画ヲ是認シマシタ　東條ハ関特演計画ノ核心デアリマシタ。

〔中略〕

問、東條ハコノ期間ニ「ソ」連ニ対シテ攻撃スル強イ企図ガアッタコトヲ貴殿ハ確証シマスカ。

答、ハイ、確認シマス＊75

秦彦三郎は、「関特演」当時、関東軍参謀副長（政策担当）であった。次は、秦のハバロフスクにおける尋問調書である。「関特演」で兵力を増強させたのは、対ソ開戦に備えたものだというものであった。

問、関東軍兵力増強ノ目的如何

答、情勢ノ推移ニ応スル為必要ナリキ　若シ日本政府カ対ソ戦ヲ決意セハ関東軍ハ軍事行動ヲ開始スルヲ要ス之カ為関東軍ハ日本及支那ヨリ増加セラルヘキ約二十個師団ノ主力ノ集中ヲ掩護スル可能性ヲ与フルヲ要スレハナリ＊76

日本がソ連に対して侵略と戦争を計画したという告訴の基礎となっている証言を行った証人たちは、いずれも例外なく、「鉄の扉」の背後に留め置かれた俘虜であり、証言を終れば、再び元の俘虜の身に返る人たちであった。よく知られているように、当時ソ連は、ポツダム宣言の約定を無視し、日本軍の将兵を復員させることなくシベリアその他に収容し強制労働に従事させていたのである。この証人たちは、自己の証言によって、故国の我が家に返して貰えるか貰えないかが決定されることを十分に理解していたことを、日本側（被告側）は法廷で主張した＊77。

それらの証人のなかには、法廷で証言させるため、ソ連から東京に連行された者も居た。満洲国皇帝であった愛新覚羅溥儀や、総務長官であった武部六蔵、それに、関東軍大陸鉄道司令官であった草場辰巳（中将）であった。その草場は、ソ連の強要する証言を拒絶したため撲殺されたという。表面的には自殺となっているが、遺体を家族が貰い下げに行ったときに立ち会った人の話では、草場は、頭部を鈍器で撲られていたという＊78。

ソ連が連合国の席に座を連ねるためには、日本に、対ソ侵略の計画が存在することが必要であった。そして「関特演」は、ソ連にとって、未遂に終わったものの、日本の対ソ侵略の作戦準備でなければならなかった。現在でも、「関特演」についての教科書の記述は、「七月、〔中略〕御前会議は、軍部の強い主張によって、〔中略〕南方進出と、情勢有利の場合のソ連攻撃とを決定した」となっている。教科書のこの部分は、極東裁判の連合国（実はソ連）側の主張と一致している。そして極東裁判において、ソ連は、原告（連合国）側にその座を占めた。ハル・ノート同様、「関特演」も極東裁判のなかで複雑な役割を演じさせられ、関東軍は、ソ連侵略の尖兵とされた。これが、現在、ハル・ノート開戦説と並んで、太平洋戦争開戦過程を構成する歴史的事象の一つとして、日本の近代史の通説になっている。

1　前掲西原『全記録ハルビン特務機関』四八〜五一、六〇頁。
2　林三郎『関東軍と極東ソ連軍』（芙蓉書房、一九七四年）二二一頁。
3　前掲「田中新一中将業務日誌」八分冊の六、七五六頁、四一年七月二十八日付日誌。
4　同右八一三頁、四一年八月十二日付日誌。
5　前掲戦史叢書『大本営陸軍部』二、一五五頁。
6　前掲「田中新一中将業務日誌」八分冊の五、五四〇頁、四一年六月十八日付日誌。
7　同右五四七頁、四一年六月十八日付日誌。
8　前掲戦史叢書『関東軍』二、二二頁。
9　たとえば前掲「田中新一中将業務日誌」八分冊の五、六〇七頁、六月二十九日付日誌。
10　前掲「田中新一中将業務日誌」八分冊の六、七六〇頁、四一年七月三十日付日誌「満洲越冬ニ関スル件」。
11　同右八分冊の七、八四七頁、四一年八月二十日付日誌、および八九七頁、四一年九月十日付日誌。
12　前掲戦史叢書『大本営陸軍部　大東亜戦争開戦経緯』四、二七九頁に記載された数。
13　前掲「田中新一中将業務日誌」八分冊の六、七四九〜七五〇頁、四一年七月二十七日付日誌。
14　前掲「畑俊六日誌」三〇九頁、四一年七月二十九日付日誌。
15　陸軍中央の人事は、「上級職ほど〔陸大での〕成績との相関度が低く、下級職ほど相関度が高い」（筒井清忠「昭和期陸軍エリート研究序説」『年報近代日本研究　官僚制の形成と展開』、山川出版社、一九八六年、三〇九頁）。
16　前掲「田中新一中将業務日誌」八分冊の六、七六一頁、四一年七月三十日付日誌。
17　同右七六八頁、四一年七月三十一日付日誌。
18　同右七六二頁、四一年七月三十日付日誌。
19　前掲戦史叢書『関東軍』二、五一頁。
20　前掲「田中新一中将業務日誌」八分冊の六、七六三頁、四一年七月三十日付日誌。
21　前掲『杉山メモ』上、二八四頁、「七月卅日　御下問奉答」。

22 前掲「田中新一中将業務日誌」八分冊の六、七六五頁、四一年七月三十日付日誌。この記述は、『杉山メモ』にはない。
23 同右七六四～七六五頁、四一年七月三十日付日誌。
24 前掲『杉山メモ』上、二八四頁、「御下問奉答」。
25 同右二八八～二八九頁、「対ソ外交交渉要綱」。
26 同右二九〇～二九一頁。
27 前掲「田中新一中将業務日誌」八分冊の六、六四一～六四二頁、四一年七月七日付日誌。
28 細谷千博「対外政策決定過程における日米の特質」細谷千博ほか編『対外政策決定過程の日米比較』（東京大学出版会、一九七七年）一二頁。
29 前掲近衛「最後の御前会議」五五頁。
30 前掲戦史叢書『大本営陸軍部　大東亜戦争開戦経緯』四、二六六頁。
31 前掲『機密戦争日誌』上、一四四～一四五頁、四一年八月九日付日誌。
32 前掲「畑俊六日誌」三〇九頁、四一年八月十日付日誌。
33 同右三一〇頁、四一年八月十四日付日誌。
34 同右一四五頁、四一年八月九日付日誌。
35 前掲「石井秋穂大佐日誌」其二、二七八頁、四一年八月九日付日誌。
36 同右三一〇頁、四一年八月十五日付日誌。
37 前掲『戦史叢書　関東軍』二、七二頁。
38 前掲『瀬島龍三回想録』九八頁。
39 前掲田中「大東亜戦争への道程　八」一〇八～一〇九頁。
40 前掲『機密戦争日誌』上、一四四～一四五頁、四一年八月九日付日誌。
41 前掲「石井秋穂大佐日誌」其二、二七八頁、四一年八月九日付日誌。
42 前掲田中「大東亜戦争への道程　八」一一〇～一一一頁。前掲戦史叢書『関東軍』二、七三頁にも記載されているが、引用は原本による。
43 前掲加登川「関特演」二頁。
44 前掲「田中新一中将業務日誌」八分冊の八、一〇一二頁、四一年十月二十七日付日誌。
45 前掲田中「大東亜戦争への道程　一〇」九六頁。前掲『杉山メモ』上、三五七頁「第六十二回連絡会議」よりも、田中の日誌の方が表現が明快である。

46 佐藤賢了述『言い残しておくこと』（陸上自衛隊小平修親会、非売品、一九五八年）一六三頁。
47 前掲「田中新一中将業務日誌」八分冊の七、八三六〜八三七頁、四一年八月十九日付日誌。
48 同右八四二〜八四五頁、四一年八月二十日付日誌。
49 「日中戦争二」『現代史資料九』（みすず書房、一九六四年）七八六頁。
50 満州国史編纂刊行会『満州国史　総論』（満蒙同胞援護会、一九七〇年）六五八〜六六二頁。
51 楳本捨三『満州』（満州会、一九七五年）三一五頁。
52 前掲石井「昭和十六年前半期の最高国策の補正」八〇〜八一頁。
53 前掲『満州国史　総論』六三一、六五六〜六五七頁。
54 満洲回顧集刊行会編『あゝ満洲　国つくり産業開発者の手記』（農林出版、一九六五年）一八二頁、町田義知「道路建設」。
55 同右一八三〜一八七頁、大島秀信「哈大道路建設の回想」。
56 前掲松村『関東軍参謀副長の手記』四一頁。
57 前掲『西浦進』五五七頁、西浦進「回想録」。回想録は四七年に作成されたものの抄録。
58 同右五五八頁。
59 たとえば前掲『戦史叢書　大本営陸軍部』二、一頁、西浦進「序」。
60 前掲西原『全記録ハルビン特務機関』二八八〜二八九頁、甲谷悦雄「著者西原征夫君を偲んで」。
61 前掲『大陸命大陸指総集成』第六巻、一五六〜一五七頁。
62 戦史叢書『陸軍航空の軍備と運用』二、（朝雲新聞社、一九七四年）三一七〜三一八頁。
63 草地貞吾『関東軍作戦参謀の証言』（芙蓉書房、一九七九年）一七頁。
64 粟屋憲太郎他編『対ソ情報戦資料』第二巻（現代史料出版、一九九九年）五三八頁。
65 前掲戦史叢書『関東軍』二、一〇三〜一〇四頁。
66 前掲加登川「関特演」二三頁。
67 前掲『木戸幸一日記』下巻、一二二三頁、四五年八月九日付日記。
68 細川護貞『情報天皇に達せず』下巻（同光社磯辺書房、一九五三年）四一五頁、四五年八月九日付日記。
69 前掲戦史叢書『関東軍』二、四八〇頁。
70 同右四一一頁。

71　高松宮宣仁『高松宮日記』第八巻（中央公論社、一九九七年）一七六頁、四五年十月二十三日付日記。
72　前掲福留『史観真珠湾攻撃』四〇頁。
73　前掲『極東国際軍事裁判速記録』第九巻、四四三〜四四四頁、「ソビエット段階」の「弁護側最終弁論」冒頭の文。
74　同右四六〇〜四六一頁、ソビエット段階の「弁護側最終弁論」。
75　前掲『対ソ情報戦資料』第二巻、五三一頁。
76　同右五三七〜五三八頁。
77　前掲『極東国際軍事裁判速記録』第九巻、四四五頁、ソビエット段階「弁護側最終弁論」。
78　平島敏夫『楽土から奈落へ』（講談社、一九七二年）二九六頁。平島は終戦時満鉄副総裁。

第三部

太平洋戦争開戦決意と陸海軍の相克

Ⅰ　南方への方向転換

1．「時局処理要綱」とその揺動

節目としての「時局処理要綱」

ここで、話を第二部のⅡの終わりのところまで戻して、もう一度「時局処理要綱」(「世界情勢ノ推移ニ伴フ時局処理要綱」)決定の直後から叙述を再開することにする。

すでに述べてきたように、「時局処理要綱」は、

①国内最大の政治勢力とされた陸軍が、伝統的な対ソ先決から対英先決へと戦略の大転換をはかり、自ら主導して結実させた新国策であり、

②陸軍のとったこの戦略の大転換が、日露戦争以後初めて、多元化した政治状況のもとでバラバラだった政戦両略について、マクロな形とはいえ一致をもたらしたという点で画期的なものであり、

③このあと、おおむねこの「時局処理要綱」の路線に沿って対英米開戦まで進んでいったという、歴史的意義のある国策であった。

これらのことから、「時局処理要綱」の決定は、太平洋戦争開戦過程における大きな節目の一つであったといえよう。

実際、太平洋戦争開戦過程に関する先行研究では、古典とされる『太平洋戦争への道』の最後の過程にあたる角田

氏の執筆分も、また、陸軍を中心に記述した波多野氏の『幕僚たちの真珠湾』も、そしてまた、実証研究の典型とされる森山氏の『日米開戦の政治過程』も、いずれもこの時点前後から叙述を開始している。このことは、これらの先行研究が、著者にその意図があったか否かは不詳だが、「時局処理要綱」が決定された付近をもって太平洋戦争開戦過程を叙述する際の出発点とみなしたことになる。

ところで、第二部で述べた対ソ戦略の展開は、太平洋戦争開戦過程におけるいわば脇道になる。それならば、太平洋戦争開戦過程の本道はどうなっているのであろうか。そこでもう一度、陸軍の戦略の大転換の結果が、海軍や外務省の志向したところと整合し得たことにより、国家全体の向かう方向が定まり、それが具体的動きに波及していった「時局処理要綱」のところに立ち戻って、太平洋戦争開戦過程を叙述することにする。四〇年の、七月の時点である。その際、この終点が、第一部で実証したように、ハル・ノートの接受ではないことを常に念頭に置いて、太平洋戦争開戦を決定した過程を、陸軍の視点に立ってたどっていくことにする。

「時局処理要綱」に至る経緯――小括

三一年、陸軍が好機を捕捉して実施した満洲事変は、成功裡に終わったとされた。しかしその陰に、ソ連が極東の軍備を増強してきたため、ソ満国境の兵力比は次第に劣勢となった。日本陸軍は、北辺の脅威にさらされた。満洲事変の成果を信じ陸軍を支持してきた国民にはこのことを伏せる一方で、劣勢下に置かれた軍事面の状況を修復すべく、三六年、陸軍参謀本部は「国防国策大綱」を定めた。従来からの「帝国国防方針」は実質的には作戦計画を立てるためのものであったが、この大綱はそれとは違い、遠大な戦争計画ともいうべきものであった。そこには、どの国と戦うかの優先順位が記してあった。「対ソ先決」、すなわち対ソ処理を最優先するというものだった。しかしながらこの大綱は、国家の方針にならなかった。同じ年に五相会議で決定した「国策ノ基準」は、相変わらず、陸軍は世界一の陸軍国ソ連を相手に軍備をととのえ、海軍は世界一の海軍国米国を相手に軍備をととのえると規定してあった。これこそ、多元化した政治システムの下での、陸海軍の両論併記というべきものであった。その結果、陸軍には軍備充実のための十分な予算はまわらず、海軍だけが、結果として目標とする軍備を建設するだけの予算を獲得し得た。そのため対ソ軍備で劣勢下に置かれた陸軍は、自ら主導して、日独防共協定を締結することによりその不足分を外交的に補完し、一時の安寧を得た。

ところが思わざる日中戦争（支那事変）の勃発と拡大化は、ソ満国境でのソ連軍の重圧下にあった陸軍にとって人員・資材・予算（ヒト・モノ・カネ）の面で対ソ軍備充実との競合を招来し、計画の修正を余儀なくさせた。陸軍は幾度となく対中和平工作を試みる一方で、不十分ではあるが軍備充実計画の修正をもって次期大戦の時機を目標に軍備の充実を図り、（防共協定強化と称して）ドイツとのあいだに本格的な軍事同盟を締結することによって軍備充実の間の兵力比の劣勢を補完し、かつ次期大戦という好機を捕捉して対ソ処理を図ろうとした。

しかし、防共協定強化について陸軍は他の政治勢力の理解と賛同を得られず、しびれを切らしたドイツは、独ソ不可侵条約締結に奔った。そしてそれにともない、次期大戦も勃発した。修正軍備充実計画が、まだ開始する前のことであった。ソ満国境の彼我の兵力比は日本側の増強にもかかわらず、それを上回るソ連側の増強に差は開く一方で、次期大戦の到来は対ソ処理の好機とはならず、ドイツとの軍事同盟構想はご破算になり、修正軍備充実計画は難航し、政府内では孤立するなど、陸軍はあらゆる面で苦境に陥り意気消沈していた。そこに、欧州の新局面が到来した。日本の南方に、力の真空地帯が生まれたのである。苦境にあった陸軍にとって、それは、まばゆいばかりの好機の到来に見えた。

息を吹き返した陸軍は伝家の宝刀を抜いて米内内閣を倒し、意に沿うと思われた近衛文麿を首相にかつぎあげ、これまでの「国防国策大綱」で策定していた国防問題解決について、優先順位を変更するという戦略転換をおこなった。すなわちこれまで対ソ先決としていたのをあきらめ後回しにし、対南方問題の解決を先決とし、それと関連させて日中戦争を解決しようとしたのである。そのために、ソ連とは四国連合を企図して国交調整を図ることによって北辺の安寧を確保する一方で、ドイツ軍の英本土上陸を好機として捕捉し、南進を敢行するというものであった。この陸軍の大転換した戦略を構成する個々のものが、海軍や外務省がそれまでに志向していた方向と整合し、ついに日本国家としての、大まかな政戦両略の一致を見るに至ったのである。大転換した戦略は四〇年七月、陸軍が主導して「時局処理要綱」という国策となって結実し、窮地におちいっていた陸軍は、前途に展望が開けたかのように見えた。

先行研究が叙述した「時局処理要綱」の意義

ところで前々項（「節目としての『時局処理要綱』」）に挙げた三つの先行研究は、「時局処理要綱」の持つ意義について、本稿とは見解を異にしているところがある。たとえば、

①角田順氏は、米国と「開戦するに至るまで〔中略〕実施して行くことになった方策」としてその意義を認めつつも、「発想の経路に立ち戻って」みれば、「ショックと欲と焦燥と他力本願で」作成した「にわかづくりの抽象作文」であり、それが証拠に「その遂行の裏づけとなるべき物的国力判断がいっさいおこなわれなかった」もので、「他人の褌で角力をとる〔中略〕どこまでも便乗的な、甘い、身勝手な機会主義を本質とするもの」だとしている＊1。杜撰な計画を立てて、無謀な開戦に走ったというものである。また、

②波多野氏は、「実質内容は、対仏交渉の進展如何によっては北部仏印に武力を行使する、と規定した」だけで、「武力南進のプログラムは、好機便乗的と形容されるように、独善的な判断と展望に根拠をおいていた」ものだとしている＊2。また、

③森山氏は、「好機南方武力行使の方針を文章化したという意味で、画期的」だと評価しつつも、内容については、「多様な方向性を矛盾が露呈しない程度に含み込んで」国策として成立し得たものであるが、「肝心の好機南方武力行使の内容については、〔中略〕同床異夢の典型的文書で、〔中略〕決定の形式と具体策に関する非決定」な構造のものだとし、「好機南方武力行使」以外は、「具体性は皆無に近かった」としている＊3。

これらの先行研究は、「時局処理要綱」について多少の歴史的意義を認めつつも、内容は杜撰であったとし、その批判の対象を、主として「好機南方武力行使」に向けている。

ところが本稿ですでに明らかにしたように、この「好機捕捉」は、弱者である日本が、欧米列強と対等に伍していくためのハンディキャップを埋めるための手段であった。そのことを述べた際に例に挙げた「対中二十一ヶ条要求」や「満洲事変」以外にも、大国を相手に戦った日清戦争や日露戦争も、相手国がそれぞれ王朝末期（政権末期）であったことが、両国に比較し小国であった日本にとって結果として好機になったとみることができる。そうみると、近代機械文明から取り残された極東の島国日本が、黒船来航の後、欧米の植民地になることを免れ、アジアで唯一の近代国家として欧米列強の仲間入りができたのも、この「好機捕捉」という手段をたくみに駆使したことも寄与しているといえる。そうであれば「好機捕捉」というのは、道徳的評価（相手の弱みにつけ込む）はさて置き、それなりに手段としての合理性はあったとみることができる。問題は、これまでもそうであったが、好機が到来しない際の計画なり実際の動きが、如何なるものであったか、である。そういった観点から、「時局処理要綱」が合理性をもった決定であったか否かに着目し、このあと展開した過程をもう一度見直すことにする。

なお、森山氏所説の、「時局処理要綱」にみられる国策としての「組織的な利害対立の調整」がもたらした決定の曖昧さについて＊4、本稿の採る見解を補筆しておく。すでに述べたように、「時局処理要綱」が決定されるまでは、海外政策の決定・執行に参画した政治勢力である陸海外が、多元化した政治システムの下でそれぞれ違った方向を志向し、国力を分散させてきた。その過程において、苦境に陥った陸軍が欧州新局面の到来を好機と捉え戦略の大転換をおこない、それが、結果的に右記に示した国策の向かう方向の一致をもたらした。その意味で「時局処理要綱」は、今日の、企業戦略の方向を確定する企画稟議に相当するものであった。そうであれば「時局処理要綱」は、具体性を問題とするよりも、向かうべき方向の整合性に着目すべきである。そして、政策に具体性をもたせるためには、個別の実行計画ないし実行稟議に相当する個々の国策を作成し、各部署間のすり合わせをする必要がある。そこに、状況的要素が入り込み、個別の「国策」策定を幾度となく繰り返す必要が生じたとみることができよう＊5。そしてその結果、企画稟議に相当する「時局処理要綱」も、個別稟議に相当する個別の国策も、時間を逐うごとに違ったものになっていった。そのうちの主な個別の国策が、実際にどのように揺れ動いたか、その具体的様相について三つの戦面ごとに簡単に触れておく。

対中戦略の揺動――持久戦戦略

これまでは、陸軍の戦略大転換を、対北方、対南方、対中の三つの戦面に大別し、陸軍参謀本部の実質上のトップである参謀次長の澤田茂の立場に立ち、澤田が究極的に意図したところを説明してきた。その際、行論の都合上、時間軸を無視して説明し、結果として「時局処理要綱」の説明が、時間軸の点で正確さを欠いたものになった。それを補正することを兼ねて、この三つの戦面に対する戦略が、状況的要素によって、時間とともにどのように揺動したかについて述べる。

対中戦略については、四〇年七月決定の「時局処理要綱」には、次のように規定してある。

政戦両略ノ総合力ヲ之ニ集中シ特ニ第三国ノ援蔣行為ヲ絶滅スル等凡ユル手段ヲ尽クシテ速ニ重慶政権ノ屈服ヲ策ス＊6

先に述べたように、対中政策について阿南陸軍次官は澤田参謀次長に同調しなかった。すなわちこの時点では、まだ、日中戦争は日中二国間で解決するという戦略が陸軍全体として有力で、欧州戦争（南進政策）と関連させて処理するという戦略に転換できていなかった＊7。「時局処理要綱」は、そのような状況のもとで策定されたのである。

当時陸軍が取り組んでいた対中政策には、波多野氏の整理したところによると、和平工作として、①蔣介石と袂を分かった汪兆銘を首班とする親日政権の樹立工作（梅工作）のほかに、これと並行して、②蔣介石政府との直接交渉を図った桐工作があり、③この桐工作を支援すべく蔣政府を圧迫する軍事作戦としての宜昌作戦があった。また、第三国による蔣政府支援補給路、いわゆる援蔣ルートを遮断する目的で、④軍事作戦としての南寧の一時占領、⑤外交交渉によるビルマルートの閉鎖、そして、⑥外交交渉と武力発動を伴った北部仏印進駐があった＊8。なおこれ以外にも、戦史叢書は、松岡外相による和平工作としての銭永銘工作を挙げている＊9。

これらの工作は、「時局処理要綱」に規定したとおり蔣政権の屈服を目標に政戦両略の「凡ユル手段ヲ尽クシ」たかのようにみえるが、実際には、陸軍が主動していた桐工作を除き、それ単独では目標達成のための手段にはなり得ないものばかりであった。そしてこれらの乱立した工作は、かならずしも統一した戦略と指揮のもとに、整然と秩序立って執行されたわけではなく、政府内はもちろん、陸軍内でさえもバラバラに進められた。

それでも、陸軍が本命視していた桐工作は、蔣介石と汪兆銘と支那派遣軍総参謀長板垣征四郎の三者会談を設定するところまで話は進んだ。近衛首相の親書も用意した。ところが、蔣介石政府との連絡役として通じてきた宋子良（宋子文の弟）が偽者だったのである＊10。対中和平工作が、中国側から足許を見透かされていたことを象徴するかのような終焉の仕方であった。そこで桐工作の失敗を機に、四〇年十一月、対中戦面は既述の「支那事変処理要綱」を定め、問題があるのを承知で汪兆銘親日政権を中華民国政府として承認し、他方で、南進政策と関連させて長期戦を覚悟した対中持久戦態勢の確立をもって意思統一を図った＊11。そしてこの事態を「大持久戦」と称することによって＊12、膠着した中国戦線における前線将兵のモラールの維持を図ろうとした。

ここで、当時の日本では「持久戦」をどのように考えていたかについて簡単に触れておく。東京帝国大学経済学部教授であった土屋喬雄の当時の著書には、およそ次のように書いてある。武力戦を戦略的観点から見ると、殲滅戦と消耗戦とがある。殲滅戦とは短期戦を得策とするもので、平時において多数の戦力を備え、敵国内に進撃し、短期間に決定的成果を獲得することにある。そしてもし、「それが所期の効果を得ず、且つ兵力・資材消耗の極に至れば、却って優勢となれる敵に最後の一撃を加へられる」ことになる。これに対して消耗戦（持久戦）は長期戦を得策とするもので、「戦争を長びかせ、成し得る限り敵の兵力・資源を消耗させて最後の一撃を加へる」ことにある＊13。

日本側からみれば、日中戦争は殲滅戦から消耗戦へと移行していった。当初は殲滅戦を志向したものの所期の効果を得られなかったためである。かかる状況において、侍従武官長を通じて、天皇から次のような言葉が伝えられた。

長期持久戦にはいった以上、何時までも中途半端なやり方ではいかぬ。兵力と経費と徹底的に節約することを本旨としなければならない。徒らに増兵するのは趣旨を誤るものである＊14。

敵の侵入を支え得る広大な国土を持った中国に対し、初期段階で短期間に決定的成果を挙げ得ずして持久戦すなわち消耗戦におちいった日本が、兵力・経費を極力節約する一方で、「第三国ノ援蔣行為ヲ絶滅スル」ためいわゆる援蔣ルート遮断を「時局処理要綱」で規定したことは、それなりに合理的な処置であったといえる。それにしても戦線が膠着し、持久戦を余儀なくされたことは、日本陸軍を、さらなる苦境に陥れた。

対ソ戦略の揺動――国交調整の難航

対ソ戦略については、四〇年七月決定の「時局処理要綱」には、次のように規定してある。

対外施策ニ関シテハ〔中略〕先ヅ対独伊蘇施策ヲ重点トシ特ニ速ニ独伊トノ政治的結束ヲ強化シ対蘇国交ノ飛躍的調整ヲ図ル＊15

対北方戦面については、すでに述べたように、ソ連との「飛躍的」国交調整をおこなうとしていた。三国同盟にソ連を加え、日独伊ソ四国連合にして、米英と対抗しようという構想だった。それを強力に推進するために、駐ソ大使に陸軍出身の建川大使を充てた。そのうえで、かつてソ連側から提案のあった日ソ不可侵条約の締結を、建川大使の方から提議させた。四〇年十月のことだった。

ところが今回は、ソ連は、不可侵条約にかわるものとして中立条約なら締結してもよいと回答してきた。不可侵条約よりも拘束力のないものである。そもそもソ連との国交調整については、三国同盟締結の際、当時ソ連と不可侵条約を締結していたドイツが、日ソ間の仲介をする約束になっていた。しかし、四一年二月、親独派の大島を再び駐独大使として派遣すると、独外相から、「独ソ戦は不可避の形勢となった」との内話があったという。ドイツは日本との約束を破った形になったが、三宅正樹氏によると、ドイツ側には複雑な内情があったという*16。いずれにせよこのままでは、四国連合構想は暗礁に乗り上げる。またしても陸軍の目論見には、暗雲が垂れ込めてきた。

2．対南方戦略の揺動

好機到来の遷延

既述のように「時局処理要綱」の根幹となるところは、対南方戦略、すなわち好機を捕捉し南方問題を解決する、にあった。英軍がダンケルクに追いつめられた四〇年五月末、昭和天皇は澤田参謀次長に、好機の到来の有無について尋ねた。好機とは「南方問題解決」のための好機であり、「独逸ノ対英攻撃成功」すなわちドイツ軍の英本土上陸作戦の成功が好機であった。

上　独軍ハ対英本国上陸作戦ヲ実施シ得ルヤ

奏　可能ナリト判断致シテ居リマス*17

澤田は、好機の到来について十分に期待が持てると答えた。時機についても、七月に葉山の御用邸に赴いた際、「独逸ノ対英攻撃ハ〔中略〕遅クモ七月末又ハ八月初メニハ開始セラルヘク　今後一ヶ月又は一ヶ月半以内ニハ英国ノ世界的地位ニ大変動キタスコト予期セラル　此ノ変転ニ対シ我国ハ東亜新秩序建設政策ニ関シ一大躍進ヲ加ヘサルヘカラス　然ルニ攻城砲兵ノ諸準備ニハ動員　整備　輸送等ヲ加ヘ約一ケ月間ヲ要スルヲ以テ只今ヨリ攻城砲兵ノ動員ヲ行ヒ現地〔香港正面〕ニ派遣スルコト切要ト存シマス」と上奏し、「御嘉納アラセラ」れた、という*18。

しかし、天皇と陸軍が想定した好機は、すぐには到来しなかった。「時局処理要綱」の主たる問題は、この国策が「同床異夢」や「非決定」や「具体性は皆無」（森山氏の指摘）もさることながら、そのことよりも、陸軍にとって、対ソから対英にと戦略の大転換をしたにもかかわらず、「時局処理要綱」で想定した好機が到来しなかったことにあった。またしても、陸軍の目論見は外れてしまった。

第一　補給圏を傘下に

対南方戦略について四〇年七月決定の「時局処理要綱」には、冒頭、「方針」として次のように規定してあった。

帝国ハ世界情勢ノ変局ニ対処シ内外ノ情勢ヲ改善シ速ニ支那事変ノ解決ヲ促進スルト共ニ好機ヲ捕捉シ対南方問題ヲ解決ス　支那事変ノ処理未ダ終ラザル場合ニ於テ対南方施策ヲ重点トスル態勢転換ニ関シテハ内外諸般ノ情勢ヲ考慮シ之ヲ定ム　右二項ニ対処スル各般ノ準備ハ極力之ヲ促進ス*19

まず対中処理をはかりつつ、好機を捕捉し対南方問題を解決するという、この国策の核心となる方針が記されている。そして、対中処理が難航した場合を想定し、その場合には、対中をそのままにして対南方武力行使に重点を移すかどうかは、その時点の状況によって決めるとした。なお、武力行使については次のように規定している。

一　支那事変処理概ネ終了セル場合ニ於テハ対南方問題解決ノ為内外諸般ノ情勢之ヲ許ス限リ好機ヲ捕捉シ武力ヲ行使ス

二　支那事変ノ処理未ダ終ラザル場合ニ於テハ第三国と開戦に至らざる限度に於て施策するも内外諸般ノ情勢特ニ有利ニ進展スルニ至ラハ対南方問題解決ノ為武力ヲ行使スルコトアリ*20

すでに述べたように、対中関係については桐工作の失敗が判明し、日中戦争は解決に至らず、名実ともに持久戦へと移行していった。そして、好機としてのドイツ軍の英本土上陸もいまだ実施されていなかった。「時局処理要綱」の規定に従えば、この場合は、第二項の「第三国ト開戦ニ至ラザル限度ニ於テ施策スル」のが原則であった。欧米との戦争にはうったえない、ということである。実際日本は、そのように行動した。

当時日本は南方を、資源獲得の観点から、次の三つに大別していた。

①第一補給圏　仏印（仏領）、泰（独立国）

②第二補給圏　フィリッピン（米領）、ビルマ（英領）、馬来（英領）、蘭印（蘭領）

③第三補給圏　その他*21

ここで第二補給圏とされたのは欧米列強の植民地であったのに対し、第一補給圏とされたのは、独立国もしくは同盟国ドイツの傘下に入ったフランスの植民地であった。第二補給圏にくらべ、第一補給圏は、「第三国ト開戦ニ至ラザル限度ニ於テ施策スル」にかなった対象（地域）であった。既述のように九月に北部仏印進駐を強行した日本は、そのあと第一補給圏に対し、「速ニ日泰間ニ密接不離ノ関係ヲ設定スルト共ニ仏印ニ対シテハ強硬ナル態度ヲ以テ機宜所要ノ威圧ヲ加ヘ我要求ヲ容認」させることとした。こうして南方戦略としては、北部仏印に進駐したあと、欧米列強と戦争にならない範囲で南方に進出することにし、その対象を、具体的に第一補給圏と定めたのである。この個別の国策が連絡会議で決まったのは、四〇年も末の頃であった*22。

第一補給圏を傘下におさめる目的は、資源獲得だけではなかった。四〇年の末、作戦課長の土居明夫は部長の田中に、「対南作戦ニハ南部仏印、及泰ニ基地設定ヲ絶対ニ必要トス　其時機ハ早キヲ可トス」との意見を具申している*23。これは、作戦課長の立場から軍事技術上の策を具申したのであって、自分の仕事（作戦計画の立案）がやりやすいようにという意図だったのであろう。

土居課長から意見具申があって三ヶ月後の四一年三月十八日、田中は業務日誌に「南方問題に対する態度」と題して、次のように書き込んでいる。

・泰仏印ノ限度ニテ国力充実　後南方進出
・引続キ南方進出
・南方断念、平和進出*24

第一補給圏を確保した後、選択肢が三つある。①仏印と泰を傘下におさめていったん休止して国力を充実させたうえで、然るのちにあらためて南方に進出するという選択肢、②泰と仏印を傘下におさめ、そのまま引き続き南方に進出するという選択肢、③これ以上南方には進出しないで、あとは外交手段で通商関係を結んでいく、という選択肢であった。もっとも、陸軍大佐岩畔豪雄が野村大使補佐のためアメリカに赴任するに際し、南方は結局どうする積りかと訊ねたとき、田中は、

今になっては理由は彼是説明する必要はないと思うが、茲当分の南方進出は仏印・泰を勢力圏に入れること

で一段落すべく、連続想定でシンガポール、蘭印に進出することは避くべしと考えている。但し米国の圧迫で日本の存在が冒さるるようになれば別個の問題となるであろう*25

と答えたという。選択肢の②は、無いということであろう。岩畔が離日したのは三月六日だから、それ以前のことである。

目論見の外れと「対南方施策要綱」

欧州の新局面の到来を好機に陸軍が自ら主導して結実させた「時局処理要綱」は、苦境に陥っていた陸軍としては、やっとみつけ出した前途に希望が見出せる戦略であった。ところがそのあと、三つの戦面は、「時局処理要綱」成立当時とはめまぐるしく変わっていった。

①対南方　北部仏印には進駐したものの、「時局処理要綱」の根幹となるべき好機（ドイツ軍の英本土上陸）は、なかなか到来しなかった。

②対中　日中戦争の戦線は膠着、持久戦となり、解決の目途はつかなかった。

③対北方　三国同盟はできたものの、独ソ関係は悪化し、日独伊ソ四国連合の構想は暗礁に乗り上げた。

北部仏印進駐と三国同盟をのぞき、またしても、陸軍の目論見は外れた。とくに陸軍が、対北方から軸足を移しつつあった対南方は、第一補給圏である泰・仏印を傘下におさめる活動も、日蘭会商も、詳細はのちに譲るが、思うようには進んでいなかった。この事態を回想した作戦部長の田中は、四〇年の末から四一年の春にかけての時期を「国策要綱樹立当時とは世界情勢は変ってしまい」、そのため「時局処理要綱が全然形骸化し、無用化した〔に〕も拘わらず、それに代るべき国策要綱が策定されなかった」とし、国内は「甚だしき政策の分裂があった」と回想している*26。

他方軍務課高級課員であった石井の回想によれば、そのような状況下において陸軍は、「海軍側の意向と自らの国力判断に教えられて」、一度は、対米戦争の可能性を含んだ好機捕捉武力南進政策を断念し、それを、「対南方施策要綱」（以下、「施策要綱」）として国策化しようと試みたという*27。「対米不戦」の国策化である。奇しくもそれは、太平洋戦争開戦への決定的なターニングポイントとなった、南部仏印進駐の二、三ヶ月前の出来事であった。

ところが森山優氏によれば、先行研究では、「施策要綱」の持つ意義について見解が分かれているという。かつての先行研究はこの「施策要綱」を高く評価し、「時局処理要綱」で定めた「好機南方武力行使」を放棄した国策だと位置づけている。この説を提唱した先行研究としては、『太平洋戦争への道』や戦史叢書の『大本営陸軍部　大東亜戦争開戦経緯』がある。その一方で氏は、「施策要綱」に関する新しい見解を提唱している。すなわち、

①国力に対する判断がそのまま陸軍の政策に影響したというのは早計である*28、

②「施策要綱」の決定過程からみて、「陸軍全体が確固たるコンセンサスを形成したとはいい難い」*29、

この二つのことから、「施策要綱」をもって、陸軍が「好機南方武力行使」を放棄したとするのは説得力に乏しい、としている*30。波多野氏も、「施策要綱」は「軍部各セクションの意思を取り入れた（両論併記的な）作文」であって、「なんら具体的行動の指針とはなり得なかった」との見解を提示している*31。すなわち両氏とも、「施策要綱」の存在意義を過大視してはならないと主張している。

このように見解の分かれている「施策要綱」について、実際にはどんなものだったのか、そして、太平洋戦争開戦過程において如何なる役割を果たしたか、その位置づけを明らかにしたい。だがその前に、（森山氏は認めていないが）石井の回想にある「自らの国力判断に教えられて」のところも、詳細に調べてみる。「国力判断」とはどんなものだったか、陸軍は何を「教えられたのか」。

3．太平洋戦争と自給圏の建設

陸軍首脳がみた太平洋戦争敗戦の原因

日本が降伏したときの陸軍首脳たちは、敗戦の年、米国戦略爆撃調査団（ＵＳＳＢＳ）や連合軍最高司令部（ＧＨＱ・ＳＣＡＰ）歴史課の聴き取りに、次のように証言している。ここに挙げた陸軍首脳は、いずれも、開戦の時には中枢には居らず開戦の決定に与らなかったが、敗戦を迎えた時は中枢に居合わせ、米軍に降伏したメンバーである。ある意味で、開戦決定の尻拭いをさせられる立場にめぐり合わせた。その点で彼らは、開戦決定に関し自己弁護をする必要のない立場にあった。とりわけ重要なことは、そのとき彼らが、「全般状況を知り得る立場」にあったことである。言い換えれば、職務にたずさわるなかで彼らの視界に入ったものが、中堅層の目に入った部分的なものとは違っていたことである。

陸軍大将梅津美治郎は、もともと中央で陸軍次官を経験し、開戦時には満洲に居て関東軍司令官であったが、降伏したときは参謀総長で、戦艦ミズリーの艦上で降伏文書に署名したことで知られている。梅津は四五年十一月、米国陸軍大佐ポッツの質問に、次のように答えている。

問　戦争で日本が負けた決定的な要因は、何であったかと、あなたは思いますか。
答　国力が不十分だったことだと考えます。
問　不十分というのは、基本的な物資等の意味ですか。
答　そうです。それに日本の科学の水準などを含みます＊32。

陸軍元帥畑俊六は、軍政のトップである陸相を経験し、開戦時には中国本土に居て支那派遣軍総司令官であったが、降伏したときは、第二総軍司令官として本土の西半分の防衛を担任、広島郊外において原爆に遭遇し、死を免れた。畑は四五年十二月、ポッツの質問に、次のように答えている。

問　戦争について、何か一般的な所見を述べていただけませんか。

答　日本は国力において劣っていたので戦争に負けたということが、まず第一。二番目は戦争初期、日本は連合軍の戦力についての情報を、知らなすぎました。連合軍戦力と比較してみますと、日本の国力はまことに貧弱で、その差は大変なものです＊33。

陸軍中将河邊虎四郎は、盧溝橋事件当時戦争指導課長を経験し、降伏したときは参謀次長としてマニラに赴き降伏条件の受領をおこなった。河邊は四五年十一月、オフスティ米国海軍少将の質問に、次のように答えている。

問　閣下、今度の戦争全体をふり返ってみて、陸軍と海軍のどちらが、戦争遂行上、より大きな責任をもっていたとあなたはいわれるでしょうか。中国、満洲、太平洋の作戦を全部入れて。

答　〔前略〕それは両方にあって、お互いさまだとお答えします。〔中略〕日本には、こんな規模の大きな戦争に対してふさわしい軍事力を打ち樹てるほどの国力の持ち合せはなかったのですから、戦争勃発の際に、まるで向こうみずな行き方をしたのは、まことに不幸なことでありました＊34。

降伏したとき、陸軍中央の首脳にはこの三人のほかに、陸相であった阿南惟幾と、第一総軍司令官として本土の東半分の防衛を担任していた杉山元がいたが、いずれもこの時点では自決していた。

この三人の陸軍の首脳の証言は、共通していた。日本の国力は太平洋戦争を遂行するには不十分で〔梅津〕、米国より劣っており（畑）、この程度の国力では米国と戦争するのにふさわしい軍事力を持てなかった（河邊）。すなわち、太平洋戦争の勝敗を決したのは、日米の国力の差であったというのが、降伏したとき「全般状況を知り得る立場」にあった陸軍首脳の共通する見解であった。このあと、この実否を検証する。

総力戦の勝敗

近代戦の様式の一つに、「総力戦」というものがあることは、この当時から知られていた。総力戦とは、国民と国民との戦争を遂行するうえでの形態であり、旧来からあった武力戦のみではなく、軍事・政治・経済・思想など国家の総力を挙げて戦うものとされている*35。歴史的にみれば、米国の南北戦争（Civil War）にすでにその形態がみられた。当時（戦時中）、既出の土屋教授は南北戦争について、その総力戦たるゆえんを次のように説明している。

> 南北戦争は、〔中略〕五年の長年月にわたって行はれた。北軍の動員数二百八十六万（総人口二千二百万）、南軍の動員数百三十万（総人口九百万）、〔中略〕その戦費総額は、〔中略〕日露戦争等より〔中略〕多額である。〔中略〕この戦争は、狭義の武力戦のみならず、奴隷解放の是非といふ思想戦や、封鎖といふ経済戦的要素をも含み、南北両軍のいはば国力総動員の下に戦はれたのである。〔中略、その結果〕最初南部諸州が軍事的に優勢であったにも拘らず、遂に北部諸州は、南部諸州の経済手段の輸入を遮断することに成功した。南部諸州は特に武器弾薬その他軍需品の原料及び完成品に欠乏し、更に戦局の発展に従って特に食料品に欠乏した*36。

総力戦として知られている第一次世界大戦（欧州大戦）について、ドイツが敗れた原因を、土屋教授は、ドイツ軍人フォン・ゼークトの言葉を引用して次のように説明している。

大戦は長き消耗的戦争の結果、遂にドイツ側が連合国側の豊富夥多な人員及び物資に圧倒せられたことによって決定せられたのである。故に双方の側に於ける指揮官達の統帥術の如きは全く問題ではなかった*37。

そして、大戦の勝敗を終局的に決定したものとして「連合国側の人的・物的優勢」、とりわけ、「軍事生産力に於ける連合軍側の優勢と独逸における食糧生産の激落の事実」が決着をつけるうえで重要な役割を果したとしている*38。

それでは、太平洋戦争はどうであったのか。開戦して三年半経った四五年五月、同盟国ドイツは降伏した。あとに残った日本は、六月八日の御前会議で徹底抗戦を決定した。ところがその際添付された資料「国力の現状」には、状況が赤裸々に記されていた。すなわち、物的国力は本年中期以降、①鋼船の新造補給、②中枢地帯の大部分の工場の操業、③火薬、爆薬などの確保、④液体燃料の供給、⑤航空機を中心とする近代兵器の量産などが出来なくなるほか、⑥食糧は本年端境期に局地的に飢餓状態を現出し、暴動が起きるかもしれないとなっていた。南北戦争における南部諸州や、第一次大戦のドイツが降伏したときと、同じ様相を呈していたのである。側近の木戸幸一内府は、これを見て、天皇と政府中枢に働きかけ、その結果日本政府は、はじめて媾和（停戦、降伏）に向かって舵を切った*39。

決着のつき方から見て、太平洋戦争も、南北戦争や第一次大戦と同じ総力戦であった。当初は順調に進んだかにみえた戦局は、三年半を経過したとき、消耗を補うだけの国力は尽き果て、支援してくれる同盟国もなくなっていた。とりわけ、対米戦争の矢面に立ち水上兵力をほとんど喪失した海軍は、その感が強かったことであろう。敗戦時、海軍統帥部のトップである軍令部総長の豊田副武は、米国戦略爆撃調査団による聴き取りに答えて、次のように述べている。

海軍兵力というものは結局のところ、消耗されて行くものであつて、或る程度の海軍力を維持しようとすれば艦艇は迅速に補充しなければならないものです*40。

消耗した兵力を、補充するための国力の有無が問題であった。日米国交調整で野村大使の補佐として渡米した岩畔豪雄大佐は、開戦前の四一年夏における米国国防計画を入手していた。それによれば日米の国力の差は、歴然たるものがあった（表5）。

この結果、西太平洋の戦場で消耗していった戦力を、どちらが速やかに且つ十分に補充できたか、この日米の国力の差をみるかぎり、勝敗ははじめから明白であった。日本は、「総力戦」である太平洋戦争を戦い得なかったのである。であれば、開戦過程において、意思決定にかかわった人たちは国力が勝敗を決めることをどの程度知っていたのだろうか、そして日本の国力がどの程度のもので、戦う相手との国力の差がどの程度であったかをどの程度知っていたのだろうか。

下降に転じていた日本の国力

開戦過程において、日本の国力はどのように推移していたのであろうか。

三一年の満洲事変までは横這いだった軍事費は、事変を機に右肩上がりに増加し、三七年からの日中戦争の勃発で、さらに飛躍的に増大した（表6）。

他方、国力（軍事力を除く）を工業生産指数で代表すると、満洲事変から日中戦争直前まで国力はほぼ倍増する勢いで成長し軍事費の増大を吸収した。ところが日中戦争の勃発を機に、盧溝橋事件の次の年から国力は下降に転じた。軍需がさらに急増した結果、国力となる基盤産業がそれに食われていったからである*43。たとえば、産業の基盤となる鋼材（特殊鋼も含む）の生産量の推移は、三八年をピークに減

表5　米国の国力（41年夏、陸軍入手のもの） *41

主要項目	年　産	日米の比率
製鋼能力	9,500万トン	1対20
石油産出量	11,000万バーレル	1対数百
石炭産出量	50,000万トン	1対10
電力	1,800KW	1対6
飛行機の生産計画量	120,000台	
自動車生産量	620万台	1対50

表6　陸海軍軍事費（百万円）大蔵省発表＊42

会計年度	陸軍省			海軍省			臨時軍事費	総計
	経常費	臨時費	合計	経常費	臨時費	合計		
三〇	175	26	201	147	95	242	0	443
三一	164	64	227	139	88	227	0	455
三二	148	225	374	141	172	342	0	686
三三	166	296	463	179	231	410	0	873
三四	169	290	459	199	284	483	0	942
三五	180	317	497	216	320	536	0	1,033
三六	191	319	511	236	331	337［ママ］	0	1,076
三七	161	431	591	273	372	645	2,034	3,271
三八	181	357	488［ママ］	287	392	679	4,795	5,932［ママ］
三九	186	639	825	286	517	804	4,844	6,473
四〇	171	1,021	1,192	360	674	1,034	5,723	7,949
四一	331	1,184	1,515	450	1,047	1,497	9,437	12,500

表7　鋼材生産量（単位千トン）＊46

三五	3,978
三六	4,548
三七	5,080
三八	5,489
三九	5,438
四〇	5,261
四一	5,046
四二	5,051
四三	4,810
四四	4,148

産に転じている（表7）。軍事費（需要）の増大に、工業力（供給）がそれに追いつかなかったため、経済は極度のインフレとなり、「戦時経済の波に乗って所謂殷賑産業なるものが勃興する」ようになった＊44。当時の参謀次長（多田駿）も「内を顧みれば、人心の悪化、失業者生活問題から非常な反戦思想が兆して」いると心配し、それが、海軍次官（山本五十六）を通して元老（西園寺公望）の耳にまで入っていた＊45。

また、資源に乏しい日本は原料を輸入に頼っていたが、その輸入は、米英ブロックからのものが過半を占めていた（表8）。輸入高は国民総生産の二割以上に達し、綿花、羊毛、原油、ゴム、大豆、石炭、小麦、鉄鉱石が主な品目（三五年、金額順）だった＊47。

そこに米国政府は、「侵略（aggression）」の支援になる

表８　日本の地域別海外貿易　三九年度（％）＊48

地域	輸出	輸入	総額
アジア円ブロック	48.9	23.4	37.4
アジア英米ブロック	16.4	17.1	16.5
欧州	6.8	10.6	8.4
北米	14.4	38.7	27.5
中南米	3.1	4.1	3.5
アフリカ	4.3	3.2	3.8
大洋州	2.7	3.0	2.8
計	100.0	100.0	100.0

表９　米国の対日経済制裁措置（月日は現地時間）＊49

年月日	内　容	備　考
39年７月26日	日米通商航海条約廃棄通告（40年１月失効）	６月14日　英租界封鎖
40年６月４日	工作機械禁輸	５月18日　蘭印に原料供給を申入れ ５月23日　英国に援蒋中止を申入れ
７月31日	航空機用ガソリン禁輸	６月24日　対英ビルマルート閉鎖申入れ
９月26日	屑鉄禁輸	９月23日　北部仏印進駐
41年７月25日 ８月１日	資産凍結 （石油）全面禁輸	７月21日　仏政府日本軍進駐応諾 ７月28日　日本軍進駐

通商行為はできないとして、対日貿易に制限を課してきた（表９）。武力を背景にした日本の対外進出に対する経済制裁である。その皮切りになったのが、日米通商航海条約の廃棄の通告であった。これは、日本陸軍による在天津英国租界の封鎖に対してとられた対抗措置であった。廃棄されたこの条約は、かつての不平等条約改正交渉のなかで、一一年（明治四四年）に締結されたもので、日露戦争後の国際的地位の向上を背景に、日本として最初に締結した記念すべき条約であった。その条約

の廃棄が、通告されたのである。

廃棄通告の結果の四〇年一月、同条約は失効した。これで米国は、「対日経済制裁を法的拘束から自由に発動できる立場にたった」＊50。このあと逐次実施された経済制裁は、下降に転じた日本の国力の足を、さらに引っ張ることになった。「時局処理要綱」を決定した頃は、まさに国力が下降に転じた頃であった。

「時局処理要綱」と大東亜共栄圏の建設

四〇年七月に決定した「時局処理要綱」は、下降に転じた国力に対してその対策措置を定めていた。以下、措置の内容について述べる。

「時局処理要綱」の第四条には、この国策で定めた「諸施策ヲ実行スルニ必要ナ」、「左ノ諸件ノ実現ヲ期ス」として、その第四項に、「戦争資材ノ集積及船腹ノ拡充」のための「繰上輸入及特別輸入最大限実施竝ニ消費規正」を規定してあった＊51。繰上輸入とは、物動（物資動員）計画にある既定の輸入の時期を繰り上げて実施することであり、特別輸入とは、日本銀行所有の金準備を流用しておこなう既定計画外の臨時輸入である。これらの輸入は、米国からの輸入の途絶をおそれた日本が、とりあえずの間に合わせとしてとった措置である。実際には特別輸入はすでに三九年度後半期から、繰上輸入は四〇年六月から、それぞれ実施されていた＊52。したがって「時局処理要綱」にあるこれらの規定は、すでに実施に入ったこれらの措置の執行を確認したものといえる。

これが間に合わせの暫定措置だとすると、これから述べるもう一つは、経済制裁に対処する恒久措置であった。すでに述べたように、「時局処理要綱」の根幹ともいうべき冒頭の「方針」には、「好機ヲ捕捉シ対南方問題ヲ解決ス」と規定してあった。これが、恒久措置であった。日本の南方には、日満中（当時の呼称は「日満支」）の円ブロック内で不足している資源が存在していた（表10）。これらの南方資源は、日本が自給自足をはかっていくうえでも、あるいは総力戦に備えるうえでも、必要不可欠なものであった。「好機ヲ捕捉シ対南方問題ヲ解決ス」るのは、この資源の獲得のことであった。このために「時局処理要綱」の「要領」には、第一条に「情勢ノ変転ヲ利用シ好機ヲ捕捉シ之カ推進ニ努ム」との原則を示したうえで、第二条に、仏印に対しては「必要ナル資源ノ獲得ニ努ム」とし、「蘭印ニ対シテハ暫ク外交的措置ニ依リ其重要資源確保ニ努ム」との細則を規定した＊54。後者は、「日蘭会商」と呼称した。南方に対してはこれ以外に、武力を行使する場合の規定があることはすでに述べた。すなわち「時局処理要綱」で定めた対南方戦略の究極の目的は、日満中の円ブロックでは不足する資源の確保にあったといえる。それが、このあと国家のスローガンとなった、「大東亜共栄圏」あるいは「大東亜新秩序」の建設であった。

このように「時局処理要綱」は、日本の産業構造を踏まえて、国際環境による資源の取得難から国力が低下することを予測し、その対処方針として、自給自足経済圏（大東亜共栄圏）の建設を目標にして通商・外交・軍事面での措置を定めたものだったといえる。

1　前掲『太平洋戦争への道』七、二三～二五頁。
2　前掲波多野『幕僚たちの真珠湾』三八頁。
3　前掲森山『日米開戦の政治過程』一五～一六頁。
4　同右五頁。
5　同右六二頁。
6　前掲『杉山メモ』上、一一頁、「世界情勢ノ推移ニ伴フ時局処理要綱」。
7　前掲波多野『幕僚たちの真珠湾』三二頁。
8　同右三二～三六頁。

表10　南方資源＊53

品　目	地　域
石油	蘭印
ゴム	東南アジア
ボーキサイト	蘭印(ビンタン島)
ニッケル	蘭印(セレベス島)
錫	蘭印(スマトラ島)、英領馬来、英領ビルマ
鉛	蘭印
銅	米領フィリピン
鉄鉱石	米領フィリピン、英領馬来
米	仏印、泰

9 前掲戦史叢書『大本営陸軍部　大東亜戦争開戦経緯』三、一〇二〜一一九頁。
10 同右三七〜三八頁。
11 同右七〇、七五頁。
12 同右七三頁、「支那事変処理要綱陸軍案」。
13 前掲土屋『国家総力戦論』九一〜九五頁。
14 前掲田中「大東亜戦争への道程　三」二〇五頁。原史料は、前掲「田中新一中将業務日誌」八分冊の一、一〇七頁、四〇年十一月二十九日付日誌。
15 前掲『杉山メモ』上、一一頁、「世界情勢ノ推移ニ伴フ時局処理要綱」。
16 前掲三宅『日独伊三国同盟の研究』一二五〜一二六頁。
17 前掲『沢田茂回想録』一一三頁、「遺稿」。
18 同右一一五頁、「遺稿」。
19 前掲『杉山メモ』上、一一頁、「世界情勢ノ推移ニ伴フ時局処理要綱」。
20 同右一二頁、「世界情勢ノ推移ニ伴フ時局処理要綱」。
21 前掲「金原節三業務日誌摘録」前篇その三の八、一七頁、四一年七月十二日付日誌。
22 前掲『杉山メモ』上、一五七頁、「泰及仏印ニ対シ採ルベキ帝国ノ措置」。
23 前掲「田中新一中将業務日誌」八分冊の二、一七三頁、四〇年十二月二十一日付日誌。
24 同右八分冊の三、三〇九頁、四一年三月十八日付日誌。
25 前掲田中「大東亜戦争への道程　四」三二三頁。
26 同右三〇〇〜三〇七頁。
27 前掲石井「昭和十六年前半期の最高国策の補正」一頁。
28 前掲森山『日米開戦の政治過程』七八頁。
29 同右七八〜八一頁。
30 同右八三頁。
31 前掲波多野『幕僚たちの真珠湾』六〇〜六一頁。
32 サンケイ新聞出版局編『証言記録　太平洋戦争敗戦の原因』（サンケイ新聞社、一九七五年）一九〇頁。
33 同右二〇〇頁。

34 同右二〇八～二一〇頁。前掲米国戦略爆撃調査団『証言記録　太平洋戦争史』第一巻、二九六～二九七頁。
35 前掲土屋『国家総力戦論』一頁。
36 同右一四七～一四九頁。
37 同右二二九頁。
38 同右二二九頁。
39 前掲『対米戦争開戦と官僚』二三三～二三八頁。
40 前掲『証言記録　太平洋戦争敗戦の原因』六三頁。
41 『岩畔豪雄氏談話速記録』（日本近代史料研究会、一九七七年）三一四頁。
42 前掲『極東国際軍事裁判速記録』第六巻、一五五頁。
43 前掲中原『大東亜補給戦』七八～七九頁。
44 「日中戦争五」『現代史資料一三』（みすず書房、一九六六年）三四三頁、「斉藤隆夫代議士質問演説速記」。
45 前掲『西園寺公と政局』第七巻、一〇三頁、口述月日不明（三八年九月頃？）。
46 『日本資本主義講座　第一巻　日本帝国主義の崩壊』（岩波書店、一九五四年）一八四頁。
47 「国家総動員一」『現代史資料四三』（みすず書房、一九七〇年）中村隆英ほか「資料解説」一五頁。
48 前掲戦史叢書『大本営海軍部　大東亜戦争開戦経緯』二、二三頁。
49 『近代日本総合年表』（岩波書店、一九六八年）および前掲『日本外交年表竝主要文書』。
50 細谷千博「真珠湾への道」細谷千博編『日米関係通史』（東京大学出版会、一九九五年）二三八～二三九頁。
51 前掲『杉山メモ』上、一二頁、「世界情勢ノ推移ニ伴フ時局処理要綱」。
52 前掲戦史叢書『大本営陸軍部　大東亜戦争開戦経緯』一、三五七～三六〇頁。
53 前掲『大本営海軍部　大東亜戦争開戦経緯』二、二四頁。
54 前掲『杉山メモ』上、一一頁、「世界情勢ノ推移ニ伴フ時局処理要綱」。

Ⅱ　国力判断と対米不戦の国策

1．陸軍の国力判断

陸軍省戦備課による国力判断

陸軍省軍務課高級課員の石井の回想によれば、当時の陸軍部内には対南方戦略について、「何とか外交上の手を打って〔中略〕経済的に緊密関係を結ぼうとするものと、〔中略〕イギリスが倒れたら、戦争を始めて南の宝庫を奪った方がよいかも知れないという考え」が並立していた。「そこで一体戦争が出来るものかという反省が浮び、国力判断をすることになった」という＊1。国力判断の担任は、陸軍省整備局戦備課であったという。その戦備課の関係者が、敗戦後、極東裁判の法廷において次のように証言している。

陸軍省では整備局戦備課が、「一九四一年四月一日開戦」と「現状維持」の二つの仮定に対し国力判断を行ひ、之を比較研究して〔対米英〕開戦を避くべき結論を得ました。研究の結果は同年四月整備局の正式報告となり、東條陸軍大臣も杉山参謀総長も共にこの開戦を避くべしとの結論を是認されました＊2。

証言では報告は四月におこなわれたとなっているが、他の史料をみると、それ以前にもしばしばおこなわれており、直近では陸相に三月十九日＊3、参謀総長、次長に三月二十五、六日におこなわれたとなっている＊4。報告の結論は、極東裁判の法廷に書証として提出されており、「帝国の物的国力は対英米長期戦の遂行に対し不安あるを免れず〔後略〕」とある＊5。そして、報告を読んだ戦争指導班の業務日誌には、証言通りの記事が記載されている。

戦備課ノ物的国力判断資料ニ基キ第二十班〔戦争指導班〕トシテ対南方武力行使ニ関スル判決ヲ決ス　判決
好機ニ投スル対南方武力行使ナシ＊6

国力判断に関する極東裁判における関係者の証言は、事実とみてよい。もっとも前々日の日誌には、「南方武力行使ハ目下ノ所欧州情勢ノ如何ニカカハラス行ハサルヲ可トス　絶対已ムヲ得サル場合始メテ行使スヘシ」と、「但し書き」がついている＊7。軍務課の石井高級課員も、敗戦の翌年に書いた回想録に、

一、対米英戦ハ至難中ノ至難事デアル。避ケルベキデアル。
二、シカシ若シ起シタラ三年ヤ四年ハ苦シイガ負ケズニ続ケ得ル＊8。

として、同趣旨の「但し書き」を付けている。さらに十年後に石井は、加筆修正した回想録に、この「但し書き」を敷衍して次のように解説している。

物的国力判断の教えるものは、対米英戦なるものは危険極りなきものであるというにあるが、〔中略〕緒戦が迅速に完遂され、南方の資源就中油を予定の如く開発取得することに成功すれば、国内の物的並びに精神的統制の強化と相俟って、何とかやって行けるとの希望を、当時の首脳者やわれわれ事務当局が抱いたことも匿すこと

のできない事実である*9。

そして、必ずしも「対米英戦なるものが数学的にみて絶対にソロバンに乗るものではない」との結論ではなかった、としている*10。この国力判断の「但し書き」は、海軍の意向と連動し「施策要綱」の条文に生かされ、日本が辿る開戦への道程の指針となったことは後述する。

ちなみにこのときの戦備課の報告には、「本決意を為す場合対蘇戦の不惹起と国内態勢の安定とは物的国力の現勢に照し対英米戦の為絶対不可欠の根本条件なること勿論なり」とあって*11、北方の安寧を確保することは絶対条件としていた。このことは、前述（第二部）の、陸軍が対北方で採った戦略（対ソ専守防衛）と整合している。

このあと、「三菱経済研究所の研究」、陸軍省「経済局《〔ママ〕》〔経理局カ〕の審議室のような」秋丸機関の「金融的国力判断」、兵務局兵備課の「人的国力判断」などの報告「ヲ参考トシ米英ヲ敵トスル戦争ニツイテノ思想ヲ統一スルタメ出来タノガ　四月十七日一応妥結ニ達シタノガ《〔ママ〕》対南方施策要綱デアッタ」と石井は回想している*12。この国力判断の主たるものとして、陸軍省戦備課による国力判断があったのである。

戦備課による国力判断の意義

さて、敗戦時の陸軍の首脳たち三人が口をそろえて言ったのは、太平洋戦争の勝敗を決したのは日米の国力の差であったということである。このことは、太平洋戦争が「総力戦」であったことからも傍証できる。それに対し「施策要綱」に織り込んだ戦備課の国力判断は、既述のように、日本が採るべき選択肢を複数挙げて、そのなかで、国力上どの選択肢が相対的に有利かを評価・判断するとともに、一つの選択肢を取り上げて、それが自国の国力のうえで成立するか否かを、仮定を設けて絶対評価・判断したものであった。

仮定を設けて絶対評価・判断したものの、具体例を挙げる。敗戦時の海軍軍令部総長であった豊田副武は、米国戦略爆撃調査団の聴き取りに次のように答えている。

開戦時、日本は〔輸送用として〕六〇〇万トンの船腹しか持たなかったのです。そして、いったん、開戦になってからは、毎年一〇〇万トンを建造する計画をたてた。ところが、この数字は実際に必要とした船腹量にくらべるとまるで少ないものでした。同様なことが、他の消耗品、兵器等についても言える*13。

国力をうんぬんする際、南方から資源を内地に運ぶ輸送船の消耗と、それを補充する造船の問題は、仮定（前提条件）を設けて成立の可否を絶対評価・判断した好例である。これは、前提条件を変えれば答えは変わるもので、前提条件の数字は、事務方で、鉛筆をなめなめ操作できる格好の対象であった。この船舶問題が実際にそうであったことを、軍務課長であった佐藤賢了は次のように回想している。

海軍は図上の演習の結果を参考として、戦争第一年＝八〇万トン、戦争第二年＝六〇万トン、戦争第三年＝七〇万トンと、その年間の〔船舶〕被害を推定し、政府・大本営は年間八〇万ないし一〇〇万トンとみなした。被害を以上のように推定したところ、私は、海軍軍令部の重要な位置にある福留作戦部長が、「年間の被害を六〇万トンとか、八〇万トンなどと推算するのははなはだ甘すぎる。第一年一四〇万トンぐらいの被害が出るかもしれぬ」といったことを耳にした*14。

検討の段階で、現に、数字は操作されていた。この場合の評価・判断は、いかようにもできたのである。
戦備課が対象にしたのは、敗戦時の陸軍首脳たちが敗戦の原因として指摘した、日米の国力の差ではなかった。戦備課のおこなった判断は、作戦部署から提示されたものを前提に、その際、日本の国力がどうなるかを算出したものであった。それというのも、軍政をつかさどる陸軍省に属する戦備課の本来の職務は、作戦部署の立てた作戦計画を遂行に移すための戦備を計画する部署であった*15。そのため戦備課は、自分（戦備課）の置かれた立場から、国力の評価・判断をおこなった。そこには、国家間の国力差という観点はなかったと思われる。このため戦備課のおこなった国力判断は、太平洋戦争という総力戦の勝敗を判断したものではなかった。だから、「対米英戦なるものが数学的にみて絶対にソロバンに乗るものではない」との結論にはならなかったのである。

機を失した国力判断報告

それでは日米の国力差については、当時は、どのように認識されていたのであろうか。戦略爆撃調査団の聴き取りに、日米の国力差を問題視した畑は、次のように答えている。

問　〔前略〕日本はなぜ米国の国力について調査しなかったのでしょう。

答　その問題については、わたしはあまりよくわかりません*16。

畑はこの当時支那派遣軍総司令官であり、中国に在って、直接これにはかかわっていなかった。他方東京に居た中堅層の石井は、敗戦の翌年の回想で、「アメリカノ国力ハ別ニ算討シナカッタ。鉄八〇〇〇万屯ニ代表サレル天文学的数字デ瞭ラカデアッタ」とのみ記し、この問題にそれ以上触れていない。

ところがこの時期、それを調査した人物が陸軍部内にいたことは既述した。かつて、陸軍のヒト・モノ・カネの事務を扱う軍事課の課長だった岩畔豪雄大佐である。資産凍結後米国から帰国した岩畔は、四一年八月二十三日、連絡会議に出席して、渡米報告と、日米の国力の差の報告（表5）をおこなった。以下、近代史研究者の聴き取りにこたえた岩畔の証言である。

〔私は〕約一時間半に亘って日米戦力の比較を数字をあげて説明した〔中略〕ところが先日〔帰国の挨拶に訪れたときには〕私の話を聞こうともしなかった東条陸相が最も熱心に私の話を聴いて、幾つかの点について質問した上、私に「本日の説明を筆記して提出せよ」と命じた。そこで翌日〔八月二十四日〕そのことについて東条陸相を訪ねると「お前は近衛歩兵第五聯隊長に転出することになったから昨日命じた筆記の提出はしなくともよい」と申渡され、一切の努力が水泡に帰したことをしみじみ思い知らされた＊17。

岩畔の証言が事実なら、この二十三日から二十四日のあいだに、何かがあったものと思われる。実はこのとき、参謀本部で或る出来事が起きていた。戦争指導班の日誌は、それについて記録している。

三、二十三日部長会議〔ママ〕続行　〔中略〕参謀本部決定案〔四一年九月六日御前会議決定の「帝国国策遂行要領」カ〕成ル
夜之ヲ陸軍省ニ移ス

四、次長対米英戦決意ノ意見牢固タルモノアリ　約一ヶ月ニ亘リ苦悩ニ苦悩ヲ重ネタル結果戦争決意ニ到達シタルモノノ如ク次長ノ意志ハ極メテ鞏固ナリ＊18

詳細は後述するが、この日、陸軍省部の首脳は、対米英戦に関する或る重大な意思決定をおこなった。その決定場面には、岩畔の資料は間に合わなかった。日米の国力差に関する岩畔の報告は、機を失していたのである。

同じような事象が、他にも起きている。当時陸軍省経理局の秋丸機関〔既出〕に所属していた経済学者有澤廣巳の回想録に、それが出てくる。

> 〔前略〕秋丸〔次朗〕中佐〔主計〕が首班となって、日、英、米、独、ソの各国の経済力の調査をすることになった。〔中略、昭和〕十六年の春になると、〔中略〕夏休み中にだいたいの結論を出してもらえまいかと、督促を受けた。〔中略〕九月末に秋丸中佐はこの中間報告を陸軍部内の会議で発表した。これには杉山参謀総長《ママ》、〔東條陸相カ〕以下、陸軍省の各局課長が列席していたらしい。〔中略、陸相?は〕、本報告の調査およびその結論はおおむね完璧で間然するところがない。しかしその結論は国策に反する、本報告の謄写本は全部ただちにこれを焼却せよ、と述べたという。〔中略〕陸軍首脳部ではすでにルビコン河を渡る決意をきめていた。決意ができているところに、河を渡ることの危険を論証する報告書などは、それこそ百害あって一利もないというのだろう。謄写本を全部焼却せよという厳命はそういう意味だったのであろう*19。

この回想からわかることは、陸軍の首脳は、日米の国力差について、具体的な報告を受けていたということである。しかしそのときは、すでに対米英戦について重大な意思決定をしたあとだった。重大な意思決定とは、「ルビコン河を渡る決意」である。この言葉が意味するものは後述する。いずれにせよ重大な決定をした後になって、日米の国力差について知ったのである。

この対米英戦に関する重大な決定は、第一部で既述したところの、「最適化基準」ではなく「満足化基準」でおこなわれたことがわかる。そして秋丸機関の報告も、岩畔の報告同様、機を失していたのである。石井の回想では秋丸機関の報告は「施策要綱」策定のときとなっているが、報告の日程に関しては有澤の記述の方が詳細であるのでそちらを採用する。ちなみに既述の森山氏の「国力に対する判断がそのまま陸軍の政策に影響したというのは早計である」との根拠の原史料となるものが、この有澤の回想録である。ところが森山氏が右記の結論に達するまでに、原史料からさらに論文が二段階にわたり介在していた*20。この結果引用を重ねること（孫引き）によって、あたかも「伝言ゲーム」のように伝達された内容が順次変わっていき、その結果、有澤の回想録と森山氏の論文とのあいだに齟齬が生じた。この場合の国力判断が陸軍の政策に影響しなかったのは、陸軍が国力判断を政策に反映しなかったからではなく、報告が機を失してしまったからである。

ともあれ日本にとって総力戦なるものは、理屈の上ではわかっていても実施したのは、太平洋戦争が初体験であった。最後の軍令部総長であった豊田副武は、「私は現代戦の性格について、戦争当初から、最高首脳部の認識に重大な誤りがあったと思います。〔中略〕地中海方面で英独が交戦していたころ、その戦闘は物資の大量消費を意味していました。もし、あの戦争をもう少し綿密に研究していたら」、と米軍からの聴き取りに対して述懐している＊21。そしてこの証言をしたとき、豊田の胸に、万感の思いが去来したはずである。開戦の一ヵ月半前、豊田の身にあったそのことは、のちに詳述する。

2．参謀本部の国策策定機関と「対南方施策要綱」の策定

戦争指導班の独立と環境の整備

さて、「施策要綱」が策定された過程は森山氏の実証的な研究に譲ることとし、それに、若干の補筆、補正を施す一環として、この国策策定を事務方として推進した戦争指導班について触れておく。

戦争指導班の前身は、盧溝橋事件の前の年の三六年、参謀本部の作戦部（第一部）の下に、戦争指導課（第二課）として創設されたものであった。ところが間もなく戦争指導課は「班」に格下げとなり、作戦課の下に入った。それが、「時局処理要綱」を展開する参謀本部の新陣容のもとで、作戦課から独立し、参謀次長直轄の戦争指導班（第二十班）となった。この機構改革は、田中新一が作戦部長に就任したと同じ四〇年十月十日付で施行された。就任と同時に戦争指導の仕事を取り上げられた形になった田中は、のちに、防衛庁戦史室（当時）の聴き取りに対して次のように答えている。

澤田参謀次長から戦争指導業務は参謀次長の直轄とし、第一部は作戦業務に専念するといふ条件で、第一部長就任を求められたが、それではやって行けないと考へてことわった。しかしその直後、東條陸相から、参謀次長は近く更迭する、力量があればなんでもできるではないか、と告げられた*22。

これについて部内の中堅層の回想によれば、参謀本部は開戦の約一年前から田中作戦部長が中心となって実質的に戦争指導をおこなった、そのため戦争指導は作戦本位となり、部内の他の部にとって不満の多いものになった、という*23。これが事実であれば、陸軍の最高人事権者であった東條は、マネジメント上の問題として、組織秩序（職場秩序）を乱したことになる。ところが一般には、当人の意に沿わない人事異動を内示する際に、当人に、心にもない甘言をすることがある。内示された方も心得たもので、見え透いた虚言として聞き流す。そうはいえ、甘言は耳に心地よい。よくあることだが、田中はまともにそれを受け取ったようである。

田中とその指揮下の作戦課は、四〇年末から四一年始めにかけて、「大東亜長期戦争指導要綱」と「対支持久作戦指導要綱」の策定を独自に進めていた*24。それは、戦争指導班が進めていた南方処理に関する要綱と重複していた。この結果南方処理に関する要綱の策定は、作戦部署と戦争指導班とのあいだで「対抗関係をはらみつつ行われた」*25。そしてこの問題は、次のような形で決着がついた。

第一部長案大東亜長期戦争指導要綱ハ総長次長決裁シ葬リ去ラレタルガ如シ　大勢動カズ　南方処理要綱一本デ進ムコトニ決定*26

これは、作戦部署と戦争指導班のあいだの職務権限争いに、決着がつけられたことを示す記録である。官僚制組織内での職務権限争いに決着をつけるには、当該組織の長（上司）の裁定を待つしかない。「総長次長決裁シ」というのは、まさにそれに決着をつけた裁定であった。そのあと一月十二日と十六日に催された部長会報と大本営陸軍部会議は＊27、その後始末としてのセレモニーであって、田中と作戦部署の顔を立てることによって、モラールを維持しようと図ったとみるのが妥当であろう。かくして、杉山参謀総長と塚田参謀次長のとった措置により、南方処理に関する要綱の策定は、事務方として戦争指導班が担任することが確定し、策定を円滑に進めるための作業環境が作られた。そのうえ特記すべきことは、一月二十一日、戦争指導班の班長（大佐）が、参謀本部の部長会報に書記役を兼ねて出席することとなったことである＊28。杉山総長が在職中には、大本営政府連絡会議、陸相との会談、海軍軍令部総長との会談、および天皇への帷幄上奏があったとき、部長（少将）以上が部長会報に集められて杉山からその状況が伝達された＊29。組織のなかで情報を持つことは、力を持つことにつながる。部長会報に出席を許されたことは、戦争指導班の参謀本部内での位置づけが高くなったことを意味し、その分、部内における仕事も、スムーズに進捗する環境が整えられたといえる。ちなみに杉山からの伝達事項を記録したもの（含添付資料）が、今日『杉山メモ』というタイトルで刊行されている一級史料である。

「対南方施策要綱」――陸軍部内の調整

さて、戦争指導班による「施策要綱」策定作業は、複雑な過程をたどった。その結果四月十七日、いったん調整作業を終え（既出）、六月六日に大本営陸海軍部で決定をみた＊30。この間の過程も、森山氏の研究に譲ることとする。この決定過程は、当時の中堅層の記録を見ると、森山氏の指摘したとおり「陸軍全体が確固たるコンセンサスを形成したとはいい難い状況下で、〔中略〕陸軍内部の調整を終え」ている＊31。ただし若干補筆すると、官僚制組織は、職務が専門的に分化され協力して組織を運営していく分業の形態をとるものであるが、そこでは、立場によって人数分だけ意見が出てくるのは通例である。とりわけモラールが高く、自立・自律し、自分の頭で考える人物を幹部候補生

（将校）として養成してきた組織（旧陸軍）では*32、そうであったと思われる。そういったなかで、取引材料としての執行権を持たない企画部署が、組織全体の意見をまとめるのは至難である。とりわけ多元的な意思を、トップにおいて調整・統合する機能が不在の、当時の日本国家の政治システム（「円錐台システム」）であれば、実質不可能な作業であり、そのために、両論併記などの手法がとられたことは森山氏も繰り返し述べている。しかし周知のように、旧陸軍は、ピラミッド型の階層（hierarchy）構造をもった官僚制組織であった。調整・統合する機能は、組織図上存在していた。全員一致でなければ事は進まないわけではないし、もちろん多数決でもない。問題は、この陸軍の調整・統合する機能が、この場面で作用していたか否かである。そこで、決定過程のなかでもっとも重要な、参謀本部の首脳部がかかわった過程を補筆する。

戦争指導班が南方処理に関する要綱を総長に説明したのは、四〇年十一月二十九日であった。そのあと十二月四日、次長をとおして、「南方問題ハ準備ノミヲ進メロ外セザルコト」との指示があった*33。既述の軍票の準備は、これに依っていたかも知れない。翌四一年一月十一日の報告では、総長は、明確な態度を示さなかった*34。指示があればそれだけ、調整部署としてはとりまとめ作業が容易になる。しかし、時期尚早だったのであろう。そして三月十四日、部長会報で総長から指示があった。それは、田中作戦部長の日誌と、それを敗戦後に田中が成文化した回想録に記してある。

南方問題ノ解決ハ帝国国策ノ遂行決定ニ伴ヒ、其ノ兵力行使ハ万一ノ場合タルヘシ、差支ナキ範囲ニ於テ準備ハナスヲ要ス　国策決定ヲ要ス*35

田中が成文化したものによれば、武力行使は万一の場合に限る、対南方作戦準備はやるとしても内政や、他の戦面（対北方、対中）に差し支えない範囲とし、かつ、新国策の規定の範囲内とすることとし、そのための新国策を確立せよとの指示であった。田中はあとで、「総長の考は今の所、積極的国策遂行の手段として米国と戦うに非ず、国家存亡の万一の場合にのみ戦うべしというに在るらしい」と忖度している*36。そこには、「好機南方武力行使」の言葉はなかった。このときの総長の指示は、出来上がった「施策要領」の主旨と整合していた。参謀本部の組織図上の決定過程における調整・統合機能は、作用していたのである。したがって、「陸軍全体が確固たるコンセンサスを形成したとはいい難い」状況を、過大視してはならない。調整・統合機能を発揮させるために陸軍の組織は階層構造になっており、かつ、それが作用していた。こうして、陸軍部内での「施策要綱」はこの時点で決定した。これに、海軍側の意向が複雑に絡んできた。以下、それについて述べる。

海軍側の見解その一　――英米不可分

戦争指導班が南方処理に関する要綱について海軍との調整を開始したのは、四一年二月十日のことである。このときの要綱は、「好機を捕捉してマライ及び蘭印に武力を行使せんとする」もので、戦争指導班長の私案として海軍側の同職務の担任（軍令部作戦部長直属）に手交した*37。「私案」としたわけは、従来の経緯（後述、「南進前史」など）から海軍側から提案させるようにとの陸軍省軍務局長のアドバイスがあったからである*38。海軍側は、即座に反応した。

一、対南方武力行使即対米開戦ナリ　英米分離ハ不可能ナリ
二、武力行使スル場合トシテ米海軍極東ニ進出シ帝国国防危殆ニ陥ル場合ヲ明記スルヲ要ス*39

「北守南進」政策のはずの海軍も、いざ武力南進となると対米戦になるのを恐れた、とみることができる。このあと海軍側からの反応は、まず三月十五日に、つづいて二十日に、陸軍側からの催促に応ずる形で示された。二十日の

ものは、十五日の席で海軍側からあった反応を、とくに陸軍の方で印刷し、改めて海軍側に提示し確認したものである。ここから、海軍の姿勢が、この件（新国策の策定）で積極的ではなかったことがうかがえる。

一、海軍側ハ好機ニ投スル武力行使ヲ考慮シアラス　英敗レタル場合ハ好機ニアラス　対日武力重圧ハ寧ロ加ハル

二、海軍ハ対南方武力行使即対米武力行使絶対ナリ

三、日本ハ米カ対日武力圧迫（全面禁輸）ヲ加ヘ来リタル場合始メテ南方ニ武力行使ヲナスヘシ＊40

海軍側のこれらの主張は、二月のとき以来一貫したものであった。そして二つの点で、陸軍とのあいだに見解の相違があった。そのうちの一つ、二月のときの「英米分離ハ不可能ナリ」との海軍の見解は、当時から英米不可分と称した。これを、軍事課高級課員であった西浦は、近代史研究者による聴き取りに対し次のように説明している。

陸軍側のものは大体英・米可分論が強かったのですけれども、〔中略〕海軍とやってみると、英・米不可分論なんですね、〔中略〕どうも理由はわからないのだけれども、海軍がそうやって頑張る以上は、この前の日・独・伊同盟と同じで、いかに陸軍が頑張ってもこれは不成立に終わる。だから英・米不可分で計画して行こうというので、その後は参謀本部軍令部が中心になって、英・米不可分で南方計画というものをずっと進めて行ったわけです＊41。

西浦は、海軍がなぜ英米不可分論を主張するのかわからない、と言った。そこで、史料からそれを推定する。開戦時の海軍作戦部長の福留繁は、次のように説明している。

〔海軍から見れば〕アメリカと戦争するなんてとんでもないことだ。〔中略〕それであるから日本海軍は自ら選択する戦機において、しかも先制攻撃の利を占める場合においてのみ勝算を見出し得るものとした＊42。

そもそも弱者である日本が、強者である米国と戦争をするからには、「用兵綱領」で定めた「先制攻撃」が、作戦計画上必須であった。ところが日本が米国をさし措いて英国を先制攻撃した場合、そこに米国が参戦してくれば、米国には先制攻撃ができなくなる。それではとうてい勝算はない。かかる事態は、米国との戦争に海を介して正面に立つ役割を担った海軍としては、絶対避けねばならない。英国を攻撃するからには、米国にも先制攻撃をかけねばならない。これが、英米不可分論の意図するところであった。

他方陸軍からみれば、もともと対ソ先決だったのを対英先決に転換した。英国の勢力を、極東（香港、シンガポール、東南アジア）から駆逐するのが目的である。英国のみを先制攻撃するつもりでいた。参戦するかどうかわからない米国まで共に先制攻撃をかけることは、求めて敵国の数を増やすことになる。まして、相手は強国の米国である。「支那事変に困りぬいているのに、此の上アメリカと戦争になっては困る」、「日米戦だけは何んとかして避けたい」、というのが陸軍の意図するところであった＊43。

ところで、日本が英国を攻撃したとき、それに応じて米国が参戦するか否か、すなわち英米可分か不可分かの正解は、一つしかない。したがって、国家としての情報と衆知を結集して、正解を予測すればよい。ところが実際には、それぞれの部署が、「可分」か「不可分」かを、自部署の仕事がうまくいくようにとの観点から予測した。その結果西浦の証言から、海軍の予測が通ったことがわかる。英米不可分が通ったのは、それが正鵠を得ていたと判断されたからではない。それが海軍にとって都合がよかった（仕事がし易かった）からである。

敗戦後、公刊戦史『戦史叢書』の編纂の最高責任者になった西浦は、のちの話ですが、アメリカの中にも戦後にいろいろ書かれたものの中に、むしろ上手にやったら可分だったのじゃないか、少なくてもある時期までは可分だったのじゃないかと思わせるようなアメリカの学者の議論というものは、私ども戦後ときどき目にするわけであります*44

と述べている。歴史であえてイフを論ずれば、英米不可分としたことは、国家の意思決定として、取り返しのつかないミスを犯した可能性がある。それをもたらしたのが、当時の「円錐台システム」という多元化した政治システムであったといえる。

海軍側の見解その二 ——決意なき戦備の拡充

もう一つ、陸海軍のあいだで見解の相違があった。「好機南方武力行使」についての見解の相違である。海軍側の見解は、既出の、「好機ニ投スル武力行使ヲ考慮シアラス　英敗レタル場合ハ好機ニアラス」というものであった。これをそのまま受け取ると、前半は、四〇年七月に決定した「時局処理要綱」の文面に違背するものであり、後半は、このとき両統帥部として上奏した際の、天皇と参謀次長とのあいだの確認事項に違背するものである。しかし海軍の立場に立てば、海軍の戦略の基本原則となっているのは相澤氏の指摘のように「北守南進」であった。南進するからといって、対英先決ということではなかった。さらに言及すれば、そもそも当時の海軍の基本姿勢は、森山氏によれば、「南進自体は海軍軍戦備の拡充という官僚的利害を貫徹するための絶好の根拠としてこれを利用する」ものであった*45。そのことはすでに、当時の陸軍の国策策定の事務を担任する中堅層から、

四、然ラハ今ヤ米ノ圧迫現実ニ差迫リタルモノトシテ対米武力行使ヲ決意スヘキヤ　海軍ニ其ノ決意ナシ

　五、決意ナキモ準備ハ必要トス其為物、金ヲ取ル右海軍ノ一貫セル思想主張ナリ＊46

と見透かされていた。そこが陸軍から見れば、苦境に陥って対ソ先決から対英先決に戦略転換した陸軍とは、事の始めから違っていた。繰り返していえば、ソ満国境で鏤骨の苦難を味わうなかで、対中戦面で解決の目途のないまま消耗戦に陥り泥沼化した戦線を抱え、天皇からも念を押されてモノ・カネの節約にあけくれる陸軍に比して、海軍は、「決意ナキモ準備ハ必要トス」と、何もせずにモノ・カネだけを要求しているように見えた。「海軍のこのような姿勢は、むしろ陸軍側の反発を招いた」＊47。このときの戦争指導班の日誌に、海軍は「陸軍ノ対ソ戦備不充分ナル事実ニ対スル認識充分ナラス」とあった＊48。ソ満国境の鏤骨の苦難を多少は知らされていたと思われる陸軍の国策担任の中堅層から見て、その分、海軍側の姿勢に対する反発は倍加したと思われる。

　そして海軍の首脳も、「戦争ヲ為シ得サル海軍ハ無用ノ長物ナリトノ陸軍側ノ非難」を察知していた。「海軍ハ何ノ為ニ軍備セリト」の陸軍側の声に、応えなければならないとの認識があった＊49。そのためであろう、海軍の見解は、四〇年八月以来一貫して、陸軍側からの「何ノ為ニ軍備セリ」との詰問に、「帝国の存立上好むと好まざるとに拘らず武力行使を要する」ためと応えることとしていた＊50。四月五日に海軍側が提示した「施策要綱」海軍案にも、「好機ニ投スル武力行使ナシ　自存自衛ノ為始メテ起ツ」とあった＊51。そのことは「施策要綱」に、次のように反映された。すなわち、対南方戦略は「外交的施策ニ依リ右目的〔総合国防力拡充〕ノ貫徹ヲ期スルヲ本則トス」としながらも、第三条に、

　三　前号施策遂行ニ方リ下記事態発生シ之カ打開ノ方策ナキニ於テハ帝国ハ自存自衛ノ為武力ヲ行使ス　右ノ場合ニ於ケル武力行使ノ目的、目標、時機、方法等ニ関シテハ当時ノ欧州戦局ノ展開竝対ソ情勢ヲ勘案シ機ヲ失セス別ニ定ム

（一）英、米、蘭等ノ対日禁輸ニヨリ帝国ノ自存ヲ脅威セラレタル場合
（二）米国カ単独若クハ英、蘭、支等ト協同シ帝国ニ対スル包囲態勢ヲ逐次加重シ帝国国防上忍ヒサルニ至リタル場合＊52

と規定した。日本はこのあと、米英蘭による（一）全面禁輸と、（二）ＡＢＣＤ包囲陣という事態に直面することになった。この第三条の規定は、①それが海軍の真意か否かはさて措き海軍の表示した意思に沿っており、②参謀総長が三月十四日に指示した「兵力行使ハ万一ノ場合」とも整合し、かつ、③陸軍省戦備課の国力判断の但し書きにも整合したものであった。この第三条の規定と国力判断の結果との関係について、軍務課高級課員の石井は、のちに次のように説明している。

〔国力判断が〕もしも対米英戦なるものが数学的にみて絶対にソロバンに乗るものではないとの結論であるならば、「対南方施策要綱」において、「英、米、蘭等の対日禁輸により帝国の自存を脅威せられたる場合と、米国が単独もしくは英、蘭、支等と協同して帝国に対する包囲態勢を逐次加重し帝国国防上忍び得ざるに至りたる場合に於て、これが打開の方策なき場合に於ては帝国は自存自衛のため武力を行使する」旨を規定しなかった筈であり、〔中略〕結果的にみて、物的国力判断は国家のため時には有益に、時には有害に作用したことになる＊53。

すでに述べたように、国力判断をしたこと自体が有害に作用したのではない。石井の説明は一面的で、厳密には国力判断のやり方を誤ったがために、有害に作用したのである。そして「施策要綱」の第三条は、このあと、開戦への道程の指針となった。

このようにして策定された「施策要綱」は、第三条の「万一ノ場合」を除き、対米不戦を主旨として、英米不可分

を前提に「好機南方武力行使」を放棄したものであった。同時に「施策要綱」は、のちに、海軍側の立場を弁明するための「但し書き」の部分が、「有害に作用」した。この二点から、開戦過程における「施策要綱」はとうてい軽視できるものではない。

3．「対南方施策要綱」と状況的要素

日ソ中立条約の締結と「対南方施策要綱」

既述のように、陸海軍のあいだで合意を見た「施策要綱」は、四月十七日にいったん調整作業を終え、六月六日に大本営陸海軍部で決定をみた。しかし、連絡会議には上程されなかった。この間の経緯につき簡単に触れておく。「施策要綱」が陸海軍のあいだで合意をみた頃、太平洋戦争開戦過程における状況的要素である歴史的事象が、四月十三日と十六日に立て続けに起きた。一つは日ソ中立条約の締結であり、いま一つは日米諒解案の接到である。それぞれが、陸軍（海軍）にとっていかなる意義があったのか。まず、日ソ中立条約の締結について述べる。

四月十三日、松岡外相は訪欧の帰途、モスクワに立ち寄り、ソ連とのあいだに中立条約を結んだ。そしてモスクワからの帰途、満洲里で声明を発した。

日ソ中立条約は三国同盟を結ぶに至った大きな目的の一つを、稍々確実に達成の道程に上せたものであり、この意味に於ては日ソ中立条約の成立は三国同盟条約を補強したのだということができる＊54。

独ソ間の微妙な関係をドイツ政府から伝えられたにもかかわらず、松岡外相は、自らが提唱したところの四国連合構想の存在を肯定したうえで、日ソ中立条約の締結はその構想の線上にあると強弁した。また中立条約は、長年の懸

案だった北辺の安寧を保障すると共に、ソ連に、援蔣行為を控制させるようにみえた。帰京した松岡は、国民的英雄として凱旋将軍のような人気を博し、松岡の「プロマイドの売行きは人気映画スターを凌ぐものがあった」という＊55。

これに対し軍務局長の武藤は、省内の局長会報で、陸軍の方針として「これを有利に利用し日支事変〔日中戦争〕の解決に資せんとする考え」を述べて締結を評価したものの、その一方で、次のように述べた。

対ソ軍備は一層充実せざるべからず。すなわち対ソ軍備を強化しその威圧のもとにソ連の〔中立〕条約完全履行を実現せしむるものなり。本件は極秘中の極秘扱として真剣なる対ソ準備を行う要あり＊56

陸軍としては、中立条約ができたからといって、北方は安心できない。ソ満国境の危機的状況は継続しており、従来同様対ソ軍備充実計画を進めて抑止力として活用し、力でもってソ連の中立条約の履行を担保しなければならない、というものであった。この所論が、その後の歴史から見れば正鵠を得ていたことはすでに述べた。

しかし問題は、それだけではなかった。日ソ中立条約の締結について、スターリンがモスクワ駅頭に松岡外相の帰国を見送ったという異例な行動が喧伝される一方で、その陰で、日本にとって貴重なものが失われた。北樺太の石油利権である。訪欧前の連絡会議では、「独逸ノ仲介ニ依リ北樺太利権ヲ〔日本に〕売却セシム　若シ蘇連カ右ニ不同意ノ際ハ北樺太利権ヲ有償放棄スル代リニ向フ五ヶ年間ニ百五十万噸ノ石油供給ヲ約セシム」＊57と決定していた。にもかかわらず帰朝後の連絡会議で、松岡はその件に触れようとはしなかった＊58。ところが実際には、ソ連外相とのあいだに「北樺太ニ於ケル利権ノ整理ニ関スル問題ヲ数月以内ニ解決スル」旨の書翰を秘密の交換公文として交わし、中立条約締結の代償として石油利権をソ連に返還することを約していたのである。その結果、日ソで共同開発した北樺太の石油利権は失われた。その際、交換公文の英語原文では石油利権の「liquidation（清算）」とあるところを、日本の外務省は「整理」と訳したと、戦史叢書はその行為を批難している＊59。ハル・ノート開戦説のところで元外交官の吉田茂が述べたことであるが、原文を和訳する際自部署の利益になるように手を加えるのは、時の外務省の常套手段であったようである。したがって、かかる歴史的事象の解明にあたっては、念のため、原文にあたることが研究者にとって必須だと思う。

さて、田中作戦部長は日ソ中立条約締結を、次のように回想している。

この条約によりて日本の北辺が安全化し後顧の憂なく南進を企てうるやの外観を呈したことはともかくとして、この中立条約が日本の南進を愈々決定的に考えさせた要因は実は石油問題である。日ソ中立条約によれば、結局日本は北樺太の油田利権を放棄せねばならなくなったのである*60。

日ソ中立条約は、これによって外見的には北方の安寧を確保でき、安心して南進できる環境ができたかのように見えた。松岡外相は、軍部（陸軍）に対して貸しを作った気分だったと思われる。しかし、陸軍の見解はそれほどでもなかった。条約が守られるのも、武力の裏づけがあって、それが抑止力として作用しているうちのことだというのであった。むしろ北樺太油田を失ったことで、石油を求めて南方に進出する必要性がその分増した。とりわけ、代々、利権に携わった北樺太石油会社の社長を出してきた海軍に、その必要性が増したはずである。しかし松岡と外務省は、それを隠そうとした。外交上の失策だからであろう。

日米諒解案の接到と「対南方施策要綱」

次に、陸軍から見た日米諒解案の接到の意義について触れる。日米諒解案が到着したのは、同じ四月のことである。よく知られているように、これは、直接的には軍事課長だった岩畔豪雄が、間接的には軍務局長の武藤章がかかわった、日米国交調整工作（N工作）の成果である。諒解案には、「米大統領は蔣介石総統に対し、日支直接交渉による日支間の全面和平を勧告する」旨約してあった。（ソ満国境でソ連軍の圧迫を受けている）陸軍は、これに、「渡りに船」とばかりに飛びついた＊61。軍務課高級課員の石井も、「陸軍では全員この了解案に食いついた」として軍務課長の佐藤や作戦部長の田中の名前を挙げ、東條陸相も警戒はしたものの矢張り乗り気であったと回想している＊62。戦争指導班は、日誌に、

米モ亦太平大西二正面作戦困難〔中略〕日米開戦ヲ欲セザルモノノ如シ＊63

と記し、杉山総長も同様に、「米ハ独ヲ目標トシ本案ヲ考ヘアリ援英ヲ強化セントスルモノニアラスヤ」と述べている。ただし杉山も、やはり東條陸相同様、慎重に扱うようにとの趣意であろう、留意点をいくつか挙げ、「外部ニ洩レヌ様」と念を押している＊64。

いずれにせよこの瞬間、行きづまっていた対中問題の解決に、突然、希望の光が差しこんできた。この状況を受けて、陸海軍間でおおむね調整のついた「施策要綱」の扱いが変わったと、石井は次のように回想している。

そもそも本要綱の趣旨は〔中略〕陸海軍限りの意思統一上意味があったものである。たまたま日米交渉が始まり、しかも陸海軍挙ってその妥結を期待し且つ妥結するならんとの見透しも強かったので、そうなればこんな政策は意義がほとんどなくなると考えられた次第で、自然棚上げとなったものである＊65。

石井の説明では、「施策要綱」の意義は陸海軍の意思を対米不戦に統一することにあった。ところが諒解案の接到で米国も日本と協調路線にとることがわかり、陸海軍も諒解案を歓迎し、これで対米開戦になることはなくなった。それで、「施策要綱」は不要になり、棚上げになったとしている。他方田中の説明では、やはり回想であるが、次の

とおりである。

世界情勢の推移に伴う時局処理要綱に基づく南方施策は、既に過去のものとなり、それに代って対南方施策要綱（本年二月以来検討、四月十七日、大本営陸海軍部間で概定、六月六日同上決定）が、少くとも大本営陸海軍部の行動基準となりつつあった＊66。

参謀本部作戦部長の田中は、陸海軍の行動基準として機能しつつあったとして、その存在意義を認めている。他方陸軍省軍務課の石井は、「施策要綱」を無用の長物視しているが、石井の属する軍務局の軍事・軍務両課長とも、対英先決（英米可分が前提）に未練が残っていたためか、「好機南方武力行使」はあり得るとの見解であったから、「好機南方武力行使」を放棄する主旨の「施策要綱」には（英米不可分が前提）、もともとあまり乗り気でなかったと思われる＊67。右記の石井の説明は軍務局の立場からみた見解だと思われるが、参謀総長の指示からみて、陸軍首脳は、この間は田中の説明するように（英米不可分前提で）対米不戦で動いていた、とみるのが妥当であろう。

1　前掲『石井秋穂大佐回想録』六八九頁。
2　前掲『極東国際軍事裁判速記録』第六巻、六六頁、「岡田菊三郎宣誓口供書」、岡田は、開戦時の戦備課長。
3　前掲「石井秋穂大佐日誌」其二、一七七頁、四一年三月十九日付日誌。
4　前掲『機密戦争日誌』上、八六〜八七頁、四一年三月二十五、二十六日付日誌。
5　前掲『極東国際軍事裁判速記録』第六巻、六九頁。
6　前掲『機密戦争日誌』上、八六頁、四一年三月二十四日付日誌。
7　同右八六頁、四一年三月二十二日付日誌。
8　前掲「石井秋穂大佐回想録」六九二頁。
9　前掲石井「昭和十六年前半期の最高国策の補正」七頁。

10　同右七～八頁。
11　前掲『極東国際軍事裁判速記録』第六巻、七〇頁。
12　前掲「石井秋穂大佐回想録」六九三頁。
13　前掲『証言記録　太平洋戦争敗戦の原因』一六四頁。
14　前掲佐藤『大東亜戦争回顧録』二一〇～二一一頁。
15　前掲「石井秋穂大佐回想録」六九〇頁。
16　前掲『証言記録　太平洋戦争敗戦の原因』二〇〇頁。
17　前掲『岩畔豪雄氏談話速記録』三二〇頁。
18　前掲『機密戦争日誌』上、一四九頁、四一年八月二十一、二十二、二十三日付日誌。
19　有沢広巳『学問と思想と人間と』（毎日新聞社、一九五七年）一八七～一九一頁。
20　塩崎弘明「対米英開戦と物的国力判断」『年報近代日本研究　戦時経済』（山川出版社、一九八七年）一六三～一六四頁。前掲「国家総動員一」中村隆英ほか「資料解説」四二頁。
21　前掲『証言記録　太平洋戦争敗戦の原因』一六四頁。
22　前掲戦史叢書『大本営陸軍部　大東亜戦争開戦経緯』三、七一頁。
23　前掲井本『作戦日誌で綴る大東亜戦争』三六頁。
24　前掲森山『日米開戦の政治過程』七一頁。
25　同右七四頁。
26　前掲『機密戦争日誌』上、五五頁、四一年一月六日付日誌。
27　前掲森山『日米開戦の政治過程』七三頁、「採択されたが、〔中略〕拘束力を持てずに終った」。
28　前掲『機密戦争日誌』上、六五頁、四一年一月二十一日付日誌
29　前掲『杉山メモ』上、三～四頁、稲葉正夫「資料解説」。
30　同右二一七～二一八頁、「対南方施策要綱」。
31　前掲森山『日米開戦の政治過程』八〇～八一頁、八三～八四頁。
32　前掲佐藤『弱きが故の戦い』一〇頁。
33　前掲『機密戦争日誌』上、四四、四六頁、四〇年十一月二十九日、十二月四日付日誌。
34　同右五七頁、四一年一月十一日付日誌。

35 前掲「田中新一中将業務日誌」八分冊の三、三〇〇頁、四一年三月一四日付日誌。
36 前掲田中「大東亜戦争への道程　三」、一五〇頁。
37 前掲石井「昭和十六年前半期の最高国策の補正」一〜二頁。
38 前掲『機密戦争日誌』上、七三頁、四一年二月八日付日誌。
39 同右七三頁、四一年二月十日付日誌。
40 同右八五〜八六頁、四一年三月二十日付日誌。
41 前掲『西浦進氏談話速記録』下、二六九頁。
42 前掲福留『史観真珠湾攻撃』一一六頁。
43 同右一一四頁。
44 前掲『西浦進氏談話速記録』下、二八六頁。
45 前掲森山『日米開戦の政治過程』六四頁。
46 前掲『機密戦争日誌』上、八六頁、四一年三月二十日付日誌。
47 前掲森山『日米開戦の政治過程』八六頁、注一一。
48 前掲『機密戦争日誌』上、八四〜八五頁、四一年三月十五日付日誌。
49 前掲「澤本頼雄海軍大将業務メモ」叢三、一四頁、四一年十月三十日付日誌。
50 「日中戦争三」『現代史資料一〇』（みすず書房、一九六四年）四九七頁、「時局処理要綱に関する質疑応答資料」。
51 前掲『機密戦争日誌』上、八七頁、四一年四月九日付日誌。
52 前掲『杉山メモ』上、二一七〜二一八頁。「対南方施策要綱」。
53 前掲石井「昭和十六年前半期の最高国策の補正」七〜八頁。
54 前掲田中「大東亜戦争への道程　四」二九四頁。
55 同右二五九頁。
56 前掲「金原節三業務日誌摘録」前篇その三のイ、六九頁、四一年四月十四日付日誌。
57 前掲『杉山メモ』上、一七六頁、「対独、伊、蘇交渉案要綱」。
58 『杉山メモ』にある該当する会議の議事録に当該事項の記載がない（同右二〇〇〜二〇一頁、「第二十回連絡会議」（三）日ソ中立条約締結経緯）。
59 前掲『大本営陸軍部　大東亜戦争開戦経緯』三、四一八〜四一九頁。

60 前掲田中「大東亜戦争への道程　四」二六一頁。
61 同右三四八頁。
62 前掲「石井秋穂大佐回想録」七一一～七一二頁。
63 前掲『機密戦争日誌』上、九五頁、四一年四月十八日付日誌。
64 前掲『杉山メモ』上、一九九頁、「第十九回連絡会議」。
65 前掲石井「昭和十六年前半期の最高国策の補正」四～五頁。
66 前掲田中「大東亜戦争への道程　四」三〇七頁。
67 前掲『機密戦争日誌』上、八八頁、四一年四月九日付日誌。

Ⅲ　南部仏印進駐

1．南部仏印進駐にかかわる諸問題

十人十色の先行研究

四一年七月、日本軍は、南部仏印進駐をおこなった。そのことが、米国などによる資産凍結・全面禁輸の経済制裁を招いた。「石油が全面的に禁輸された結果、日本側では燃料の備蓄を使い果たすのを恐れる陸海軍が態度を硬化させ、武力南進論・対米英開戦論の加速という反応をもたらした。これで日本の国論がただちに開戦一色にまとまったわけではないが、紆余曲折の末、対米英開戦を決定する」＊1。こうして先行研究の多くは、米国による資産凍結・全面禁輸を招いたこの南部仏印進駐を、日本側から見て、太平洋戦争開戦過程における「決定的なターニングポイント〔転回点〕」だったとしている＊2。

日本にとってこのような重要な意思決定は、如何なる過程を経てなされたのだろうか。そこで開戦過程をさまざまな視点から叙述した先行研究を対象に、「南部仏印進駐」の決定過程について、「いつ、when」、「どこで、where」、「誰（どの政治勢力、どの部署）が主導して、who」、「どのようにして（どのような経緯でもって）、how」決定に至ったか整理してみた。そこで判明したことは、この観点での学説が、十人十色になっていることである。このことは、太平洋戦争に至る決定的なターニングポイントであった「南部仏印進駐」の意思決定過程に、定説が確立していないこ

表11　先行研究の示した南部仏印進駐の意思決定過程（教科書以外は年代順）

先行研究	いつ	どこで	誰が	どのようにして
高校教科書＊3	四一年七月（二日）	御前会議	軍部	対米英戦を覚悟のうえで、軍部の強い主張によって
秦　郁彦＊4	六月二五日	連絡会議	軍令部総長	外相の抵抗を排して
義井　博＊5	七月二日	御前会議	陸軍省軍務課長、参謀本部作戦課長	北進（外相、参謀本部作戦部長が主張）か南進かの対立の中で、首相が、対ソ開戦（北進）論を躱す代償として
波多野澄雄＊6	七月二日？	御前会議？	陸軍中堅層？	最終的には、陸海軍両総長により外相の抵抗を排して
麻田貞雄＊7	七月二日	御前会議で再確認	軍令部総長と海軍中堅層	海軍は南進論を強調することによって陸軍の北進を牽制しようと試みた
森山　優＊8	七月二日？	御前会議？	陸海軍中堅層	外相の抵抗を排する過程で、陸海軍の政策がエスカレートし
森　茂樹＊9	六月二五日	（連絡会議）	——	独ソ開戦を南方進出の好機と見て
加藤陽子＊10	七月二日	御前会議	陸軍省、海軍	外務省と参謀本部とが主張した北進論を抑えるため

とを示している。もっとも、「いつ」「どこで」決定したのかについては、七月二日の御前会議とする点は一部の例外を除き一致している。後述するが、この事実認定は正確ではない。しかし、先行研究の多くは、これをもとに歴史を構築している。また、これまで開戦過程を叙述するうえで、実証的であるがゆえに基礎にしてきた森山氏の著書も、この件の記事は難解を極め、筆者の理解力には及ばないものになっている。それは、波多野氏の著書についてもいえ

る。このことは逆に、この「南部仏印進駐」の意思決定の問題は、それだけ複雑な歴史的事象とみるべきであって、簡単には明らかに出来る課題ではないことがわかる。かかる状況認識のもとに、太平洋戦争開戦過程における決定的なターニングポイントとされる「南部仏印進駐」の意思決定が、どのようになされたかについて、その過程に改めてアプローチを試みる。

南部仏印進駐の計画内容とその決定

南部仏印進駐は、六月二十五日連絡会議で決定をみた、「南方施策促進に関する件」（「促進に関する件」）にもとづいておこなわれた。そこには、次のように記されていた。

一　帝国ハ〔中略〕既定方針ニ準拠シテ仏印泰施策ヲ促進ス特ニ〔中略〕仏印ニ対シ東亜安定防衛ヲ目的トスル日仏印軍事的結合関係ヲ設定ス〔中略〕帝国ノ把握スヘキ要件左ノ如シ

（イ）　仏印特定地域ニ於ケル航空基地及港湾施設ノ設定又ハ使用竝南部仏印ニ於ケル所要軍隊ノ駐屯

（ロ）　帝国軍隊ノ駐屯ニ関スル便宜供与

二　前号ノ為外交交渉ヲ開始ス

三　仏国政府又ハ仏印当局者ニシテ我要求ニ応セサル場合ニハ武力ヲ以テ我カ目的ヲ貫徹ス＊11

すなわち仏国に対し、仏印の南部に基地設定と軍隊駐屯を容認させ、応じない場合は武力をもってこれを強いる、というものであった。

連絡会議のあと、「促進に関する件」は、首相と陸海両総長が列立して二十五日即日上奏された。天皇は進駐を裁可したが、その際の最後の言葉がのちに有名になった。

御上　最近ノ交渉ニ於テ仏国側ハ我ニ対シ好意ヲ寄セテ居ルト思フカ此ノ様ナ事ヲオシツケテドウカ
総理　右ニ対シ簡単ニ御説明シ　参謀総長更ニ左ノ如ク付加ス
総長　帝国ノ方針トシテ大東亜共栄圏ハ飽迄建設シナケレバナリマセン　今迄ニ既ニヤラナケレハナラナカッタ事テアリマシテ最近ニ於テ英米蘭支等カ南方ニ於テ相提携シ日ヲ追ウ〔ママ〕テ我ヲ圧迫シテ参テ居リマスノテ一日モ早クヤル必要ガアリマス
　万已ムヲ得サル場合例ヘハ対日全面禁輸或ハ英米カ戦略態勢ヲ強化シテ参リマシタル場合之ヲオサヘル為ニ早クヤル必要ガアリマス
〔中略〕
御上　軍隊ヲ如何ニ配置スルカ
総長　軍隊進駐ノ目的ハ航空及海軍基地ヲ造リ且之ヲ維持スル為ト泰及仏印ヲシテ日本ニ依存セシムルト共ニ南方ト支那ニ威圧ヲ加フルニ在ルノテアリマシテサイゴン付近ヲ中心トシテ配置致シマス
〔中略〕
御上　国際信義上ドウカト思フガマア宜イ（特ニ語尾ハ強ク調子ヲ高メラレタリ）*12

ここから窺えることは、陸海軍が、進駐を焦っていたことである。とりわけそれは、「対日全面禁輸或ハ英米カ戦略態勢ヲ強化シテ参リマシタル場合」、すなわち、既述の、「施策要綱」の第三条で想定していた事態が来ることを想定して、焦慮しているようにみえる。そしてこの提案は、「御上ノ御機嫌ハ御宜シカリシ」ためか*13、即座に裁可になった。

ちなみに、先行研究の多くが進駐を決定したとしている七月二日の「御前会議」で決定したのは、既述の、独ソ開戦をうけていかなる国策で臨むかを定めた「帝国国策要綱」である。そこには、対南方戦略については、「方針」として「自存自衛の基礎を確立する為南方進出の歩を進め」としたうえで、「要領」として次のように記してある。

帝国ハ其ノ自存自衛上南方要域ニ対スル必要ナル外交交渉ヲ続行シ其他各般ノ施策ヲ促進ス　之カ為対英米戦準備ヲ整ヘ先ツ「対仏印泰施策要綱」及「南方施策促進ニ関スル件」ニ拠リ仏印及泰ニ対スル諸方策ヲ完遂シ以テ南方進出ノ態勢ヲ強化ス　帝国ハ本号目的達成ノ為対英米戦ヲ辞セス＊14

文中、「対仏印泰施策要綱」は第一補給圏を傘下におくと定めたもので、四一年一月三十日に連絡会議で決定し二月一日に上奏裁可された国策であり、扱いとしては「促進ニ関スル件」と同じ扱いであったと看做せる。これらを七月二日の「帝国国策要綱」に再度掲載したのは、これらの「国策」が依然として、有効であることを述べたものと推定できる。注目すべきことは、「施策要綱」がここから落ちていて、「対仏印泰施策要綱」や「南方施策促進ニ関スル件」と併記していないことである。このことは、七月二日時点では「施策要綱」はすでに失効したことを意味している。そして、失効したのは、南方武力行使の放棄であったと推定できる。

ところが先行研究の多くは、南部仏印進駐は七月二日の御前会議で決定したとしている。六月二十五日に「促進に関する件」でもって天皇の裁可を受けた南部仏印進駐を、七月二日に「帝国国策要綱」でもって御前会議で決定したということになれば、二十五日の天皇の裁可が宙に浮く。かかることはあり得ない。したがって、南部仏印進駐を決定したのは、六月二十五日である。

それよりも重要なことは、同じ二十五日、天皇との首相、両総長とのあいだで、「対日全面禁輸或ハ英米カ戦略態勢ヲ強化シテ参リマシタル場合」に備えて、すなわち「施策要綱」の第三条で想定していた事態に備えて、この進駐を早急にやる必要があることを確認しあったことである。このとき国家の首脳は、全面禁輸を、近々あり得ることとして想定していたと解釈できる。ところが先行研究の多くは、数日前に天皇のところまで行って決まったことを、ひっくり返そうとして失敗した松岡外相の言動に目が行って、最高意思の決定の場で、南部仏印進駐の目的が確認されていることを見過ごしているように思える。

北進断念の代償としての南進論

ところで、「昭和十六年（四一年）末からボツボツ書き始め昭和十七年春に脱稿した」とされる近衛手記に＊15、次のような記述がある。北進論を抑えるため、近衛首相は、南部仏印進駐を認めたという記事である。

余は陸海両相とも懇談を遂げ（中略）七月二日御前会議を奏請して差当りソ連に対して行動を起こさない旨を決定したのである。七月二日の御前会議は松岡外相が非常に積極論を唱へ、また陸軍も満州に兵力を集中してをり、何時でも対ソ戦に乗り出すといふ情勢であったので、これを抑へるのが主目的であった。その結果、多少代償的な意味で仏印進駐を認めた次第である＊16。

この手記をもとにして、近衛首相が北進論を抑えるために代償として南部仏印進駐を容認したという学説が存在している。陸軍に関する既成概念（無謀で好戦的な陸軍）を前提にして、陸軍の暴走を食い止めるために南部仏印進駐を認めたのはやむを得なかったのだ、という論理である。しかしこの近衛の回想は事実ではない。

既述のように七月二日の御前会議で、「差当りソ連に対して行動を起こさない旨を決定した」のは事実である。しかし、外相や枢相の主張する北進論を退けたのは、北進の主たる担任である陸軍の主動によるものであった（第二部、「七月二日御前会議の決定」）。そして、南部仏印進駐を決定したのは六月二十五日である。すなわち、まず先に南部仏印進駐が決定され、それが済んだあと、対ソ戦の先送りが決定されたのである。したがって、北進（対ソ戦）を抑えるのに仏印進駐を認めたという近衛手記の記事は、時系列からいって成り立たない。実際、田中作戦部長も、敗戦後、次のように記している。

「北進の勢は急迫していたので、これを抑止するため、とりあえず軍の勢を南方にむけざるをえなかった」と〔近衛手記は〕いう。しかしこれは事実に反している。即ちまず南進は既に既定の政策となっていたのであって、七月二日御前会議の問題ではなかった。陸軍が北進を主張したといっているが、陸軍は北進を主張していなかった＊17。

実際に、一次史料である『杉山メモ』にも田中新一の業務日誌にも、杉山総長が北進論を主張する場面は見当たらない。近衛は、進駐を容認したことの弁明のためか、もしくは誰か（何か）をかばうために、事実に反して、北進を食い止めるために南部仏印進駐を認めたと述べていると思える。そして、「北進断念の代償としての南進論」は、先行研究の多くが支持する七月二日南部仏印進駐決定論とセットになっており、セットになってなければ、これは、「論理的」に成立し得ない所説である。

ところで、近衛首相の回想に依拠した学説とは別に、この「北進断念の代償としての南進論」を、近衛首相ではなく別の当事者が唱えたという学説がある。これも、進駐決定の期日を誤ったために成立した学説であろう。この学説では、近衛の代わりに海軍と陸軍省が、それを唱えたとしていて、「外務省と参謀本部が急に主張しだした北進論を抑えるために、南部仏印へ進駐しましょうと声をあげて、南進に言及するようにしたのです」というものである。そしてその理由として、「陸軍省と海軍の考えでは、南部仏印進駐をしたからといって、アメリカがなにか強い報復措置に出るとは全く考えていなかったのですね」として、その根拠として「参謀本部の戦争班《ママ》〔戦争指導班カ〕」の日誌の記事に禁輸はないと彼らが確信していたことを挙げている＊18。この研究者が理由とした挙げたことの実否（陸軍が禁輸を想定していたか否か）は重要なことであるので、別にこれを論ずることとして、陸軍省が禁輸を想定していなかった根拠として史料を挙げるのであれば、参謀本部の日誌ではなく、陸軍省の方の日誌を挙げないとこの所説は「論理的」に成立し得ない。

いずれにせよこの「北進の代償としての南進論」は、七月二日進駐決定論と併せて、南部仏印進駐の決定過程の研究に、さらなる混乱をもたらしたといえる。

2．南部仏印進駐への道

南進前史

相澤氏によれば、南方海洋に進出発展するという「南進論」は、日露戦争後の海軍拡張を正当化する理論的裏づけとして海軍が打ち出したものだという＊19。「南進」が国策として採用されたのは、二・二六事件のあった年（三六年）で、既出の廣田内閣のときの国策「国策の基準」のなかに定められた＊20。もっともこの時の南進は、「漸進的平和的手段ニヨリ」進出するものであって、武力行使は規定されていなかった。

日中戦争の発端となった盧溝橋事件の勃発は、南進が国策に採用された翌三七年のことで、その一年半後の三九年二月、日本軍は中国の南端に在る海南島を占領した。この計画は、第一次近衛内閣の五相会議で海相の米内光政から提案されたものである＊21。中国の南端に吊りさがった形の海南島は「南支那海に突出し、仏印・フィリピン・蘭印の三方ににらみをきかす」海軍根拠地となった＊22。軍事的意味だけではない。国防資源（鉄鉱石）の確保のため、陸軍が満洲を持つように海軍は海南島を持ち、海軍の満洲にしようと目論んだという＊23。このときの海軍は、満洲が陸軍にとってお荷物になっていたことを知らなかったのだろう。このあと海南島は海軍の軍政下にあって、北部仏印進駐、仏印・泰国境紛争居中調停、南部仏印進駐、対米英戦争（太平洋戦争）など南方進出の場面で、海軍艦船あるいは輸送船の集結・発進基地となり、文字通り南進の拠点となったのである＊24。いいかえれば、三九年二月の海軍が主導した海南島占領は、どこまで海軍に南進の長期計画があったかは別として、結果として、海軍による南進の作戦準備になったことは事実である。

四〇年の五月から六月にかけて、ドイツ軍の西部戦線突破、オランダ政府亡命、ダンケルクの撤退、フランスの降伏と、世界情勢がめまぐるしく変動し、東アジアでは南方に力の真空地帯が生まれた。既述の、欧州新局面の到来である。この動きに合わせて日本では第二次近衛内閣が組織され、四〇年七月、新国策「時局処理要綱」が設定された。この国策に、公文書として初めて、「対南方武力行使」という言葉が出てきた。南進に際して、好機が来れば武力を行使するというものであった。

仏印・泰国境紛争居中調停

北部仏印進駐に次いで着手した対南方戦略は、まず、第一補給圏である仏印と泰を傘下におさめることであった。しかし、そのための種々の工作の進捗は捗々しくなかった。おりしも、仏印と泰とのあいだに国境紛争が起きた。かつて仏国に簒奪され、今は仏印の一部になっているラオスやカンボジアを、泰が、失地として回復しようと仕掛けた紛争であった。

そこで日本は紛争の居中調停を買って出て、その実績のうえに立って、自らの政治的・軍事的要求を両国に申し入れようとした＊25。四〇年十一月、四相会議で決定した「泰国ノ失地恢復斡旋ニ関連スル対泰竝ニ対仏印施策ノ件」がそれである＊26。その際日本は、「泰国ノ失地回復要求ニ対シ好意的考慮ヲ払フ」ことで、調停をしようとした＊27。しかし仏国政府から、領土割譲には応じない（日本の調停には応じない）旨の回答があった＊28。交渉は、暗礁に乗り上げた。それでも陸海軍首脳は、外務省にさらなる交渉を要請した。それが、十二月二十七日連絡会議決定の「泰及仏印ニ対シ採ルヘキ帝国ノ措置」である。そこには、「強硬ナル態度ヲ以テ機宜所要ノ威圧ヲ加ヘ」ると付記してあった。もっとも、強硬なる態度といっても「松岡、アンリー協定ノ破棄」といった程度のもので、武力行使ではなかった*29。

年が明けて四一年一月十九日、国境紛争は急変を見た。泰軍の旗色が急に悪くなり、その機に乗じ英国が調停に乗り出すとの知らせが入った。日曜日ではあったが、海軍側からの申入れで急遽臨時の連絡会議が開催され、「泰、仏印紛争調停ニ関スル緊急処理要綱」が決まった。「所要ノ威圧ヲ加ヘ紛争ノ即時解決ヲ図ル」というものである*30。いよいよ軍の出番であった。

陸軍の実施した威圧行動は、関係国への刺激を最小限にとどめるべく手の込んだものであった。すなわち、援蔣ルート遮断のため北部仏印に駐屯させていた部隊（近衛歩兵第二連隊）がたまたま交代時期にあたっていたものを、帰還を延期し、交代要員の部隊（歩兵第百七十連隊）を予定通り派遣するというものである。その結果、ある期間、北部仏印に駐屯する部隊が二倍（二個連隊）になった。実はこれは、すでに一月十六日に上奏済みのもので、あらたに計画したものではなかった。陸軍は、これをもって威圧の形をつくった。

他方海軍の威圧行動は大規模なものだった。当時海軍省軍務局軍務二課の課員であった藤井茂の残した手記（遺稿）に、次のような記事がある。

> ７ｓ〔第七戦隊〕７ｓｆ〔第七航空戦隊〕２ｓｆ〔第二航空戦隊〕ヲＧＦ〔連合艦隊〕ヨリ分割シテ２ｃｆ〔第二遣支艦隊〕ニ増勢シ遠ク仏印西貢沖及磐谷（ｄ×２〔駆逐艦二隻〕）沖迄威圧行動ヲ執ラシメタリ　西貢ニハ同時ニ〔軽巡〕名取及ｄ×１ヲ磐谷ニハｄ×２ヲ無理押ニ押シ込ミタリ*31

これによると海軍は、仏印沖に第二航空戦隊基幹の正規空母「蒼龍」、「飛龍」などを繰り出し、威圧を行った。この二隻の空母は、当時日本海軍が保有していた四隻の正規空母のうちの二隻で、日本海軍虎の子の部隊であった。この時、香港の英国諜報部はこの動きをシンガポール攻撃だと見誤り、報告を受けた英国政府は「極東危機説」を唱えて大騒ぎになった*32。

このあと、仏国政府は、領土割譲に関する日本の調停案を原則的に受諾した。その際、駐日仏国大使（アンリー）は、「条約文ニ日本カラ強制サレタカラ受諾シタ　記述セラレ度」と主張し、他方松岡外相が、「原則的ニ相互了解シ細目ハ引続キ交渉中ト発表致シ度」と応酬した。仏国大使は、「シブシブ承諾」したという*33。この結果、仏国は武力による威圧に屈した形となり、威圧行動は成功した。もっとも、仏国の外交目標は仏印における主権の保持であり、一見弱腰にみえるこの外交術は、短期間の断絶があったものの、仏印処理以降戦後の五〇年代前半まで、印度支那を仏国領として保持できたものと評価できる*34。しかしその反面、当時海軍省軍務局軍務二課の課員であった柴勝男は、敗戦後、

この調停における東京会議での仏印側の態度は、如何にもビクビクもので全く生色がなく、〔中略〕この仏印の弱腰から南仏印への考が濃厚になって来た*35。

と証言している。すなわち、仏国政府が意図的に武力による威圧に屈した形を採ったことが、却って日本軍当局の軽侮を招き、そのことから、欧米先進国（白人国家）に対するさらなる威圧外交を誘発したと思われる。海軍のなかで、南部仏印進駐の意思が濃厚になったのもその一つであった。

ところで陸海軍は、国境紛争調停の報奨として、仏印・泰に対する基地獲得交渉を外務省にさせる予定であった。ところが、威圧行動による国際的反響が大きかったことを口実にして、外務省は、基地獲得の交渉を「有耶無耶ノ裡ニ」立ち消えにしてしまった*36。もともと外務省の立場からみれば、仏印・泰相手の基地獲得交渉は無理な注文であり、できれば御免蒙りたかったのであろう。その意味で「極東危機説」は、外務省にとって交渉をサボタージュす

る格好の口実となったと思われる。

日蘭会商の打ち切りと永野総長の強硬発言

既述のように「時局処理要綱」には、「蘭印ニ対シテハ暫ク外交的措置ニ依リ其重要資源確保ニ努ム」と定められていた。蘭印は（表10）のように天然資源が豊富で、なかでも石油は、軍部、とりわけ海軍にとって、戦略物資として垂涎の的であった＊37。そこで、通商によってそれらを獲得するよう交渉したのが日蘭会商である。ところが蘭印は、母国がドイツの占領下にあったものの政府は英国に亡命しており、英米の影響下にあった。そのためドイツと同盟関係にある日本への資源の輸出は、母国を占領したドイツへの再輸出につながり、利敵行為と看做された＊38。当然ながら、通商交渉は難航した。

かかる事態をうけて、松岡外相は、五月二十二日の連絡会議で次のように主張した。

結局日本ノ足下ヲ見テ日本ヲ見縊リ居ルヤニ観察セラル。〔中略〕本日オランダ公使ヲ呼ビ反省ヲ促シ、又午後二時ニハ英大使ヲ呼ビ、此ノ様ナ状態デハ帝国ハ南方ニ兵力ヲ行使セザルヲ得ヌト云フコトヲ英ニ伝ヘル様話ス積リデアル。之ニモ反省ナケレバ芳澤〔謙吉、訪蘭印使節〕ヲ帰朝セシメ帝国ノ態度ヲ世界ニ示シ、其後適当ナル処置ヲ取ラネバナラヌト思フ。右処置ニ就テハ夫々ノ方面ニ於テ御研究ニナッテ戴キ度＊39。

外相の言い分は、武力による威嚇なくして交渉は進まない、というもので、いわば軍部にバトンを渡そうとしたものであった。それに対し軍部側から、蘭印の態度は後ろに英米が控えているからであり、「蘭印ニ対シ此ノ最後ノ決意ヲスルコトハヤガテ比島、馬来ニモ作戦ヲ進メル事ニナリ、国家ノ浮沈ニ関スル重大問題」だと応じた。英米を刺激する武力行使を、外相はそんなに安易に考えてもらっては困る、との趣意であった。それを継いで、杉山参謀総長が次のように応酬した。

之ハ重大問題ナリ、此ノ決心ノウチノ馬来ダケニ対シテモ、泰仏印ニ所要ノ作戦準備ヲ進メナケレバナラヌコトニ就テハ、前回ノ連絡懇談会ニ於テ詳述セル通リナリ。猶モ之ヲ外相トシテヤラヌノハドウ云フワケカ＊40。

杉山が督促した「所要ノ作戦準備」とは、仏印・泰に軍事基地（軍の駐屯も含む）を設定することであった。国境紛争の居中調停が成就したにもかかわらず、その報奨としての軍事基地の要求交渉が滞っていることを杉山は指摘し、暗に外務省の怠慢をとがめて松岡に応酬した。しかし、論戦では松岡は負けてはいなかった。

泰仏印ニ対シテ〔基地の交渉を〕ヤルニハ英米ニ対スル決心ヲ必要トス、此ノ決心ナシニ交渉ハ出来ヌ、決心ガ出来タラ〔交渉を〕ヤル＊41。

軍事基地の設定交渉をするからには、米英との衝突は避けられない、陸海軍は英米と戦争をする覚悟はあるのか、という。この時点では「施策要綱」で対米不戦をもって意思統一していた陸海軍首脳は、あっけにとられたことであろう。「海軍側〔は〕殆ト黙シテ語ラ」なかったが、及川古志郎海相が、思わず一言漏らした。「松岡ハ頭ガ変デハナイカ」、と＊42。

及川はそう言ったものの、海軍としては、組織としての意思統一ができていなかった。六月十一日の連絡会議のことである。外相からの提言で、蘭印に派遣した使節には引揚げを命じ、調整の済んだ事項も調印はせず、実質的に交渉は打ち切るということに決定した。この席上で、またも参謀総長が仏印・泰への軍事基地の設定交渉を取り上げ、外相に交渉を督促した。外相は「英米ヲ刺激シ英軍カ泰国ニ入ッテ来ルコトハ眼ノ前ニ見エテ居ル」として、交渉を渋った。参謀総長は「状況判断ハソウ［ママ］ハ思ハヌ」と応酬した。そのやり取りのなかで、突然、軍令部総長の永野修身が発言した。

仏印、泰ニ兵力行使ノ為ニ基地ヲ造ルコトハ必要ナリ　之ヲ妨害スルモノハ断乎トシテ打ッテ宜シイ　タタク必要ガアル場合ニハタタク*43

永野軍令部総長の「打ッテ宜シイ」の発言について、戦争指導班の業務日誌には「永野総長ハ時々兀然タル発言ヲナスヲ以テ本日ノ永野総長ノ発言モ果シテ是レ全海軍ノ意志ナリヤ否ヤ疑問」とあり*44、田中作戦部長の回想にも、「海軍の態度が永野軍令部総長のこの発言の如く決定的に固まっていたかどうかということには疑問がある」としている*45。英米が進駐を妨害するなら、「打ツ」という永野の発言は、必ずしも海軍の組織としての発言ではなく、永野の突出した発言だと陸軍側は見ていた。しかし公式の席上での海軍統帥部のトップの発言は、無視できるものではなかったことは後述する。

独ソ開戦と「対南方施策要綱」の失効

「施策要綱」で意思統一したとおり、陸軍首脳は（英米不可分前提で）対米不戦という考えで動いていた。その考えが変わったのは、またもや状況的要素によるものだった。それが四一年六月六日の、独ソ開戦情報である。参謀本部はこの知らせを受けて出張者（杉山、田中）を呼び戻し、九日、急遽部長会報をもった。杉山総長はその席で、次のように述べた。

対南施策要綱ハ対「ソ」調整ノ時代ナリ　「ソ」独戦ニ依リ「ソ」ノ極東力ハ減退　南方施策モ相当ノ決意ヲ

要ス　好機ニ投シ南方ヲヤル必要アルヘシ＊46

対南方武力行使を放棄した「施策要綱」は、対ソ国交調整の時代のものである。独ソ開戦となれば極東ソ連軍の戦力は低下し、背後の心配がなくなる。或る意味で、南方に進出する「好機」かもしれない、英本土上陸の好機は到来しなかったが、今回の独ソ開戦を日本にとっての「好機」とみなして、ふたたび、対南方武力行使を復活させる必要があるのではなかろうか。総長から、こういった問題提起があった＊47。「施策要綱」も、独ソ開戦という状況的要素により、その役割を終えた。「施策要綱」策定の事務方の日誌にも、そのことが出てくる。

午後十時ヨリ総長統裁ノ下部長会議開催　〔中略〕方針中ニ好機ニ乗ズルモノアラバ武力ヲ行使スベキヲ明ニスルコトニ決ス＊48

参謀本部は、「施策要綱」のうちの中核であった、「好機南方武力行使」の放棄を停止することとした。陸軍省も、それに追随したことがうかがわれる記事が軍務課員の石井の日誌にある。「大臣〔東條〕ハ独ソ開戦セハ対英戦ヲ起セト主張ス」＊49、と。

他方海軍首脳部は、独ソ開戦にどのように対処しようとしていたか。

そのことを述べる前に、一言しておく。太平洋戦争開戦過程の研究をするうえで特筆すべきことは、陸軍首脳部のそれに比して海軍首脳部のとった言動を示す史料が寡少で、とくに一次史料については澤本海軍次官（連絡会議に出席していない）の業務日誌くらいしか公開されていない。かかる状況下で、海軍の独ソ開戦に対処する姿勢を知るうえで参考になるものがある。軍令部情報部（第三部）の、六月二十日付の「独蘇戦争ト国際情勢判断並ニ帝国ノ執ルベキ対策所見」である。そこには「対策所見」として、ドイツに対し好意的中立を保ちつつも差当り参戦はせず、

「情勢ノ変化ニ対応スル諸準備ヲ速ニ完成スベシ」として、「或程度ノ極東軍牽制ヲ行フヲ要スルモ此ノ際主トシテ英米ノ策動ニ備ヘ我南進圧力ヲ強化スルヲ要ス」と記してある＊50。独ソ開戦を機に、海軍も南進準備を加速すべしという提言である。

それではこの間の事情について解説したものを、海軍省の中堅層の手記から引用する。

四月頃ヨリ陸軍（海軍亦然リ）ハ南方施策ノ大本ニ関シテ其ノ処理方針ヲ確定センコトヲ焦慮シアリタリ　海軍トシテハ一旦文書ニスルト後々迄之ニ捉ハレルコトトナルヲ以テ之ヲ避ケ具体的事項ヲ其ノ都度決定スルノ意図ノ下ニ折衝シツツアリシカ六月上旬再ヒ之ヲ持チ出シ之ヲ連絡会議ニ上程セントセリ　右南方施策要綱ノ趣旨ハ南方ニハ原則トシテ武力ヲ行使セズトノ趣旨ヲ根本方針トスルモノナリ、依テ海軍トシテハ之ニ反対シ少クトモ現状ノ暫定措置ニ止メントスルコトトセリ　陸海軍共ニ泰仏印ニ兵力ヲ進駐セシムルコトニハ完全ニ意見一致セリ＊51。

この手記は中堅層の視野から見える範囲で記述した二次史料だとしても、史料が戦史室に渡った経緯（遺族の個人情報のため略）からみて、史料の筆者が意図的に歪曲したところはないと判断できる。この史料から、陸軍の方は「施策要綱」により対南方武力行使をいったんは組織として放棄したが、他方海軍については、必ずしもそうではなかったことがうかがえる。現に海軍は、仏印・泰国境紛争の居中調停において、陸軍に比し大規模な威圧行動をとっている。海軍がこうした状況であったうえに、陸軍参謀本部も、このたび独ソ開戦を英本土上陸に代わり得る好機と看做して対南方武力行使を容認した以上、「陸海軍共ニ泰仏印ニ兵力ヲ進駐セシムルコトニハ完全ニ意見一致」して、必要なら武力行使もすることで臨むことになった、とみることができる。独ソ開戦こそ、陸軍にとって大きな転機になったのである。

3．南部仏印進駐の決定過程

「南方施策促進に関する件」の策定過程

ところで、南部仏印進駐を定めた国策、「促進に関する件」が、はじめて記録（一次史料）に出てくるのは、管見の限りでは、六月十一日付の海軍省軍務局第二課長石川信吾の業務日誌である。

第一委員会開催　南方施策促進ニ関スル件　大本営政府連絡会議案ヲ起案ス＊52

石川はこのとき、第一委員会の中心人物であったとされる＊53。第一委員会は、海軍中央官衙の中堅層から選抜された「国策案画」を任務とするタスクフォースである。前日（十日）の石川の日誌には、「仏印ニハ兵力ヲ進駐ス、之ガ為軍事基地ヲ設定ス　当方ニテ一案ヲ作リ陸軍軍務課長宛為参考送付セリ　陸軍ニテ整理ノ上当方ニ送付シ来ル筈」とある＊54。これらの一次史料から、「促進に関する件」の原案はまず石川のもとで策定され、陸軍側に回付される一方で、海軍省内のタスクフォースでも決定の手続きをとったことがわかる。第一委員会で決定された翌日の六月十二日、「促進に関する件」は連絡会議に上程された。

軍令部総長「南方施策促進ニ関スル件」ヲ説明ス　此ノ際軍令部総長ハ仏印カ応セサル場合竝英米蘭カ妨害シタル場合武力ヲ行使スルコトニ関シ強ク強調セリ＊55

連絡会議での説明は、海軍統帥部からおこなわれた。これだけみると南部仏印進駐は、海軍側、それも中堅層が中心になって推進されたようにみえる。ところが陸軍側の史料をみると、事はもっと複雑なのである。まず、十日付の戦争指導班の日誌である。

仏印ニ対スル軍事協定締結ヲ促進スルト共ニ南仏駐兵権ヲ獲得スベシノ意見抬頭ス　右陸海軍概ネ意見一致セントス　而シテ陸軍ニ関スル限リ右ノ場合英米ノ攻勢ニ逢ヘバ武力行使ヲ辞セズノ腹アリ　海軍ノ意見ハ不明夕刻石井、種村海軍ニ到リ打診ス＊56

先の石川の日誌では、十日に海軍は、南部仏印進駐計画の原案をつくって陸軍に送ったという。他方陸軍側の日誌では、陸軍でも十日に進駐の意見が出てきて、武力を行使してでもやるという。しかし、海軍の腹がわからないので問い合わせた、という。ここまでは、陸海軍ともほぼ同時に、南部仏印進駐を敢行すべしとの意見が出てきた、六月六日の独ソ開戦情報の接到がその契機になった、とみるのが妥当であろう。ただし、文書を先に作ったのは海軍側のようである。そして十一日付の石井の日誌には「対仏印泰施策促進ノ件海軍同意シ連絡懇談会ヲ開ク」とあり、連絡会議で「促進ニ関スル件」の論議がなされ、参謀総長が、武力を行使するか否か「ノ腹ヲ云ハズ　軍令部総長ノミ決意ヲ披瀝セル為遂ニ決セス、海軍ニ名ヲ為サシム」と書いてある＊57。すなわち杉山総長が「ダラ幹」だから、せっかくの「促進ニ関スル件」は決定に至らなかったという。しかし、一次史料とはいえ石井の記録を、そのまま事実として受け入れるのは早計である。官僚制組織のなかでの上司（直属の上司ではないが）批判は、往々にして、下位者の視野のそれ相当の広さ（狭さ）がなせるわざであって、上位者から説明を受ければ納得できることが多い。

この場合でも、石井の日誌には十一日とあるが、『杉山メモ』によると、連絡会議に「促進に関する件」が上程されたのは、翌日の十二日である。これは既述したように、六月十一日の連絡会議で日蘭会商の打ち切りが外相から提案された際、参謀総長が外相に仏印基地の設定交渉の促進を督促し、話のはずみで軍令部総長が「打ッテ宜シイ」と言った事実を、石井の日誌は、話を膨らませて記述したものと思われる。同じ当時の史料であっても『杉山メモ』は杉山自ら口述したものであり、他方石井の日誌は伝聞情報で、間に伝達者が介在している。したがって、日付も、『杉山メモ』の方が事実だと判断できる。

こうして六月十二日、南部仏印進駐の実行計画を規定した「促進に関する件」は、連絡会議に上程された。第一補給圏の問題として以前から論議されていた南部仏印進駐の計画は、独ソ開戦情報により、陸海軍のあいだで、武力行使に関する封印が一気に解かれたとみることができる。それを主唱した中心人物は、状況からみて軍令部総長の永野であり、その意を忖度して働いた事務方が、海軍の中堅層だった。そして既述のように、「促進に関する件」は、いっとき松岡外相の抵抗にあったものの、六月二十五日の連絡会議と上奏を経て決定をみるに至ったのである。

松岡外相の南部仏印進駐反対

「促進に関する件」の審議の過程において、三月の訪欧以前はシンガポール攻撃を主張していた松岡外相が、今回の南部仏印進駐にはなかなか同意しなかったことはよく知られている。この南部仏印進駐において、松岡と彼が代表する外務省が担任し執行する任務は、仏国政府と交渉し、基地の設定と軍隊の駐留を承諾させることにあった。外相がこの議案に難色を示したのは、「促進に関する件」を審議した六月十二、十六日の連絡会議の議事録をみるかぎり*58、交渉の成立が困難だと見込んだからであろう。自分たちの任務を達成するのが困難な（もしくは不可能な）議案には、口実を設けて反対するということは、官僚制組織のなかでみられることである。ここまでは、特記することはない。

ところが「促進に関する件」を決定した六月二十五日の会議では、特記すべきことが起きた。松岡外相が、「本件ハ急イダ方カ宜シ、決定シタ以上今直グガ宜シイ」と言って、それまでは難色を示していた交渉を、「大イニ気合ヲ入レテヤルモノト感取」できるほど、積極的に執行をコミットしたのである*59。いったいそのあいだに、何が起こったのであろうか。「促進に関する件」に難色を示した六月十五日と、気合が入った二十五日とのあいだに、①六月二十二日の独ソ開戦と、②六月二十一日（米国東部時間）付「オーラル・ステートメント」（六月二十三日発）の接到という*60、二つの状況的要素となる事象が起こっている。ちなみに松岡は、独ソ開戦についての情報が駐独大使から入っても、実際に戦争が起こるまでは信じなかったという*61。自分の意に沿わない情報は、耳に入らなかったのかもしれない。だから彼にとっての独ソ開戦の知らせは、実際にそれが起きた六月二十二日になる。この①と②は、二つとも、松岡外相の外交構想を完全に破綻させた*62。前者①は、松岡が主動した三国同盟締結の看板であった日独伊ソ四国連合構想を破綻させ、後者②は、米国政府が交渉相手としての松岡外相に不信任を突きつけたものであった。さらに問題は、なんでも自分が主役でやってしまう松岡自身の性格にあった。松岡は外務省では、斎藤良衛顧問、松本俊一条約局長に時々技術的な諮問をするくらいで、実際には外交上のスタッフをもっていなかった。組織の長がスタッフをもたないという欠点は、或る政策がうまく行かなかった場合、これに代る解決案をもってそれを補うことをできなくさせた*63。それが露呈した典型が、独ソ開戦当日、万策尽きたのであろう松岡外相が、近衛首相の前に酔払って現われたことである*64。この線の延長上でみれば、松岡の言動は理解が可能になる。

既述のように松岡外相は、出先からの独ソ開戦情報を信じようとはしなかった。ところが、実際に開戦のあったときには、極論を高唱した。開戦当日の六月二十二日、天皇を相手に、「北方にも南方にも積極的に進出する」南北併進論を唱えた*65。ところが、独ソ開戦に臨む新国策「帝国国策要綱」を審議した六月二十五、二十六、二十七日の連絡会議の席上では、ドイツからの対ソ参戦申入れを受けて今度は即時北進論（撃ソ論）を主張した*66。松岡外相はこのあとの二十八日、「帝国国策要綱」について合意しつつ、既に決定済みの仏印進駐の中止を言い出した*67。三十日の会議では、「過般連絡会議ニ於テ決定シ上奏御裁可ヲ得タル南方施策促進ニ関スル件ニ拠ル南部仏印進駐ニ関シ、外相ヨリ繰延（約六月）ノ意見出テ、之カ論議ニ時間ヲ費シ」た。それは、「北ニ出ル為ニハ南仏進駐ヲ中止シテハ如何　約六月延期シテハ如何」というものだった。このときの外相の進駐中止／延期論は、議事録でのやりとりを見ると、即時北進論を通すための手段のようにみえる。したがって、「我輩ハ数年先ノ予言ヲシテ適中セヌコトハナイ。南ニ手ヲツケレハ大事ニナルト我輩ハ予言スル。〔中略〕南仏ニ進駐セハ、石油、ゴム、錫、米等皆入手困難トナル」というこのときの松岡の有名な発言は*68、ドイツからの要請に応じ陸海軍に北進をコミットさせるための手段であって、わが国にとってリスクの大きい南部仏印進駐を、何が何でもやめさせたいという意思に依っていたかどうか疑問である。松岡は既述のように、列席者の反対にあっただけでその主張を引っ込めたからである。あくまで進駐反対を貫くなら、辞表を出す手があった。松岡は、そのあと一ヶ月も経たないうちに実質更迭されたにもかかわらず、その空気も読めず、このとき辞表を出そうとしなかった。外務省を二一年（大正一〇年）に四十一歳の若さで退官し、政界、財界を転々としたキャリアの持ち主であった松岡が、辞表を出すという手を知らなかったわけはなかろう。したがって、松岡の進駐反対の主張を過大視してはならない。

いずれにせよこの時点での松岡の言動は、合理性、整合性、一貫性の面で当時の人も疑問を感じていた。そのため先行研究は、そんなはずはないとして、松岡の「真意」の究明をおこないさまざまな仮説を立てている。しかし本稿は、「真意」には関心はない。本稿が関心をもつのは、松岡が、実際に何を言い、実際にどう行動し、それが、社会にいかなる影響を及ぼしたか、である。当時の国家の意思決定にかかわった人たちは、松岡の言動にあきれていた。近衛が松岡を更迭するための手段として内閣総辞職を決意したとき、陸相、海相をはじめとして閣僚たちはみな、辞表提出に応じた。

海軍の組織としての意思決定

敗戦の年の秋、米国戦略爆撃調査団がおこなった日本の高官への聴き取り調査に、開戦時の軍令部総長だった永野修身の証言（英文）がある*69。それを翻訳したものに証言内容の要旨が記載され、それに、永野の人物像が付記されている。

彼は、その背後の多数の海軍軍人、経験に富んだ多くの高級海軍士官と同様に、真先きに戦争に反対し、三国同盟に不同意であつた。そして軍人（特に陸軍）が政治に干与容喙することを非難し嫌悪していた＊70。

永野は四一年四月、ながらく総長を務めた伏見宮の跡を継いで軍令部総長に就任した。この人事は、伏見宮の意向だったとされている＊71。それまでの永野は、海相、連合艦隊司令長官など海軍の栄職を歴任し、今回、軍令部総長の地位に就いた海軍の代表ともいうべき存在であった。このとき永野は、現役の海軍の将官のなかの最先任であった。ところが、その永野が、就任以来公式の席上で、ひとり突出して強硬な発言を繰り返した。

①六月十一日の連絡会議で仏印進駐について論議したとき、「仏印泰ニ兵力ヲ入レ」ると、「英国ハ必ス手ヲ出スト思フ」との松岡外相の警告（注意）に対し、「之ヲ妨害スルモノハ断乎トシテ打ツ」と言ったり（既出）＊72、

②六月十二日の連絡会議で「促進ニ関スル件」を上程した際の提案説明で、「仏印カ応セサル場合竝英米蘭カ妨害シタル場合武力ヲ行使スルコトニ関シ強ク強調」したり＊73、

③独ソ開戦の次の日の六月二十三日、海相、総長などの出席した海軍主脳部会議では、総長は「相当強硬ナル発言」をした＊74。

これら実際の永野がとった言動は、右記の戦略爆撃調査団の報告の内容と対比すると、その乖離は大きい。

ちなみに軍務局第二課の課員であった藤井は、この主脳部会議での永野の発言を捉え、七月二日御前会議で決定した「帝国国策要綱」の原案を書き上げたという＊75 官僚制組織において、下位者が起案の作業をするにあたって上位者の意向の忖度に腐心せねばならないところを、上位者から進んでそれを明示してくれることは、下位者にとって仕事がやりやすく、ありがたいことであった。

それでは、仏印進駐について海軍内の他の首脳の意向はどうであったか。六月三十日の連絡会議で、松岡外相が即

時北進論を主張し、その代償に既定の南部仏印進駐の中止もしくは延期を持ち出した際、「海相ハ杉山総長ニ約六月位延期シテハドウカト述ヘ、又近藤〔信竹、軍令部〕次長ハ延期スル様ニ考ヘ様ト塚田次長ニ私語」した＊76。海軍の軍政を司る海相と、統帥部ナンバー2の軍令部次長の二人は、内心、進駐には気が進まなかったようである。しかし、大先輩の永野が先に強硬発言をするので、永野の面前では、これまでそれを口にするのを控えてきたのであろう。それが、外相の発言に、ようやく発言の機会を得たとみてとれる。逆にいえば、大先輩の永野が先に立って個人的意見を言えば、後輩たちは口をつぐまざるを得なかったと思われる。

これまで海軍は、軍令部総長が突出した発言で南部仏印進駐を主導し、海軍省の事務当局がそれに沿って動いてきた。しかしそれは、六月三十日の海相と軍令部次長の振る舞いから、海軍の、組織としての意思ではなかったことがわかる。

官僚制組織においては、内部では個々に意見があっても、外にあたるときは、一般には、組織として意思を統一してあたる。たとえば参謀本部は、六月六日の部長会報で独ソ開戦に臨む姿勢を「形勢観望」に意思統一したうえで、海軍との協議や連絡会議に臨んだ。ところが海軍の行動様式は、これとはおよそ異なっていた。

海軍も陸軍同様、ピラミッド型の階層構造をもった官僚制組織であった。調整・統合する機能は、組織図上存在していた。しかし海軍では、その機能が、これらの場面で作用していなかった。その背景として、次のことがある。陸軍には、組織として階層組織の上位者から下位者に情報・指示を展開し合議する定例的な会議が設定されていた。本稿にも出てくる陸軍省の局長会報、課長会報、参謀本部の部長会報がそれである。他方海軍には、澤本次官の業務日誌（戦史室が「業務メモ」と称しているもの）に、「局部長会報」の議事録が記載されているもの＊77、それがどこまで定例的なものであったか疑問である。

今回の南部仏印進駐の件についても、南進の主担任である海軍の首脳の意思はバラバラであった。海軍の上層部には、進駐をあやぶむ者も居た。しかしそれは、今回の進駐の提案者である海軍の意思としては示されなかった。海軍の意思決定のシステムや慣習は、相対的にみて、陸軍とくらべて整備が遅れていた。そのため、組織としての意思決定はなされなかった。のちのことであるが、対米開戦を前にして海軍がなかなか態度をハッキリさせないとき、東條は杉山に、こう言っている。

　三国同盟ノ時モ同シ筆法タッタ、七十何回モヤッテ出来ナカッタモノカ及川カ大臣ニナッテカラ直ク出来タ[78]、

海軍は人によって言うことが違っている。組織の体をなしていない。陸軍首脳から、海軍はそう見られていた。そのことは海軍の政治力を弱くするだけでなく、海軍の意思決定結果の「質」を、一定水準内に保持することを不可能にし、その結果、国家に多大な損害をかけることになるのである。

1　前掲吉田ほか『アジア・太平洋戦争』一四頁。
2　たとえば前掲義井『日独伊三国同盟と日米関係』一八〇頁、前掲森山『日米開戦の政治過程』一四六頁など。
3　前掲『詳説　日本史』三二九頁。
4　前掲『太平洋戦争への道』六、二六五頁。
5　前掲義井『昭和外交史』一四三～一四四頁。
6　前掲波多野『幕僚たちの真珠湾』七一～七四、八九～九〇頁。
7　前掲麻田『両大戦間の日米関係』二三九～二四四頁。
8　前掲森山『日米開戦の政治過程』二一～二二、一二九～一三四頁。
9　前掲吉田ほか『アジア・太平洋戦争』一三頁。ただし「いつ」は、前掲森「国策決定過程の変容」五一頁。
10　前掲加藤『それでも、日本人は「戦争」を選んだ』三六一、三六四頁。
11　前掲『杉山メモ』上、二二七～二二八頁、「南方施策促進ニ関スル件」。
12　同右二二九～二三一頁、「御下問竝奉答」。
13　同右二三一頁、「御下問竝奉答」。

14　同右二六〇頁、「情勢ノ推移ニ伴フ帝国国策要綱」。
15　前掲近衛「最後の御前会議」七九頁、長谷川国雄「編輯後記」。
16　同右二二～二三頁。
17　前掲田中「大東亜戦争への道程　七」二九四頁。
18　前掲加藤『それでも、日本人は「戦争」を選んだ』三六四頁。
19　前掲相澤『海軍の選択』一一九～一二〇頁。
20　前掲『太平洋戦争への道』六、一四八頁。
21　前掲義井『昭和外交史』一一一頁。
22　前掲『太平洋戦争への道』六、一四九頁。
23　前掲相澤『海軍の選択』一七七頁。
24　同右一七九～一八〇頁。
25　前掲『太平洋戦争への道』六、二四六頁。
26　外交史料館所蔵「泰国仏領印度支那間国境紛争一件」第一巻。
27　同右第一巻、「対泰国施策に対する四相会議決定要旨」（十一月五日）。
28　前掲『機密戦争日誌』上、五一頁、四〇年十二月二十日付日誌。
29　前掲『杉山メモ』上、一五七頁。なお、外交史料館所蔵「泰国仏領印度支那間国境紛争一件」第一巻では、「二六日決定」となっている。
30　前掲『杉山メモ』上、一五八～一六一頁、「第五回連絡会議」、「泰、仏印紛争調停ニ関スル緊急処理要綱」。前掲『太平洋戦争への道』六、二五一～二五二頁。
31　防衛研究所所蔵「藤井茂日誌」一七七頁、「南部仏印進駐の件　決定の経緯」。防衛研究所のつけた題名は「日誌」とあるが、「手記」というべきもの。
32　同右一七八頁。
33　前掲『杉山メモ』上、一八八頁、「松岡アンリー会談要旨」。
34　立川京一「仏領インドシナにおけるフランスの対日譲歩」三輪公忠ほか編『日本の岐路と松岡外交』（南窓社、一九九三年）一六八頁。
35　前掲「元海軍大佐柴勝男氏からの聴取書」、柴は当時調停委員。

36 前掲「藤井茂日誌」一七七～一七九頁、「南部仏印進駐の件　決定の経緯」。
37 前掲森「第二次日蘭会商をめぐる松岡外相と外務省」一八頁。
38 前掲『杉山メモ』上、二一五頁、「第二十六回連絡会議」。
39 同右二一一頁、「第二十五回連絡会議」。
40 同右二一一頁、「第二十五回連絡会議」。
41 同右二一一頁、「第二十五回連絡会議」。
42 同右二一一頁、「第二十五回連絡会議」。
43 同右二二〇頁、「第二十九回連絡会議」。
44 前掲『機密戦争日誌』上、一一五～一一六頁、四一年六月十一日付日誌。
45 前掲田中「大東亜戦争への道程　五」四六四～四六五頁。
46 前掲「田中新一中将業務日誌」八分冊の五、四九八～四九九頁、四一年六月九日付日誌。
47 右記日誌を成文化したもの（前掲田中「大東亜戦争への道程　五」四五三頁）に依拠。
48 前掲『機密戦争日誌』上、一一三頁、四一年六月九日付日誌。
49 前掲「石井秋穂大佐日誌」其二、二四三頁、四一年六月十四日付日誌。
50『昭和社会経済史料集成第十三巻　海軍省資料（一三）』（大東文化大学、一九八八年）四二三～四二四頁。
51 前掲「藤井茂日誌」一二四～一二七頁、「南進方策の確定」。
52 防衛研究所所蔵「石川信吾日誌」（頁数記載なし）、四一年六月十一日付日誌。
53 前掲麻田『両大戦間の日米関係』二一五～二一六頁。
54 前掲「石川信吾日誌」四一年六月十日付日誌。
55 前掲『杉山メモ』上、二二〇頁、「第三十回連絡会議」。
56 前掲『機密戦争日誌』一一四～一一五頁、四一年六月十日付日誌。
57 前掲「石井秋穂大佐日誌」其二、二四〇頁、四一年六月十一日付日誌。
58 前掲『杉山メモ』上、二二〇～二二五頁、「第三十回連絡会議」、「第三十一回連絡会議」。
59 同右二二五頁、「第三十二回連絡会議」。
60 前掲『日本外交文書』上巻、一一四～一一五頁、松岡外相宛野村大使電第四二六号。
61 前掲『太平洋戦争への道』五、二九八～二九九頁。

62　松岡の外交構想には諸説あるが、ここでは三宅正樹『スターリン、ヒトラーと日ソ独連合構想』（朝日新聞社、二〇〇七年）三四～三六頁の「四国協商構想」にしたがう。
63　前掲ルー『松岡洋右とその時代』二五四頁。
64　前掲「澤本頼雄海軍大将業務メモ」叢一、一四～一五頁。四一年六月二十四日付日誌。
65　前掲『木戸幸一日記』下巻、八八四頁、四一年六月二十二日付日記。
66　前掲『杉山メモ』上、二二六～二四六頁、「第三十二回連絡会議」、「第三十三回連絡会議」、「第三十四回連絡会議」。
67　同右二四六～二四七頁、「第三十五回連絡会議」。
68　同右二四八～二四九頁、「第三十六回連絡会議」。
69　『太平洋戦争白書』第二八巻（日本図書センター、一九九二年）三五二頁。
70　前掲米国戦略爆撃調査団『証言記録　太平洋戦争史』第一巻、一二頁。なお、筆者の見た原文（英文）には証言内容の要旨のみ記され、人物像の記述はない。
71　前掲麻田『両大戦間の日米関係』二四〇頁。
72　前掲『杉山メモ』上、二二〇頁、「第二十九回連絡会議」。
73　同右二二〇頁「第三十回連絡会議」。
74　前掲「藤井茂日誌」一九二頁。
75　同右一九二～一九三頁。
76　前掲『杉山メモ』上、二四九頁、「第三十六回連絡会議」。
77　前掲「澤本頼雄海軍大将業務メモ」叢四、局部長会報摘録。
78　前掲『杉山メモ』上、三五一頁、「木戸、東條会談要旨」。

Ⅳ　全面禁輸を迎えて

1．全面禁輸の衝撃

米国の対日外交政策の転換と全面禁輸の実施

既述のように独ソ開戦情報は、六月六日に駐独大使から入った。その報を聞き、米国の外交政策について危機感を抱いた人物が参謀本部に居た。満洲出張中急遽呼び戻された作戦部長の田中であった。

独「ソ」戦フ場合、英米「ソ」ノ提携強化　英米ノ鼻息荒クナルヘシ＊1

満洲から帰国の途にあった田中は、米国の対日姿勢が独ソ開戦を機にして強硬路線に転換することを予測し、日誌に書いた。米国の態度の硬化を予測したのは、田中だけではなかった。駐米大使であった海軍出身の野村吉三郎も、現地でそれを感じ取っていた。野村はそれを、駐在武官経由の七月十日付海軍首脳宛ての電報で知らせてきた。

対日評論は一時緩和の徴ありしが、独ソ開戦前後より形勢逆転し対日和解無用論、又は日本と枢軸は不可分なるを以て此の際対日圧迫を強化しつつ、〔中略〕米政府も日本政府の態度に信用を置き能はざる模様あるを以て、今の儘にしては結局日本は英、米、ソ、支、蘭印の凡てを敵とし、東西南北皆敵となる虞あり＊2。

これらは、独ソ開戦が、米国の対日政策を強硬なものに転換させることになる、というものであった。

これらの観測は正鵠を得ていた。米国の国務省極東部次長W・A・アダムスが残した六月二十五日付覚書は、日本が独ソ戦に参戦するという仮定のもとに、米国の採るべき政策を次のように記している。日本軍のシベリア侵攻はソ連軍の力を二分化させ、ソ連軍の対独抗戦期間を短くする。ソ連を少しでも長くドイツに抗戦させることが、米国の利益になる、そのため今後採り得る措置として、在米日本資産の凍結、石油製品輸出制限の強化、そして日中戦争開始前への原状復帰を要求することを挙げている＊3。日本軍は既述のように北進こそしなかったが、これらの措置は、このあと日本軍が南部仏印に進駐して以降実施に移された。アダムス次長の覚書をみて義井博氏は、独ソ開戦によって、「アメリカは日米交渉の初期に日本に示したような宥和的態度をとる必要は全然なくなり、対日強硬路線を進める基礎を固めることが出来た」と指摘している＊4。

それでは、南部仏印進駐について米国側は、いかなる情報を入手し、いかなる判断をして経済制裁に踏み切ったか、それを、当時の米国側の外交史料からうかがってみる。

米国は、日本が北進するか、もしくは仏印・泰に軍事基地を獲得すべく軍事的圧力をかけるとの情報を、遅くとも七月五日（米国東部時間）には入手していた＊5。さらに七月九日には、日本は仏印に海空軍基地を獲得し、そのうえでそれをベースに好機を捕捉し南進するとあって、北進の方は、今のところ（for the present）いっさいしないとの情報を米国の海軍筋を通してつかんだ＊6。これらの情報は、本稿で記述した日本側の政策と一致しており、正鵠を得ていた。七月十日、米国国務省は駐米英国大使に対し、日本が武力もしくは武力による威嚇のもとに（through force or through the exercise of pressure）他国の領土を征服または獲得する事態になれば、米国政府は禁輸措置（various embargoes, both economic and financial）をとる、と伝えた＊7。そして二十五日、ハル長官は省内に次のような見解を示した。米国としては、もうこれ以上日本が満足するような保障を提示することはできない、何かが起こって日本をストップさせない限り、日本は侵略行為に邁進する（go on）だろう、それも、日本が中国でやったような、ヒトラーが欧州でやったような野蛮な方法で、世界の半分を支配するまで邁進するだろう＊8、と。そしてその日の夕方七時、米国政府は在米日本資産の凍結令を発令し、それを知らせる駐米日本大使館の電報は、翌二十六日午後（日本時間）に東京に着信した＊9。米国が実質的な全面禁輸を発令したのは八月一日で、英国、蘭印もそれにならった＊10。

ちなみに、日本が仏国政府と協定に達したのは二十一日で、現地で細目が取り決められたのが二十三日、そしてその日進駐部隊に発進命令が発せられ、部隊は二十五日海南島を出航し、二十八日、仏印に上陸した＊11。こうして米国は的確に情報をつかみ、日本軍が実際に進駐する前に、早々に資産凍結令を発令したのであった。

全面禁輸は想定外だったのか

これらの米国政府の動きを、日本側は、あらかじめどのように予測していたのだろうか。

輸入の対価となる日本の在米資産が凍結される四十日前の六月十四日、米国は、独伊の在米資産凍結を敢行した。もし米国が、日本を独伊と同じ枢軸の一員だと看做していれば、日本の在米資産凍結も時間の問題だったはずである。そして表9に示したように、日本が、武力もしくは武力による威嚇のもとに他国に何かを強要すれば、これまでも、米国政府は何らかの経済制裁措置をとってきた。したがって今回、武力による威嚇のもとに南部仏印進駐を強行すれば、米国がなんらかの経済制裁措置をとってくることは、十分想定の範囲内にあったはずである。

ところが先行研究では、当時日本側は、南部仏印進駐が資産凍結・全面禁輸を招来するとは想定していなかった、というのが通説になっている。たとえば波多野澄雄氏は、「田中部長は〔中略〕八月初旬にいたって年内の〔北進〕の敢行を断念する。その理由は、独ソ戦況の判断や気候的な条件とともに、全面禁輸のショックであった」として＊12、間接的ではあるが、米国による対日全面禁輸措置を想定外だったとしている。もっとも氏が史料として依拠する『大本営機密日誌』も*13、戦史叢書の『大本営陸軍部　大東亜戦争開戦経緯』（『大本営陸軍部』に掲載されている田中の戦後の回想録ヵ）も*14、いずれも敗戦後に記した二次史料である。また加藤陽子氏は、全面禁輸について「アメリカが、すぐさま、七月二十五日、在米日本資産の凍結を断行し、八月一日には、石油の対日全面禁輸を実行するとは予想していませんでした」と、波多野氏よりもさらに踏み込んで、明白に、想定外だったと看做している。氏はその根拠に、「戦争班」（「戦争指導班」ヵ）の日誌を挙げている*15。繰り返し述べたことであるが、階層構造をもつ官僚制組織においては、階層によって、得られる情報の量なり質なりが異なってくる。そのことは戦争指導班の日誌の資料解説にも記してあって、「記載された所見などは大本営陸軍部を代表するものではなく、一班員の眼から観察した」ものだとしている*16。

それでは、然るべき一次史料をつかって、当時の陸軍首脳が、全面禁輸についてどのように予測していたかを述べる。まず、参謀本部の作戦部長田中の六月十八日付の日誌である。

支那事変ヲ〔ママ〕解決ヲ促進セントセハ〔中略〕対英米一戦ヲ辞スルコトナキ決意ノ下ニ
a）対支交戦権ノ発動　完全封鎖、租界接収
b）「ビルマ」封鎖
c）仏印、泰ノ確保
ノ措置ヲ必要トスルモノニシテ〔中略〕此等ノ措置ハ必然ニ米ノ全面禁輸乃至ハ挑戦ヲ促スニ至リ、何レニシテモ馬来、蘭印進出ヲ不可避ナラシムルニ至ルヘシ*17

澤田次長の時代から、陸軍の南進論は、対中戦略と関連させ、援蔣ルートを遮断し、対中問題を解決するところに

重点が置かれていた。その考えは、杉山総長＝塚田次長の時代に独ソ開戦情報を受けても変わらなかった。急遽開かれた六月九日の部長会報でも塚田が「南方ノ兵力行使ハ公算増加セリ」と言い、杉山が「対支作戦上ビルマ作戦ニ依リ援蔣ルート遮断ノ必要モアルヘシ」と応じたことはすでに述べた。しかし、そういう措置は、米国から全面禁輸などの制裁を受け、結局、資源獲得のため馬来、蘭印に進出せねばならなくなる、そのために、南部仏印の基地が要る、と田中作戦部長は記している。

それは、作戦部長個人のみの考えではなく、参謀本部のトップと共有したものだった。七月三十日のことである。天皇と杉山総長のあいだに、次のような会話が交わされている。

○〔天皇カ〕進駐ハ経済的圧迫ヲ受ケル様ニナッタ
△〔総長カ〕予期シタル所、当然ノ事ト思フ＊18

この御下問奉答は、『杉山メモ』には掲載されていない。それは当然であろう。陸軍が天皇に、肝心なことを知らせていなかったことをあからさまにしているからである＊19。このことは、東久邇宮の日記で裏づけがとれる。天皇からの直話である。

南部仏印進駐にあたって、自分〔昭和天皇〕は各国に及ほす影響が大きいと思って反対であったから、杉山参謀総長に、国際関係は悪化しないかと聞いたところ、杉山は、なんら各国に影響するところはない。作戦上必要だから進駐致しますというので、仕方なく許可したが、進駐後、英米は資産凍結令を下し、国際関係は杉山の話と反対に、非常に日本に不利になった。陸軍は作戦、作戦とばかりいって、どうもほんとうのことを自分にいわないので困る＊20

天皇には言わなかったが、参謀本部首脳は全面禁輸は想定していたようである。陸軍省も、全面禁輸は想定していた。左記は、七月二十三日付東條陸相主宰の陸軍省局長会報における、軍務局長武藤章の発言である。

仏印進駐に基きわが国と英国との衝突の危機増大すべきも平和進駐の形式でゆく故に多少緩和すべし。ただし諸情報を綜合するに、米国の資金〔資産〕凍結、英国の輸出統制強化等一連の経済圧迫を受くることは当然予想せざるべからず。米国よりの物資移入は最早全然これを期待し得ざるべし＊21。

陸軍省も、全面禁輸は想定していた。すなわち当時の陸軍首脳は、南部仏印進駐が全面禁輸を招来することを、当然「あり得ること」として想定内に置いていた。ただし天皇には、黙っていたのである。禁輸のリスクを冒してまで、陸軍が、海軍の主唱した南部仏印進駐に同意したのはなぜなのか、そのヒントは、既述の田中の日誌にある言葉と、東久邇宮の日誌に掲載された天皇の言葉にある。

そもそも南部仏印進駐の目的については、「促進に関する件」の裁可を得た際に参謀総長から天皇に、「対日全面禁輸或ハ英米カ戦略態勢ヲ強化シテ参リマシタル場合之ヲオサヘル為ニ」、「航空及海軍基地ヲ造リ且之ヲ維持スル」などと説明して、「マア宜イ」と裁可を得たことはすでに述べた。進駐は、全面禁輸の事態を迎えた際に必要だからおこなった、ということである。また一方で田中の日誌にあるように、日中戦争の解決のため封鎖・進駐などの処置をとれば、全面禁輸を招きかねないので、それを解決するため「馬来、蘭印進出」が不可避になり、そのために南部仏印に進駐し馬来や蘭印に侵攻するための航空基地と海軍基地が必要になる、という論理であった。あたかも進駐が禁輸を招き禁輸が進駐を生むという、「鶏が先か、卵が先か」の論の観があった。

一見今日の価値観では理解し難いこの論理の背景に、作戦最優先の考え方があったと思われる。天皇は、「陸軍は作戦、作戦とばかりいって」と、天皇さえも従わざるを得ないかのように作戦優先の考え方を振り回したと、陸軍を批判し嘆いている。そう言いながら本人も、東久邇宮の日誌にあるように、「作戦上必要だから進駐致します」というので「仕方なく許可した」と、その論理の下で行動していた。「手段」であるはず作戦が、「目的」と化していたのである。かかる作戦優先の風土が常態化した一因には、既述の、軍部大臣現役武官制廃止の際「ゴチャゴチャになってしまった」ほど、作戦・用兵を本務とする参謀本部に権限を集中させたことが一因と考えられる。そうであれば、対米不戦で意思統一したはずの「施策要綱」が、「但し書き」で却って「有害に作用」したように、軍部大臣現役武官制の廃止を指向したことが、却って作戦優先となって「有害に作用」したことになる。参謀本部という軍事技術の専門家の組織に、あまりにも大きな権限を与え、かつそれを秘密のベールで囲い込んだことが、今日の事態を招いたといえる。それがまずいとわかる立場に居る人も、事を公にして「万機公論」に問題解決をはかるすべもなく、「どうも〔中略〕困る」といって、胸の裡を明かすことのできる親戚筋（東久邇宮）に、愚痴をこぼすことで事を片付けている。

全面禁輸に対する外務省の対応

資産凍結・全面禁輸という米国の経済制裁に対し、直接米国に対応すべき部署は、通商・外交をつかさどる外務省である。外務省は、この事態を受けて何をしていたのか。

資産凍結令発令の前日の七月二十四日（米国東部時間）、ルーズベルト大統領は野村駐米大使と会談し、「石油ノ禁輸アルヘキヲ仄カシ　又仏印進駐ニ対シテハ〔中略〕仏印ヨリ撤兵セラレ各国其ノ中立ヲ保障」する案を提示した。野村は即日午後、これを松岡の後任の豊田貞次郎外相宛に電報で知らせた。記録では、翌二十五日午後に着信している＊22。本省は、この大統領の仏印中立化提案に対し、八月五日になって回答を送付した（野村が会談結果を本省に知らせなかったため遅れたとするのが通説である＊23）。回答には、仏印中立化にも、撤兵にも触れず、これ以上日本軍が「仏印以外ノ地ニ進駐」しないなどを代償に、「合衆国トノ間ニ従前ノ正常ナル通商関係恢復ノ為ニ必要ナル措置ヲ速カニ採ル」のみならず、「蘭印ニ於テ日本国ノ必要トスル天然資源ノ生産及獲得並ニ日本蘭印間懸案事項ノ解決ニ付日本ト協力」することなど、日本が従来から希望していた懸案事項の解決に対し米国は協力してもらいたい、というものであった*24。米国は、これに「然〔左〕したる興味ヲ示サ」なかった*25。須藤眞志氏はこのやりとりをもって、「完全にすれ違いに終ってしまった」としている*26。

これとは別に、資産凍結・全面禁輸に対して外務省の採った具体的な対応策が、亜米利加局長と極秘の印のある外務省用箋に記載してある。

現在の処日米間通商関係は殆んと途絶の状態に在り　是か急速打開は凍結令適用の動機及米国の国情にも鑑み極めて困難なるを以て　不敢取業者等を通し個々の具体的ケースに付先方の輸出入の許可取付に当らしむる等の手段を講し徐々に凍結資金の解除を計ると共に　進んで凍結令其の物を次第に無力化するか如き方針にて目下工作しつつあり*27

この史料から、凍結令への実際の対応策は、個々の民間の取引業者任せになっていたことがわかる。すなわち、外務省は万全の措置を執った、とはとうてい言い難いものだった。その背景として、戦略物資として石油の保有量は、陸海軍がそれぞれ部外秘にしていたことがある。それを公にしたのは、四一年十月の「国策再検討」の時であったことはすでに述べた。石油をどの部署も、国家レベルで管理していなかったのである（第一部、「追加された新たな対米交渉事項」）。外務省にとって、これこそ「他人事」であった。それは外務省だけではなかった。陸軍も、同様であった。海軍にとって石油禁輸が如何に深刻な問題か、陸軍は、「定量的」につかんでいなかった。

石油禁輸と海軍の動向

資産凍結・全面禁輸という米国の経済制裁により、もっとも実害を受ける部署は、石油の主たる需要部署である海軍であった。海軍側の戦史叢書にはこのときの海軍の状況を、「毎月四五万竏の消費とみて、十六年十月までに開戦しなければ、第二年目末には、決戦用の燃料にも事かくことになりかねない」とし、「平和的に油の入手の見込みがない限り、海軍のとるべき道は決定的というほかはない」と当時の状況を説明している*28。話し合いで石油を寄越さないなら、力ずくで取りに行くというわけである。戦史叢書はそうなっているが、実際はどうであったか。戦争指導班の日誌が、その時の中堅層の状況を記している。

米ノ資金凍結ヲ遶リ情勢ハ険悪トナル　南方〔戦争〕必至ナリトス論沸騰シ来ル　〔中略〕此ノ際対英米戦必至ヲ決意スベキヤ否ヤ是レ国家ノ重大事　決心シ兼ヌルハ無理ナケレドモ真剣ニ腹ヲ練ルベキ秋ナリ*29

陸海軍の中堅層は、がぜん色めきたった。今回の事態こそ、六月六日に大本営陸海軍部で決定した「施策要綱」の、第三条の適用対象となるべきものであった。第三条とは、「英、米、蘭等ノ対日禁輸ニヨリ帝国ノ自存ヲ脅威セラレタル場合」、そのような「事態発生シ　之カ打開ノ方策ナキニ於テハ帝国ハ自存自衛ノ為武力ヲ行使ス」という規定であった。中堅層たちにとって、「打開」は任務ではない。彼らの立場から見えた選択肢は、対英米戦を決意するかこのままジリ貧になるか、この二つだったようである。日誌はさらに続く。

陸海統帥部作戦課長及高級部員戦争指導班長等水交社ニ於テ会談ス　海軍大野大佐　海軍決心セザルヲ以テ陸軍モ決心シ得ザル旨率直ニ述ブ　海軍ハ愈々近日中ニ決心シ上司ノ裁決ヲ経テ陸軍ニ明確ニ意志表示スベシト云フ　果シテ決心シ得ルヤ否ヤ　海軍少壮連ハ何レモ強硬南進ナリ　上層部ハ不明ナリ*30

海軍の責任（権限）のない中堅層クラスは、みな主戦派だという。軍務課の石井は、「海軍側事務当局ニテ対米一戦ヲ決心セルモノノ如シ」と日誌に書いている＊31。開戦かジリ貧か、二つの選択肢のうちいずれを選択するかは海軍がその鍵を握っていた。海軍は、石油の大口需要者であるだけではない。対米戦争の矢面に立つのだ、というのが彼らの念頭にあった。多元化した政治システムのもとにあっては、関係部署、すなわちそれを必要とする部署と、それを職務として執行する部署の意思が鍵であった。海軍は今回、その両方に該当した。海軍の中堅層は陸軍の中堅層に、「近いうちに対米戦を決心し、上の承認をとって陸軍に申し入れますよ」と述べた。中堅層たちの視線は、いっせいに海軍首脳部に注がれた。

2．永野総長の帷幄上奏とその波紋

永野総長の帷幄上奏

かかる状況下、海軍首脳の一人が行動を起こした。海軍統帥部トップ、軍令部総長永野修身が、政府と事前調整することなく、帷幄上奏に踏み切ったのである。陸軍首脳が入手した情報は次の通りであった。

昨二十九日永野総長カ南方作戦及対英米作戦ノ経過並対英米戦決意ノ必要ト現下ノ情勢トニ関シ上奏セル際ノ印象ハ　天機極メテ御不満ニテ対英米戦ノ不可ナルヲオ考ヘノ様子ニ拝察セラレタリ＊32、

杉山総長はこの情報を部下の幹部に展開すると共に、「右ノ如キヲ以テ対英米武力戦ノ決意ハ国家トシテハ未タ此域ニ達スルコト遠キヲ思サルヘカラス」と述べた＊33、天皇の考えが対英米戦に否定的である以上、国家としては、英米を相手に戦争することにはならない、と。これが、帷幄上奏を受けての参謀本部の結論であった。

帷幄上奏の件は侍従武官長（蓮沼　蕃）を通じて海軍次官の耳にも入った。

昨日総長日米作戦ニ関シ奏上セル所　陛下ハ大体ニ於テ御不満ニシテ「前総長ガ戦争ニ対シテハ慎重ノ態度ヲ執リシモ永野ハ好戦的ニテ困ル、海軍ノ作戦ハステバチ的ナリ」抔ノ御言葉アリ、持久戦ニ策ハナイカトノ御下問ニ対シ、書類ニハ勝利アリト書キアルニ反シ算ガ立タヌト答ヘタリ、成算ナキモノニ対シ戦争ヲ始メルハ如何カ等ノ御思召モアルカ如シ、ト＊34。

永野は、前任者の伏見宮と違って好戦的だ。勝算のない戦争を、始めると言っている。提出書類には勝算ありと書いてあるので念のため確かめたら、勝算はないという、困ったものだ、ということだったようである。海相の及川古志郎はそれを聞き、すぐさま参内し、「永野ハ御上ノ前ニテハ堅クナリ　ヨク所思ヲ表ハシ得ス、結論ノミヲタン的ニ云フ故　誤解アルモノト認ム」と言上した＊35。永野は説明が下手なため、誤解を招きましたととりなしたのである。もっとも杉山総長の耳には、及川海相の言は次のように伝わっている。

南方武力解決乃至ハ対英米戦決意ハ永野総長個人ノ考ヘヲ奏上セルモノニシテ　海軍全般トシテハ来〔未〕タ斯ク考ヘアラス御心配ナキ様申シ上ケタル趣ナリ＊36

及川海相は、永野が個人的意見を言上したものです、組織としての、海軍の考えではありませんと弁明した。海軍としては、永野の個人プレーだとして天皇の前をとりなしただけで、国家の大事を個人的考えで処理したとする幹部に対し、譴責・更迭など人事措置はとっていないし、外部からそれを指摘された様子もない。

木戸内府の措置

永野の帷幄上奏は、天皇から聞いた話として木戸内府の日記にも載っている。木戸の書いた文章は、経緯を知らない部外の第三者にも理解できる論理構成になっている。まず、その一部を引用する。

一、国交調整不可能なりとし、従って油の供給源を失ふこととなれば、此儘にては二年の貯蔵量を有するのみ、戦争となれば一年半にて消費し尽くすこととなるを以て、寧ろ此際打って出るの外なしとの考へなり。

一、然らば両国戦争となりたる場合、其結果は如何といふに、提出したる書面には勝つと説明しありたる故、自分も勝つとは信ずるが　而し日本海海戦の如き大勝は困難なるべしと御下問になりたるに、永野は日本海海戦の如き大勝は勿論、勝ち得るや否やも覚束なしと奉答せり*37。

米国から全面禁輸の経済制裁を受け、このままいくと、二年で油（石油）がなくなってしまう、それなら今、打って出るしかない、しかし打って出ても、戦争に勝てるかどうか覚束ない、これが木戸の記録した帷幄上奏の内容であった。天皇は、それでは「捨ばちの戦をすることにて、誠に危険なり」、そう思って、木戸に相談し、木戸はすぐ、及川海相や近衛首相に伝えたという*38。

このように木戸の記録では、永野は、対米戦争にならざるを得ない理由を説明し、それを前提にして陸海軍に伝わったと同じ話をしていることがわかる。戦争する理由は、米国からの石油の供給を絶たれたことにより、このままだとジリ貧になるからだというものである。さらに永野は、「之カ打開ノ方策」として日米国交調整交渉に着目し、国交調整がうまくいかないから石油を供給してもらえないと指摘している。それなら国交調整をうまくやるにはどうしたらいいのか、永野はそこまでは言及していない。ただ、国交調整の阻害要因を、右記の話の前段に言上している。

一、戦争に関する考へ方は伏見前総長宮と同様、出来得る限り避け度しとの意見なり。
一、三国同盟には強く反対なるものの如く、之ありては日米国交調整は不可能なりと見居る様なり＊39。

木戸の記録をまとめれば、永野には、まず、戦争はできるだけ避けたいという前提があった。永野は決して、好戦的ではなかった。その前提のもとに、以下のことが言上された。三国同盟がある限り日米国交調整はできない、国交調整ができないと石油の供給を得られずジリ貧になり、戦争をして石油を獲得するしか道はなくなる、しかしこの戦争は、見透しがつかない、このように永野は言上しているのである。これ以降は推定になるが、永野は天皇に、対英米戦争の決心を促したのではなく、三国同盟の破棄をうったえたかったのではあるまいか。そうだと仮定すると、及川海相が天皇に、永野は天皇の前に出ると緊張して堅くなり、言いたいことが言えなくなる。話が下手だから誤解を受けてしまったととりつくろったのは、本当の事を言ったことになる。それだけではない。既述のように永野は、「真先に戦争に反対し、三国同盟に不同意」で、「軍人（特に陸軍）が政治に干与容喙することを非難し嫌悪していた」という人もいる。三国同盟脱退というのは政治向きのことであり、それで、政治に介入してはならないとの自戒と、口下手とが相俟って遠まわしな表現になったとみることができる。

木戸はこの件で、天皇に、

先般の日米国交調整交渉の際にも米国は三国同盟の存在は承認せる次第にて、米国としては国際条約を極めて尊重する国柄なれば、今日之を日本が廃棄することが果たして米の信頼を深むる途なりや、或は軽蔑を買ふこととなるにあらざるや、頗る疑問なり。日米国交調整については未だ幾段階の方法あるべく、粘り強く建設的に熟慮するの要あるべし。此点篤と首相の考慮を促すことに致すべし＊40

と言上し、三国同盟を破棄するとかえって米国の信頼を失いかねないと、同盟破棄に反対を唱えた。

永野は、対米戦争をやめさせるために三国同盟の破棄をうったえたかったのだろうか、それとも単に、早く対英米戦を決心するよう促したのだろうか。松岡の際にも述べたが、本稿は、永野の真意が何であったかには関心はない。本稿が関心を持つのは、軍令部総長という海軍統帥部トップの人物の発言を受けて、各政治勢力がそれをどう受け取り、その結果如何に主張、行動し、それが国家と社会にいかなる影響を及ぼしたか、である。

これについて、陸軍の杉山の場合は、当分英米を相手に戦争をすることにはならないと判断し、部下の幹部たちにそれを展開している。そして永野が上奏したかったかもしれない三国同盟の破棄は、かつて近衛首相が東條陸相に相談して拒絶されたと同様、今回もそのままになった。これが、永野が投じた一石（帷幄上奏）がまき起こした、記録に裏づけられた波紋であった。残ったのは、ジリ貧に対処するための手段として、武力行使をするか否かの海軍部内の意思の不統一であった。

中堅層を排した軍の意思決定

海軍部内の意思の不統一について、「次長（近藤信竹）及一部長（作戦部長、福留繁）ヨリ、大臣総長ノ意見ノ間ニgap アルヤニ認メラルルヲ以テ両人談合然ルヘシト」との意見具申があった。それを受け及川海相は、永野総長に会談を申入れ、八月一日朝、海相・総長会談がおこなわれた。

結果ハ成功セス　総長ハヂリ貧ニナル故此ノ際決心セヨト云ヒ、又今後ハ益々兵力懸隔ノ差大トナル故　此際戦フカ有利ナリ等ノ論旨ナルカ如シ、結局　大臣ヨリ上奏スルコトトシ　ソノ案文ニヨリ省部ノ意見ヲ一致セシムルコトトス　但　軍務局長一部長ニテ案ヲマトメ　下ニヤラサルコトトス＊41

海軍として意思統一しようとしたが、永野が持論に固執したので話はまとまらなかったという。そこで、軍務局長（岡敬純）と作戦部長で案をつくり、それでもって意思統一したうえで海相から上奏することとした、というところでこの澤本の日誌には、重要なことが書いてある。海軍では、中堅層にこの問題に関わらせないとしていることである。同趣旨の記事が、陸軍の史料にもある。四一年十月の第三次近衛内閣の末期、対米戦争の可否について軍部（特に陸軍）と政府のあいだで論議がなされていた頃、軍務課高級課員の石井の回想録には、「大臣〔東條〕も局長〔武藤〕も大きな声で話をしなくなり口数が少くなった」とある＊42。当時の陸軍も海軍も、このような国家の重大案件を決める際には、下僚たちには関わらせず、上層部だけで決めていたとみられる。実際、今回の永野の帷幄上奏の件は、石井の日誌にも、戦争指導班の日誌にも記載されていない（田中の日誌には、『杉山メモ』と同趣旨の記述がある＊43）。繰り返し述べるが、先行研究が通説としている「戦前の日本の対外政策決定システムでは、トップの政策決定機能が弱く、ミドルとくに軍部のミドルのそれが相対的に強い」というのは＊44、一部の先行研究が指摘しているように＊45、あるいは官僚制組織の通念からいっても、随所で挙げた本稿の史料に基く事実からいっても、見直す必要がある。すなわち、トップの政策決定機能が弱かったいわゆる「円錐台システム」は国家に限ったことであって、軍部という官僚制組織のなかでは、トップの政策決定機能は、決して弱いとはいえないものであった。そのことは、陸軍のみならず、海軍も例外ではなかったことをこの史料は示している。

永野の上奏した内容を整理すると、①日米国交調整が成立しないと石油を止められたままになり、日本はジリ貧になる、②打って出ても消耗戦（持久戦）になり、勝てるかどうか覚束ない、③三国同盟がある限り、日米国交調整は成立しない、そして④できれば戦争は避けたい、ということであった。永野の主張は、①から④まで、いずれも個々には正鵠を得ていた。この永野の主張を「統合」し、それらを包含した一つの具体的なポリシー（政策、方針）を打ち樹てることが、国家として必要であった。

そして八月二日、木戸内府のところに、近衛首相が訪れた。このときの近衛の様子は、木戸から見ると次のようなものであった。

対米強硬論漸次海軍部内に擡頭し来る形勢にあり、将来の政情を深憂せられ、統帥部との円満なる協調にも不安を懐かれ居る様子なり＊46。

海軍部内に対米強硬論が抬頭してきた。かかる状況下にあって、近衛首相は、米国と首脳会談を開催し、一挙に、両国間の懸案事項を解決しようとした。それは同時に、永野が帷幄上奏で呈示した①〜④の解決に繫がるもので、帷幄上奏のもたらした波紋の一つとみることができる。

1　前掲「田中新一中将業務日誌」八分冊の五、四八七頁、六月八日付日誌。
2　前掲野村『米国に使して』一八五頁。
3　*F. R. U. S.*, pp. 278-280.
4　前掲義井「独ソ開戦が日米交渉に及ぼした影響」一三五〜一三六頁。
5　*F. R. U. S.*, p. 292.
6　*Ibid.*, p. 299.
7　*Ibid.*, p. 301.
8　*Ibid.*, pp. 341-342.
9　前掲『日本外交文書』上巻、一七六頁、豊田外相宛野村大使電第五七六号。
10　前掲戦史叢書『大本営陸軍部　大東亜戦争開戦経緯』四、三九四頁。
11　同右三六二〜三六七頁。
12　前掲波多野「開戦過程における陸軍」一五頁。
13　種村佐孝『大本営機密日誌』（芙蓉書房、一九八八年）、二次史料。

14 前掲『戦史叢書　大本営陸軍部』二、三七六頁。
15 前掲加藤『それでも、日本人は「戦争」を選んだ』三六四頁。
16 前掲『機密戦争日誌』上、原剛ほか「解題」xiii頁。本日誌の史料批判。
17 前掲「田中新一中将業務日誌」八分冊の五、五四三～五四四頁、四一年六月十八日付日誌。
18 同右七六四頁、四一年七月三十日付日誌。
19 陸軍首脳は、天皇の御前に出たら、ゴマカシや、無理押しはしないことを建前にしていた（前掲佐藤『言い残しておくこと』一六四頁）。
20 前掲東久邇『一皇族の戦争日記』七一頁、四一年八月五日付日記。
21 前掲「金原節三業務日誌摘録」前篇その三のハ、六〇頁、四一年七月二十三日付日誌。
22 前掲『日本外交文書』上巻、一六九～一七〇頁、豊田外相宛野村大使電第五六五号。
23 たとえば前掲須藤『日米開戦外交の研究』一七五頁。
24 前掲『日本外交文書』上巻、一九六頁、野村大使宛豊田外相電第四四八号。
25 同右一九七頁。豊田外相宛野村大使電第六五九号。
26 前掲須藤『日米開戦外交の研究』一七六頁。
27 外交史料館所蔵「日、米外交関係雑纂　太平洋平和並東亜問題に関する日米交渉関係（日付順）」第二巻、「日米関係最近ノ経過（一六、八、一〇）」。
28 前掲戦史叢書『大本営海軍部　大東亜戦争開戦経緯』二、四五二頁。
29 前掲『機密戦争日誌』上、一三八頁、四一年七月二十七、二十八日付日誌。
30 同右一三九頁、四一年七月二十九日付日誌。
31 前掲「石井秋穂大佐日誌」其二、二七三頁、四一年七月二十八日付日誌。
32 前掲『杉山メモ』上、二八四頁、「御下問奉答」。
33 同右二八四頁、「御下問奉答」。
34 前掲「澤本頼雄海軍大将業務メモ」叢二、二頁、四一年七月三十一日付日誌。
35 同右二頁、四一年七月三十一日付日誌。
36 前掲『杉山メモ』上、二八四頁、「御下問奉答」。上奏日は『杉山メモ』に依る。
37 前掲『木戸幸一日記』下巻、八九五～六頁、四一年七月三十一日付日記。

38 同右八九六頁、四一年七月三十一日付日記。
39 同右八九五頁、四一年七月三十一日付日記。
40 同右八九六頁、四一年七月三十一日付日記。
41 前掲「澤本頼雄海軍大将業務メモ」叢二、三頁、四一年八月一日付日誌。
42 前掲「石井秋穂大佐回想録」八四一頁。
43 前掲「田中新一中将業務日誌」八分冊の六、七六五〜七六六頁、四一年七月三十日付日誌。
44 たとえば前掲細谷「対外政策決定過程における日米の特質」。
45 森茂樹「枢軸外交および南進政策と海軍」『歴史学研究』七二七（一九九九年）二頁、注八、「中堅層が重要な役割を果たしたという主張は、〔中略〕上層部と下僚の権限の相違を過小評価している」。
46 前掲『木戸幸一日記』下巻、八九六頁、四一年八月二日付日記。

V　日米首脳会談構想の挫折

1．近衛首相の覚悟

首脳会談構想の位置づけ

四一年七月、日本は、同盟国ドイツの傘下にあった仏国と交渉し、共同防衛協定を結び、その責を果たすことを名目にして南部仏印に進駐した。これに対し米国は実質全面禁輸でもって報い、英・蘭両国もそれに続いた。米英に多くの戦略物資を依存していた日本は、ジリ貧を余儀なくされた。かかる事態に対し「軍部は」、これでは「戦争に訴える以外に道はないと主張した」と教科書は叙述している＊1。これに対し時の首相近衛文麿は、対米戦争を避けるために、「膠着状態に陥った日米打開への唯一の道として」ルーズベルト大統領とのあいだに首脳会談（巨頭会談、頂上会談）を開催することを決意した＊2。のちに昭和天皇は、太平洋戦争開戦に至る過程で日米交渉が成功する機会、すなわち対米戦争を避ける機会が三回あったとして、そのうちの一回に、近衛首相が日米首脳会談構想を掲げたときを挙げている＊3。

この近衛が提唱した首脳会談構想について、先行研究では、これで日本として、対米戦争が避け得たか否かについて評価がわかれている。

諒解案以来の日米交渉を研究してきた須藤眞志氏は、米国側の史料を駆使して首脳会談に関する米国側の意思決定過程を明らかにしたうえで＊4、日本側における首脳会談の位置づけや意義について、「天皇の力を借り」て「強硬な陸軍を押え」つけようとしたもので、「会えさえすれば、あとはなんとかなるという、かなり安易な見通し」に立ち、用意した対米提案も「まことに杜撰なもので」、「到底まとまる筈は」ないものだった＊5として、近衛のこの構想に否定的な評価をしている。

他方森山優氏は、旧「遂行要領」策定と関連させて首脳会談構想に対する陸海軍の扱いに着目し、海軍は首脳会談に望みをかけ、陸軍も中堅層は首脳会談が実現されれば「近衛の譲歩によって妥結されると考えていた」としている＊6。また、波多野澄雄氏は開戦過程における陸軍の中堅層の存在を重視し、首脳会談の意義を「政府内政治の攪乱要因である陸海軍中堅層の介入を排除する唯一の方法」として評価しているものの＊7、開戦過程における位置づけとして、天皇が述べたような評価には言及していない。

本稿ではこれらの先行研究に対し、対米開戦を避けるべく近衛が提唱した首脳会談構想が挫折するまでの過程について、米国側の過程は須藤氏の研究に依拠することとし、もっぱら日本側のたどった過程を明らかにすることによって、近衛の首脳会談構想が、日本の太平洋戦争開戦過程のなかでどのような位置づけにあったか、すなわち昭和天皇の、対米戦回避の機会だったとする回想がどこまで事実であったかを明らかにしたい。

近衛首相の首脳会談構想提唱

すでに明らかにしたように、日本が対米開戦に踏み切ったのは、日米国交調整交渉の過程で、突然、強硬なハル・ノートを突きつけられたからではなかった。それではこの国交調整交渉は、実際に、どのような状況で推移していたのか。それを端的に説明しているのが、敗戦後、外務省が吉田茂首相（当時）に提出した「極秘報告書」である。

日米交渉なるものは、当初から決裂に至る半歳余の折衝において、双方の主張が根本的に何等の歩み寄りを示さなかった点において特徴的であった*8。

吉田は敗戦にいたるまでの間、避戦（終戦）のため近衛文麿と行動を共にし、そのことで憲兵に拘引された人物である。吉田の回想録は、管見の限りでは外務省出身者の回想録のなかで唯一、ハル・ノート開戦説に疑問を呈している。したがって外務官僚からみれば、そのような大先輩吉田に、いまさら事実に反する報告はできなかったであろう。すなわち、日米両国政府のあいだには、とうてい国交調整が成立する余地はない状態が最初から最後まで続いていたのである。おまけに米国が資産凍結令を発動したこの時点では、南部仏印進駐を理由に、米国から、国交調整交渉の停止が通告されていた。日本に残された選択肢は、次の三つしかなかった*9。

①米国の要求を丸呑みして、今回の制裁措置を解除してもらうか、
②南方に武力で進出して、資源地帯を獲得するか、
③このまま事態を観望し、ジリ貧の道をたどるか。

かかる状況下において近衛首相は、八月四日夜、陸海両相を招き、日米国交調整交渉の再開に向かって新たなる打開策を提唱した。いわゆる、日米首脳会談構想である*10。構想は、両相に書面で示された。その要旨は、自分が大統領に会って日本の「真意」を率直に披瀝する、それで了解が得られないなら、国民に、日米戦やむを得ずとの覚悟を促すことにもなり、世界世論にも言い訳が立つ。双方が大乗的立場で話をすれば、米国の譲歩も可能性がある、という趣旨のものであった*11。そして文の最後は、「つくす丈けの事をつくす」となっていた。この書面の全文は、木戸幸一内府の日記に挿入されている*12。このことは、近衛首相はこの件で、天皇の側近の木戸と連絡を取り合っていたことを意味している。

この提案に対し、海相は即日同意を表明した。これは、海相の意向を反映したものであろう。他方陸軍はその場では回答を保留し、翌日、書面をもって、「敢テ異存ヲ唱フル限リニアラズ」と回答した*13。その間、陸相は参謀本

部と協議したのである。しかし近衛には、消極的ともみえる同意だった。近衛は回想録に、「海軍は賛成、陸軍は不賛成」と記した*14。多元化した政治システムでは、陸軍が消極的であれば、事を進めるには困難を伴うことが明らかであった。それでも、近衛は構想を進めていった。このとき近衛には、或る覚悟があった。それをこれから説明する。

陸軍首脳の対応と近衛の覚悟

近衛による首脳会談構想の提起は、永野の帷幄上奏同様、当初は中堅層の日誌には出てこない。わずかに、陸軍省軍務課高級課員の石井の、提案の五日後の八月九日付日誌に、

上層部ノ対米態度□□ノ不明朗ナル空気ヒシヒシト感知セラル*15

とあるだけである。陸軍省では主務である石井にさえ知らされず、中堅層は蚊帳の外に置かれていた。ちなみに「上層部」とあるところに、薄い字で「軍首脳、近エ、宮中等」と追記してある。こうして、首脳会談構想も中堅層に関知させずに進められていた。そこで、消極的（あるいは不賛成）ともみえた陸軍のなかでこのとき何が起こっていたかの叙述は、該当記事のある田中作戦部長の日誌に依拠して書き進める。

近衛首相から陸海両相に申し出があった翌五日午前、杉山総長は東條陸相の訪問を受けた。首脳会談構想の件であった。陸相は自分の意見を述べたうえで、今日、首相に返事をすると言って総長に諮ったという。そのあと、総長は次長（塚田攻）と作戦部長（田中）と情報部長（岡本清福）を集め、この件を展開した*16。おそらく、幹部に諮ったのであろう。陸相の首相への返事の案は、次のようなものであったという。

行テ悪イトハ問〔言〕ハス　是ニ依テ三国枢軸ヲ弱化セサル事　成功ノ見込ナシト思フ　不成功ノ場合ト雖帰来勇気ヲ出シテヤッテ行クコト＊17

陸相の意見というのは、やっても無駄だと思うが、首相がやりたいというのだから納得のいくまでやらしておけ、というところだったのであろう。そして交渉条件の枠として、三国同盟に手をつけないこと、また、行ってもいいけどその代わり、交渉が不成功に終ったら、内閣を投げ出さず近衛内閣の下で開戦を決めてもらいたい、ということだった。それに対し参謀本部として如何に返答したのかという肝心の結論は、日誌には書かれていない。田中には、参謀本部の出した結論は納得できなかったのであろう。回想録の方に、ただ一言、「統帥部としては陸相の態度を支持した」と記してあるのみである＊18。ここから、杉山総長以下の参謀本部は組織として陸相の意見を支持し、田中の意見は容れられなかったことが推定できる。

参謀本部の同意を得た東條陸相は、書面をもって、「敢テ異存ヲ唱フル限リニアラズ」と首相に返事をしたことはすでに述べた。交渉条件については、単に、N工作（日米国交調整交渉）に対する日本側修正案の「根本方針を堅持」するという抽象的な枠が示されただけであった＊19。

ところが近衛首相の構想は、ただ単に「つくす丈けの事をつくす」という単純なものではなかった。当時近衛首相のもとで書記官長を務めた富田健治は、のちに、近衛の意図は次のとおりであったと記している。

　ルーズベルト大統領さえ、この会談に応じ、近衛公がアメリカへ行けることになったら、たとえ我軍部が交渉条項に付き異議を唱えても〔中略〕直接、陛下に電報で御裁可を乞い、調印するという非常手段を考えていた＊20。

他方田中も日誌に、陸相の、首相への返事の案を記したあと、横線で区分けし、田中自身の意見を記している。

何ヲ話シ合ハントスルヤ　話シ合ヒノ内容ハ必ス従来ヨリ更ニ悪化シタルモノナルヘク、現地ニ於テ更ニ譲歩スルコト必然ナリ＊21

すなわち首脳会談をやれば、首相は必ず譲歩する、それは、今よりずっと日本に不利な条件になる、そう述べて、予想される譲歩の内容とその結果を予測している。すなわち、①枢軸同盟から脱退して英米依存に転換し、②大陸での日本の通商権益を捨て、③中国本土〔原文は「支那」〕を英米に引き渡し、④日本は〔独伊と離れ、いずれ英米からも捨てられ〕国際的孤立に陥るだろう＊22、以下縷々と田中の意見が書いてある。田中は敗戦後の回想録で、この日誌の記事を補完し、次のように述べている。

総理が行けば結局日本の主張は貫徹できず、さればとて戦争の決意はできず、遂に屈伏するのが結末だということになる。〔中略〕近衛首相は、この会談で陸軍が反対している撤兵などの問題につき必要があれば、会見地から直接陛下に電報で御裁可を願い、決定調印するという非常手段を用いる決意であった。〔中略〕又伊澤〔多喜男〕が「これをやれば近衛は殺されるばかりでなく、米国に日本を売ったといわれるだろう」というと、近衛は「それでも結構だ」と答えたという。要するに近衛の心理は、「どんな譲歩をしても日米妥結を図る、それには直接御允裁を仰ぐといった非常手段もとる、国を売ったといわれても戦争はさける」ということであったと思われる＊23。

近衛は、対米戦争を避けるために、米国の要求を丸呑みする決意であった。陸軍の中枢に居た田中が見たところと、近衛の側近の富田の証言とは、期せずして一致していた。近衛の「つくす丈けの事をつくす」決意というのは、殺されても、米国側の条件を「丸呑み」にして戦争を避ける決意だったのである。そしてそのことを、当時田中は、おそらく莫大な機密費に裏づけられた陸軍の持つ情報網を通じてであろうが、把握していたのである*24。

他方近衛の方は、陸海両相には、米国側の条件を「丸呑み」にするとは言わなかった。それは、陸軍の反対を恐れてであろう。軍部に関する近衛の情報網は、軍部の中堅層が入手先であった。石井はその回想録に、

近衛公は軍内下僚の吐く言葉を、その情報網によってキャッチしておった。そして往々にしてこれを軍主流、大臣総長の意向なりと誤認する傾向があった。そのことは近衛手記を読んでもありありと看取される*25。

とある。すなわち、近衛とそのブレーンの耳に入った軍部の意向というのは、責任のある軍首脳部の意向ではなく、これまで本稿で叙述したような、責任のない下僚たち〔中堅層たち〕の、限られた視界で見た見解をもとにした（上位者から見れば）部分最適化（sub-optimization）の発言であった。近衛はそれを、陸軍首脳の意向だと誤解していたと思われる。そこで近衛は、「つくす丈けの事をつくす」と表現したのであろう。

近衛構想を容認した陸軍の内情

近衛が米国の要求を呑むことは、従来陸軍が汗を流し、血を流して得てきた成果を、陸軍に放棄させることであった。他方陸軍から見ると、自らの努力によって得た成果を手放すことは、組織を構成する成員のモラールにかかわることであった。とりわけ舵一つで進退が指揮官の自由になる海軍と違って、自らの意思と自らの足で動く陸軍では、組織内のモラールの低下は、上位者による「統帥」を危うくするものであった。「統帥」とは、軍隊、とりわけ陸軍の高級指揮官にとって重要なもので、陸軍大学校では、「意志の自由を有する人間をしてその本能的に保持せんとする生命を抛ち、〔中略〕邁進せしむる」ものと教えていた*26。また、方面軍または軍を指揮する高級指揮官用の教典

の「統帥綱領」には、「大兵団は特別の場合の外退却を行なうべきものにあらず」として*27、そのゆえんを、「戦の運命を左右するものは〔中略〕精神的打撃の大小に在り」として、「退却の用兵上忌むべきは、我が精神に重大なる打撃を受くるに反し、敵の精神にはかえって優越感を与え」るからだとしている*28。東條は閣議でも、「撤兵ハ退却ナリ」と明言している*29。それを、成果の獲得に寄与しなかった部外者が、軍が汗を流し血を流して得たものの放棄を安易に口にすることは、陸軍首脳部にとって、大兵団の統帥を担任する「方面軍」や「軍」の高級指揮官（多くは東條の先輩たち）の手前、容認するわけにはいかなかったのであろう。そのことは、十月十四日閣議前の近衛首相と東條陸相との会談のやりとりのなかで、

1）駐兵ニ色艶ツケルナラハ外交交渉見込アリ（総理）

2）大臣、譲レヌ、国軍志気ノ問題ナリ*30

とあったことからも、うかがえる。

しかしもっと厄介なことに、陸軍が獲得したものの裏面には、ソ満国境での鏤骨の苦難があり、解決の目途なく兵力と経費の節約を本旨とせざるを得ない日中戦争があり、国力は下降に転じ先の展望は見えなくなっていたという状況があった。それを解決する手段が中国からの撤兵であり、それが、陸軍が長年にわたって対中和平工作をやってきたゆえんであった。そしてこれらのことは、縷述してきたように、表に出せないものであった。それがわかっている陸軍の首脳たちにとって、何も知らず、生命と引き換えに自分が悪者になって天皇の了解をとって事を片付けようとする近衛の覚悟は、つぶしてしまうには惜しかったはずである。

のちのことであるが近衛の秘書官である牛場友彦は、米国大使館のドゥーマン参事官宅を訪問し、米国政府が首脳会談の申入れに色よい回答をしないことに対し、「首相の立場が困難になった」として、次のように述べている。

〔米国政府〕が首相がかかる会談を率先して行う責任をとるようになった事情を完全に理解しない以上、この情勢の連累を十分了解することは出来ないだろうといった。陸軍は中国との衝突を中止させることを切望しているが、その清算の責任をとりたくなかったのである。近衛公爵がこの責任を引受けた時、陸軍は彼を完全に且つ無条件に支持した＊31。

そして何よりも、幕藩体制を脱して建設した近代的中央集権国家において、徴兵制からなる軍隊の統帥を担保するものとして機能していた天皇が、永野の帷幄上奏の際に判明したように対米戦争を不可とする以上、軍は、その意向には従わざるを得なかったことはすでに述べた。実際のところ陸軍首脳は、当分の間、対米戦争はないものとして部下の幹部と自分自身に言い聞かせていた。このように複雑な状況下に、当時の陸軍首脳は置かれていた。そのために、下僚には知らせないで事を進めることにしたと思われる。左記は、それをうかがわせる石井の回想である。

牧達夫君〔軍務課員〕ハ〔中略〕首脳会談ノ発表ヲミテ、コレハ陸軍大臣ナドノ反対ヲ押シ切ッタ近衛一個ノ独断的発案ナリト思イ込ンダラシク、陰デ少々好マシカラザル言葉ヲバラマイタ。〔中略〕東条氏ハ〔中略〕彼ヲ台湾軍ニ追イヤッタ。〔中略〕私が牧君に内情を知らせておかなかったばかりにああいう結果となった。日米交渉ハ〔中略〕課長ヲ含メテソレ以下ニハ知ラセナイトイウ建前ニナッテオッタノデアル＊32。

ここで「首脳会談ノ発表」とあるのは、然るべき経緯があって、近衛首相がルーズベルト大統領にメッセージを手交したと発表した八月二十九日付新聞記事のことを指す。記事は、メッセージの内容には触れていない＊33。新聞発表になったころには、陸軍中央の主務者たちにはそれが展開されていたとみえ、軍務課長の佐藤賢了は、米国側がすぐに首脳会談に応じないので、「アメリカモ間抜ケダ　無条件会ヘバ万事彼等ノ都合通リ行クノニ」と言ったとされている*34。戦争指導班の日誌にも、「ハワイニ於ケル両巨頭ノ会談遂ニ実現スルヤ実現セバ恐ラク決裂ハナカルベク一時ノ妥協調整ニ依ル交渉成立スベシ」と書いてある*35。これらは、この頃のことである。軍務課高級課員の石井も、「局長ヤ大臣ラ上司ハ〔開戦の方に〕動キソウナ気配ガナカッタ。誰モ首脳会談ノ実現ヲ期待シテイタ」と回想している*36。近衛の丸呑みの覚悟は、建前と本音を使い分けるやりとりのなかで、いわば腹芸で、陸軍首脳に受け容れられたとみることができる。

しかし陸軍内には、これを懸念する声もあった。それは、譲歩の内容（たとえば中国本土からの撤兵）に反対するという、通説で言われているところのものではなかった。そしてその懸念は、次第に、陸軍内の大勢を占めていった。それを、田中作戦部長の残した記録に依拠してこれから説明する。

2．軍部の対米不信と焦慮

首脳会談への懸念

田中が作戦部長に就任した際、参謀総長から、「意見ハ充分陳ヘルモ　キマッタルコトハ直チニ其方向ニ邁進スルコト」と訓示されたことはすでに述べた。「関特演」の件でも、田中はそれに従った。首脳会談構想の件でも、「意見ハ充分陳へ」たものの、容れられなかった以上それに従ったものと思われる。田中が日誌に、組織としての参謀本部が支持した陸相の意見と、容れられなかった田中個人の意見と、間に横線を引いて区分けしたことはすでに述べた。

田中の目に映じた近衛の首脳会談構想の問題点について、田中個人の意見であっても、それがこのあと、次第に海軍も含めた統帥部の意見として拡がっていくがゆえに、長文をいとわず左記に引用する。

心配したことは、この妥結は結局一時的なもので、欧州戦争が片付いたのち日本は米英その他の袋だたきにあうであろうということだった。殊に軍令部総長がいうように来年後半期以降になれば海軍力はもはやアメリカ相手に戦いえぬという、〔中略〕近衛と宮中（木戸）との短絡により、事が謀略的にしかも一時的に妥結糊塗せられ〔ても〕、遂に数年ならずして再び太平洋の破局がくる、そのときには日本は既に戦うに足るべき戦力を失ってしまっている（対米比較戦力で）ということを極度に虞れた＊37。

田中の予測では、首脳会談は、米国側の要求を丸呑みするという犠牲を払って妥結に至るであろう。田中がその首脳会談構想に反対したのは、譲歩の中身に反対したのではない。妥結しても、一時の小康を得るに過ぎないとみたから反対したのである。

ちなみに日本の海軍戦力の艦齢内の艦船でみた対米比率は、田中の入手した情報では表12のようになっていた。田中の日誌とそれを成文化した回想録の記事からうかがえる田中の見解では、いったん米国との交渉が妥結しても、それは、米国の海軍艦船の建造計画が完成し軍備が整うまでの遷延策に過ぎないというものであった。米国が時間稼ぎをしたうえで日本に侵攻してきた場合、日本軍として対抗できなくなる＊39、そうなった場合の責任は、海軍も含めた統帥部が負うことになる。そういう論旨であったのだろう。ともかく田中のみるところでは、日米国交調整交渉が、近衛自らが出馬し妥結に至っても、それは一時の小康を得るに過ぎなかった。この見解が、このあと統帥部の主張となっていったことは、既述の戦争指導班の八月二十九日付日誌に、「一時ノ妥協調整ニ依ル交渉成立スベシ」とあることにその兆しがうかがわれる。

さて、八月五日、陸相が総長を訪れたあと、陸士同期の軍務局長武藤が田中の

表12　日米海軍戦力比較
（艦齢内、41年６月20日付）＊38

41年	75%
42年	65%
43年	51%
44年	44%
45年	40%
46年	42%
47年	44%

ところにやってきた。そして、この間の事情を話していった*40。首相が陸相に話したのは、実際には、

尽スヘキ所ハ尽シテ輔弼ノ任ヲ全ウシタイ　夫レテモ出来ナケレハ仕方ナイ　イカントイフナラ已メル外仕様ナイ*41

とのことだったという。近衛首相は、これがやれないなら、と辞任を示唆したというのである。武藤は続いて言った。陸軍が反対して近衛がやめた、となって、政変になり、責任は陸軍に来る、（そうなるとまずいから）陸軍としては表面から突張るのはどんなものか、と言った。そして、（陸相のみるところでは）どうせこの交渉は八分通り不成功だよ、とつけ加えた*42。だからやらせておけばいいんだ、ということのようだった。

先行研究では波多野氏は、構想に対する返事は東條陸相と武藤局長の二人で起案し、参謀本部には事後に知らせた。この武藤の言葉は、構想に「消極的な田中を説得するための言葉だった」としている*43。他方森山氏は、この武藤の言葉を、構想には不賛成な陸軍が、なぜ同意したかの理由であるとしている*44。いずれも、陸軍が近衛の構想を受け容れた理由がここにある、という解釈である。しかし、陸軍が首脳会談構想を受け容れた理由は、すでに述べたようにもっと複雑なものであり、満州事変以来のソ満国境の経緯の解明なくして理解し難いものであった。日誌にある武藤が田中に説明した場面からは、筆者の知見では、会議で熱心に主張したにもかかわらず意見が容れられなかった者に、あとで親しい者がなだめている情景が浮んでくる。武藤の話した内容は、陸軍が近衛の構想を受け容れた理由とするよりも、むしろ、田中をなだめるためのその場限りの方便であったとみることができる。現に僅か二ヶ月あまり後に、陸軍は、現役の将官（東條）の首班指名を受け容れているのである。大組織のなかでのかかる緊迫した場面においては、「関特演」のときもそうであったが、司々の言葉をそのまま真に受けることなく、それぞれが互いに本音と建前を使い分け、虚々実々のやりとりをしたとみるのが、筆者の解釈である。しかし、陸軍首脳の本音（真

意）がどこにあったかはこれ以上言及せず、本稿では、彼ら陸軍首脳が、このあと実際に如何に行動したかを叙述する。

作戦準備に関する検討と残された課題

陸軍としては、首脳会談で米国側条件を近衛首相が丸呑みすることを予期してその対応を検討する一方で、自らの職務として、交渉が妥結しなかった場合の対南方武力行使についても検討を始めていた＊45。作戦を主務とする田中作戦部長は、このときの事態は、既述の「施策要綱」の第三条の規定にある「対日禁輸ニヨリ帝国ノ自存ヲ脅威セラレタル場合」に、「之カ打開」のため「武力ヲ行使ス」るに該当すると述べて、「そうした意見が逐次強まってきた」と回想している＊46。

八月十二日、情報部長の岡本清福から、田中に、南方作戦について種々のアドバイスがあった。それには、①武力を発動する「時期ハ保留スル」としても、該当する事態になれば発動するという「決意ハ定メテオク事」が必要であること、②「戦争終末ノ見込タタヌ」では天皇に決心を願うのは至難だから、今から見透しを立てておくこと、③開戦理由を「石油ノミニ」求めるのはそれでだけでは不十分ではないのか、などがあった＊47。すなわちこの時点では、まだ、開戦時機も、戦争収拾の見透しも、何のために戦うのかというのも未定であったし、国家の主権者たる天皇の了解も得られていなかったのである。

八月十三日には南方作戦についての、陸海軍共同の図上研究がおこなわれた。問題になったのは、まず、①攻略順序として海軍の主張する右回り（比島先攻）か、陸軍の主張する左回り（馬来先攻）かであった。陸海軍それぞれが、自部署の仕事のやり易いような順序を主張したのである。そのほか、②計画のうえで先制奇襲攻撃の実施を徹底すること、③開戦理由にアジア民族の解放の主張を織り込むこと、④現計画では主攻である第二十五軍（シンガポール攻略軍）の「展開、作戦準備不十分で」、このような状況では「開戦することはさくべきである」こと、⑤「海軍が米海空軍と直接対決するため、〔南方〕要域攻略は二の次にして太平洋に直面しなければならぬに至る」のは時間の問題であると覚悟しておくこと、これらに絡んで⑥南方攻略期間全体の短縮化をはかる必要があること、等などの課題があることが確認された。そして⑦「開戦は今年秋冬の交〔候〕に行われねばならないであろう。それまでに南方要域攻略作戦の計画準備が果して完成できるか」など、いざという時の武力行使を決意するとしても、軍部として、まだまだ課題を残していたのである＊48。このように武力行使による打開も、外交同様、見透しが立っていたわけではなかった。そしてかかる課題は、部外はもちろん、部内の関係者以外には口外できなかった。

ちなみに、開戦理由にアジア民族の解放を織り込む件は、のちにインドやビルマ（ミャンマー）侵攻にあたっておこなったような、現地民族と協同戦線を組むのが目的だったのであろう。しかしこのような見方は、作戦部長としての立場からくる田中の視界の限界を示すものであった。というのは、当時の日本には、それに応ずる（現地民に従来の生活水準を維持させ得る）だけの経済力がなかったのである。実際、十一月五日の御前会議で、蔵相（賀屋興宣）が、「当分ハ所謂搾取的方針ニ出ヅルコト」のやむなきゆえんを明らかにし＊49、アジア民族の解放は、開戦詔書の開戦目的には織り込まれなかった＊50。

このような状況のなか、八月十四日、海軍軍令部から参謀本部に、対英米戦に関する「海軍戦備促進計画」と「海軍作戦準備」の通報があった。

戦備促進計画の方は、①八月下旬に出師準備第二着（軍需品の整備とその他の整備）を全面発動し、②八月二十日〜九月末に連合艦隊は臨戦準備作業を完了するというもので、作戦準備の方は、①基地航空部隊の第十一航空艦隊を九月一日中国戦線から引揚げさせ、十日〜十五日に南方攻撃のため新配備に就かせる、②重要海面の哨戒を八月十一日から、重要海面の機雷敷設を九月一日から実施する、③移動に日時を要する第六艦隊（潜水艦隊）を九月下旬または十月初めに南洋方面に進出待機させる、などであった＊51。

この連絡を受け田中は、回想録に、

海軍省方面では日米交渉にまだ相当の期待をかけおるが如きも、海軍統帥部方面の情勢判断は特に作戦部関係において深刻である。情勢の推移に先手先手を打たんとする様子にて、その作戦準備に関する措置も積極的である。事実海軍統帥としては、多々独断裁量をもって措置しうる分野広く、その作戦準備の実施も手取り早く進捗させうる利点をもっている。陸上の準備はとかく人目につき易く多くの横槍がはいり易い。焦慮を覚える。

との所感を綴っている。既述のように陸軍は、「作戦準備」を、「国家の戦争決意の確立を待って行うべきであると」して、これまで自らを律してきた。海軍とは準備の内容と質に違いがあるとしても、海軍に対し、陸軍が準備に遅れをとることは、陸軍作戦の主務者として焦りを覚え、やり切れない気持ちになったと思われる。ちなみに海軍の方が、陸軍統帥部がうらやみ、焦るくらいに戦争準備を進めた背景には、準備の内容と質の違い以外に、海軍統帥部トップの永野の帷幄上奏の際の、「寧ろ此際打って出るの外なし」の発言があったからだと思われる。他方陸軍の杉山総長には、その種の発言はなかった。田中の焦りの気持ちは、職務に対する熱心さに比例して上層部に向けられたことであろう。そういった発言（暴言）が、のちのことであるが、自分を引き上げてくれた陸軍省のトップに向かって田中の口から出て更迭されるのである＊52。

かくして八月十四日、作戦開始の日を「十一月若ハ十二月初」とし、攻撃順序の右回りか左回りかについては「比島馬来同時攻撃」ということで決着がついた＊53。ちなみに作戦開始を「十一月若ハ十二月初」としたゆえんは、のちに、九月六日の御前会議で参謀総長から、陸軍の立場で説明している。

今後ニ於ケル米蘇ノ提携ハ当然トハ存シマスルカ　冬季ハ北方ニ於テハ気候ノ関係上大ナル作戦ハ至難テアリマスルノミナラス　此季節ニ於テ米ソカ相提携シ一部飛行機又ハ潜水艦ノ蠢動スルコトカ御座イマシテモ実際上

軍事的ニ実力ヲ発揮スル公算ハ少ナクアリマスノテ　此冬期間ヲ利用シテ南方作戦ヲ速ニ終結シ得レハ明春以後北方ニ対シマシテハ如何ナル情勢ノ変化ニモ対処シ得ルモノト信シテ居ル次第テアリマス之ニ反シ此ノ季節的好機ヲ逸シマスレハ南方作戦ニ伴フ北方ノ安固ハ期シ難キモノカアルノテ御座イマス＊54

すでに述べたように、南方作戦における陸軍の最大の責務は、北方の安寧を確保することにあった。その一方で陸軍としては、米ソの提携を当然のこととみていた。したがって陸軍にとってもっとも恐るべきことは、ソ連が米国と呼応し、対南方戦争中背後（北方）から攻撃をかけてくることであった。それを避けるもっとも確かな方策は、「関特演」で対ソ戦備を充実させるとともに、「大ナル作戦ハ至難」な気候に南方作戦をおこなうことであった＊55。ちなみに、のちに陸軍のこの危惧は当った。

期限を設けた外交交渉

四一年八月十六日の陸海軍部局長会議で、海軍から陸軍に、全面禁輸後の新事態に対処する国策として、「帝国国策遂行方針」（以下、「遂行方針」）の提示があった。戦争指導班の日誌によれば、事前に海軍の担任が、「上司ニ於テ起案セラレ」たとして参謀本部の事務方の担任のところに持ってきたという。「案ノ骨子ハ戦争ヲ決意スルコトナク戦争準備ヲ進メ　此ノ間外交ヲ行ヒ　打開ノ途ナキニ於テハ実力ヲ発動ス」となっていて、「海軍部局長案トシテ十月中旬ニ至ルモ外交打開ノ途ナケレバ実力発動スノ明言ヲ得タ」というものであった。田中作戦部長は戦争指導班長に対し、「至急一案ヲ造ルベク要求ス　海軍案ノ対案トスルコトナク修文案」で、とのことであった＊56。他方、田中の日誌には、「南方作戦諸問題（陸海局部長）」とタイトルのみ記され、そのあとその頁は空白になっている＊57。あるいは、抹消されたのかも知れない。そして回想録の方には、「陸海間開戦決意の問題で調整成らず」と題して、次のように記してある。

陸海軍局部長会議に提案された海軍側の意見の骨子は次の通り。
（1）十月下旬を目途として戦争準備と外交を併進させる。
（2）十月中旬に至るも外交の妥結を見ない場合には実力発動の措置をとる。
というのであるが、陸軍側が最も重視している「開戦決意」がこの国策要綱では取り上げられていない。換言すれば、「開戦決意」なる国家意志決定の上でなければ、最後的作戦準備を完遂しえないという陸軍従来の主張、陸軍側の実情が全く無視されている＊58。

この「遂行方針」というのは、「九月三日ノ連絡会議」で「可決」し、九月六日の御前会議に上程されたところの、「帝国国策遂行要領」（旧「遂行要領」）の原案であった＊59。十六日の案の骨子についての戦争指導班の記録と田中の記録とのあいだに、若干のニュアンスの差はあるが、戦争準備を進めるとともに外交で打開を試み、打開ができないときに実力行使をするというもので、武力行使と外交打開に二股をかけたという点では、「施策要綱」の第三条と同趣旨であった。すなわち既述のように旧「遂行要領」は、外交の専任者や戦争準備の専任者の立場で見れば、それぞれの立場の論を「両論併記」したものに見えるかも知れないが、上位者にいけばいくほど（たとえば天皇の立場に立ってみれば）、戦争準備と外交と、二股をかけたものに見えたはずである。

そしてこの案は、旧来の「施策要綱」とのあいだに決定的な変更が施されてあった。それは、外交での打開に、新たに期限を設けたことであった。永野の帷幄上奏にあったように、石油を禁輸された今、何時までも二股をかけて交渉を継続することはジリ貧に陥ることになる。そこで期限を設け、二股をかける期間を限定し、そこから先は「開戦決意」を先送りする（森山氏の言葉を借りれば、「非決定」のまま推移する）道を閉ざし、外交の打開に目途がなければ戦争にうったえるという、外交と戦争のどちらかを二者択一することにしたものであった。すなわち日本にとって、対米戦争は近い将来「あり得る」現実の問題として浮上し、これから先は想定内に置くことを意味していた。
この期限を設けた経緯について、敗戦後、海軍の生き残った関係者たちが集まりこの戦争を検討したときに、話題になった。

大野　九月六日御前会議原案は、もっと緩和されたものなりしが、当時軍令部第一部長（福留繁）か誰かが「何べんも決意するばかりでは、統帥部としては困る。これは永野総長の意見である」と主張せり。〔交渉に期限を設けた〕第三項がこれがために生まれたり＊60。

大野は当時、軍令部の戦争指導班に相当する立場（作戦部直属）にあった。外交交渉に期限を設ける必要性は主として海軍にあり、それは、永野が帷幄上奏でうったえた内容に沿ったものであった。すなわち、大野も永野や及川も参会したこの検討会議で認めていることであるが、「作戦課の戦備上の要求により挿入」されたとのことであった＊61。
期限を設けた問題に対し、田中の提起した問題（陸軍の方は作戦準備ができない）は、当の作戦の主務者にとって重要なことであっても、国家全体で見れば、戦争をするかしないかを決める期限を設けることと比べると小さなことであった。にもかかわらず、田中の立場から見ると、国家が戦争するかしないかよりも、陸軍が、作戦準備できるかどうかの方が大切に見えたのであろう。海軍側が提示した文案は、海軍が現在進めていること（外交と戦争準備の二股をかけること）を文書化したものであるが、陸軍にとっては、この文案のままでは陸軍の作戦準備ができない片手落ちのものであったからである。しかし、陸軍の作戦担任者には重要なことであっても、手続き上の問題である。戦争準備をすることに決したならば、作戦準備に差し支えないよう事務方が、「両論併記」で文案を作文すれば済むことであった（第一部、「『戦争ヲ決意』したことの意義」）。実際、陸軍の事情を承知した海軍側で、その際には陸軍も作戦準備かできるように修文した＊62。

この日（十六日）の部長会報のあと、総長の杉山から、次のような指示があった。それは、初期作戦で南方の資源地帯を占領したあと、それをどうやって確保するのかという命題を、もう一段ブレークダウンし検討指示したものであった。これこそが、対英米戦の見透し、すなわち勝算の有無を予測するものであった。

○対南戦争ノ将来ハ如何ニナルヤ
○南方諸島爾後ノ確保ハ如何
○北方転戦ハ如何ニスルヤ
○爾後ノ持久戦争ニハ如何ニ対処スルヤ＊63

杉山も、腹を決めるべき時機が来たと判断したとみえる。しかし、その検討指示にどう答えたかは、この直後の日誌には出てこない。

八月二十二日の決心と真珠湾攻撃計画

ところで田中部長は、「関特演」に関する現地での後始末をするために八月十八日に満洲に出張し、この間、東京を留守にした。田中が満洲から帰京したあとの八月二十二日、参謀本部の部長会報が開かれた。戦争指導班の日誌には、三日分まとめて次のように記録されている。

一、二十一日陸軍省ヨリ国策遂行要領ノ対案来ル〔後略〕
二、二十二日陸軍省案ヲ加味シタルモノニテ部長会議開催　前後四時間ニ亘リ審議シ対英米戦決意ヲ決定ス　外交上ノ要求未審議ニテ終了散会

三、二十三日部長会議続行外交要求ヲ審議決定　茲ニ参謀本部決定案成ル　夜之ヲ陸軍省ニ移ス
四、次長対米英戦決意ノ意見牢固タルモノアリ　約一ヶ月ニ亘リ苦悩ニ苦悩ヲ重ネタル結果戦争決意ニ到達シタルモノノ如ク次長ノ意志ハ極メテ鞏固ナリ＊64

二十二日、「遂行方針」の海軍案に陸軍省で修文を施したものを、参謀本部は組織として受け容れることを機関決定した。それは、対米戦争となることを想定内に置いた（覚悟した）ものであった。「施策要綱」策定の過程において、一度は国力に省み対米戦は避けるとした塚田攻次長の苦悩は、察するに余りあるものだったであろう。「苦悩ニ苦悩ヲ重ネタ」のは、対英米戦の見透しがついていないことを意味していた。

ところで田中のこの日（二十二日）の日誌の締めくくりは、次のようになっていた。

A）主力（戦艦8、駆逐（4）一隊）瀬戸内海
B）布哇空襲部隊（300キ位）
第一航〔空〕艦隊（戦艦三、航母六）
機動部隊（戦二、巡二、駆逐一隊）
潜水隊三隊
C）南方面
第二艦隊（第三艦隊ハ指揮ニ入ル）
〔後略〕

この記事は、今日われわれが歴史的事実として知っている太平洋戦争開戦時の、海軍の、全作戦部隊の配備計画の

大要そのものである。B）の項は、真珠湾攻撃のための機動部隊の配備である。真珠湾攻撃の計画は、通説では、このときはまだ決定されていなかった。通説とされているのは、九月十一日から二十日まで海軍大学校で図上演習をおこない、その結果を織り込んだ攻撃計画を、十月十九日、連合艦隊司令長官（山本五十六）の職を賭した意見具申によって、やっと採用されたということになっている＊65。それが、決定を遡ること二ヶ月前の、八月二十二日の陸軍作戦部長の日誌に記載してある。そのことはこの海軍作戦計画が、陸軍参謀本部が組織として対英米戦の覚悟を固めた日に、海軍から陸軍の作戦部長に通知されたことを意味している。すなわち参謀本部が対英米戦の覚悟を固めた背景に、真珠湾攻撃を含めた海軍の作戦計画の提示があったのである。史料には直接それを記述したものはないが、状況的にはこれが、参謀本部が戦争を覚悟した背景になったと想像できる。ところが海軍の関係者は、真珠湾攻撃を決定したのはずっと後のことだと、今日まで言い続けてきた。計画はもっと早くできていて陸軍にも提示していたにもかかわらず、あとのこととしたのである。これは、対米開戦を決めたのはハル・ノートが来たからだと言い続けてきたと同様に、決定の時期を、実際よりも遅く見せる効果があった。

さて、参謀本部の二十二日の決心について綴った戦争指導班の日誌と対照的に、田中の二十二日付の日誌には、部長会報で決定したとして、次のように記してある。

決心ヲ願フ件　軍事的、経済的、外交的重囲ノ件　来週ノ半頃ニ申上クル件

陸軍が対英米戦を覚悟した以上、新国策を確定するにあたって陸軍に残された作業のうちもっとも重要なことは、天皇の了解を得ることであった。これまでは天皇の意のあるところを忖度してそれに沿って行動してきた陸軍が、この場面では、天皇の意のあるところを変えるべく（考えを変えてもらうべく）働きかけることに方針転換したのである。

八月二十二日に参謀本部が組織として決心した事項を整理すると、

①二股をかけるのは十月中旬でやめる。
②そのため対英米戦をあり得ることとして想定内に置き、それに備える。
③対英米戦の覚悟をするよう、天皇に働きかけていく。

この三つであった。

3．米国の対日不信と首脳会談構想の挫折

米国の首脳会談拒絶

南部仏印進駐を受けて、米国国務省は駐米日本大使館に、日米国交調整交渉について、「仏印進駐ニヨル事態ノ変更ニ伴ヒ打切ノ外ナシ」と交渉の打切りを通告してきていた＊66。そのさなかの八月七日（東京時間）、首脳会談の申入れの訓令が本省から野村大使宛てに発信された＊67。野村は八日午後（米国東部時間）ハル国務長官にその旨申し入れたが、「政策ニ変更ナキ限リ話合ノ根拠ナシ」と言って、けんもほろろの応対であった＊68。

この頃、ルーズベルト大統領は、チャーチル首相と大西洋上で会談をおこなっていた。この会談で両者は、対独伊戦争に関する行動指針（「大西洋憲章」）を協定すると共に、日本向けの警告文を発することを決めた＊69。そして「十七日午後日曜ニモ拘ラス今朝帰朝早々」野村大使を呼んで、大統領から、

日本カ之以上武力進出ヲ行フニ於テハ米国政府ハ米国及米国民ノ権益擁護並米国ノ安全保障ノ為必要ト認ムル如何ナル且一切ノ措置ヲ即時執ラサルヲ得スト結論ス

との趣旨の、日本がこれ以上の武力進出をした場合に対する警告と、「両国首脳部会見ニ付テハ先ツ日本政府ノ政策

闡明ヲ求ムル」趣旨の文書を手交した*70。事務ベースでは話が進まないから、首脳が直接会って決着をつけたいという日本側の要請に対し、会う前に日本側の政策を明らかにせよとの米国側の回答は、近衛の望んだ首脳会談の趣旨を損ねかねないものであり、この時点で、米国は、首脳会談開催の要請に対し、婉曲に拒絶を意思表示したものとみてとれなくもない。それに対し日本側は、八月二十六日、近衛首相からルーズベルト大統領宛てのメッセージを駐米大使館経由で送付した。それは具体的な政策を明示したものではなく、首脳会談の開催を要請する趣旨を述べたものであった*71。

さらに九月六日、近衛首相は思い切った措置に出た。すなわち隠密裡に大使館に駐日米国大使グルーを訪問、会談し、米国側が当初から主張していたいわゆるハル四原則を、無条件で認めることを言明したのである*72。これで、日本側の政策の変更を明らかにしたことになる。しかしこのあと、この件に関するグルー大使の報告が日本側に洩れて、外務省はあわてて訂正処置をとった*73。田中はこれにつき、これが「米政府の対日不信を増す一つの材料となった」と回想している*74。ちなみにこの頃、日本の陸海軍と外務省は共同で米国の外交暗号を解読していた*75。今回の外交暗号の解読には外務省の通信課も関係していたことは容易に想像できる。

しかし首脳会談開催に関してかかるネガティブなことがあっても、軍の上層部は、なおも首脳会談による外交交渉の成立はあり得るものとみていた。近衛が米国大使館を隠密裡に訪問した同じ日の九月六日の田中作戦部長の日誌には、「日米交渉成立後の情勢に関する考察」が記してある。巨頭会談が成功した場合、どのような状況が生まれるかを予想したものである。そこには、①「極東の情勢が緩和」する、②「支那抗戦意思の低下」が起き「和平解決の気運」が昂揚するだろう、③国論の分裂や治安問題が起きるかもしれないので国論の指導や治安に万全を期す必要があるとか、④三国同盟は崩壊するだろう等など、対策の手をあらかじめ打てるよう、起りうる事態の予測が記してある*76。また、九月十五日付の田中の日誌には、近衛首相渡米の際の随員について、決定済みの塚田参謀次長、武藤軍務局長、有末次第二十班長のほかに、陸軍随員の主席候補として寺内壽一と土肥原賢二の名前が挙げられている*77。

この時点でも陸軍中央は、まだ、首脳会談は開催され得るものとして、随員の人選をしていたのである。作戦課員であった瀬島龍三も、同様に証言している。

当時、陸海軍ともこの首脳会談に期待し、陸軍側随員として土肥原賢二中将以下数人が内定していた。〔中略〕私自身は米側から「中国戦線からの撤兵」を言ってきた場合を想定し、当時、対支戦線にいた約八十五万の兵力の撤収計画の立案作業に当たった*78。

そして一週間後の九月二十二日の田中部長の日誌には、「将来ノ国防方針ニ関スル件」と題して、いくつかの言葉が羅列してある。たとえば、①「和戦両様ノ構へ（五分五分）」、②「永遠ノ国防ノ自主性ヲ確保」すること、③「実行ノ保障ヲ何ウスル（協定成立後ノ）」、④「時日遷延ノ謀略ニ乗ラサル事」とある*79。これを成文化した回想録には、次のように書かれている。

〔前略〕日米妥協の一時的成立（いずれは日米衝突が予見せられる）、支那問題の一時的緩和（日支再戦の危険が消えない）、独ソ単独講和（三国同盟の崩壊）、従って日本の南進政策の放棄等一連の情勢に直面することは決して希有だとはいえず、その公算は二分の一とみるべし。この情勢こそが日本国防上の最大危険期というべし。近衛・豊田外交の帰着点が大体これである*80。

田中は依然として、日米国交調整交渉は米国による海軍軍備完成までの遷延策（謀略）であり、それに、近衛・豊田は乗せられるだろうとみていた。田中の見透しでは、交渉成立の可能性をこの時点でも、五分五分とみていたのである。

このように、日本側の或る政治勢力は期待し、また別の政治勢力は警戒していた日米首脳会談の開催について、十月二日（三日着信）米国側から回答があった。それには、これまで繰り返してきた対日要求を付記したうえで、開催について次のように記してあった。

斯カル〔首脳〕会見カ行ハレ得ル様根本的諸問題ニ付テノ討議カ進展セラルヘキコトハ大統領ノ真摯ナル希望ナリ＊81

この回答は、首脳会談をやる前に、事前に事務方ベースで基本問題について合意したうえで、首脳会談を開催すべきであるとの主張である。これまで事務方ベースで進展しなかった日米間の懸案事項を、首脳会談を開催して、その場で一挙に解決をしようとする近衛首相の提案を、これは、根底から否定するものであった。米国側のこのような対応について須藤氏は、米国政府の対日政策が、近衛の意図を正確に理解していた「出先大使館〔グルー大使〕からの情報を信頼せず」、極東部顧問のホーンベックによって代表される考え方に多く影響された結果だったとしている＊82。そのうえで氏は、ホーンベックが首脳会談に反対した理由を、①会談の開催は日本に対する宥和政策につながり、それが、連合国と枢軸国との対立という構図のもとで見て、日本に抗戦している中国に悪影響を与えるだろう、②日本国内を過激派と穏健派の対立という構図と見て、穏健派の近衛首相には、過激派の軍部を抑える力はないだろう、とみている＊83。事実、首相の法的権限からいっても、近衛・グルー会談に対する日本側の後処理の仕方からみても、そうみられても仕方がないところがあった。

しかし日本はこの段階で、部内の意思統一ができなかった海軍を除いて、軍の首脳は、米国の全面禁輸措置に対し、「これでは戦争に訴える以外に道はない」との教科書に書いてあるような考えではなかったのである。陸軍首脳は、近衛の全面譲歩によって成立するであろう首脳会談の結果を、受け容れる覚悟をしていた。この頃の陸軍は、国内最大の政治勢力だとされていた。その陸軍の姿勢が斯くある限り、日本側の国内事情だけでみれば、日米首脳会談構想は、天皇の回想録にあるように、間違いなく、「戦争を避ける機会」の一つであった。それが、米国側にはそのような行動を採った背景があったとしても、米国の開催拒否によって潰れたのである。

残された選択肢

外交交渉に期限を設けた旧「遂行要領」は、九月三日の連絡会議を経て、九月六日の御前会議で決定をみた。この決定につき先行研究の多くが着目していることは、旧「遂行要領」の決定内容とその意義の他に、前日の五日の内奏の場面で、勝算に関して過去の日中戦争のことを蒸し返して天皇が杉山総長を問い詰めた一件と、御前会議当日、天皇が明治天皇の「御製」を詠んだ一件である。いずれも、昭和天皇が平和愛好の精神の持ち主であることを顕彰するものとして叙述されている。旧「遂行要領」の決定内容とその意義についてはすでに詳述したので（第一部、「白紙還元の御諚」）、ここでは、天皇の関係したこの二件について補筆する。まず、前日の五日の内奏の場面である。天皇は「外交ト戦争準備ハ平行セシメスニ外交ヲ先行セシメヨ」と言ったうえで、それでも戦争になったときとして、

御上　〔南方作戦は〕予定通リ出来ルト思フカ　オ前ノ大臣ノ時ニ蒋介石ハ直ク参ルト云フタカ未タヤレヌテハナイカ

参謀総長　更メテ此ノ機会ニ私ノ考ヘテ居リマスコトヲ申上ゲマスト前提シ　日本ノ国力ノ漸減スルコトヲ述ヘ弾撥力ノアルウチニ国運ヲ興隆セシムル必要ノアルコト又困難ヲ排除シツツ国運ヲ打開スル必要ノアルコトヲ奏上ス

御上　絶対ニ勝テルカ（大声ニテ）

総長　絶対トハ申シ兼ネマス　而シ勝テル算ノアルコトタケハ申シ上ケラレマス必ス勝ツトハ申上ケ兼ネマス

尚日本トシテハ半年ヤ一年ノ平和ヲ得テモ続イテ国難カ来ルノテハイケナイノテアリマス　二十年　五十年ノ平和ヲ求ムヘキテアルト考ヘマス

御上　ア丶分ッタ（大声ニテ）＊84

このときの天皇は、杉山には、「南方戦争ニ対シ相当御心配アル様」に見えたという。このやりとりから、二つのことがわかる。一つは、天皇の対英米戦の見透しに対する不安は、払拭されていないことである。これは、八月二十二日の参謀本部部長会報であった「天皇ニ決心ヲ願フ」件が、まだ成果を挙げていないことを示している。七月末の永野総長の帷幄上奏の時と、天皇の心境は変っていないということである。

二つ目は、近衛が首脳会談を提唱した際は斥けられた田中の意見を、永野総長が天皇に言上していることである＊85。この「半年ヤ一年ノ平和ヲ得テモ続イテ国難カ来ルノテハイケナイノテアリマス」の発言は、永野が、米国政府の平和への意図に不信感を持っていること、すなわち、米国は国交調整交渉を通じて遷延策をとっている、と判断したことを示している。それと同時にこれは、軍令部の永野と参謀本部の田中とのあいだで意見交換がなされていることをうかがわせるものである。このことは、たとえば六月二十二日付日誌にある日米海軍戦力比較（表12）や八月二十二日付日誌にある全海軍作戦部隊の配備計画など軍令部固有の情報が、しばしば田中の日誌に記載されていることからも窺える。海軍部内の軍機が田中に流れているということは、両統帥部間の意見の交換が、何らかの意図があって、軍令部からの働きかけによって為されていることを示している。

杉山と永野は、最後に天皇に、「決シテ私共ハ好ンテ戦争ヲスル気テハアリマセン　平和的ニカヲ尽シ愈々ノ時ハ戦争ヲヤル考テアリマス」と言上した＊86。「施策要綱」の第三条に沿ったこの考え方が、両統帥部の建前であった。

そして翌六日の御前会議の最後に、次の有名な場面が展開された。天皇がとくに発言を求め、発言の終るにあたって次の歌を詠んだのである。

私ハ毎日　明治天皇御製ノ
四方ノ海皆同胞ト思フ代《ママ》〔世〕ニナドアダ波《ママ》〔波風〕ノ立騒グラム
ヲ拝誦シテ居ル　ドウカ＊87

この歌は、明治天皇が、日露開戦に反対して詠んだとも伝えられている。このことからも二つのことがわかる。一つは、このたびの関係者が対英米戦を迎えるにあたって日露戦争を念頭に置いていたことであり、もう一つは、列席者が、天皇の意のあるところを容易に忖度できたことである。後者については、御前会議が終ったあと陸軍省で展開された光景を、軍務課高級課員だった石井秋穂が、終戦の翌年に復員省史実調査部（後の防衛庁戦史室）に委嘱された回想録に記述している。

帰ッテ来タ武藤氏ハワレワレヲ呼ビ「戦争ナド飛ンデモナイ。俺ガ今カラ読ミ聞カセル」トテ速記録ヲ読ンダ。ソシテ「コレハ何デモ彼ンデモ外交ニ妥結セヨ」トノ仰セダ。一ツ外交ヲヤランニヤイケナイ」ト言ッタ。〔中略〕ココニ書ケナイコトガアル＊88。

そして戦後十二年経った五七年に記述した回想録には、「ココニ書ケナイコトガアル」としたところを、「本件、永久に黙しておきたいが、編纂者の取扱ひ態度を信頼して書き遺すこととしよう」として補正を施している（傍点は原本、赤鉛筆で「○」印）。編纂者というのは、戦史叢書の編纂者のことであろう。

武藤軍務局長の言葉の続き。（氏は特に声を低めて付け加えた）「オレは情勢を達観しておる。これは結局戦争になるより外はない。どうせ戦争だ。だが、大臣や総長が天子様に押しつけて戦争に持って行ったのではいけない。天子様が御自分から、お心の底から、これはどうしても止むを得ぬとお諦めになって戦争の御決心をなさるよう、御納得の行くまで手を打たねばならぬ。だから外交を一生懸命やって、これでもいけないというところまで持って行かぬといけない。オレは大臣へもこの旨言うとく」＊89

石井がこれを秘匿しようとしたのは、昭和天皇に迷惑がかかると思ったからであろう。通説では一部を除き、天皇は、陸軍に戦争を押しつけられたとなっている。しかしこの文書がおおやけになれば、「自分から、お心の底から、これはどうしても止むを得ぬ」と判断したことになる、石井は、それを心配したのであろう。いずれにせよこの記事は、参謀本部だけでなく陸軍省も、この頃から、天皇の意を忖度してそれに沿って受動的に行動するのではなく、むしろ、自分たちが行動しやすいように天皇の考え方を変えようと能動的に働きかけることに転換したことを示している＊90。

しかし天皇の避戦への希望にかかわらず、条件を丸呑みにしてジリ貧から免れる道は、十月二日付の米国側の首脳会談拒絶によって閉ざされてしまった。十月十三日、天皇は木戸内府に次のように話している。

一、昨今の状況にては日米交渉の成立は漸次望み薄くなりたる様に思はるる処、万一開戦となるが如き場合には、今度は宣戦の詔勅を発することとなるべし。〔中略〕ついては今度の宣戦の詔書を出す場合には、是非近衛と木戸も参加して貰って、篤と自分の気持ちを述べて、之を取り入れて貰ひたいと思ふ。

一、対米英戦を決意する場合には、〔中略〕独の単独和平を封じ日米戦に協力せしむることにつき外交交渉の必要あり〔後略〕＊91。

木戸に洩らしたこの言葉をもって、天皇が、戦争に対して「覚悟が決まりつつあった」とみる向きがある＊92。他方、「絶対ニ勝テルカ（大声ニテ）」からわかるように、天皇が対米戦に不安を感じていたこともまた確かである。それだけに、期待していた首脳会談構想を米国から断られ、天皇は、その反動から、外交から戦争へと軸足を移したかのような言葉を木戸に洩らしたとみるのが妥当であろう。

米国の要求を全部呑んで今回の制裁措置を解除してもらう選択肢が米国側から封じられた今、日本に残された選択肢は二つしか残っていなかった。

①このまま形勢を観望してジリ貧の道をたどるか、

②南方に武力を行使して資源をとりにいくか、

かくして近衛内閣は行き詰まり、近衛自身はまだ交渉の目途はあると口では言ってがんばったものの＊93、実際には目途はなく、辞表文にはこれに関する陸相との閣内不一致を建前にして、それ以前の問題として九月六日決定の不用意な国策をつくった責任をとり総辞職した。ちなみに御前会議で不用意な国策を決定したことを表沙汰にできないのは、荻窪会談における豊田外相の「遠慮ナイ話ヲ許サレルナレハ御前会議御決定ハ軽率タッタ」という発言を参謀本部の部長会報で展開する際に、「本項ハ特ニ記述ヲ避クル様注意アリ取扱上留意ヲ要ス」と杉山（東條）が注意したことから＊94、察することができる。

それでもこのジリ貧の事態を打開する方策として、戦争を避ける第三の道はないか、そう思ったからこそ東條はこのあと、閣内で対立したはずの近衛と計って、後継首班に、避戦を希求する東久邇宮を推挙したのであろう＊95。それを木戸内府から、皇族内閣は絶対に駄目だと言われた。しばらく沈黙したのち東條は、「それでは日本はどうなるのか」と問い返したという＊96。開戦の前日未明、布団の上に正座して、声を挙げて泣いたという妻子の証言もある＊97。これら東條が執った行動から、彼が、陸軍を代表する組織人としてきわめて複雑な立場に置かれ、その「律儀」な性格がゆえに＊98、個人としての信念と、組織人としての立場と、天皇の意思（思召）とのあいだに挟まれて、悩みぬいたことが想像できる。

1　前掲『詳説　日本史』三二九～三三〇頁。
2　前掲富田『敗戦日本の内側』一七〇頁。
3　前掲『昭和天皇独白録』六〇～六一頁。
4　前掲須藤『日米開戦外交の研究』二〇三～二三五頁。
5　同右一八三～一八六頁。
6　前掲森山『日米開戦の政治過程』一七七～一八四頁。
7　前掲波多野「開戦過程における陸軍」一九頁。
8　斉藤鎮男ほか「日本外交の過誤」（一九五一年記）小倉和夫『吉田茂の自問』（藤原書店、二〇〇三年）一八九～一九〇頁。
9　前掲井本『作戦日誌で綴る大東亜戦争』二九～三〇頁。
10　前掲森山『日米開戦の政治過程』一七七頁。
11　前掲波多野『幕僚たちの真珠湾』一二九頁。
12　前掲『木戸幸一日記』下巻、八九七～八九八頁、四一年八月五日付日記の後に挿入。
13　前掲森山『日米開戦の政治過程』一七七頁。
14　前掲近衛「最後の御前会議」三四頁。
15　前掲「石井秋穂大佐日誌」其二、二七八頁、四一年八月九日付日誌。
16　前掲「田中新一中将業務日誌」八分冊の六、七八六～七八七頁、四一年八月五日付日誌。
17　同右七八七頁、四一年八月五日付日誌。
18　前掲田中「大東亜戦争への道程　七」四四五頁。
19　前掲近衛「最後の御前会議」三四～三五頁。
20　前掲富田『敗戦日本の内側』一七二～一七三頁。
21　前掲「田中新一中将業務日誌」八分冊の六、七八七頁、四一年八月五日付日誌。
22　同右七八七頁、四一年八月五日付日誌。
23　前掲田中「大東亜戦争への道程　七」四四五～四四八頁。
24　陸軍の情報網の一例として、軍務課は、林只義（戦後衆議院議員になった林唯義）を使っていた。林は、近衛にも食い入っていた（たとえば前掲「石井秋穂大佐回想録」五九五頁ほか）。
25 前掲石井「昭和十六年後半期の最高国策補正」一八〜一九頁。
26 防衛教育研究会『統帥綱領・統帥参考』（田中書店、一九八三年）一一七頁。旧陸軍の教典である「統帥綱領」（一八年発行）と「統帥参考」（三二年発行）を復元したもの。
27 同右四八頁。
28 同右四〇二頁。
29 前掲「田中新一中将業務日誌」八分冊の八、九七七頁、四一年十月十四日付日誌。
30 同右九七四頁、四一年十月十四日付日誌。
31 前掲グルー『滞日十年』下巻、二〇四頁、四一年十月七日付日記。
32 前掲石井「昭和十六年後半期の最高国策補正」一八頁。
33 前掲戦史叢書『大本営陸軍部　大東亜戦争開戦経緯』四、四五七頁。
34 前掲「石井秋穂大佐回想録」七八〇〜七八一頁。
35 前掲『機密戦争日誌』上、一五一頁、四一年八月二十九日付日誌。
36 前掲「石井秋穂大佐回想録」七九一頁。
37 前掲田中「大東亜戦争への道程　七」四四八〜四五〇頁。
38 前掲「田中新一中将業務日誌」八分冊の五、五五六頁、四一年六月二十二日付日誌。
39 たとえば前掲「田中新一中将業務日誌」八分冊の七、九〇七頁、四一年九月十三日付日誌。前掲田中「大東亜戦争への道程　七」五九〜六〇頁。
40 前掲「田中新一中将業務日誌」八分冊の六、七八九頁、四一年八月五日付日誌。なお成文化したものは、武藤が杉山と田中に話しに来たとしている（前掲田中「大東亜戦争への道程　七」四四二頁）。武藤が次長を無視したのは不自然なので、ここでは日誌（一次史料）にしたがう。
41 同右七八九頁、四一年八月五日付日誌。
42 同右七八九〜七九〇頁、四一年八月六日付日誌。
43 前掲波多野『幕僚たちの真珠湾』一三〇頁。
44 前掲森山『日米開戦の政治過程』一七七頁。
45 九月六日の御前会議で、杉山参謀総長は、「統帥部トシテハ和戦両様ノ構ヘニ応スル如ク速ニ所要ノ作戦準備ヲ整ヘル必要カアル」と述べている（前掲『杉山メモ』上、三一六頁、「参謀総長説明事項」）。
46 前掲田中「大東亜戦争への道程　八」一～二頁。
47 前掲「田中新一中将業務日誌」八分冊の七、八一二頁、四一年八月十二日付日誌。
48 前掲田中「大東亜戦争への道程　八」一六～三〇頁。
49 前掲『杉山メモ』上、四二八頁、「大蔵大臣御説明事項」。
50 同右五六七～五六八頁、「詔書案」。
51 前掲「田中新一中将業務日誌」八分冊の七、八一九～八二一頁、四一年八月十四日付日誌。
52 たとえば前掲田中『作戦部長、東條を罵倒す』一三～四〇頁。
53 前掲「田中新一中将業務日誌」八分冊の七、八二八頁、四一年八月十四日付日誌。
54 前掲『杉山メモ』上、三一六頁、「参謀総長説明事項」。
55 森山氏や波多野氏は、翌年春の対ソ侵攻構想のためとしている（前掲森山『日米開戦の政治過程』一七六頁、前掲波多野『幕僚たちの真珠湾』一四三頁）。
56 前掲『機密戦争日誌』上、一四七～一四八頁、四一年八月十六日付日誌。
57 前掲「田中新一中将業務日誌」八分冊の七、八三〇頁、四一年八月十六日付日誌。
58 前掲田中「大東亜戦争への道程　八」五六～五七頁。
59 前掲「石井秋穂大佐回想録」七九三頁。
60 前掲『海軍戦争検討会議記録』二七頁。
61 同右二七頁。
62 防衛研究所所蔵　石井秋穂「海軍戦争検討会議記録に対する所見」一四頁、「海軍が田中氏の主張を容れることになってここに一応落着したのである」。
63 前掲「田中新一中将業務日誌」八分冊の七、八三二頁、四一年八月十六日付日誌。
64 前掲『機密戦争日誌』上、一四九頁、四一年八月二十一、二十二、二十三日付日誌。
65 前掲戦史叢書『大本営海軍部　大東亜戦争開戦経緯』二、四五五、五二二～五二三頁。
66 前掲『日本外交文書』上巻、二〇一頁、豊田外相宛野村大使電第六六二号。
67 同右一九九～二〇〇頁、野村大使宛豊田外相電第四五二号。
68 同右二〇三頁、豊田外相宛野村大使電第六七一号。

69 前掲須藤『日米開戦外交の研究』一七七～一八三頁。
70 前掲『日本外交文書』上巻、二二四頁、豊田外相宛野村大使電第七〇六号。
71 同右二五二～二五三頁、野村大使宛豊田外相電第五〇一、第五〇二号。
72 前掲グルー『滞日十年』下巻、一七八～一七九頁、四一年九月六日付日記。
73 同右二〇六～二〇七頁、四一年十月七日付日記。
74 前掲田中「大東亜戦争への道程　九」、九頁。
75 前掲『極東国際軍事裁判速記録』第六巻、二六四、二六六頁、外務省の通信課暗号研究班内の米英担当は五名で、彼らは参謀本部と連携して暗号解読に従事していた。
76 前掲「田中新一中将業務日誌」八分冊の七、八八四頁、四一年九月六日付日誌。
77 同右九一一頁、四一年九月十六日付日誌。
78 前掲『瀬島龍三回想録』一〇三～一〇四頁。
79 前掲「田中新一中将業務日誌」八分冊の七、九二五頁、四一年九月二十二日付日誌。
80 前掲田中「大東亜戦争への道程　九」一三〇頁。
81 前掲『日本外交文書』下巻、一二～一三頁、豊田外相宛野村大使電第八九〇号訳文。
82 前掲須藤『日米開戦外交の研究』二〇三～二〇四頁。
83 同右二一八～二二五頁。
84 前掲『杉山メモ』上、三一〇～三一一頁、「九月五日御下問奉答」。
85 御下問奉答の場面で「総長」とあるのは、「永野」であるとの山田氏の指摘に従う（前掲山田『昭和天皇の戦争指導』八一頁）。
86 前掲『杉山メモ』上、三一一頁、「九月五日御下問奉答」。ただし発言者については右記の山田氏の指摘を援用。
87 同右三一一頁、「九月六日御前会議席上」。
88 前掲「石井秋穂大佐回想録」八〇二頁。
89 前掲石井「昭和十六年後半期の最高国策補正」三三～三四頁。
90 陸軍が天皇の考え方を変えるべく働きかけ、天皇もそれを受け容れたとするのは、山田朗氏がすでに提唱している。たとえば、前掲山田『昭和天皇の戦争指導』七八～九五頁。
91 前掲『木戸幸一日記』下巻、九一四頁、四一年十月十三日付日記。
92 前掲山田『昭和天皇の戦争指導』九〇～九一頁。

93 近衛が避戦のため奮闘した経緯は、前掲『対米戦争開戦と官僚』八～九三頁。
94 前掲『杉山メモ』上、三四五頁、「陸軍大臣説明」。
95 前掲『対米戦争開戦と官僚』一〇九～一一七頁。
96 前掲『木戸幸一日記　極東裁判期』二一～二二頁、四六年一月十五日付記録「取調官サーケット氏に提出」。
97 保阪正康『昭和陸軍の研究』（朝日新聞社、一九九九年）二九六頁。
98 岡部長章『ある侍従の回想記』（朝日ソノラマ社、一九九〇年）九五頁。

VI　陸海軍の相克

1．近衛内閣末期の陸海軍の相克

近衛内閣末期における海軍の様相

十月二日付回答によって米国側から首脳会談開催が拒絶されたあと、米国側の回答の扱いについて首相、陸海軍、外務のあいだで論戦があった。六日の部長会報における参謀総長の話では、軍令部総長と宮中で話し合ったが、この件で海軍のなかは省部の意思が統一できていないような印象だったという。海軍省は「消極的」だ、と軍令部総長は洩らしていたという*1。

杉山の受けた印象を確認するため、この件に関する海軍側の一次史料をみてみる。十月六日、海相官邸に、海軍省の海相、次官、軍務局長と、軍令部の次長（伊藤整一）、作戦部長が集まり、あとから総長も加わった。そこでこれまでの国交調整交渉で出した「条件ヲ緩和シテ」交渉を続けることで意思統一をしようとしたが、永野総長が、作戦上の都合からその交渉にも期限をつけることを主張して結論は出ず、「有耶無耶ノ中ニ」終わった*2。その際の及川海相と永野総長のあいだのやりとりが、海軍次官の日誌に記録されている。

海相ハ総長ニ対シ、海陸成ルヘク衝突セヌ様努メマスカ　喧嘩トナッテモカマワヌ覚悟ニテ交渉シテ宜ウコサイマスカト問ヘルニ対シ、総長ハ　ソレハ　ドウカネ、ト言葉ヲ濁シ、全幅ノ賛意ハセス、海相決心ノ鋒先ヲ鈍ラシム〔囲み線は原文〕＊3

海軍首脳のあいだでは、永野総長と及川海相と、意見がわかれたままだった。他方近衛首相は十月十二日日曜日、陸海外三相と鈴木貞一企画院総裁を荻窪にある近衛の私宅に招いて、統帥部を排したうえで「和戦に関する殆ど最後の会議」を開くことにした＊4。既述の、荻窪会談（荻外荘会談）である。以下は、その前夜の出来事である。

この夜の出来事の当事者の一人である海軍軍務局長の岡敬純には、日誌が残されている。ところが、岡の日誌は非公開になっている。そこで、複数の二次史料に依拠して事態の解明を試みる。まず、当事者の一人である武藤軍務局長の、直属の部下だった佐藤軍務課長の回想録である。

前日の十一日に富田書記官長から武藤軍務局長に、「今、岡海軍軍務局長から明日の会談で、及川海相から首相に一任するという筈だとの連絡があった」と電話がありました。武藤局長はこれを直ぐ東條陸相に報告し、東條陸相は大変驚いて「よく交渉しろ」ということで、それから武藤さんがすぐ〔富田官長に〕電話で、「〔前略〕海軍の口から海軍は戦いは出来ん、いやならいやと、はっきり言ってもらおうじゃないか。そうすりゃ、私の方も部内の主戦論をおさえる」。〔中略〕そしたら富田氏は、「いや、そいつは岡と君と直接話してくれ」というので武藤さんはすぐ海軍省へ行ってその談判をしたんです＊5。

陸軍側の回想では、武藤が東條の指示にもとづき、海軍側に、態度をハッキリさせるよう要請したという。次は首相側の側近、富田健治書記官長の回想である。

十月十一日の夜のことであった。〔中略〕午後十時半頃私は青山一丁目に在る海軍官舎に岡軍務局長を訪ねた。そして私から「日米交渉は、もはや最後の関頭に来たと思う。そして問題は支那から我軍が撤兵する原則を認めるや否やにかかっている。陸軍がこれを絶対に譲らないといおうなら戦争を避けることはできない。〔中略〕ついてはこの会談において、海軍として総理大臣を助けて、戦争回避、交渉継続の意思をハッキリ表明してもらえないだろうか〔後略〕」と説いた＊6。

このあと富田は岡と連れ立って海相官邸を訪れ、及川海相に、態度をはっきりさせてくれと要請したが、海相の返事は、首相に一任するということであった。佐藤の回想と富田のそれとは「誰が誰に」というところで差異があるが、ともかく、他の政治勢力から海軍に、海軍は態度をはっきりさせくれと要請があった、というところまでは一致している。しかしながら、この事前の根回しは成就しなかった。

ところで富田の回想録には、もう一つ同じような出来事が、別の日のこととして記述されている。

十月十四日の午後、武藤陸軍軍務局長が、〔中略〕「海軍の肚がどうも決まっていないように思う。そこで海軍が本当に戦争を欲しないなら、陸軍も考えなければならぬ。所が海軍は陸軍に向って表面はそういうことは口にしないで総理一任だという。総理の裁断ということでは陸軍部内を抑えることはできない。しかし海軍が、この際は戦争を欲しないと公式に陸軍に言ってくれれば、若い連中を抑え易い。〔後略〕」と申し入れてきた＊7。

という。この三つの回想を統合すれば、海軍は態度をはっきりしてくれ、そうすれば対米戦は避けられるということを、陸軍から海軍に要請したと判断できよう。

ところで、「若い連中を抑える」というのは、二・二六事件以後、陸軍が他部署を説得するときの決まり文句になっていた。現にこの時の荻窪会談では、東條自身が「下ノモノヲオサエテ居ルノデ、軍ノ意図スル処ハ主張スル」と言ったと述べている*8。この表現方法は、一種のブラフであろう。既述したようにこの時期は、北部仏印進駐の紀律違反に関する懲罰人事で、東條陸相の下僚に対する威令は確立していたとされている。

それでも陸軍部内の統帥を担保するには、近衛首相の名前では無理であった。天皇や、執行組織を持つ海軍に基礎を置く退却命令なら、将兵も納得し、血と汗で得たものを放棄する事態となってもなおモラールを維持して、指揮官の指揮・命令に従わせる（統帥を担保する）自信がある。「海軍が〔中略〕言ってくれれば」「若い者を抑える」というのは、武藤局長の、東條の意を背景にした言葉は、そのことを如実に示している。したがって、中国本土から撤兵しても将兵のモラールをなんとか維持できて、方面軍司令官などの指揮官の統帥を担保することができる、ということだったのであろう。

荻窪会談における陸海軍の相克

このようにして開かれた荻窪会談の議事録の主なものに、近衛の口述をもとに富田書記官長が筆録したものと、東條陸相が参謀総長に説明したものがある*9。いずれも全発言を網羅したわけではないから、どの政治勢力の記録であるかによって、どの発言を採用し、どの発言を省略したか、ということが生ずるのは避け難い。二つの議事録を対照させ実際に何が論議されたかを再構築するのは煩雑になるので避けて*10、ここでは、各政治勢力の立場に立ち、それぞれがこの会議に如何なる意義を見出したかについて言及することにする。

まず首相側である。議事録のあとに、富田は回想録に次のように記している。

陸相が駐兵問題に付て譲歩する気配は見えなかったので、この荻窪会談は一層事態を切迫させる契機となったのである*11。

すなわち近衛側は、陸相が対米譲歩を容認しなかったために、会談は物別れに終わり、かえって事態を悪化させた、としている。東條が悪者になって、戦争への道を突っ走ったというわけである。これが、近衛側からみた荻窪会談の意義である。通説でも荻窪会談は、交渉継続を主張する首相、外相、海相が交渉条件を緩和しようとし、陸相が真っ向からこれに反対したとなっている*12。

他方東條陸相の側は、背後に控えている杉山総長たちに、十月十二日の荻窪会談や十四日の閣議で近衛たちがとってきた行動についてどのように説明しているのだろうか、それが、田中の日誌に出てくる。

政府上層部ハ陸軍大臣丈ケカ頑張テル　之ヲ譲レハ出来ル*13

すなわち近衛は、自分（東條）さえ説得すればそれで問題は解決すると思っている。とんでもない考え違いである。自分（東條）が対米譲歩に反対しているのは、陸軍という組織を代表して反対しているのであって、自分一個の発言ではなく、あくまで陸相としての「立場上の発言」である。（組織で働いた経験のない）近衛は、組織というものがわかっていない。近衛は、対米譲歩を容認しないのは東條個人の考えだと思い込んで、自分（東條）を説得しようとしてやっきになっている。東條のこの言葉は、そう解釈できる。事実、東條さえ説得すればなんとかなるという首相側の目論見は、事前に、統帥部を排して「宮中、近衛、外務、海軍ノ連合陣デ陸相ヲ圧迫シ十月二日付米国覚書ヲ鵜呑ミニセントノ気配」として、陸軍側に伝わっていた*14。近衛の多数派工作は、見透かされていたのである。

また、部下の一人佐藤賢了が証言した東條陸相の会議後の言動である。

東條さんは非常に憤慨して帰ってきてもんもんとしておられたわけなんです。〔中略〕この対米戦争は海軍が主役でありますから、この和戦に対して最も重大な責任のある海軍大臣その人が、首相一任論をとなえるがごときはもっての外である。全くこれは責任回避である、という風に東條さんはその時考えた〔傍点は原文〕＊15。

そして既述したように、問題の根源は「九月六日の御前会議というものを軽率に決定したこと」にあり、その責任をとって政府は総辞職するとともに、九月六日の決定を「白紙還元」し、新内閣のもとであらためて国策を見直さないといけない、東條は、そういう結論に達したと佐藤は回想している。

陸軍首脳から見れば、これが荻窪会談の持つ意義であった。防衛研究所には、事前の根回しに携わった武藤の回想録が残されている。武藤が、巣鴨の獄中で書いたものである。そこには次のように記されている。

当時私の洩れ聞くところに依れば〔海軍出身の〕外務大臣は支那の撤兵問題が解決すれば日米交渉は成立すると云ったそうである。〔中略〕又海軍大臣は総理に一任すると云ったそうである。〔中略〕支那の撤兵問題は日支事変が解決すれば撤兵するのは当然であって、之に反対するものは陸軍に一人もない。〔中略〕又対米英戦争では海軍が主役である。海軍が対米英戦争が出来ぬと云へば陸軍が逆立しても何の意味もないことである。〔中略〕海軍大臣は「戦争の決意」決定に最も重要なる地位にありながら総理一任と逃げ、外相は陸軍に関係ある撤兵問題のみが未解決だと云ふ。結局単に撤兵問題のみが東條陸軍大臣の責任に於て第三次近衛内閣の崩壊原因となり、牽ては大東亜戦争の原因をなしたと結論になる＊16。

日米交渉は、経緯はいろいろあるにせよ、米国の首脳会談拒絶によって解決の道は閉ざされた。それを外相は、陸軍が譲歩に同意しなかったから交渉が行き詰ったと言っている。しかし陸軍は、公言しなかっただけでひそかに撤兵を呑むつもりでいた。他方海軍は、主担任の職務の成否について会談で明言するよう事前に根回しをしてもそれに応ぜず、判断を、権限のない首相に押しつけた。こういう事実があるにもかかわらず、彼らは、開戦責任を全部陸軍に押しつけ陸軍を悪者に仕立て上げた。陸軍の中枢に居て枢機に関与した武藤は、このようなもんもんたる思いを書き残した。そしてこのあと、A級戦犯として東條などと共に絞首刑に処せられた。

2．東條新内閣下における陸海軍の相克

嶋田海相就任の経緯と「陸海軍協力の御言葉」

近衛内閣のあとを継いだ東條内閣のもとで、閣外の軍令部総長はそのまま留任したが、海相は変った。後任候補に補せられたのは、呉鎮守府司令長官の豊田副武（第三次近衛内閣の外相であった海軍大将豊田貞次郎とは別人）であった。もともと海軍としては、近衛内閣が総辞職するという十六日、及川の後任については、第一案豊田、第二案嶋田と決めていた。及川海相はそれをもって、海軍の大御所の伏見宮のところに了解を求めに行った。ところが宮は、「豊田饒舌スキテカ破壊的ナリ　但シ反対ハセヌ」とのことで豊田に難色を示したという＊17。それでも、海軍省首脳部は豊田後任の考えを変えなかった。

このあとは、後任候補に充てられた豊田の回想による。十月十六日の夕方、呉にいる豊田に、「勲章と長剣を持って」至急上京せよとの通知があった。後継首班の決まる前日のことだった。翌日午後、海相官邸に赴くと、海相の後任に推薦したいとのことで、当面の状況として、次のような説明があったという。

> 海軍としては〔中略〕この際なんとか〔対米交渉を〕まとめた方がいいと思ふのだが、〔中略、そうはいっても〕数ケ月もたってからすぐ〔戦争を〕始めろと言はれては困る。和戦の決定は総理に一任するが、やるなら十一月末ごろまでにしないと作戦が困難になる。したがって、やるか、やらんかを決めて、時期を延ばさぬやうに＊18、

この及川の言葉は、これまで史料でみた、永野総長も含めた海軍の主張の最大公約数（共通して括り出せるもの）になっている。

三十分ほど経った後、及川海相に参内するよう指示があった。及川は三、四十分して官邸に帰って来たが、隣の室で相談している気配だった。十五分ぐらいしてから豊田の待つ応接室に現れて、「わざわざ呉から来てもらったけれど」と言い始めた。結局豊田は、東京にある自宅（留守宅）に帰る羽目になった＊19。

豊田が待っているあいだ隣室で話し合われたことが、澤本次官の業務日誌に記載されている。宮中に呼ばれた及川海相は新首相の東條に会えたので、慣例にしたがって、後任海相に豊田を推薦した。すると東條は、次のように言ったという。

豊田ハ困ル　陸軍ハ空気カ悪クテ協調ノ精神ナシ　強テ出サルルナラ自分〔東條〕モ〔大命を〕固辞ノ外ナシト述ヘタリト＊20

豊田は過去、陸軍とトラブルがあったらしく、本人の回想録にも、軍務局長時代、および第四艦隊司令長官時代に、それを仄めかす記事がある＊21。かりにそうであっても、軍部大臣現役武官制下にあった当時、次の軍部大臣は陸海軍がそれぞれ推薦し、それを新首班が受け容れるのが慣例になっていた。憤懣やる方なかった豊田は、翌日、次のように澤本に話したという。

林〔銑十郎、陸軍出身〕内閣が出来る時、海軍大臣は永野修身だったが、林総理が〔中略〕後任として末次大将を推薦してもらいたいという注文を出したという、永野は私一存ではいけません。宮様〔伏見宮〕の御意向を伺い、首脳部とも諮った上でなくては御返事しかねますと、突っぱねたものだ。その前に海軍では、後任は米内大将に決めていたのだ＊22。

話をもとに戻して、後任海相を東條に拒絶された及川は、豊田の待つ応接室の隣室で首脳部と鳩首協議した。

於是　後継海相ノ問題トナリ　次官　次長　岡　福留　人事局長〔中原義正〕、大臣ト共ニ凝議ス　次官ヨリ先ヅ之ヲ撤回スルハ悪例ヲ残ス故　更ニ強硬主張ヲ要スト述ヘタルモ　大臣ハソウスレハ倒閣トナルカ構ハヌカ〔中略〕次長ヨリモ同様（次官ト）ノ意見アリシモ海相キカス＊23、

及川海相は、陸軍との確執を避けた。及川がなぜ、澤本次官や伊藤次長の主張する（当時としての）「正論」を斥けて、東條の要求を容れたのか。その理由を、敗戦後のこと、海軍の生き残った関係者が集まった席で、及川自身が説明している。

東條に組閣の命下り、陛下より東條内閣に協力すべしとの御諚ありしを以て、嶋田を出せり＊24。

東條の要求を受け容れたのは、天皇から、「東條内閣に協力せよ」という御諚があったからだ、というのである。この御諚は「陸海軍協力の御言葉」と呼ばれ、東條に大命が降下した際に、東條陸相と及川海相に天皇から直接あったものである。御諚は、木戸の日記のほかに、宮内省の文書に「侍従職記録」という形で残されている＊25。及川には、

東條陸軍大臣を召し組閣を命じた。尚其の際、時局極めて重大なる事態に直面せるものと思ふ、此際、陸海軍

は其協力を一層密にすることに留意せよと言って置いたから、卿に於ても、朕の意のある所を体し、努力せよ＊26。

となっていた。ちなみに東條には、

卿に内閣組閣を命ず。憲法の条規を遵守するやう。時局極めて重大なる事態に直面せるものと思ふ。此の際、陸海軍は其協力を一層密にすることに留意せよ。尚後刻海軍大臣を召し、此旨を話す積りだ＊27。

となっていた。すなわち、東條陸相には、海軍と今まで以上に協力してやれと指示し、及川海相には、陸相には斯く斯く言っておいたから、朕の意のあるところを汲んでやれ、と言ったものである。陸軍に対し、海軍と協力してやれと言ったのであって、海軍に対し、陸軍と協力してやれと言ったわけではない。及川の説明は、虚言である。

すでに述べたことであるがこの御諚は、対米戦に「海軍も真に自信がないのなら、ない様に判《〔ママ〕》っきりした態度をとって陸軍と折衝」するように、という意図にもとづくものであった。これと、既述の旧「遂行要領」の「白紙還元の御諚」でもって、この二つをセットにして東條に大命を降下した際に条件として言い渡したものである。それは、九月六日決定の旧「遂行要領」に海軍の真意が反映されていないから、陸軍は新内閣のもとで、海軍と協力し海軍の真意を反映させよとの意図にもとづいたものであった。それを及川は、協力をする主語と目的語を取り替え、御諚の意図に反する行動をとった。この結果海軍は、「陸海軍協力の御言葉」と、すでに詳述した「白紙還元の御諚」と、この二つの御諚に違背したことになった。このことは、後継首班を協議する重臣会議の席上における木戸の主張、すなわち、東條に組閣させ、「同時に陸海軍の真の協調と御前会議の再検討を御命じになることが最も実際的な時局収集の方法である」との避戦の策を、根底から覆してしまったのである。

かかる経緯を経て、東條新内閣の海相は、嶋田繁太郎大将が任命された。これについて旧海軍側の戦史叢書は、かりに豊田大将の海相就任が実現していたとしても、それによって戦争が回避できたか否かは、多くの仮定を設けない限り、断定することはできない＊28

としている。そこには、「陸海軍協力の御言葉」に違背した気配など見えない。これに対し旧陸軍側の戦史叢書の方は、豊田海相が実現すればうんぬんとはないが、豊田をして、

事務に練達し、かつ陸軍に対し強い態度のとれる人＊29

であったとし、間接的に戦争が回避できた可能性を仄めかしている。現に、過去に海軍次官のとき防共協定強化問題で陸軍とやり合い、開戦当時は連合艦隊司令長官だった山本五十六は、「自分カ大臣ナラ、『日米戦争ハヤレヌ』ト断言スト云ヘリト」（囲み線は原文）と残念がったという＊30。海軍の意思決定システムは未整備で、組織としての意思決定をしている姿は見えにくく、その分、個人の資質に依存していたといえる。

「国策再検討」に対する陸海軍統帥部の姿勢

東條に組閣の大命が降下した翌日の十月十八日、参謀本部では、杉山総長から「白紙還元の御諚」と「陸海軍協力の御言葉」が展開された。田中の日誌には、「国策再検討スルニ決ス」と記されている＊31。この日誌の記事につき、田中は敗戦後次のように解説している。

国策再検討の件につき省部話合う。陸軍統帥部としては、国策の白紙還元は全く意外なる結果という外なく、

戦機を逸する結果となることは大なる不安を感ぜざるをえない。だがもはや致方なし、陸軍省軍務局と共に再検討することに決す。〔中略〕塚田参謀次長は軍令部伊藤次長を訪れて懇談す。今後は海軍側としても、その所信を率直に表明し、陸海協力のお言葉の趣旨にそうよう相互了解成立す＊32。

海軍と違って参謀本部では、陸軍省とも協議し、陸軍として御諚に沿って国策を再検討することに決めた。その一方で、「国策再検討」は実行するとしても、その間、「従来の作戦準備は既定方針に基ずき《ママ》依然進捗せしめることとし」た＊33。そして十月二十日、対英米作戦をおこなう場合の行動惹起の日時を、十一月二十七日より十二月八日に至る期間のうちで最適の日を選ぶとの結論に到達した＊34。

ちなみに海軍の伊藤次長は、陸軍の塚田次長から「陸海軍協力の御言葉」の趣旨が「海軍側としても、その所信を率直表明」することと聞いて、さぞびっくりしたであろう。「御言葉」は、「次期海相人事は陸軍の意に沿う人物を」、ということではなかったのである。伊藤は、「国策再検討」の趣旨を諒解し、その趣旨に沿うよう意思表明した。伊藤は、対米開戦を決めた連絡会議に列席した海軍関係者のなかで唯一戦死しており、水上特攻と称して戦艦「大和」と運命を共にした。

ところで、海軍統帥部の方は、「国策再検討」についてどのように取り組もうとしていたのだろうか。東條内閣が組閣したころ、参謀本部の田中作戦部長の十月二十一日付日誌に、永野軍令部総長の意向が記載されている。

一）内閣更迭後ト雖決心変化ナシ

二）連絡会議ニ於テ意見合ハヌ時ハ交々譲ルモ　用兵作戦ニ支障アルコトハ容認出来ヌ

三）「6／9御前会議ヲ変更スルノ余地ナシ」＊35

既述のように内閣が総辞職したゆえんは、九月六日の御前会議の決定に「不用意な点」があったと認定されたからである。不用意な点があったとされたのに、総辞職前後で意見が変らないということは、永野総長は、「不用意な点」があったことを認めていないことになる。「不用意な点」があるのを認めていないからこそ、九月六日御前会議の決定は変更する「余地ナシ」、と言い切っているとみることができる。そして、作戦こそ最優先されるべきだとしている。開戦を遅らせると作戦に支障が出てくるから、認められないとの主張である。

参謀本部作戦部長の田中は、敗戦後永野のこの発言を、「新海軍大臣と協議の結果によるものか、海軍統帥部限りのものか、それとも永野大将の個人的発言にすぎないものかは明瞭ではない」としている。いずれにせよこれらの発言が事実なら、永野軍令部総長は、正面切って「白紙還元の御諚」にあらがって「国策再検討」に抵抗したことになる。官僚制組織のなかで、組織を構成する一方の司がトップの指示に公然と逆らうときは、本人も、更迭を覚悟しているものである。実際、これらの発言の数日前の戦争指導班の日誌に、「軍令部総長ハ戦争断行スベキヲ上奏シ〔容れられぬときは〕職ヲ辞スト云フ」、と記録されている＊36。そして、敗戦後海軍の生き残った関係者の集まりで永野総長の突出した言動が話題になったとき、開戦時には閑職の第四艦隊司令長官で終戦の少し前に海軍次官になった井上成美は、先輩を前にして次のように言い放った。

大臣は人事権を有す。総長をかえれば可なり＊37。

統帥部長の任免は、陸軍では三長官会議で審議することになっていたが、海軍では海相の決心だけでできた。しかし現実には、及川海相（海兵三一期）も後継の嶋田海相（三二期）も、先輩の永野（二八期）に対し、人事権を行使することはなかった。

永野総長の発言は、ますますエスカレートしていった。十月二十二日には、「屈従的外交ハ不可」とまで言った＊38。

これは、近衛の首脳会談構想を否定するものであって、かつて構想に積極的に賛成した海軍の態度からは考えられないものであった。もっともこの頃には、構想は米国からことわられ、近衛は首相の座にはいなかった。それでも田中は、戦後、次のように証言している。

海軍側は益々強腰となってきた。むしろ奇異の感あり。国策再検討に時間を潰し、十一月末から十二月上旬（八日）までの期間と予定せられる開戦日を逸する危険を感じてのこととて判断せられる＊39

対米開戦をするなら、陸軍統帥部は、北方から背後を襲われる心配のない冬季にしてくれという。一方海軍としては、蓄えた石油の残量と米国海軍の建艦計画からいって、開戦をするなら一刻も早くやらないと、先はジリ貧になるばかりである。作戦に責任を負わされる海軍統帥部としては、居ても立ってもいられない状態だったのであろう。

1　前掲「田中新一中将業務日誌」八分冊の七、九四四頁、四一年十月六日付日誌。
2　前掲「澤本頼雄海軍大将業務メモ」叢二、三三頁、四一年十月六日付日誌。
3　同右三三頁、四一年十月六日付日誌。
4　前掲近衛「最後の御前会議」四七頁。
5　前掲佐藤『弱きが故の戦い』一六九頁。
6　前掲富田『敗戦日本の内側』一八四〜一八五頁。
7　同右一八八頁。
8　前掲『杉山メモ』上、三四七頁、「五相会議」。
9　前掲富田『敗戦日本の内側』一八五〜一八七頁。前掲『杉山メモ』上、三四五〜三四七頁、「陸軍大臣説明」。
10　この議事録の再構築を試みたものに前掲『対米戦争開戦と官僚』五三〜五七頁がある。
11　前掲富田『敗戦日本の内側』一八七頁。
12　たとえば前掲森山『日米開戦の政治過程』二三三〜二三四頁。

13 前掲「田中新一中将業務日誌」八分冊の八、九七三頁、四一年十月十四日付日誌。
14 前掲「石井秋穂大佐回想録」八三九頁。
15 前掲佐藤『弱きが故の戦い』一七二頁。
16 前掲「武藤章手記」一二六〜一二七頁。
17 前掲「澤本頼雄海軍大将業務メモ」叢三、一〜二頁、四一年十月十六日付日誌、十七日付日誌。
18 豊田副武『最後の帝国海軍』（国本隆　非売品、一九八四年）六四頁。
19 同右六四〜六六頁。
20 前掲「澤本頼雄海軍大将業務メモ」叢三、二頁、四一年十月十七日付日誌。
21 前掲豊田『最後の帝国海軍』四〇〜四六頁。
22 同右六七頁。
23 前掲「澤本頼雄海軍大将業務メモ」叢三、二頁、四一年十月十七日付日誌。
24 前掲『海軍戦争検討会議記録』一八一頁。
25 前掲木下『側近日誌』二〇九〜二一〇頁。
26 前掲『木戸幸一日記』下巻、九一七頁、四一年十月十七日付日記。
27 同右九一七頁、四一年十月十七日付日記。
28 前掲戦史叢書『大本営海軍部　大東亜戦争開戦経緯』二、五二〇頁。
29 前掲戦史叢書『大本営陸軍部　大東亜戦争開戦経緯』五、一七三頁。
30 前掲「澤本頼雄海軍大将業務メモ」叢三、八頁、四一年十月二十三日付日誌。
31 前掲「田中新一中将業務日誌」八分冊の八、九八六頁、四一年十月十八日付日誌。
32 前掲田中「大東亜戦争への道程　一〇」三六〜三七頁。
33 同右四一頁。
34 同右四四〜四五頁。なお「田中新一中将業務日誌」には、十一月二十四日から十二月八日のあいだとなっている（八分冊の八、九八九頁、四一年十月二十日付日誌）。
35 前掲「田中新一中将業務日誌」八分冊の八、九九〇頁、四一年十月二十一日付日誌。
36 前掲『機密戦争日誌』上、一七一頁、四一年十月十七日付日誌。
37 前掲『海軍戦争検討会議記録』一八〇頁。

38 前掲「田中新一中将業務日誌」八分冊の八、九九二頁、四一年十月二十二日付日誌。
39 前掲田中「大東亜戦争への道程　一〇」六一頁。

Ⅶ　太平洋戦争開戦決意

1．軍部の対米戦構想

日露戦争を手本にして

御前会議の席上で昭和天皇が日露戦争のときの明治天皇の御製を持ち出したように、三十六年前に終わった日露戦争のことは、今回の開戦決定に参画した関係者にとって、念頭から離れることはなかったと思われる。そして天皇にとっても、戦争の直接の執行者である軍にとっても、太平洋戦争開戦の決心の際の最大の課題は「勝算」であった。その課題が、この時点でも未だ解決されていないことはすでに述べた。

ところで相澤淳氏は、太平洋戦争と日露戦争とは、「勝算」という観点でみて共通する点が多い、それにもかかわらず、「日露戦の勝利に対し日米戦は大敗戦に終わった」として、その原因を論じている。氏が共通点として挙げたのは、次の四つである。

①「小国日本が大国に戦いを挑んだ」、
②開戦を決めた指導者たちにとって、見透しは、「非常に悲観的なもので」あった、
③「緒戦における勝利をきわめて重視」した、
④持久戦の態勢を固め、敵が「継戦意志を失う」という終戦の形態を想定していた*1、

このことから、太平洋戦争開戦当時の軍の関係者は、共通点の多い日露戦争を念頭において、そこから、何らかの成算を見込んで作戦計画なりその基礎となる戦略なりを考えた、と推測できる。しかし彼らにとって日露戦争は、はたして手本となるような勝利であったのか。

既述のように日露戦争は、喧伝されたような「輝やかしい勝利」ではなく、やっと「互角の戦争に漕ぎつけた」「勝負なしの戦争」だった。日本陸軍は奉天会戦で戦力が尽き果てたが、日本海軍が来航したバルチック艦隊を日本海海戦で殲滅させ、それによって日本近海の制海権を確かなものにした。その結果大陸への補給路を確保すると共に、ロシア陸軍の日本本土上陸を不可能にし、「不敗の態勢」に持ち込むことができた（第二部、「ソ満国境の新事態と軍機保護」）。山縣有朋や田中義一がそう認識していたように（第二部、「日本軍の伝統的な作戦の基本方針――弱者の作戦」）、そのことは、対英米開戦当時の軍の指導者たちの念頭にあったであろう。

このことを踏まえ、太平洋戦争における対南方戦略とその作戦計画については、いままでも折に触れ述べてきたが、ここでもう一度整理しておく。

総力戦を想定した対南方作戦

杉山総長の前の代に実質的に参謀総長の立場にあった澤田参謀次長は、自分の代のときの南方戦略について、次のように回想している。

参謀次長時代に決定した〔中略〕南方進出のための作戦計画は、〔中略〕陸軍としては緒戦にマニラ、シンガポールの二大海軍根拠地を屠り、蘭印の資源を手中におさめれば、それで当方の勝利と考えた＊2。

澤田の時代の陸軍は、とりわけ軍需物資を自給自足（当時は「自存自衛」と称した）できる態勢を確立するために、既述の南方にある資源地帯を略取することそれ自体が、対南方戦略の「戦略目的」であった。そして、南方の要地を占拠するというのは、短期決戦でおこなうことに他ならなかった。短期戦としての殲滅戦である。

ところが、四一年九月六日の御前会議で、海軍統帥部のトップ永野軍令部総長が軍を代表して説明した全体戦略は、それとは違っていた。永野はまず、米国は「最初ヨリ長期作戦ニ出ヅル算ハ極メテ多イト認メラレマスノデ帝国ト致シマシテハ長期作戦ニ応ズル覚悟ト準備トガ必要デアリマス」と述べた。すなわち、今回の対英米戦は、戦略的観点で見れば短期の殲滅戦ではなく、長期の消耗戦・持久戦になる。その理由を永野は、米国が「工業力及物資力ノ優位ヲ恃ンデ長期戦ニ転移スルモノト予想」できるからと説明した＊3。すなわち澤田の時代には、対南方作戦は南方の資源地帯と要地を占領すればそれで終わりとしていたが、杉山・永野の時代には、長期戦を覚悟せざるを得ないと変った。これが、既述の、土屋教授が論述した総力戦であった。そして教授は、当時、総力戦の勝利を決定するのは双方の国力の差であると説明した。ところが永野は、九月六日の御前会議のとき、次の言葉でそれを説明した。

長期戦ニ入リタル場合克ク之ニ堪ヘ得ル第一要件ハ開戦初頭速ニ敵軍事上ノ要所及資源地ヲ占領シ作戦上堅固ナル態勢ヲ整フルト共ニ其ノ勢力圏内ヨリ必要資材ヲ獲得スルニアリ　此ノ第一段作戦ニシテ適当ニ完成サレマスナラバ仮令米ノ軍備ガ予定通進ミマシテモ帝国ハ南西太平洋ニ於ケル戦略要点ヲ既ニ確保シ犯サレザル態勢ヲ保持シ長期作戦ノ基礎ヲ確立スルコトガ出来マス　其ノ以後ハ有形無形ノ各種要素ヲ含ム国家総力ノ如何及世界情勢推移ノ如何ニ因リテ決セラル処大デアルト存ジマス＊4。

自ら原稿を書いたとされるこの説明で＊5、永野は、結論として対英米戦が総力戦になると判定し、その帰結を、国家総力の如何と世界情勢の推移如何に依ると言明した。「国家総力」とは、日本の国力の絶対値のことか、それとも日米の国力の差すなわち相対値のことを問題としているのか、これだけではわからない。他方世界情勢の推移とは、同盟国ドイツの動静であろう。永野の発言を極端に捉えれば、勝算は、海軍の直接関与するところではなく、日本の国力とドイツの勝利にかかっていて、いわば、他人事のように聞こえなくもない。

既述のように総力戦の概念は、日本には以前から存在した。ところが澤田次長の時代の南方戦略にそれが論議の対象にならなかったのは、このとき俎上に載せたのが「対英先決」の戦略をもとにした対英戦であって、総力戦となるところまで想定していなかったためであろう。実際四〇年七月当時、澤田は天皇の許可を得て、攻城重砲兵隊を香港に向け展開した＊6。好機が到来すれば、とりあえず香港攻略ということであった。それは同時に、香港を通じた援蔣ルートの遮断であった。他方、九月六日の御前会議で論議した対米（英）戦は国家の存亡をかけた総力戦になることを想定していたとみてとれる。しかしその全容は、いまだ陸海軍の共有化するところに至っていなかったのであろう。それというのも、九月六日の御前会議で総力戦の見透しについて触れたのは海軍だけで、陸軍側は触れなかったからである。

澤本海軍次官の対米避戦表明

ところで、永野総長の発言がエスカレートする前の十月二十日、午後四時から海軍は、「大臣、次官、岡〔軍務局長〕、次長、福留〔作戦部長〕」と集まって、「国策再検討」の実施と対米外交交渉の継続を申し合わせた＊7。そして二十二日の朝九時、伊藤次長が澤本次官のところにやってきて、「軍令部ハ政府カ国策遂行要領ヲ再検討スルコトニ対シ　異議ヲ称ヘス」と言った。二十一日の永野総長の「国策再検討」拒否発言は、一応、形のうえで取り消したということであろう。ただしそれにはエクスキューズがついていて、「問題ハ時期切迫セルニアリ　ノンベンダラリト外交ヲ続ケ　愈々トナリテ　戦争セヨト云ハレテハ　統帥部トシテ責任」はとれないということであった＊8。それにつづきさらに伊藤は、今度の戦争は長期戦になるが、長期戦ハ国力ノ問題ナルニ付、政府カ見透ヲツケ　軍令部ノ要求スルモノヲ供給シ呉レサルヘカラズ　大体⑤計画ヲ実行シテ行ク丈ケノ資材其他ヲ必要トス、是カ決定ハ政府ノ責任ナル故、総理カ決定スルヲ要ス＊9、

と主張した。政府の責任というところは、荻窪会談での及川海相の主張と同じであった。ちなみに「⑤計画」とは第五次海軍軍備充実計画と呼ばれたもので、「⑥計画」とあわせ、四〇年に発表された米国海軍の「両洋艦隊」建艦計画に対抗し計画されたものである。この「⑤計画」だけで、九年の歳月と国力を費やす遠大な計画であった。

さて、「国策再検討」もいよいよ終盤に差しかかった十月二十八日、海軍は次官、次長、岡、福留の四人が次長室に集まった。前回以降海軍部内の意思統一が進んでいないことを話題にし、澤本は、「結局　長期戦ハ国力ニ依ル次第ニテ　海軍トシテハ　自信ナシ　従テ此ノ際極力外交解決ノ道ヲ取ル外ナシト表明スルヲ可トセスヤ」と問題提起をした。ところが作戦部長の福留が、

ソレハ結局外交大転換、三国同盟脱退ニマテ進ムコトトナルヘキモ　ソレテハ英米陣営ニ統合スルコトトナリ、支那ノ侮蔑ヲ受ケ国威ノ失墜大ナルヘシ、ソレマテ覚悟スヘキヤ、又　総理又ハ陸軍ト衝突シテ海軍カ引キ受ケルコトトナル際　確固タル対案ナカルヘカラス、コノ点如何＊10

と主張した。

終戦時の軍令部総長だった豊田副武の証言によれば、そもそも海軍の高級幹部は、「みんな自分の意見を他人には洩」らすことはなかった、例外は山本五十六ぐらいで、豊田が聞いたところによると、山本は近衛首相に「一年は何とかやつて行けるが、その後のことはわからない」と言ったらしい、これが海軍の組織風土だったという＊11。もっとも豊田の証言には、永野のことは出てこない。別格だったのであろう。それはさておき、たしかに組織の中で自分

の意見を表明することは、それなりにリスクを伴う。それでも、このまま「成リ行ニマカセハ戦争トナルコト　略自然ノ経路ナリ」と思った澤本は、このとき、思い切って自説を表明することにした。

当今国家総力戦ト云フモ、日本ハ先ツ外交戦ニハ破レテ五国ヲ敵トセサルヘカラサル環境ニアリ　経済戦亦不利ニシテ　今日已ニソノ苦杯ヲナメツツアリ　宣伝戦亦然リ、之ヲ独リ武力戦ニヨリ挽廻セムトスルモノナルモ、コレマタ資源、工業力等ノ総力戦ニシテ短期間ニ価値ヲ定ムヘカラス　事実国内ハマタ臨戦体制トナリ居ラス、Y〔航空機〕ノmass production《〔ママ〕》、生産力拡充未定、工業力亦要求ニ耐エス暫ク時期ヲ得テ再建ノ時機ヲ俟タサルベカラス、是此ノ際陰忍ヲ必要トスル所以也〔後略〕*12

しかし、岡も福留も「賛スルカ如ク牽制スルカ如クシテ」、意見の一致をみることはなかった。わずかに伊藤次長が「終始戦争回避論ニ傾キ」、長期戦を戦う為には⑤計画と⑥計画を完成する必要があると言って、その材料を出せと要求したら、誰も、出せると「云フ人ハアルマイナト」言っただけであった*13。

太平洋戦争が総力戦になることは、この当時の関係者は予測していた。澤本はその総力戦のなかで、まず、外交戦をとり挙げた。日本は外交に失敗し、五ヶ国を敵とせざるを得なくなった。五ヶ国とは、交戦中の中国、このたびの開戦の対象になっている英米蘭、そしていずれ米国側に立って参戦するとみられたソ連であろう。日露戦争では日本は、英米で外債を募集し、その金で軍需物資を購入することができた。米国に、媾和の仲介もしてもらった。然るに太平洋戦争では、同盟国独伊とは連絡路を断ち切られ、「四面楚歌」となって、すべてを自給でまかなわねばならなかった。日露戦争と太平洋戦争とは、総力戦か否かの違いに加え*14、策源地（兵站基地）の有無が違いとしてあった。それは、外交戦における三国同盟の締結がもたらしたものであり、三国同盟締結の裏には、陸軍がひた隠しにしてきたソ満国境の危機、すなわち満洲事変のもたらしたツケ（負債）があった。

澤本の主張は、国家としてみて正鵠を得ていた。しかし、澤本の働きかけにもかかわらず海軍部内の意思統一は進まなかった。

2．「国策再検討」における勝算の検討

西太平洋の制海権

第一部で述べたように、九月六日御前会議決定の旧「遂行要領」には、海軍の真意が反映されていなかったと看做された。そこで、旧「遂行要領」を「白紙還元」し、「国策再検討」をおこなうこととなった。具体的には、対米戦に対する海軍の自信の有無、すなわち、「勝算」を検討した結果を今度の国策に織り込むはずであった。

勝算のまとめは、十月三十日の連絡会議でおこなわれた*15。結論は、『杉山メモ』の『帝国国策遂行要領』ノ具体的研究」の「二、対英米蘭戦争ニ於ケル初期及数年ニ亘ル作戦的見透シ如何」に記載されている。また、田中作戦部長の回想録には発表者名と結論の要旨が記載され、それに田中部長の解説が付記されている。これらは、互いに整合していた。その内容を略述する。

当日は、まず永野総長から、海軍の「作戦的見透シ」（勝算）の結論が発表された。

> 初期作戦ノ遂行及現兵力ヲ以テスル邀撃作戦ニハ勝算アリ　〔中略〕長期戦ハ米ノ軍備拡張ニ対応シ我海軍戦力ヲ適当ニ維持シ得ルヤニ懸リ　戦局ハ有形無形ノ各種要素ヲ含ム国家総力ノ如何及世界情勢ノ推移ノ如何ニヨリ決セラルル所大ナリ*16

これは、一部を除き（後述）、九月六日御前会議の時の説明内容（既出「総力戦を想定した対南方作戦」）とほぼ同趣旨

であった。そのあと杉山総長から、陸軍の「作戦的見透シ」の結論が発表された。これは、九月六日の御前会議にはなかったものである。

南方ニ対スル初期陸軍作戦ハ相当困難アルモ必成ノ確算アリ　爾後ハ海軍ノ海上確保ト相俟チ所要地域ヲ確保シ得ヘシ*17

田中は、杉山総長が発表した結論を次のように解説している。

陸軍の南方作戦が海軍に依存するものであることはいうまでもない。殊に海上交通の確保即ち西太平洋地域における制海権の確保によってのみ陸軍作戦が成立することは明かである*18

初期作戦については陸海軍とも自信がある。問題は、長期戦になってからである。長期戦は「総力戦」となるであろう。日本としては、占領した南方の軍事・経済上の要地を固め、長期不敗の態勢をつくってこれに対処する。そのためには海軍による西太平洋の制海権の確保が必要になり、それがあってはじめて陸軍の作戦は可能となる。すなわち長期不敗の態勢は、その間、海軍が西太平洋の制海権を確保できるか否かにかかっている、結論的に陸軍は、そう主張した。

そもそも西太平洋の制海権については、日露戦争後長年にわたって*19、「米国海軍ニ対シ西太平洋ノ制海権ヲ確保スルニ足ル兵力ヲ整備充実ス」との方針のもとに（第二部、「両論併記の『国策の基準』と『帝国外交方針』」）、海軍は軍備を整えてきた。その結果、一時は、対米八割（目標七割）となるほどの充実を見た（第二部、「日米海軍の建艦競争――割を食った陸軍」）。そしてそれは、限られた予算の枠の中で、ソ満国境の陸軍の危機をよそにおこなわれてきた（既出

「海軍側の見解その二——決意なき戦備の拡充」）。杉山総長が勝算の前提だと言明した西太平洋の制海権には、かかる経緯があったのである。

そして開戦後、西太平洋での激しい消耗戦の結果、はるかに国力の劣った日本は、消耗を補充する間もなく西太平洋の制海権を失って至る所で孤立し、そのため退却（転進）あるいは全滅（玉砕）して本土に追い詰められ、敗戦の日を迎えたことは周知のとおりである。ちなみに、勝算（国力）を論議するときがしばしば取り上げられる南方から物資を運ぶ輸送船の損耗量とその補充の問題は（既出「戦備課による国力判断の意義」）、制海権（含制空権）の喪失がもたらす結果の一部であって＊20、専門的な立場にある者が、その範囲の限られた視野でみて問題視したものである。

海軍の見解と東條陸相の再考意思表明

問題は、西太平洋の制海権を海軍が確保できるか否かであった。それでは当時の海軍の責任者は、これについてどのような見解を述べてきたか、それを、残された史料から整理してみる。

四一年七月二十九日の永野総長の帷幄上奏では、永野は、「日本海海戦ノ如キ大勝ハ勿論、勝チ得ルヤ否ヤモ覚束ナシ」と言上した（既出「2．永野総長の帷幄上奏とその波紋」）。これは、天皇からの「日本海海戦ノ如キ大勝ハ困難ナルベシ」との問いに答えたものであった。来るべき対米戦の形態が総力戦（長期戦）である以上、日本海海戦という一回の殲滅戦で決着がつくわけはない。したがって天皇と永野のこの問答で、彼らが、七月末の時点では来るべき対米戦の形態について的確な認識を持っていたかどうかわからない。

次に九月六日の御前会議の時点では、永野総長は、対米戦が総力戦になることを想定して発言している。そのうえで永野は、勝算は日本の国力とドイツの動静如何にかかっているとして、極論すれば、海軍の関与するところではないと言わんばかりであった（既出「総力戦を想定した対南方作戦」）。

次は、米国側が首脳会談開催を拒絶したあとの十月七日、及川海相が東條陸相と会談した時のことである。東條は陸軍の見解として、交渉妥結の目途なし、対米譲歩はしないとしたうえで、対米戦となった場合、「戦争勝利ノ自信如何〔原文では毛筆の下線〕」と海軍側の見透しを質した＊21。それに対し、及川は、次のように答えている。

ソレハ無イ〔原文では毛筆の下線〕、但シ統帥部ハ偖戦〔緒戦カ〕ノ作戦ノ事ヲヤッテルノタ　二年三年トナル時果シテ何ウカハ研究中　戦争ノ責任ハ政府ニ在リ（此場限リトシテクレ）＊22

ここで及川は二つのことを言っている。①戦争するか否か、すなわち勝算の検討は政府（海軍としては統帥部でなく海軍省だと解釈できる）の責任でおこなう、②勝算については今研究中で、ここだけの話だが自信はない、この二つであった。これに対し東條は、九月六日の御前会議決定は、「政府、統帥部ノ責任ニ於テ決定シタルモノナリ」と応酬した＊23。いまさら海軍省が対米戦はできないというのは無責任だ、ということであろう。そして「陸軍大臣ヨリ（総長□）」との書き出しで始まるこの記事には、最後に次のように記してある。

陸相　仮リニ海軍カ自信カナケレハ考ヘ直ス　勿論重大ナル責任ニ於テ変更スヘキモノハ変更スヘキモノナリ＊24。

東條は杉山に及川海相との会談内容を話したうえで、陸相の考えとして、「国策再検討」を持ち出したものと解釈できる。十月十四日、木戸・東條会談で決まった「国策再検討」は（第一部、「白紙還元された『帝国国策遂行要領』」）、元をただせば木戸の発意というよりも、東條の発意だった可能性がある。米国が交渉で一歩も引かないことを踏まえたうえで、東條は、海軍が対米戦に自信がないなら、武力でもって事を解決するのは断念せざるを得ない旨述べたのである。すなわち避戦であり、そのための対米屈服であり、それには「重大ナル責任」で改めるべきは改めるというのである。

そして十月二十三日から「国策再検討」が始まった。そこで永野は新たに、「長期戦の遂行如何は米国の軍備拡充に対抗して、わが海軍戦力を維持しうるかどうかにかかる」（田中部長の解説）という文言を付加した＊25。来るべき対米戦を長期戦、すなわち消耗戦と位置づけ、勝敗は、おびただしい消耗をどこまで補充できるかにかかっている、すなわち、敗戦後豊田副武が述懐したところの「海軍兵力というものは結局のところ、消耗されて行くものであって、或る程度の海軍力を維持しようとすれば艦艇は迅速に補充しなければならない」（既出「総力戦の勝敗」）ということを述べたのであろうか。それとも、「地中海方面で英独が交戦していたころ、その戦闘は物資の大量消費を意味していました。もし、あの戦争をもう少し綿密に研究していたら」、と豊田が残念がったからには（既出「機を失した国力判断報告」）、永野の述べた「総力戦」の形態は別のものだったのだろうか。

「情報の非対称性」——福留海軍作戦部長の弁明

「国策再検討」における勝算の検討の最後の模様は、通常の議事録とは別に、「両総長及総理列立上奏に方り参謀総長上奏資料」という書式で、『杉山メモ』に記載されている。「国策再検討」最終日の「十一月一日連絡会議情況」である。

そこで永野総長は「日米戦争ノ見透ニ就テハ」として、今度の戦争は、おそらく長期戦になるだろうとし、そのうえで、最初の二年間は大丈夫だが、三年目以降は「予断ヲ許サス」と言明した＊26。それに対し東郷外相は、「国民志気問題及日米資源ノ差等ヲ考フル時長期戦ノ将来ニハ幾多ノ疑問アリ」と懸念を表明し、賀屋蔵相は「若シ日本海軍カ米国海軍ニ敗レタル場合ハ南方資源ヲ確保スルヲ得サルコトトナルヘク」と三年目以降のことを危ぶんだ。それらに対して同じ答えを繰り返す永野総長に、賀屋は、「二年間ノ見透出来ルナラハ三年以後ノコトモ大体見透付クヘシ」とたたみかけた。しかし永野は、あくまで「責任ヲ以テ御答ヘシ得ルコトハ前述ノ通リナリ」と繰り返した＊27。ついに、東條首相があいだに入った。

東條は、

二年ハ確実ナリ　三年以降ハ不明ナリ　統帥部カ責任ヲ以テ言明シ得ル限度ハ以上ノ通リト了解ス

と話を整理し、「作戦的研究ヲ一応打切リ」、次に、「鋼鉄ノ問題」に進むべく音頭をとった＊28。そして（予め打合せ済みだったのであろう）、嶋田海相の「開戦ト云フコトニナルノハ止ムヲ得ナイト思ヒマス」との決意表明となった。「鉄ヲ貰ヘバ」決意するということであった（第一部、「海軍の決意表明」）。海軍省が態度を明らかにし、「勝算」の論議は立ち消えになった。

永野はこのあとの十一月四日、軍事参議会（重要な軍務について、天皇が軍事参議官に諮問する会議）においても、「今日ニ於テ数年後ノ確算ノ有無ヲ断ズルコトハ困難デアリマス」と言明した＊29。

これにつき敗戦後、開戦当時海軍作戦部長だった福留繁は、「勝算」を断ずることは困難だったと永野の採った行動を擁護したうえで、まず陸軍が米国の力を知らなかったことが、「盲者蛇を怖じざる誤判断をなし〔中略〕陸軍をして積極的に対米戦を主張せしめ」たと断じ、他方海軍は米国の力を知っていたが、読み違いをして陸軍に追随したとしている。

予期し得ないのが戦運である。予めこれを勝算に算入することのできない性質のものである。つまり永野総長の「わからない」というのが、最も正しい表明である。〔中略〕海軍は米海軍を見る目に誤りはなかったが、作戦技術の面に於て万一の僥倖を期し、ここに大きな違算があった＊30。

福留は、負けたのは戦運が読めなかったからだと言っている。戦運は、海軍が戦時中しばしば作戦命令に使った

「天佑」によってもたらされるものである。しかしながら、総力戦の勝敗は、「豊富夥多な人員及び物資に圧倒せられたことによって決定」されるものである。数度の殲滅戦なら戦運は天佑によるところがあったとしても、夥しい頻度で戦闘が生起する消耗戦の戦運は、統計学でいえば、双方に均しくもたらされるものである（大数の法則）。福留は、たとえばミッドウェイ海戦で正規空母四隻が全滅したことを戦運に見放されたというのであろう。しかし米国海軍も幾多の戦闘で消耗し、一時期、太平洋上に浮ぶ正規空母が一隻だけ（エンタープライズ）になったことがあった。問題は、日本が消耗した空母の補充ができないうちに、米国は、新型のエセックス型正規空母を十数隻量産し、その分の艦載機と戦闘員と護衛の艦隊をそろえ、日本海軍を物量で圧倒し、西太平洋の制海権を制したことにあった。これが、日米の国力の差によるものであった。このことは敗戦後には、専門家にはわかっていたはずである。

同様に、「国策再検討」の席上の永野の発言も、文官である東郷や賀屋の軍事に関する知見を前提にした発言だった可能性がある。既述のように当時のシステムでは、文官と軍部（武官）とのあいだには軍事についての「情報の非対称性」があった（第一部、「陸海軍の下請化していた外務省」）。そのうえそれは、「軍機」という法でガードされていた。東郷や賀屋は、対等な立場で軍事問題の議論を戦わし軍部を説得し得る立場になかったのである（第一部、「東郷の採った道」）。

問題はそれだけではなかった。このとき全体をみるべき立場の首相の東條は、軍部出身であった。東條が首相という立場に置かれても、自分の出身職場である軍部の言い分に理解を示すのは、ある意味では自然な行為である。しかしこのことは、東條が、「情報の非対称性」のなかで、情報の弱者に肩入れしてコーディネータ（首相）として場の均衡を保つべく機能する代わりに、無意識のうちであろう、情報の強者に肩入れしたことを示している。このようにして、三年以降のことはわからない、という永野の言い分は通った。そしてこれが、対英米戦争の「勝算」に関する公的席上での結論となったのである。

陸軍から見れば、南方作戦のうちの長期戦については、要地を占領したあとの西太平洋における海上交通の確保が海軍の担任である以上、海軍が責任を持つべきであった。この西太平洋の制海権（含む制空権）の確保こそ、日本海軍が、日露戦争以降米国を仮想敵国として設定し、陸軍のソ満国境の危機をよそに、対米七割の軍備を進めてきたゆえんであった。なぜ陸軍は、もっと強く、西太平洋の制海権の確保を担保するよう海軍に要求し、それについて問い詰め問い質さなかったのか。敗戦後澤田は、次のように説明している。

参謀本部が、国防の全部を統一しておったなら、今少し真剣に太平洋戦略を研究し、また海軍技術の進歩も十分脳裡に入れたはずであるが、二元化（陸海軍分立）の結果、陸軍としては海軍の言葉に信頼をおく、ということが通り相場となっていたのである。〔中略、このことが〕日本の主導権を握っておった陸軍首脳部の戦略思想を誤らしめ、この大敗の直接の原因となった＊31。

陸軍は、自信のもてない対ソ開戦を、自己の責任において避けた。そして南方作戦のあいだに北方から攻め込まれないように、「関特演」と称して備えを施した（第二部）。澤田は、海軍も自信がないなら、陸軍が対北方でとったと同じ措置をとるとみていたのであろう。海軍を当てにした（信頼した）のが間違いであった、ということであろう。その一方で海軍の永野総長が「数年後ノ確算ノ有無ヲ断ズルコトハ困難」と開き直った十一月四日の軍事参議会で、陸軍の杉山総長は「〔海軍による〕海上交通ノ確保ト相俟チマシテ戦略上不敗ノ態勢ヲ占メ得マス」と南方作戦について簡単に触れたあと、主担任となる北方のことを縷々説明したうえで、結論として次のように述べた。

特ニ我カ南方作戦カ長期戦ニ陥ル場合　若ハソ連邦ノ内部的安定状態カ恢復ニ向ヒマシタル場合ハ、極東赤軍カ漸次攻勢的姿勢ニ転シ来ル可能性カアルノテ御座イマシテ、帝国ト致シマシテハ成ルヘク速カニ南方作戦ヲ解決シテ之ニ対処シ得ル準備ニ遺憾ナキヲ期セネハナラヌモノト存シマス＊32

自らの責任を果たすうえで陸軍は、対南方戦面にはそれほど関心はなかったし、その立場にもなかった。能否はさておきその立場に在ったのは、天皇であった。昭和天皇個人にそれを期待するのは無理だとすれば、多元的な意思をトップにおいて調整・統合する機能が当時の政治において不在だったと同様に、軍事面においても、陸海軍間を調整・統合する機能が不在だったのである。①このことと、②権限は十分ではないとはいえコーディネータの立場の首相が軍部出身で、軍の立場（都合）に理解を示したことと、③文官と武官のあいだの「情報の非対称性」とが、この不合理な決定をもたらしたといえる。

3．せめぎ合いの果てに

嶋田海相の決断と澤本次官の身の処し方

すでに述べたように、嶋田海相は就任当初、日米交渉推進に協力的だとみられていた。それを裏づけるかのように嶋田は、十月二十日、前海相の及川が退庁したあと、澤本次官と岡軍務局長から近状を聴取したうえで、「対米外交ハ正々堂々ト平和的ニ行ヒ、作戦上ノ便否ニヨリ無名ノ師ハ起ス可ラサル」ことを方針として話したと自らの日記に記している＊33。永野の作戦上の便否を言い立てる姿勢を、否定したともとれる文意である。同様の記事が澤本の二十二日付日誌に十九日のこととして書かれていて、それには、

大臣室ニテ会談　岡在席　過日大臣ハ外交交渉ヲ続行スルニ対シ期間ノ延長ヲ必要トスル際、若シ総長カ之ヲ肯セサル時ハ自分ハ職責ヲ尽ス能ハサル故、辞職スル外ナシ、コレハ是非実行スト強キ意志ヲ示サレタルモ、他ニハ何等明瞭ナル表示ナシ、今日次官カ懇談会故、予メ総理ト会談セラレタシト述ヘタルニ対シ、何時テモ逢フ

ト快諾セラレタルモ腹ハ何処ニアルカ明瞭ナラス、軍務局長ニ対シ「海軍大臣カ変ッテノラリクラリシテマダ決定セヌ……〔ママ〕」ト称シテ大臣ヲ利用スルハヨイテハナイカト云ハレタルニ対シテハ落胆セサルヲ得ス、次官ハコレマテ何回カ海軍ノ態度ヲモット鮮明ニスルヲ要スト云ヘルモ何等効果ナキヲ見、失望セル次第ナリ＊34

とあり、嶋田本人の日記と比べ、この時期の嶋田海相の発言について、ニュアンスの異なる記事が記載されている。また、二十三日の靖国神社の大祭の際に、東條首相の方から要請があって、二人で懇談をしている。嶋田の日記には「東條首相ト懇談」とあるだけだが＊35、当事者でない澤本の日誌にはさらに詳細な記録がある。すなわち、

総理ハ「九月六日ノ御前会議決定事項ハ新ナル立場ニ於テ　再検討シ、全閣僚ノ責任ヲ負ヒ得ルモノニセサルヘカラス……」ト述ヘ、特ニ戦争ヲ避クル如キ口吻ナカリシト海相ハ「海軍トシテハ、統帥部モ共ニ出来ル丈ケ戦争ヲ避ケタシ　但シ　我カ国カ忍ヒ得サル如キ条件ナラハ戦フモ已ムナカルベシ」ト述ヘ〔囲み線は原文〕＊36

たとあり、東條首相には、とくに戦争を避けたいような口吻はなかったという。ところが、戦後の六二年、法務省官房司法法制調査部参与の豊田隈雄〔旧海軍軍人〕がおこなった聴き取り調査には、澤本はこの時のことを次のように述べている。

東条総理は靖国神社大祭の帰路海軍大臣に対し述懐して曰く「今更後退しては、支那事変二十万の精霊に対し誠に申訳なし、されども　日米戦争ともなれば、更に多数の□□を犠牲とするを安し〔案じヵ〕、誠に思案に暮れて居る」と述べたりと伝へらる＊37

この記事は、おそらく嶋田からの伝聞であろうが、これが事実なら、海軍さえ正直に言ってくれればとの、避戦のための東條からの誘い水であったとみることができる。そのような誘い水は、これまでも武藤局長から（あるいは富田書記官長を通じて）岡軍務局長と及川海相にあったが、今回は、東條首相兼陸相自ら乗り出して、嶋田海相に真情を吐露したとみることができる。ところがこのあと、嶋田がなんらかの行動をとったとの記録はない。東條の誘い水に、嶋田は応えなかったのである。

このようなことがあり、さらに伏見宮の説諭があって、「国策再検討」最終日の前々日の十月三十日午後二時、嶋田は澤本次官と岡局長を呼んで、開戦を決意すべきことを申し渡したことはすでに述べた。なおこのとき嶋田は、「明日永野総長ニ面談シ物資ノ情況ハ斯々ナリ、コレニテ戦争継続ノ決心セラレタシト釘《〔ママ〕》ヲサシオキ　又　陸軍ニ対シテハ、海戦ノ必要上資源ハ充分考慮スル様　申入レオク積リナリ、右ニ対スル意見如何」、と言っている＊38。それに対し澤本は、

何度考ヘテモ大局上戦争ヲ避クルヲ可トスル意見ナルモ　然ラバ如何ニ処理スヘキヤト云ハハ直接ノヨキ方法ナシ、結局ハソコニ落付クヘキヤニモ考ヘラルルモ　尚再考サレタシ

と海相に再考を促し、岡は、「トウモ致シ方ナイト思ヒマス」と嶋田の決意を受け容れたという＊39。澤本は日誌の欄外に「大臣ニ正面対スレハ却テ反抗的トナル故、次頁ノモノニ導ク為ナリ」と記しているが、澤本としては、もっと強く主張すべきだったとの自責の念があったのであろう。このあと、さらに澤本は海相とのあいだのやりとりを記録したあと、次のように記している。

コノ状況ニテハ戦争ニナルカモ知レス、小生菲才ニシテ其ノ任ニ堪エス、所信ニ異ルコトトナレハ　此ノ際辞職

シタシト述ヘタルニ対シ、大臣ハ「次官ハ二年ハヤラナケレハナラヌヨ、君ノ将来ニ対シテハC・G・Fノ次席ヲ考ヘアリ　兎モ角暫ク続ケテ呉レ給ヘ」ト云フ、大臣ノコノ言ニ対シ稍感激シ「考ヘサシテ頂キマス」ト云ヒテ辞去ス＊40

これは、官僚制組織のなかで上司が人事権の発動を示唆して部下を説得する場面である。澤本次官は、上司の嶋田海相の決断を受け容れた。岡軍務局長はすでに受け容れている。これをもって海軍省の、組織としての主張は確定したとみなせる。ちなみに既出の豊田隈雄の聴き取りに対する澤本の回答の原稿の冒頭には、次のような言葉が記録されている。

私は徹頭徹尾避戦に終止〔ママ〕したので戦争勃発期は、次官軟弱と嗤はる＊41

既述のように伊藤隆氏は、軍人の回想録の「多くが戦後的な価値観によって過去を解釈し直し、その線にそって弁明しているものがほとんどである」と指摘している＊42。澤本の回想は、その好例といえる。澤本は開戦に慎重であったが、最終的には栄進を仄めかされ、上司の指示に従った。ただ、岡や他の海軍軍人とちがって、走り書きした日誌（一次史料）を公開した分、戦後的価値観のなかで自らの行動に自信を持っていたと想像できる。防衛庁戦史室（当時）の編纂官であった稲葉正夫（旧陸軍軍人）は、澤本の記述した史料は「昭和十六年に於ける海軍側記録稀少な現情では貴重な資料である」と評価している＊43。それだけに開戦決意に至る海軍側の経緯は、森山氏も述べているように、歴史学として「史料的な制約」から＊44、状況的には推定可能だが、未だ解明し難い部分が残っているのである。

海軍が決断した理由——澤本次官の弁明

嶋田海相の決断を受け容れたあとの澤本の日誌には、「次官所見」という題目で、今回の海軍の決断に至ったゆえんが記述してある。海軍内の先輩や部下たち、そして海軍部外にどのように説明するかを整理しておくことは、澤本が、これから嶋田の部下として組織のなかで生きていくために必要だったのであろう。記述内容は、当時の海軍軍政の中枢に居た澤本の知見の範囲内で、当時の関係者が納得するように、そして何よりも嶋田の下でやっていく自分自身を納得させるために、整理したものと思われる。したがって、意思決定システムが陸軍ほど整備されていない海軍において、直接それを示す史料がない以上、本稿では、嶋田が実際に決断した個人的な理由は別として（たとえば自分を引き立ててくれた伏見宮から慫慂されたため）、この「次官所見」をもって、海軍という組織が開戦を決断した理由（大義名分）と看做すこととする。

まず澤本は、計五つの陸軍からの設問を想定している。

①「海軍ハ何ノ為ニ軍備セリト」、
②「何時ニナッタラ海軍ハ戦争出来ルヤ」、
③「然ラハ経済戦ノ自信ヲ持チ得ル時期如何」、
④「今日不戦トナラハ国内ハ収拾シ得サル状態ニ陥ラムトス、海軍ハ之カ鎮圧ノ責ニ任シ得ルヤ」、
⑤「結局海軍ノ採ラントスル施策如何」＊45、

そして欄外に、

「戦争ヲ為シ得サル海軍ハ無用ノ長物ナリ」トノ陸軍側ノ非難ニ対スル弁明ナリ＊46

と書いている。おそらく右の①〜⑤を読み返し、結局こういうことだったのだと得心して、結論として書いたものと思われる。そこで、①〜⑤の設問に関する澤本自身の回答を参照しつつ、本稿がこれまで叙述してきた内容の要旨を、澤本に代わり、この欄外の「弁明」の内容として記すことにする。

日露戦争で当時世界第三位だったロシア艦隊を殲滅させたあと、海軍は、海軍拡張を正当化する理論的裏づけとして南進論を提唱した。そのうえで米国を仮想敵国とし、「米国海軍ニ対シ西太平洋ノ制海権ヲ確保スルニ足ル兵力ヲ整備充実」（「国策の基準」）するとし、対米七割を海軍軍備の目標として定め、「八八艦隊予算」に代表されるように莫大な予算請求をおこなった。その結果一時は陸軍予算を上回る予算を獲得し（表4）、米国海軍が長らく軍縮条約の限度までの建艦を怠ってきたこともあって、日米の艦船比率は目標とする対米七割を大きく上回って、一時は対米八割にも達していた（表3）。他方陸軍は、不用意に起した満洲事変が招来したソ満国境における極東ソ連軍の重圧に対処すべく立てた対ソ軍備充実計画が、これまで述べたさまざまな経緯から思うに任せず、「蘇国ノ極東ニ使用シ得ル兵力ニ対抗スル」（「国策の基準」）目標に対して、量で約三分の一に推移し（表2）、かつ、質の面でも軍備の近代化に大きく後れをとった。すなわち、そもそも国力からいって分不相応な目標に対し、米国の怠慢もあって、陸軍を犠牲にして海軍だけはなんとか帳尻をあわせたという構図であった。そしてこのことは、当時、「陸軍ノ対ソ戦備不充分ナル事実ニ対スル認識」が、海軍は不十分だとする非難と成って、陸軍の中堅層にまで広まっていった（既出「海軍側の見解その二――決意なき戦備の拡充」）。

このような場合、天皇の立場に立ち厳正に見ることができれば、国家全体の国防計画自体に無理があるということになるが、陸軍の立場に立つと、国家全体のことよりも、海軍予算との比較に目が向き、海軍に対する非難につながっていく。そして、陸軍の犠牲において優遇されてきた海軍が、いざ対米戦となると、そのために莫大な予算を取ってきたにもかかわらず尻込みをして「西太平洋の制海権の確保」はできないと言うのか、という非難になる。これが、

「何ノ為ニ軍備セリ」とか、「何時ニナッタラ出来ルヤ」とかの設問につながってくる。海軍は、追い詰められていたといえる。

清水の舞台から飛び降りる

繰り返すが、日本に残された選択肢は、
①このまま形勢を観望してジリ貧の道をたどるか、
②南方に武力を行使して資源をとりにいくか、
の二つしかないように見えた。ところが実際の「国策再検討」の最終日では、会議を主宰した東條首相から、

本日ハ結論トシテ
第一案　戦争セス、臥薪嘗胆ス
第二案　直チニ開戦ヲ決意シテ作戦準備ヲグングン進メ、外交ヲ従トスルモノ
第三案　戦争決意ノ下ニ作戦準備ヲススメルカ外交交渉ハアノ最小限度ニテ之ヲ進メル
ノ三案ニ就テ研究スルカ　総理トシテハ第三案ヲ採リ度イト思フ*47

との提案があった。

第一案については、このまま臥薪嘗胆して、米国の建艦計画が完成した三年後に、米国が来攻するか否かについて、永野総長と、賀屋蔵相・東郷外相の両相とのあいだに論戦が交わされた。永野は、来攻は五分五分だと主張し、三年後に戦争になるくらいなら、艦船の対米比率と石油の問題で追い込まれる前に、今、戦争しておいた方がいいと主張した。これは、米国側の遷延策を憂慮した陸軍作戦部長の田中と同趣旨の主張であった。他方賀屋と東郷は、米国が

戦争をしかけてくることはまずない、という見解だった。物動計画担任の企画院総裁の鈴木貞一（予備役中将）がこの間に割って入り、「十八年〔四三年〕ニハ戦争シタ方カ〔物資は〕ヨクナル、一方統帥部ノ戦略関係ハ時日ヲ経過セバダンダン悪クナル」と言って「此際ハ戦争ヲシタ方カヨイ」と、賀屋と東郷を説得にかかった＊48。

こうして、第一案についての論議は打切られた。『杉山メモ』の議事録には、「質問ヲ打切ル」となっていて、論議は、第二案、第三案へと移った。そして論議の過程で、第三案は「第二案ト共ニ研究ス」ることとなった＊49。その結果、「(イ) 戦争ヲ決意ス　(ロ) 戦争発起ハ十二月初頭トス　(ハ) 外交ハ十二月一日零時迄トシ之迄ニ外交成功セハ戦争発起ヲ中止ス」と決まったことはすでに述べた。第二案と第三案とは、日米交渉が成功しなければ、結局同じことになる。日米交渉はもう無理だというのは、近衛内閣末期に東條陸相が主張したところであった。したがって東條から見れば、第二案も第三案も同じであったはずである。すなわち選択肢は、ジリ貧を甘受するか対米開戦かの二つしかないはずだった。ところが、一時は日米交渉に望みがないと言った東條は、第二案を推す先輩の杉山総長と張り合って、第三案に固執した。それで、事態は複雑な様相を呈した。それを、田中作戦部長は次のように説明している。ハル・ノート開戦説の呪縛から解き放たれてはじめて、（先行研究が取り上げてない）この田中の説明（特に傍線部分）が理解可能となる。

> 東條総理は第三案を支持しているように見えた。しかし東條総理が内心真に第三案を支持し、それによって対米妥結を図ることに幾何の望みを嘱していたかといえば、それは甚だ疑問である。総理としては第三案による妥結の見込は殆んど皆無である。だが陛下の手前第三案支持を繕ったものとおもわれる。実際には第二案（直ちに開戦を決意し、政戦略の諸施策をこの一途に集中する）と変らぬものであると観測される＊50。〔傍線は原文では下線〕

首相としての東條は、立場上、どこまでも天皇に忠実に振舞ったものとみられる。そして実際には同じもの（第二案・第三案）を、別物として扱い、和戦両様の構えに見せかけたのである。それに対し参謀本部は、次のような姿勢で臨んだと田中は記している。

ずるずると時日を遷延し開戦の好機を逸する危険が大なりと考えた＊51。

これこそ、明治以来小国日本が、ハンディキャップを克服して欧米先進国と同じ土俵で対抗していくための、「好機捕捉」であった。この「好機」を逸すれば、というのが、陸海軍統帥部の発想であった。そのために、機を逸しないよう焦慮した。しかし、今回の「好機」は、これまでの日本が活用してきた「好機」とは違っていた。これまでの「好機」は、「勝利しやすい好条件がそろっている」という意味で、本来の能力では出来ないことが出来るようになるというものであった＊52。しかし今回の「好機」は、先の見えない深刻な危機に入り込んでいく過程において、現在が将来に比べ、相対的に「好条件」に見えたに過ぎないのであって、本来の能力以上のことができる「好条件」ではなかった。それを、焦慮のあまり好機を逸するなと、「満足化基準」で選んでしまったのであろう。

「国策再検討」の最終日の連絡会議が終わったあと、参謀本部の部長会報で、連絡会議に出席し開戦決定に参画した参謀次長の塚田攻は次のように述べた。これまで述べてきた各政治勢力の主張が的確に整理されているので、長文をいとわず引用する。ちなみに塚田は、このあと南方の戦地に出征し、その後対中戦線に転戦、戦死する。

一　今戦争ヲヤラネハナラヌトノ意志ハ永野ハ強ク明カナリ然シ将来ノ見透シハ不明ト言フ　嶋田ハ永野ノ言フ如ク今ヤルヨリ外ニナシト考ヘ居ル様子ナルモ積極的ニ言ハヌ　杉山総長ハ戦機ハ今ナリ　陸軍作戦ハ海軍ノ海上交通確保ト共ニ占領地確保ニ自信アリト強ク言フ　賀屋、東郷ハ最後迄数年先ノ戦争ノ事ハ不明ナルニ付決心シ兼ネルトテ大体臥薪嘗胆ノ人ラシク看取セラル　鈴木〔予備役陸軍中将〕ハ賀屋、東郷ニ対シ種々心配ア

ランモ今戦争ヲ決意スル以外ニ手段ナシ又物的関係ヨリモ今戦争スル方ヨロシト説ク
二　一般ニ前途ニ戦争ノ光明ナシトスルコト、及何トカ平和ニテユク方法ナキヤト考フル為ニ、「長期戦ニナルモ大丈夫戦争ヲ引キ受ケル」ト言フ者ナク　去リトテ現状維持ハ不可、故ニ已ムナク戦争ストノ結論ニ落付キタリ
三　塚田トシテハ今度ノ戦争ハ避ケラレヌ、時期ハ今、今ヤラサルモ来年カ再来年ノ問題タ、時ハ今タ、〔中略〕五年先キハト問ハルレハ作戦政治、外交何レモ皆ワカラヌノハ当然タ　「以上」＊53

「勝算」はわからない。しかしこのままだと確実にジリ貧になるから、今戦うしかない。それがこのとき、陸軍の首脳たちの一致した意見であったようである。間違いなく駄目になるなら、この際、一か八かやってみよう、と。それでは陸軍の首脳たちには、海軍の消耗戦というものの具体像が、想像できていたのであろうか。担任外だった澤田次長があとになって「参謀本部が、国防の全部を統一しておったなら、今少し真剣に太平洋戦略を研究し、また海軍技術の進歩も十分脳裡に入れたはずである」と回想している以上、彼らは、担任外の職務に首を突っ込むことはなかったと解釈すべきであろう。

近衛内閣の末期、近衛首相が東條陸相と和戦をめぐって論戦をしたときのこと、東條陸相から次の有名な言葉が発せられた。

人間、たまには清水の舞台から目をつぶって飛び降りることは必要だ＊54

それに対し近衛は、「個人としてはさういふ場合も一生に一度や二度はあるかも知れないが、〔中略〕責任の地位にあるものとして出来ることではない」と答えた。近衛はさらに付け加えた。軍人のなかには「日清、日露の戦役も、百

パーセントの勝算があったわけではない」というものが結構居るが、あのときは、第三国の米国に調停を頼むよう準備していた。今度はそれを頼める第三国がいない、と＊55。実際このあと降伏直前に、日本はソ連に仲介を頼んだ。その頃ソ満国境では、当の極東ソ連軍が、対日攻撃命令の下るのを待ち構えていた。そして攻撃の合図が、太平洋戦争の終曲となった（第二部「ソ満国境の壁の崩落」）。

東條は、和戦に関するこの見解の相違を個人の性格の相違に帰した。そして今日的価値観で見れば、この問題は、性格よりもむしろ、視野は浅いが広く取れるジェネラリストと、視野が深いが限られるスペシャリストの違いであって、これは、政軍関係における「文民統制」の問題であろう。

対英米戦争における日本陸軍の立場

これまで述べてきたように、満洲事変以来陸軍は、やることなすことことごとく目論見がはずれ、機密のベールに守られながらも状況的要素から次第に窮地に陥っていった。そのような状況下で起きた独ソ開戦は、何も知らない世間の北進論を惹起させた。対ソ戦にとうてい勝機を見出せない陸軍首脳としては、ソ満国境の実情を伏せる一方で、なんとか北進を避けたかった。しかし独ソ開戦により日独伊ソの四国連合構想は破綻し、それと共にソ満国境にふたたび緊張が走った。海軍主導の南方作戦実施にあたっても、陸軍としてはその間の背後の安寧を確保すべく、「関特演」による北方軍備速成にやっきになった。三戦面で八方塞がりになった陸軍には、国策策定において積極的なイニシアティブをとる余裕など最早なかった。それに代って、「従来、国策立案の過程で陸軍に対して受動的な構えに甘んじてきた」海軍が、「四〇年暮れを境に、俄然、南進をめぐって積極的なイニシアティブをとりはじめ」た＊56。このことは、陸軍が対中戦面に持久戦略をとるようになった四〇年末以降あたりから徐々に表面化し、国策策定において陸軍は、海軍主導の南方戦略に、付いていくだけの存在になっていった。

それでも陸軍首脳としては、南進に意義を見出そうとした。その一つが、独ソ開戦情報を受けて開いた六月九日の部長会報で杉山総長が、南進論に、援蔣ルートの遮断をからませて理解を示したことであった。もっともこれは、澤田次長時代からの参謀本部の戦略（それは、北部仏印進駐として一部具現化された）を引き継いだものであった。

もう一つ陸軍首脳が、南進に意義を見出そうとしたことがあった。このことは永野の帷幄上奏同様、先行研究ではあまり注目されていない。それは、永野の帷幄上奏がおこなわれた翌々日の、七月三十一日のことであった。この日、田中作戦部長は、対ソ戦略についての陸相の意向を予め打診しておくために、東條のところに行った。打診の中身は、現在「関特演」で関東軍の増強を進めているが、これをソ連軍が、日本の対ソ開戦準備と誤断して、逆に先制攻撃をかけて来る心配がある、そういう場合を想定して、予め如何に対処するか決めておいてはどうか、というものであった*57。ところが東條は、それに答えるまえに冒頭、思いがけない言葉を口にした。あるいは永野の帷幄上奏が、東條の頭のなかを占めていたのかも知れない。その言葉が、田中の日誌に記されている。

一）支那事変処理カ第一義ナリ此方針ヲ変フルヤ
二）人モ物モ今ヤ最後ノモノナルコト
三）陸軍ハ支那事変ニテ四割損耗、海軍ハ一割シカ損耗セス　国策ヲ何ウスルカカ大問題*58（傍線は原文では下線）

陸軍は日中戦争（支那事変）の解決を第一義としてきたが、参謀本部はその方針を変えるというのか。陸軍は今や日中戦争で疲弊して、人も物資も最後のものしか残っていないではないか。東條は、まず、このように述べた。このあと、話は核心（三）に入る。これを当の田中は、次のように解説している。

陸軍は支那事変で四割の損耗を生じた。海軍の損耗は一割にしか達していず、それ以外に拡充された部分も多い。日本の現在の難局を切り抜けるには海軍の力を使用することを考えなければならず、それには根本的に国策をどうするかが重大問題である*59。

東條はこの件ではこれ以上何も言わなかったが、田中には、東條が何を言いたいのかわかった。海軍力を主に活用するとすれば、南方作戦ということになる。もう陸軍には、余力は残っていない。他方、海軍はまだ十分余力を持っている。海軍力を活用して中国を援助している米国の力を削ぎ、中国戦線における陸軍への圧力を減じたい、田中はそのように察したと記している*60。

大組織の上層部は、個人として自ら信ずる政策を、不用意には口にしない。自分に忠実な下僚にそれとなく仄めかし、それを「忖度」した下僚が、身命を賭してその実現に邁進する。下僚からみれば、うまくいった際の栄達は目の前にあり、運悪く失敗したときは骨を拾ってもらえる。組織のなかでさらなる栄進を願う者は、そうやって自らの道を切り開く。上層部は安全地帯に身を置いて、自分がやるべきだと思った政策の実現を図り、同時にそれに伴って身に降りかかってくるさまざまなリスクを避ける。田中にとって東條はかつての上司であり、陸軍の最高人事権者であり、既述のように作戦部長への就任には東條の引きがあった。仮説ではあるがこの時点以降、田中は、東條の意を「忖度」し、中国戦線における陸軍への圧力を減ずるために、海軍統帥部首脳が主張する対英米開戦の路線に便乗し、開戦に奔走することになる。その間東條は安全地帯に居て、立場に相応しい振る舞いをする。そう看做すことによって、たとえば既述の十一月十八日に田中が陸軍省経由で外務省につきつけた年間一千万トンという日米交渉をぶち壊すような量の石油の供給要求など（第一部、「追加された新たな対米交渉事項」）、このあとの田中のとった行動を理解することが可能となる。

最後まで迷った昭和天皇

「国策再検討」の終わった翌日の十一月二日、東條首相と杉山、永野の両統帥部長は列立し、「国策再検討」の模様を詳細に奏上した*61。このことを杉山総長は、部長会報で部下に展開した。部長会報に出席していた戦争指導班長有末次大佐は、その際の様子を杉山総長からきいて、部下の原四郎少佐に語った。

東條首相の上奏は声涙共に下るという状況で、御上は一々うなずかれ御納得の様子であったという。杉山総長は東條首相に対する御上の御信任の厚いのをうらやむかのごとく、「東條はいつの間にか、どうしてあんなに御上の御信任を得たのだろうか」と感心しながら語った*62。

天皇はすでに、十一月初めのこのとき、杉山が驚きうらやむほど、東條を信任していた。このときの列立上奏の模様が戦争指導班員には、次のように班長から展開されている。

御上ノ御機嫌麗シ　総長既ニ　御上ハ決意遊バサレアルモノト拝察シ安堵ス　東條総理涙ヲ流シツツ上奏ス　総理ニ対スル　御上ノ御信任愈々厚シ*63

天皇は、対英米開戦を承認した。天皇に働きかけて考えを変えさせることは、参謀本部より先に陸軍省がやってのけた*64。既述の、東郷外相が「陛下も戦争止むを得ずとの御思召なりと吹聴」しているというのも（第一部、「東郷の採った道」）、この頃のことであろう。そしてこの時期に天皇が開戦を承認したであろうことを、のちに、ハル・ノート開戦説が覆い隠す形となった。当時側近であった元内府の木戸が、戦後、法務省官房の聴き取りに対しておこなった証言は、次のようになっている。

陛下がいよいよ戦争の御決意をなさった時機はやはりハルノートを受けた時であったと拝察する。陛下は、東條内閣が十月下旬から熱心に平和の探求を進めてゐる様子をたのもしく見守ってをられ、この頃は陛下の御顔色も一番晴々お見受けしてゐたのであった。ハルノートを受けられ戦争を御決意になったと思はれて以後は、陛下のそのやうな晴々とした御様子に接したことはなかった＊65。

十一月十五日、宮中で御前兵棋が実施された。天皇は海軍制服で臨席した。これに参加した作戦課の井本熊男の日誌には、「龍顔特ニ麗シク終始御熱心ナル御聴許ヲ得タル感アリ」と記されているという＊66。ハル・ノートは、まだ接到していない。

ところが、開戦を最終確認する御前会議が開かれる前日、十一月三十日のことである。その日の木戸内府の日記に、こう書かれている。

　御召により拝謁す。今日午前、高松宮殿下御上りになりたるが、其時の話に、どうも海軍は手一杯で、出来るなれば日米の戦争は避けたい様な気持だが、一体どうなのだらうかね、との御尋ねあり＊67。

対英米開戦を承認したものの、天皇にはまだどこか、不安がくすぶっていたのであろう、それに弟の高松宮が火をつけた。一般論でいえば、君主制の国では、戦争に負ければ王室（帝室）は既得権を失う。第一次世界大戦の際のドイツとオーストリア、のちのことになるが、第二次世界大戦でのイタリアは共和制になった。明治天皇も昭和天皇も戦争に消極的だったのは、むべなるかなである。高松宮の直訴の件は、結局、木戸の進言で至急海相と軍令部総長が呼び出され、天皇は二人に念を押した。そして、再び木戸が呼ばれた。

六時三十五分、御召により拝謁、海軍大臣、総長に先程の件を尋ねたるに、何れも相当の確信を以て奉答せる故、予定の通り進むる様首相に伝へよとの御下命あり。直に右の趣を首相に電話を以て伝達す＊68。

翌十二月一日、最後の御前会議で開戦を最終確認した際の天皇の表情は、「一々頷カレ何等御不安ノ御様子ヲ拝セズ」＊69であった。そしてそのあと、両統帥部長が天皇の前に出て、南方軍への命令について上奏したら、天皇は、「龍顔イト麗シク拝シ奉レリ」であった＊70。天皇の不安の念は、消えたのであろう。それは、法務省官房の聴き取りに対する木戸の証言した天皇の様相とは正反対であった。天皇は、軍務局長武藤章の言葉のとおり、これはどうしても止むを得ぬとして決心したと思われる（既出「残された選択肢」）。

4．軍人たちの戦後

対英米戦争の開戦は、十一月一日の連絡会議で実質的に決まった。敗戦後、このときの陸海軍の首脳部は、戦死あるいは自決しない限り、ほとんどがA級戦犯として極東裁判に起訴された。これら次官、次長級以上の陸海軍首脳と、議決権はなかったが連絡会議に幹事として出席した軍務局長まで入れて、彼ら軍人に対する極東裁判の判決は次の通りであった。まず、海軍である。

海相	嶋田繁太郎	終身刑
海軍次官	澤本頼雄	不起訴
軍務局長	岡　敬純	終身刑
軍令部総長	永野修身	（裁判審理中に病死）

軍令部次長　伊藤整一　（戦死）

すでに述べたように開戦時の海相嶋田繁太郎が、極東裁判の法廷で、「日本の開戦決意はハル・ノートにより決した」とハル・ノート開戦説を主張したことは新聞記事になった。米国東部時間十一月二十六日夕方（日本時間二十七日）に駐米大使が手交されたハル・ノートが開戦決定の契機となったとするハル・ノート開戦説の成立は、十一月一日の「国策再検討」の場で海軍が開戦決意を表明したことが「白紙還元の御諚」を台無しにし、国家をして実質開戦決定に踏み切らせたことを覆い隠した。このハル・ノート開戦説は法廷で連合国から否認されず（実質的に認知され）、戦争責任の所在が日米のどちらにあるのかはっきりしないような状況になったことはすでに述べた。極東裁判の判決について、天皇の側近として政治の中枢に居て自らも終身刑に処せられた木戸は、次のように述べている。

> 東條を中心とした陸軍軍閥がこの戦争をひきずったのだとの一般感情から、木村〔兵太郎〕被告もその巻き添へを食ったのでもあらうか。その点海軍の被告は皆うまく逃げた。永野被告は裁判途中病死したのだが、一人も死刑を出さなかったのはちょっとおかしい。海軍が助かるわけがない。廣田〔弘毅〕被告が死刑になる位なら島田《〔ママ〕》〔嶋田〕被告等は勿論死刑のはずである＊71。

本稿で縷述してきたような、「従来、国策立案の過程で陸軍に対して受動的な構えに甘んじてきた」海軍が、「四〇年暮れを境に、俄然、南進をめぐって積極的なイニシアティブをとりはじめ」たことなど、ベールに包まれた軍内部のことまで木戸は知らなかったであろう。しかし自分が中心になって対米避戦のために仕組んだ、「陸海軍協力の御言葉」や「白紙還元の御諚」の効果が海軍の違背により発揮されず、そのために開戦を阻止できなかったことは、木戸の頭のなかに刻み込まれていたはずである。だからこそ、「嶋田被告等はもちろん死刑のはず」という言葉になったものと思われる。開戦のときの海軍の軍政をつかさどった嶋田は、「白紙還元の御諚」に違背した中心人物であった。また南進や対英米開戦を審議した連絡会議で終始最も強く南進や対英米開戦を主張したのは、海軍軍令をつかさどる永野だった。永野は自決することなく裁判を受けたが、巣鴨の獄中で病を得て亡くなった。嶋田が生き延びて、ハル・ノート開戦説を法廷で唱えたことは既述した。

しかし、それは一嶋田の問題として、あるいは一永野の問題として片付けるべきものではない。縷述のように海軍の意思決定システムと運用は、整備が遅れていた。その分だけ、海軍内における意思決定が、個人の資質に依存することになった。「三国同盟ノ時モ同シ筆法タッタ」、今度も海相が変われば変わるよ、との東條の予言は的中した。

極東裁判は、海軍には厳しくなかった。海軍がうまく立ち回ったのは、軍事費の獲得だけではなかったのである。

それに対し開戦決定時の陸軍首脳で、命を永らえた者は一人もいなかった。

陸相　　　東條英機　　絞首刑（自決未遂）
陸軍次官　木村兵太郎　絞首刑
軍務局長　武藤　章　　絞首刑
参謀総長　杉山　元　　（自決）
参謀次長　塚田　攻　　（戦死）

陸軍は悪者にされた。東條は憎まれ、杉山は馬鹿にされ、田中新一も乱暴者にされたことは、ここでは詳述しない。杉山の自決は、東條が逮捕された翌日の四五年九月十二日に決行された。杉山は当時、第一総軍司令官として降伏後の部隊の解隊業務に従事し、ほぼ、残務整理も終わりかけていた。いつもの通り司令部に出勤した杉山は、参謀を呼び寄せ、「実は自分はお詫びのため今日自決をしようと思う、〔中略〕同時に家で家内も自決することになっているんだが、〔中略〕何とか家内の自決を思い止らせるように努力してほしい。その翻意を確認してから決行したいと思う」、と頼んだ。副官は、自宅に行って杉山夫人を説得した。しかし夫人は応ぜず、その日のうちに自決した。副官と参謀は話し合った結果、杉山には夫人は自決を「御翻意になりました」と偽りの報告をした。それを聞いて杉山は、用意した拳銃で自決した。遺骸は自宅に運ばれ、翌日夜、関係者で通夜が営まれ、翌々日の十四日、進駐軍の干渉もなく築地本願寺で葬儀がとりおこなわれたという*72。

開戦時陸軍の中枢に居て生き延びた者でもっとも上の階層だったのは、参謀本部の田中新一作戦部長であった。そして今日、杉山の口述を記録したものが太平洋戦争開戦過程の根本史料となり、田中が残した膨大な業務日誌一、一一一頁（作戦部長就任から開戦まで）とそれを成文化した文書が、それを補う史料となった。本稿は主に、この二人の遺した文書に依拠して叙述した。

1 相澤淳「勝算の比較」『軍事史学』八九（一九八七年）六二～六三頁。
2 前掲『沢田茂回想録』三一二～三一三頁、「遺稿」。
3 前掲『杉山メモ』上、三一五頁、「軍令部総長説明事項」。
4 同右三一五頁、「軍令部総長説明事項」。
5 前掲福留『史観真珠湾攻撃』一一八頁。
6 前掲『沢田茂回想録』六八頁、「三宅坂の思い出」。
7 前掲「澤本頼雄海軍大将業務メモ」叢三、六頁、四一年十月二十日付日誌。
8 同右七頁、四一年十月二十二日付日誌。
9 同右七頁、四一年十月二十二日付日誌。
10 同右一一頁、四一年十月二十八日付日誌。
11 前掲『証言記録　太平洋戦争史』第一巻、八八頁。
12 前掲「澤本頼雄海軍大将業務メモ」叢三、一一～一二頁、四一年十月二十八日付日誌。
13 同右一二頁、四一年十月二十八日付日誌。
14 前掲相澤「勝算の比較」六五頁。
15 前掲田中「大東亜戦争への道程　一〇」一四八頁。
16 前掲『杉山メモ』上、三六四～三六五頁、『帝国国策遂行要領』の具体的研究」。
17 同右三六四頁、『帝国国策遂行要領』の具体的研究」。

18 前掲田中「大東亜戦争への道程　一〇」一五〇頁。
19 前掲戦史叢書『大本営陸軍部』一、一六一頁、「帝国軍用兵綱領」。
20 前掲加藤『それでも、日本人は「戦争」を選んだ』三七一頁、山本司令長官の輸送船団護衛の考えは、「面での防衛を考えていた」。面の防衛とは、制海権の確保である。
21 前掲「田中新一中将業務日誌」八分冊の七、九五一～九五二頁、四一年十月七日付日誌。
22 同右九五二頁、四一年十月七日付日誌。
23 同右九五二頁、四一年十月七日付日誌。
24 同右九四九、九五二頁、四一年十月七日付日誌。
25 前掲田中「大東亜戦争への道程　一〇」一四八～一四九頁。
26 前掲『杉山メモ』上、三八二頁「参謀総長上奏資料」。
27 同右三八三頁「参謀総長上奏資料」。
28 同右三八四頁「参謀総長上奏資料」。
29 同右三九一頁「軍事参議会議ニ於ケル軍令部総長説明」。
30 前掲福留『史観真珠湾攻撃』一三六頁。
31 前掲『沢田茂回想録』三一三頁、「遺稿」。
32 前掲『杉山メモ』上、三九四頁、「参謀総長御説明」。
33 前掲「嶋田繁太郎大将日記」四一年十月二十日付日記。
34 前掲「澤本頼雄海軍大将業務メモ」叢三、七～八頁、四一年十月二十二日付日誌。
35 前掲「嶋田繁太郎大将日記」四一年十月二十三日付日記。
36 前掲「澤本頼雄海軍大将業務メモ」叢三、九頁、四一年十月二十四日付日誌。
37 防衛研究所所蔵「元海軍大将澤本頼雄氏手記」一〇頁。
38 前掲「澤本頼雄海軍大将業務メモ」叢三、一三頁、四一年十月三十日付日誌。
39 同右一三頁、四一年十月三十日付日誌。
40 同右一四頁、四一年十月三十日付日誌。
41 前掲「元海軍大将澤本頼雄氏手記」三頁。
42 前掲『近代日本研究入門』伊藤隆「戦時体制」八九頁。

43　前掲「元海軍大将澤本頼雄氏手記」添付の戦史室作製の「複製史料経歴票」。
44　森山氏も、海軍関係は「史料的な制約」から、現在の段階では納得できる説明は困難であるとしている（前掲森山『日米開戦の政治過程』一八一頁）。
45　前掲「澤本頼雄海軍大将業務メモ」叢三、一四〜一五頁、四一年十月三十日付日誌。
46　同右一四頁、四一年十月三十日付日誌。
47　前掲『杉山メモ』上、三七〇〜三七一頁。「十一月一日　東條陸相と杉山総長との会談要旨」。
48　同右三七三頁、「第六十六回連絡会議」。
49　同右三七三〜三七四頁、「第六十六回連絡会議」。
50　前掲田中「大東亜戦争への道程　一〇」一六二〜一六三頁。
51　同右一六四〜一六五頁。
52　マキアヴェッリ『君主論』（岩波書店、一九三五年）三六〜四二頁「第六　自己の武力または能力によって新らたに獲得した君主権について」。
53　前掲『杉山メモ』三七三頁、「塚田次長所感」。
54　前掲近衛「最後の御前会議」四八頁。
55　同右四八〜四九頁。
56　このことは本稿で縷述する以前に、すでに麻田貞雄氏が指摘している（前掲麻田『両大戦間の日米関係』二三九頁）。
57　前掲田中「大東亜戦争への道程　七」三八六〜三八七頁。
58　前掲「田中新一中将業務日誌」八分冊の六、七六八頁、四一年七月三十一日付日誌。
59　前掲田中「大東亜戦争への道程　七」三八三頁。
60　同右三八三〜三八四頁。
61　前掲『杉山メモ』上、三八六頁、「十一月二日御下問奉答」。
62　前掲戦史叢書『大本営陸軍部　大東亜戦争開戦経緯』五、三八七頁　注三八〇。
63　前掲『機密戦争日誌』上、一八一頁、四一年十一月二日付日誌。
64　山田朗氏は、「天皇を説得し切った」のは統帥部だとしている（前掲山田『昭和天皇の戦争指導』九五頁）。
65　前掲『木戸幸一日記　東京裁判期』四六六頁。
66　前掲戦史叢書『大本営陸軍部　大東亜戦争開戦経緯』五、四〇〇頁。戦史叢書が引用した原典の井本熊男の日誌？は非公開になっている。
67 前掲『木戸幸一日記』下巻、九二七～九二八頁、四一年十一月三十日付日記。
68 同右九二八頁、四一年十一月三十日付日記。
69 前掲『杉山メモ』上、五四三頁、「第八回御前会議」。
70 同右五四四頁、「御下問奉答」。
71 前掲『木戸幸一日記　東京裁判期』四四八頁、「極東国際軍事裁判に関する談話」。
72 防衛大学校図書館所蔵　杉山元帥法要実行委員編「杉山元帥御夫妻追悼法要報告書」三一～三六頁、田中忠勝述「杉山元帥自決当時の状況」。これとは別に、夫人は杉山の自決の報を聞き後を追った、との異説がある（杉山元帥伝記刊行会編『杉山元帥伝』、原書房、一九六九年、二八〇～二八一頁）。

あとがき

終戦の一週間前の四五年八月七日、わたしたち一家は関東州大連の市電軌道のある通りを歩いて、召集された軍服姿の父を駅の途中まで見送って行った。母は「もうちょっと」「もうちょっと」と言ったが、父がキツイ口調で「帰れ」と言った。残された家族が内地に引き揚げたのは、一年半後、わたしが五歳のときだった。父の召集が「根こそぎ動員」と呼ばれたものだったことや、シベリアに抑留されそこで何かあったかなどは、成人して本で知った。

本は、社会とわたしを結びつけてくれた。占領下、引き揚げ先の母の実家の薄暗い蔵の中で絵本を取り出して読んでいたら、祖母に取り上げられた。祖母は、「この本を読んだことを、他人（ひと）に言うたらいけんよ」と言って返してくれた。アッツ（熱田）島玉砕の絵本だった。最後のページには、突撃する兵士たちの姿に添えて、「精神的勝利をえた」と記してあった。しかしいくら読み返しても、日本軍が勝った様子は読み取れなかった。周りの大人に訊いても、納得のいく答えは返って来なかった。わからないことの多い戦争、聞いても答えない大人たち、納得のできない理由、これが、わたしたち一家を翻弄した太平洋戦争だった。どうしてこんな戦争をするようになったのか、それが知りたかった。

学生時代、朝日新聞社の『太平洋戦争への道』全七巻（以下『道』）が出版され、大学の図書館で読みふけった。軍部という巨大組織、とりわけ陸軍が暴走したという印象だった。

それから長い年月が経った。就職した会社で実務に携わり、さまざまな場面に出くわしていくうちに、かつて読みふけった『道』に疑問が湧いてきた。たとえば、実際の仕事の計画やその執行は、『道』の執筆者が軍部に期待したような精緻華麗にはいかなかった。『道』に出て来る軍の中堅層のように中枢部署の若手管理職は廊下を闊歩していたが、これには裏があった。『道』の執筆者は当時の要路者の回想録をそのまま採用しているが、元経営トップが新聞に回想録を連載した際社内で通り相場になったのは、人間というものは「自己否定」が出来ない、ということだった。

そして、いつ頃からだったか開戦過程に関する史料を読み始めた。「木戸日記」(『木戸幸一日記』)や「原田日記」(『西園寺公と政局』)や『杉山メモ』などを、公共図書館から借りて読んだ。その結果、『道』に書いてあることと、社会人として得た知見のあいだにあるギャップ(乖離)が、形になって見え始めた。

歴史を研究する方法を学ぶために、わたしは、定年退職を待って横浜市立大学の科目履修生になった。その間、古川隆久先生の勧めと斡旋で、『対米戦争開戦と官僚』を芙蓉書房出版から上梓する機会を得た。当時のわたしは、開戦過程の通史を書き上げるに十分なだけの史料を読みこなせていなかった。そこで、期間を短くとることによって史料を深く読み込むことにした。短くとるからにはそれは、開戦へのターニングポイントである必要がある。対象は、第三次近衛内閣から東條内閣への政変とした。開戦を審議決定した会議の構成員が、近衛内閣から東條内閣に替わったとき、「交渉継続派」(避戦派、穏健派)と「開戦派」(主戦派、過激派)とが(この呼称が適切ではないことは後にわかった)拮抗していたのが、「開戦派」が優勢になったように見えたからである。書き終えて、「戦争を始めた一端がチラッとでも見えてきたような気がした」だけに、さらにもっと見たくなった。それが、本格的な開戦過程を書き上げようというドライビング・フォースになり、その手法を学ぶために大学院に進学した。

本稿の第一部は、國學院大学大学院の二〇〇七年度修士論文(上山和雄教授)をもとに、その後得られた知見で補筆したものである。一度、日本大学のゼミ(中央大学の院生も参加)で発表した以外は、すべて國學院大学のゼミ(一部に明治大学と創価大学の院生も参加)で発表したものである。また、第二部と第三部は、日本大学大学院博士課程(古川教授、満期退学）のゼミで三年間にわたって発表したものである。修士論文の要約は、先生方から勧められ『史学雑誌』に投稿、そのあと『日本史研究』に投稿した。

かつて就職して間もなく、会社から、東京大学生産技術研究所に研究生として派遣されたことがあった。その成果を指導教官（故亘理厚教授）に勧められ研究論文として日本機械学会に投稿したところ、全国大会で発表の機会を得、論文集に掲載された。ところが今回は不採用になっただけでなく、とりわけ前者（『史学雑誌』）には対処の仕方がないほど酷評された。その他、機械学会とくらべあまりにも勝手が違っていた。そこで研究目的に鑑み、この種の投稿や発表は見合わせることにした。

本稿の研究の手引きとしたものは、横浜市立大学時代古川先生ご教示の『近代日本研究入門』である。この本と、のちに戸部良一先生から譲り受けた岩波の『近代日本総合年表』を座右に置いた。

本稿で引用した史料には、活字になっていないものが多い。そのほとんどが、防衛省防衛研究所（防研）所蔵の未公刊史料である。この未公刊史料を閲覧するようになったのは、決め手になる引用史料は原本にあたるようにとの季武嘉也先生のご教示によるものである。そもそもわたしは、活字になっていない史料まで読む気はなかった。六十の手習いで、残された余生で効率よく研究をする必要があり、コスト・ベネフィット（投資対効果）を考えれば、まず公刊された活字本を読むことだ、それで精一杯だろうと思っていた。ところが國學院大学で上山先生から、中澤惠子先生に就いて崩し字を勉強するよう勧められた。同学には、ずば抜けた判読能力の内山京子さんや、崩し字次席の手塚雄太君などがいた。彼らから刺激を受け、日曜日も一緒に、御茶ノ水の明治大学図書館や有栖川宮記念公園の東京都立中央図書館の学習室で崩し字の勉強会をもった。

季武先生に原本にあたるよう勧められた件だが、乙案拒絶とハル・ノートの要旨を記した野村大使電（外務省外交史料館所蔵）には何も特記すべきことはなかった。ところが、ハル・ノートを接受し会議をもったとする『機密戦争日誌』の記事では、改行位置の関係から、原本（防研所蔵）と公刊された活字本で文意が違っていた。その際、ついでに見た田中新一作戦部長の業務日誌の十一月二十六日付の記事に、「十二月一日午後　御前会議ヲ開ク（外交□否ハ□ハラム）」というのがあった。そこで中澤先生ご推奨の、重たい『くずし字用例辞典』を手に防研に通った。通っているうちに、「外交能否ハ□〔拍ヵ〕ハラス」と読めた。これが「外交能否ニ拘ハラス」と読めたのは、確か四度目であった。文意も通じた（第一部「十一月二十六日、御前会議開催を決定」参照）。新しい歴史が眼前に開けたようであった。ちなみに次の日の記事の最後の五行だけは、それまでとまったく違う細いペン字でクッキリと丁寧に、「ハル・ノート〔後略〕」と書いてあった。そして「改頁」した翌日の記事では元の筆跡に戻っていた。「ツケペン」で卒論（故得丸英勝教授）を書いた経験から、この記事（ハル・ノートうんぬん）はあとからの加筆（作為）だとわかった。[11―27]

こうして史料を読む面白さにとりつかれ、防研に通った。史料は閲覧のみで、複写は業者に依頼、有料且つ高価で、三週間後に（実際は二週間位）とのことであった。若い人は、パソコンを持ち込み記録をとっていた。そのころ手塚君がモバイル・パソコンを購入したので、わたしも、中古のモバイル・パソコンを購入し、週三〜四回、片道一時間半かけて恵比寿の防研に三年半以上通った。研究や史料のことでお世話になった戸部先生から、「田中新一の日誌は字が判読しにくいのに……」、と言われたのが励みになった。

防研の史料閲覧室に通って驚いたのは、戦死者の消息を尋ねて来る遺族の方が今なお絶えないことであった。わたし自身も、聞きつけた近所の方から、親族がいつどこでどのようにして戦死したのか知りたい、と言われた。この戦争はまだ、歴史になり切っていないと認識し、同時に、事実を明らかにする意義を教えられた。

前著の「あとがき」に、開戦に至った経緯を叙述するなかで腑に落ちない点を解明するためさらに史料を読み込んで行ったら、その結果は、「想定した範囲を越えた展開になった」と記した。今回も同じであった。最も意外だったのは、陸軍の実相であった。陸軍は、好戦的で無謀で夜郎自大で、常に主戦論のみ唱える存在だとみてきた。他方海軍、外務省、大蔵省、宮中など他の政治勢力は、陸軍の暴走を止めようとするだけの消極的な存在で、その結果、陸軍の持つ巨大な政治力によって、対米戦争に引きずられたと思っていた。ところが今回、確かな史料をもとに歴史的事象を積み重ねていくと、陸軍の慎重な姿勢が浮んできた。中堅層に対する見解は別にすると、期せずして、先学の山本智之氏の近著『日本陸軍戦争終結過程の研究』と軌を一にする処があった。

最後になるが本研究と執筆に当たり右に記した方々以外にも、國學院大学の柴田紳一先生、樋口秀美先生、防研の菅野直樹先生をはじめ國學院、日大の方々、その他関係した大学および大学校の図書館と公共の図書館の方々にはいろいろとお世話になった。また先学の森山優氏も著書で述べておられたが、この研究に欠かせなかったのがパソコンであった。膨大な史料をデータにしてパソコンに入力し、そこから、検索機能を活用して必要な史料を手繰り寄せた。一人の人間が開戦過程に関する膨大な史料と格闘するとき、パソコンは、それを可能にした近代兵器であった。本研究のスポンサー然として拙宅のコンピュータ環境（入出力機器も）を整備してくださった近所のＩＴ会社の藤平修一社長、および今回もこころよく出版を引受けてくださった芙蓉書房出版の平澤公裕社長、そして原稿の読み合わせをしてくれた家族も、本稿が日の目を見るには欠かせない存在であった。お礼申し上げます。

二〇一三年九月

著者識

参考文献一覧（引用順）

高校用教科書『詳説　日本史』（山川出版社、二〇〇〇年）。
鳥海靖他編『日本近現代史研究事典』（東京堂出版、一九九九年）。
『国史大辞典』（吉川弘文館、一九七九〜一九九七年）。
戸部良一「太平洋戦争史をめぐる最近の研究動向」『国際問題』（一九九一年）。
森山優『日米開戦の政治過程』（吉川弘文館、一九九八年）。
波多野澄雄「書評　日米開戦の政治過程」『国際政治』（一九九九年）。
吉田裕ほか『アジア・太平洋戦争』（吉川弘文館、二〇〇七年）。
奥村房夫「ハル・ノート」『拓殖大学論集』（一九五九年）。
森茂樹「大陸政策と日米開戦」『近代の転換』（東京大学出版会、二〇〇五年）。
塩崎弘明「『諒解案』から『ハル・ノート』まで」『国際政治』（一九八二年）。
須藤眞志『日米開戦外交の研究』（慶応通信、一九八六年）。
須藤眞志「ハル・ノートと満洲問題」『法学研究』（一九九六年）。
西浦進氏追悼録編纂委員会編『西浦進』（非売品、一九七一年）。
戦史叢書『大本営陸軍部』（朝雲新聞社、一九六七〜一九七五年）。
西浦進『昭和戦争史の証言』（原書房、一九八〇年）。
『西浦進氏談話速記録』（日本近代史料研究会、一九六八年）。
中村隆英・伊藤隆編『近代日本研究入門』増補版（東京大学出版会、一九八三年）。
日本国際政治学会編『太平洋戦争への道』（朝日新聞社、一九六二〜一九六三年）。
原田熊雄述『西園寺公と政局』（岩波書店、一九五〇〜一九五六年）。
吉田茂『回想十年』第一巻（新潮社、一九五七年）。
波多野澄雄『幕僚たちの真珠湾』（朝日新聞社、一九九一年）。

参謀本部編『杉山メモ』上（原書房、一九六七年）。

東郷茂徳『東郷茂徳外交手記　時代の一面』（原書房復刻、一九六七年）。

『極東国際軍事裁判速記録』（雄松堂書店、一九六八年）。

『天羽英二日記・資料集』第四巻（天羽英二日記・資料集刊行会、一九八二年）。

防衛研究所所蔵　田中新一「大東亜戦争への道程」。

デービッド・ルー『松岡洋右とその時代』（ティビーエス・ブリタニカ、一九八一年）。

中見立夫「大橋忠一と須磨弥吉郎」『東アジア近代史』（二〇〇八年）。

大橋忠一『太平洋戦争由来記』（要書房、一九五二年）。

来栖三郎『日米外交秘話』（創元社、一九五二年）。

伊藤隆編『高木惣吉　日記と情報』（みすず書房、二〇〇〇年）。

吉田茂記念事業財団編『吉田茂書翰』（中央公論社、一九九四年）。

防衛研究所所蔵「澤本頼雄海軍大将業務メモ」。

細谷千博「外務省と駐米大使館」『日米関係史　I』（東京大学出版会、一九七一年）。

野村吉三郎『米国に使して』（岩波書店、一九四六年）。

外務省『日本外交文書　日米交渉　一九四一年』（外務省、一九九〇年）。

外務省『日米交渉資料』（原書房、一九七八年）。

上法快男編『武藤章回想録』（芙蓉書房、一九八一年）。

防衛研究所所蔵「石井秋穂大佐日誌」。

佐藤元英「革新派外務官僚の対米開戦指導」『中央大学文学部紀要』（二〇〇七年）。

戸部良一『外務省革新派』（中央公論社、二〇一〇年）。

防衛研究所所蔵「陸軍中将武藤章手記」（一九四六年記述）。

寺崎太郎『れいめい』（自費出版　非売品、一九八二年）。

西春彦『回想の日本外交』（岩波書店、一九六五年）。

『昭和人名辞典』（日本図書センター、二〇〇二年）。

加瀬俊一『ミズリー号への道程』（文芸春秋新社、一九五一年）。

Toshikazu Kase, *Journey to the Missouri* (New Haven: Yale University Press, 1950).

木戸幸一『木戸幸一日記』(東京大学出版会、一九六六年)。

富田健治『敗戦日本の内側』(古今書院、一九六二年)。

近衛文麿「最後の御前会議」『自由国民』(一九四六年)。

マックス・ウェーバー、阿閉吉男ほか訳『官僚制』(恒星社厚生閣、一九八七年)。

木戸幸一『木戸幸一日記　東京裁判期』(東京大学出版会、一九八〇年)。

佐藤賢了述『弱きが故の戦い』(陸上自衛隊小平修親会、非売品、一九五八年)。

軍事史学会編『大本営陸軍部戦争指導班　機密戦争日誌』(錦正社、一九九八年)。

防衛研究所所蔵「嶋田繁太郎大将日記」。

野村實『天皇・伏見宮と日本海軍』(文藝春秋、一九八八年)

麻田貞雄『両大戦間の日米関係』(東京大学出版会、一九九三年)。

戦史叢書『大本営陸軍部　大東亜戦争開戦経緯』(朝雲新聞社、一九七三～一九七四年)。

土屋喬雄『国家総力戦論』(ダイヤモンド社、一九四三年)。

纐纈厚『総力戦体制研究』(三一書房、一九八一年)。

防衛研究所所蔵「石井秋穂大佐回想録　原稿版」。

畑俊六「陸軍畑俊六日誌」『続・現代史資料四』(みすず書房、一九八三年)。

今村都南雄ほか『行政学』(北樹出版、一九九六年)。

戦史叢書『陸海軍年表』(朝雲新聞社、一九八〇年)。

戦史叢書『海上護衛戦』(朝雲新聞社、一九七一年)。

石川準吉『国家総動員史　資料編』第九(国家総動員史刊行会、一九八〇年)。

防衛研究所所蔵「田中新一中将業務日誌」。

田中新一『作戦部長、東條を罵倒す』(芙蓉書房、一九八六年)。

『読売新聞』。

陸上自衛隊衛生学校『大東亜戦争陸軍衛生史』一(非売品、一九七一年)。

山田朗『軍備拡張の近代史』(吉川弘文館、一九九七年)。

防衛研究所所蔵「金原節三業務日誌摘録」。

防衛研究所所蔵　石井秋穂「昭和十六年前半期の最高国策の補正」。

森茂樹「国策決定過程の変容」『日本史研究』（一九九五年）。

信夫清三郎編『日本外交史』Ⅱ（毎日新聞社、一九七四年）。

三宅正樹『日独伊三国同盟の研究』（南窓社、一九七五年）。

義井博『日独伊三国同盟と日米関係』（南窓社、一九七七年）。

ジョセフ・グルー『滞日十年』下巻（毎日新聞社、一九四八年）。

「発掘　日米交渉秘録」『中央公論』（二〇〇七年十二月）。

加瀬俊一「日米交渉」『日本外交史　二三』（鹿島研究所出版会、一九七〇年）。

義井博『昭和外交史』（南窓社、一九七一年）。

伊藤隆ほか編『重光葵手記』（中央公論社、一九八六年）。

波多野澄雄「開戦過程における陸軍」『太平洋戦争』（東京大学出版会、一九九三年）。

拙著『対米戦争開戦と官僚』（芙蓉書房出版、二〇〇六年）。

角田順校訂『宇垣一成日記』三（みすず書房、一九七一年）。

防衛研究所所蔵　石井秋穂「昭和十六年後半期の最高国策補正」。

中原茂敏『大東亜補給戦』（原書房、一九八一年）。

岡田菊三郎「日本の石油所要量に関する開戦前の考察」サンケイ新聞出版局編『太平洋戦争　開戦の原因』（サンケイ新聞社、一九七五年）。

『東京朝日新聞』。

坂野正高『現代外交の分析』（東京大学出版会、一九七一年）。

「太平洋戦争（一）」『現代史資料三四』（みすず書房、一九六八年）。

「嶋田繁太郎大将開戦日記」『文藝春秋』（一九七六年十二月）。

伊藤之雄「第四章　昭和天皇と立憲君主制」伊藤之雄ほか編『二〇世紀日本の天皇と君主制』（吉川弘文館、二〇〇四年）。

塩崎弘明『日英米戦争の岐路』（山川出版社、一九八四年）。

森山優「戦前期における日本の暗号解読能力に関する基礎研究」『国際関係・比較文化研究』(二〇〇四年)
森山優「近衛新体制の形成と日米開戦」『国際問題』(二〇〇五年)。
U. S. Department of State, *Foreign Relations of the United States, 1941*, Vol.IV, (Washington, D. C., U. S. Government Printing Office, 1956).
外交史料館所蔵「日、米外交関係雑纂　太平洋平和並東亜問題に関する日米交渉関係（日付順)」。

佐藤賢了『大東亜戦争回顧録』(徳間書店、一九六六年)。

佐藤賢了『軍務局長の証言』(芙蓉書房、一九七六年)。

新名丈夫編『海軍戦争検討会議記録　太平洋戦争開戦の経緯』(毎日新聞社、一九七六年)。

佐藤尚武『回顧八十年』(時事通信社、一九六三年)。

池田十吾「東郷外相と日米交渉」『国士舘大学政経論叢』(一九九一年)。

升味準之輔『昭和天皇とその時代』(山川出版社、一九九八年)。

林健太郎「ランケの人と学問」『世界の名著　続一一　ランケ』(中央公論社、一九七四年)。

重光葵『昭和の動乱』下（中央公論社、一九五二年)。

山田朗『昭和天皇の戦争指導』(昭和出版、一九九〇年)。

木下道雄『側近日誌』(文藝春秋、一九九〇年)。

井口武夫「対米最終覚書と米大統領の親電の解読工作をめぐる史実の再検証」『国際政治』(二〇〇六年)。

若槻禮次郎『古風庵回顧録』(読売新聞社、一九七五年)。

佐藤元英「昭和十六年十二月八日対米最後通牒『覚書』と宣戦布告問題」『中央大学文学部紀要』(二〇〇四年)。

川上寿代「不戦条約批准問題と枢密院」『日本歴史』(一九九五年)。

深井英二『枢密院重要議事覚書』(岩波書店、一九五三年)。

来栖三郎『大東亜戦争の発火点』(東京日日新聞社、大阪毎日新聞社、一九四二年)。

トムソン「国務省――人と機構」細谷千博編『日米関係史　I』(東京大学出版会、一九七一年)。

ファイス『真珠湾への道』(みすず書房、一九五六年)。

川口暁弘「内大臣の基礎研究」『日本史研究』(一九九九年)。

松田好史「情報管理者としての木戸幸一内大臣」『日本歴史』(二〇〇四年)。

種稲秀司「満洲事変におけるハルビン進攻過程」『軍事史学』（二〇〇九年）。

角田順編『石原莞爾資料　国防論策篇』（原書房、一九七八年）。

井本熊男『作戦日誌で綴る大東亜戦争』（芙蓉書房、一九七八年）。

森松俊夫編『参謀次長　沢田茂回想録』（芙蓉書房、一九八二年）。

森茂樹「第二次日蘭会商をめぐる松岡外相と外務省」『歴史学研究』（二〇〇二年）。

加藤陽子『戦争の日本近現代史』（講談社、二〇〇二年）。

江口圭一『十五年戦争の開幕』（小学館、一九八二年）。

『鈴木貞一氏談話速記録』下（日本近代史料研究会、一九七四年）。

西原征夫『全記録ハルビン特務機関』（毎日新聞社、一九八〇年）。

中西治「関東軍と日ソ対決」『大陸侵攻と戦時体制』（第一法規出版、一九八三年）。

加藤陽子『それでも、日本人は「戦争」を選んだ』（朝日出版社、二〇一〇年）。

外務省編『日本外交年表竝主要文書』下（原書房、一九六六年）。

加藤陽子『満州事変から日中戦争へ』（岩波書店、二〇〇七年）。

陸軍省『昭和八年版　帝国及列国の陸軍』（陸軍省、一九三三年）。

陸軍省『昭和十年版　帝国及列国の陸軍』（陸軍省、一九三五年）。

陸軍省『昭和十四年度版　帝国及列国の陸軍』（陸軍省、一九三九年）。

松村知勝『関東軍参謀副長の手記』（芙蓉書房、一九七七年）。

戸部良一「陸軍と次期大戦」『国際政治』（一九八九年）。

米国戦略爆撃調査団、大井篤ほか訳『証言記録　太平洋戦争史』第一巻（日本出版協同、一九五四年）。

古屋哲夫『日露戦争』（中央公論社、一九六六年）。

日高巳雄『軍機保護法』（羽田書店、一九三七年）。

戸部良一「陸軍の日独同盟論」『軍事史学』（一九九〇年）。

福留繁『史観真珠湾攻撃』（自由アジア社、一九五五年）。

金谷治訳注『孫子』（岩波書店、二〇〇〇年）。

相澤淳『海軍の選択』（中央公論新社、二〇〇二年）。

松崎昭一「日中和平工作と軍部」『大陸侵攻と戦時体制』（第一法規出版、一九八三年）。

額田坦『陸軍省人事局長の回想』（芙蓉書房、一九七七年）。

寺崎英成編著『昭和天皇独白録』（文藝春秋、一九九一年）。

武部六蔵ほか『武部六蔵日記』（芙蓉書房出版、一九九九年）。

加登川幸太郎「関特演」『軍事史学』（一九八五年）。

服部卓四郎『大東亜戦争全史』第一巻（鱒書房、一九五三年）。

三宅正樹『スターリン、ヒトラーと日ソ独伊連合構想』（朝日新聞社、二〇〇七年）。

戦史叢書『大本営海軍部　大東亜戦争開戦経緯』（朝雲新聞社、一九七九年）。

瀬島龍三『瀬島龍三回想録』（産経新聞ニュースサービス、一九九五年）。

義井博「独ソ開戦が日米交渉に及ぼした影響」『軍事史学』（一九七八年）。

吉沢南『戦争拡大の構図』（一九八六年、青木書店）。

東久邇稔彦『一皇族の戦争日記』（日本週報社、一九五七年）。

防衛研究所所蔵「櫛田正夫大佐業務日誌」。

中山隆志『関東軍』（講談社、二〇〇〇年）。

高山信武『参謀本部作戦課の大東亜戦争』（芙蓉書房出版、二〇〇一年）。

緒方竹虎『一軍人の生涯』（文藝春秋新社、一九五五年）。

防衛研究所所蔵「元海軍大佐柴勝男氏からの聴取書」。

防衛研究所所蔵「陸満密大日記　昭和十六年」第九冊第五六号満密第一〇一三号。

『「大本営陸軍部」大陸命・大陸指総集成』第六巻（エムティ出版、一九九四年）。

戦史叢書『関東軍』（朝雲新聞社、一九六九〜一九七四年）。

林三郎『関東軍と極東ソ連軍』（芙蓉書房、一九七四年）。

筒井清忠「昭和期陸軍エリート研究序説」『年報近代日本研究』（山川出版社、一九八六年）。

細谷千博「対外政策決定過程における日米の特質」『対外政策決定過程の日米比較』（東京大学出版会、一九七七年）。

佐藤賢了述『言い残しておくこと』（陸上自衛隊小平修親会、非売品、一九五八年）。

「日中戦争二」『現代史資料九』（みすず書房、一九六四年）。

満州国史編纂刊行会『満州国史　総論』（満蒙同胞援護会、一九七〇年）。

楳本捨三『満州』（満州会、一九七五年）。

満洲回顧集刊行会編『あゝ満洲　国つくり産業開発者の手記』（農林出版、一九六五年）。

戦史叢書『陸軍航空の軍備と運用』二（朝雲新聞社、一九七四年）。

草地貞吾『関東軍作戦参謀の証言』（芙蓉書房、一九七九年）。

粟屋憲太郎他編『対ソ情報戦資料』第二巻（現代史料出版、一九九九年）。

細川護貞『情報天皇に達せず』下巻（同光社磯辺書房、一九五三年）。

高松宮宣仁『高松宮日記』第八巻（中央公論社、一九九七年）。

平島敏夫『楽土から奈落へ』（講談社、一九七二年）。

サンケイ新聞出版局編『証言記録　太平洋戦争敗戦の原因』（サンケイ新聞社、一九七五年）。

『岩畔豪雄氏談話速記録』（日本近代史料研究会、一九七七年）。

「日中戦争五」『現代史資料一三』（みすず書房、一九六六年）。

『日本資本主義講座　第一巻　日本帝国主義の崩壊』（岩波書店、一九五四年）。

「国家総動員一」『現代史資料四三』（みすず書房、一九七〇年）

『近代日本総合年表』（岩波書店、一九六八年）。

細谷千博「真珠湾への道」『日米関係通史』（東京大学出版会、一九九五年）。

有沢広巳『学問と思想と人間と』（毎日新聞社、一九五七年）。

塩崎弘明「対米英開戦と物的国力判断」『年報近代日本研究』（山川出版社、一九八七年）。

「日中戦争三」『現代史資料一〇』（みすず書房、一九六四年）。

外交史料館所蔵「泰国仏領印度支那間国境紛争一件」第一巻。

防衛研究所所蔵「藤井茂日誌」。

立川京一「仏領インドシナにおけるフランスの対日譲歩」『日本の岐路と松岡外交』（南窓社、一九九三年）。

『昭和社会経済史料集成第十三巻　海軍省資料（一三）』（大東文化大学、一九八八年）。

防衛研究所所蔵「石川信吾日誌」。

『太平洋戦争白書』第二八巻（日本図書センター、一九九二年）。

種村佐孝『大本営機密日誌』（芙蓉書房、一九八八年）。

森茂樹「枢軸外交および南進政策と海軍」『歴史学研究』（一九九九年）。

斉藤鎮男ほか「日本外交の過誤」小倉和夫『吉田茂の自問』（藤原書店、二〇〇三年）。

防衛教育研究会『統帥綱領・統帥参考』（田中書店、一九八二年）。

防衛研究所所蔵　石井秋穂「海軍戦争検討会議記録に対する所見」。

保阪正康『昭和陸軍の研究』（朝日新聞社、一九九九年）。

岡部長章『ある侍従の回想記』（朝日ソノラマ社、一九九〇年）。

豊田副武『最後の帝国海軍』（国本隆　非売品、一九八四年）。

相澤淳「勝算の比較」『軍事史学』（一九八七年）。

防衛研究所所蔵「元海軍大将澤本頼雄氏手記」。

マキアヴェッリ『君主論』（岩波書店、一九三五年）。

防衛大学校図書館所蔵　杉山元帥法要実行委員編「杉山元帥御夫妻追悼法要報告書」。

杉山元帥伝記刊行会編『杉山元帥伝』（原書房、一九六九年）。

太平洋戦争開戦過程の「年表」

※特記なきかぎり日本時間、太字は本稿で明らかにしたもの

年	本稿掲載の事象	参考
一九〇五		9月 日露戦争おわる
一九〇七	第一次「帝国国防方針」制定	
一九一一	2月 日米通商航海条約調印（関税自主権の確立）	
一九一三	6月 軍部大臣の資格要件から「現役」の制限を解く	
一九一五	1月 対中（対華）二十一ヶ条要求提示	
一九一七		10月 ロシア革命（ソ政権成立）
一九一八		8月～22年 シベリア出兵 11月 第一次世界大戦おわる
一九二二		2月 海軍軍縮条約調印（主力艦）
一九二六		12月 昭和天皇皇位を継承
一九二八		6月 張作霖爆死事件 12月 張学良易幟を通電

一九二九	～三〇 この頃から陸軍が新聞を使って情報操作を始める	10月 世界恐慌始まる
一九三〇		4月 海軍軍縮条約調印（補助艦）
一九三一	9月18日 柳条湖事件（満洲事変始まる）	
一九三二	2月 哈爾賓（北満）占領 3月 満洲国建国宣言 9月 日満議定書調印（満洲国承認）	5月 五・一五事件
一九三三		1月 ヒトラー政権獲得 3月 国際連盟脱退 5月 塘沽停戦協定（満洲分離）
一九三五	8月 石原莞爾作戦課長に就任、ソ満国境の劣勢を知る	6月 梅津・何応欽協定
一九三六	1月 海軍軍縮条約脱退（補助艦） 5月 軍部大臣の資格要件に「現役」を復活 6月 参謀本部に戦争指導課新設、参謀本部「国防国策大綱」を策定（対ソ先決） 8月 「国策ノ基準」五相会議決定（両論併記）、「帝国外交方針」四相会議決定、 11月 対ソ「軍備充実計画ノ大綱」陸軍省策定、日独防共協定調印 12月 海軍軍縮条約（主力艦）失効（海軍無条約時代）	2月 二・二六事件 3月 廣田弘毅内閣成立 12月 西安事件
一九三七	6月～7月 乾岔子事件（対ソ国境紛争） 7月7日 盧溝橋事件（日中戦争はじまる）、宮崎龍介派遣（対中和平工作）、船津工作（対中和平工作） 8月9日 第二次上海事変（日中戦争華中に飛び火） 8月21日 中ソ不可侵条約調印（ソ、対中軍事援助） 11月 トラウトマン工作（対中和平工作）	1月 宇垣一成内閣流産 林銑十郎内閣成立 6月 第一次近衛文麿内閣成立 12月 南京占領（日中戦争）
一九三八	6月 孔祥熙工作（対中和平工作） 7月～8月 張鼓峰事件（対ソ国境紛争） 10月 梅工作（対中和平工作、汪兆銘） 12月 関東軍、満洲国政府に「要望事項」	3月 独、墺併合 4月 国家総動員法公布（総力戦） 9月 ミュンヘ

	を提示	ン協定　10月　武漢三鎮占領（日中戦争）
一九三九	2月　日本軍、海南島占領（南進作戦基地）　5月〜9月　ノモンハン事件（対ソ国境紛争）6月　満洲国、「北辺振興計画」計画実施　7月　米、日米通商航海条約廃棄通告（40年1月失効）　8月8日　米内光政海相、対米戦見透しなしと言明　8月23日、独ソ不可侵条約調印　10月　澤田茂参謀次長に就任　12月　対ソ「修正軍備充実計画」上奏裁可	1月　平沼騏一郎内閣成立　8月30日　阿部信行内閣成立　9月　第二次世界大戦はじまる
一九四〇	2月　桐工作（対中和平工作）　5月　独軍西部戦線突破、蘭政府亡命、ダンケルク撤退　6月　仏政府降伏　7月　第二次近衛内閣成立（東條英機陸相に就任）、「時局処理要綱」連絡会議決定　英政府と交渉、ビルマルートを三ヶ月間閉鎖　9月　北部仏印進駐強行（部分的に武力行使）、日独伊三国同盟調印　10月　銭永銘工作（対中和平工作）、杉山元参謀総長に就任、田中新一作戦部長に就任、戦争指導班作戦課から独立、次長直轄となる　建川美次駐ソ大使、日ソ不可侵条約を提案　11月「支那事変処理要綱」御前会議決定　「日華基本条約」汪政権と調印　仏印・泰国境紛争の居中調停に乗り出す　塚田攻参謀次長に就任（澤田茂更迭）　15日、海軍、出師準備第一着作業発令（戦時体制）　**12月　南方作戦用の軍票、準備を始める**	1月　米内光政内閣成立
一九四一	1月19日　武力威圧による仏印・泰居中調停を決定　20日　戦争指導班長を部長会報メンバーとする　30日「対仏印泰施策要綱」連絡会議決定　2月10日　海軍、「英米不可分」政策を陸軍に通知　3月　仏印・泰国境紛争居中調停成立　〜4月？　陸軍省戦備課、国力判断報告　4月9日　永野修身、海軍軍令部総長に就任　13日　日ソ中立条約調印（石油利権放棄を約束）　16日　日米諒解案接到　17日「施策要綱」（対米不戦）陸海軍内で概定　6月6日　田中作戦部長、関東軍配備現地視察　6日「施策要綱」大本営決定　6日　駐独大使電（独ソ開戦情報）　9日　**参謀本部部長会報（形勢観望を決定）**　11日	

「促進に関する件」海軍第一委員会起案　11日 日蘭会商打ち切りを連絡会議で決定　12日「促進に関する件」連絡会議に上程　14日 米国、対独伊資産凍結令発令(現地時間)　19日 山下訪独視察団、ベルリンから急遽帰国　22日 独ソ開戦　25日「促進に関する件」連絡会議決定　25日「促進に関する件」上奏裁可(マア宜イ)　25日 **杉山、連絡会議で北進先送りを主張**　26日 関東軍、秘匿呼称「関特演」を通知

7月2日「国策要綱」御前会議決定(南北準備陣)　11日「関特演」の大陸命発令　18日 第三次近衛内閣成立(松岡外相更迭)　25日 米大統領、日本に仏印中立化提案(着電)　26日 米国、対日資産凍結令発令(着電)　28日 日本軍南部仏印上陸(25日海南島発)　29日 永野、対米戦につき帷幄上奏(天皇不安)　30日 **杉山、関東軍提案の北進三江作戦を棄却**　30日 天皇、「関特演」の中止を勧告

8月1日 海相・軍令部総長会談、和戦につき物別れ　2日 米国、石油など実質全面禁輸(着電)　4日 近衛首相、日米首脳会談構想を提唱　5日 日本、仏印中立化米提案に回答(発電)　9日 参謀本部、陸軍部内に年内北進せずと展開　12日 英米首脳、「大西洋憲章」発表　14日 海軍、陸軍に対米戦備促進計画を通知　14日 **作戦開始を11月～12月初めと仮決め**　15日 海軍、出師準備第二着作業発令　16日 海軍、旧「遂行要領」原案を陸軍に提示　22日 **海軍全作戦部隊の配備計画、陸軍に通知**　22日 参謀本部、旧「遂行要領」原案に同意　23日 **岩畔豪雄、日米国力比較報告(連絡会議)**

9月1日 **重要海面に機雷敷設、基地航空隊配備へ**　3日 旧「遂行要領」連絡会議決定(交渉期限)　5日 首相、両統帥部長、旧「遂行要領」を内奏　6日 旧「遂行要領」御前会議決定　6日 首相、グルー大使にハル四原則承認を通知

10月3日 首脳会談開催に就き米側実質拒絶回答　7日 **陸海相会談(此場限リトシテクレ)**　12日 荻窪会談(荻外荘会談)　13日 天皇、宣戦詔書の内容を木戸内府に指示　14日 内府・陸相会談(白紙還元で合意)　16日 第三次近衛内閣総辞職　17日 東條に大命降下　17日 東條、豊田副武後継海相を拒絶　18日 東條英機内閣成立(嶋田海相、東郷外相)　20日 開戦日を11月27日～12月8日と予定　23日 靖国神

	社大祭に列し東條、嶋田に真情吐露　23日「国策再検討」はじまる(〜11月1日)　27日 **陸海軍、石油保有量を部外に初めて公表**　30日 嶋田海相、省内幹部に開戦決意を告げる 11月1日 嶋田海相、連絡会議で開戦決意を表明　1日 新「遂行要領」連絡会議決定　2日 東郷外相・賀屋蔵相、新国策に署名　4日 軍事参議会、新「遂行要領」の軍事面諮問　4日 来栖大使米国へ出立(15日、現地着)　5日 新「遂行要領」御前会議決定　5日 陸海軍統帥部総長、作戦計画列立上奏裁可　5日 甲案提示を訓令(7日、現地提示)　6日 参謀本部、南方軍などの戦闘序列発令　8日 連合艦隊作戦命令発令(12月8日を予令)　13日 **大増税案閣議決定(12月1日実施)**　14日 **追加予算案閣議決定(17日、議会)**　15日 **兵役法改正公布および実施(兵士の動員)**　15日 南方軍などに南方要域攻略作戦命令下達　15日 馬来攻略作戦、第五師団上海出港　17日 来栖大使交渉に参加(15日着、現地時間)　20日 外務省条約局、「宣戦に関する件」策定　20日 乙案提示を訓令(20日、現地提示)　26日 **「乙案妥結ニ伴フ保障措置」連絡会議決定**　26日 ハワイ作戦、機動部隊単冠湾出航　26日 **御前会議12月1日開催を連絡会議決定**　27日 米、乙案拒絶しハル・ノート手交　27日 開戦に関する事務手続、連絡会議決定　28日 **対米交渉状況を閣議および天皇に説明**　29日 政府、重臣との懇談会(説明、陪食)　30日 高松宮、対米避戦を直訴 12月1日 対英米開戦を御前会議で確認　3日 **北方静謐の大陸命発令**　8日 コタバル上陸、真珠湾攻撃、宣戦布告　11日 独伊、対米宣戦布告	
一九四五	2月 繆斌工作(対中和平工作)　4月 何柱国工作(対中和平工作)　5月 独、無条件降伏　8月9日 ソ連、日本に宣戦布告　9月12日、杉山夫妻自決	8月14日 ポツダム宣言受諾　15日 終戦詔書の公表
一九四六	5月〜48年11月 極東裁判はじまる	
一九四七	12月9日 **嶋田、法廷でハル・ノート開戦説を証言**	

た行

な行

さ行

【意思決定の語句(史料より)】

【一般事項】

あ行

か行

索　引

著者
安井　淳(やすい あつし)
1942年関東州大連市生まれ。1965年京都大学工学部数理工学科卒業後、自動車メーカーに就職。社命にて1969年から１年間東京大学生産技術研究所研究生（機械力学専攻）となる。2002年から４年間横浜市立大学国際文化学部および大学院の科目履修生、2008年國學院大学大学院文学研究科史学専攻修士課程修了、2011年日本大学大学院文学研究科日本史専攻博士後期課程満期退学。

太平洋《たいへいよう》戦争《せんそう》開戦《かいせん》過程《かてい》の研究《けんきゅう》

2013年11月25日　第１刷発行

著　者

安井《やすい》　淳《あつし》

発行所

㈱芙蓉書房出版

（代表　平澤公裕）

〒113-0033東京都文京区本郷3-3-13

TEL 03-3813-4466　FAX 03-3813-4615

http://www.fuyoshobo.co.jp

印刷・製本／モリモト印刷

ISBN978-4-8295-0608-0